桥梁上部与下部结构施工工艺简明手册

The Compendious Manual of Technology for Bridge Superstructure and Infrastructure Construction

主　编　杨庭友
副主编　欧莘玮　刘宏林　段军朝
主　审　唐传政
参　编　郝付军　蔡勋文　易　侃　张海宝

中国建筑工业出版社

图书在版编目(CIP)数据

桥梁上部与下部结构施工工艺简明手册/杨庭友主编. —北京：中国建筑工业出版社，2016.4
ISBN 978-7-112-18869-7

Ⅰ.①桥… Ⅱ.①杨… Ⅲ.①桥梁结构-上部结构-桥梁施工-技术手册②桥梁结构-下部结构-桥梁施工-技术手册 Ⅳ.①U443-62②U445-62

中国版本图书馆 CIP 数据核字(2015)第 306686 号

责任编辑：李　阳　孙书妍
责任设计：李志立
责任校对：李欣慰　张　颖

桥梁上部与下部结构施工工艺简明手册
主　编　杨庭友
副主编　欧莘玮　刘宏林　段军朝
主　审　唐传政
参　编　郝付军　蔡勋文　易　侃　张海宝

*

中国建筑工业出版社出版、发行（北京西郊百万庄）
各地新华书店、建筑书店经销
北京科地亚盟排版公司制版
北京云浩印刷有限责任公司印刷

*

开本：787×1092 毫米　1/16　印张：17½　字数：435 千字
2016 年 8 月第一版　2016 年 8 月第一次印刷
定价：**39.00** 元
ISBN 978-7-112-18869-7
(28094)

前　言

随着我国经济和社会的发展，基础设施建设规模日益增加，作为桥梁工程又是基础设施建设中不可或缺的重要组成部分，其工程质量好坏直接影响社会稳定和人民生命财产，而其施工工艺又直接决定桥梁工程质量的关键。为了贯彻执行国家建筑行业标准化管理，加强基础性业务建设，规范和提升施工管理人员的管控能力与水平，特编写了《桥梁上部与下部结构施工工艺简明手册》。本手册是在施工实践基础上，依据现行设计系列规范、工程质量验收系列规范和相关新标准进行编写的，内容包括不同类型桥梁承台、桥墩、梁体及附属工程的施工工艺。书中每章都对工艺所涉及的适用范围、工艺特点、操作要点、质量控制、施工记录、成品保护、安全与环保措施等方面进行了较为系统的介绍。

本手册与前期出版的《桥梁桩基与基础施工工艺简明手册》共为姊妹手册，两者互为补充，这对桥梁工程施工企业推行现场标准化管理具有很好的借鉴与指导作用。本书可作为从事桥梁工程建设、施工、监理等单位的管理、技术人员和操作工人使用，也可供科研技术人员和高等院校师生参考。

本人在编写过程中得到了武汉市市政工程质量监督站唐传政教授级高工、武汉大学土木建筑工程学院高睿教授等同志的大力支持和帮助，在此一并表示衷心的感谢。

虽然本人力求写好本手册，但由于本人水平有限，编写时间较紧，难免有错漏之处，恳请读者不吝赐教。

目　录

第一篇　桥梁承台与墩柱工程

第二篇 梁 体 工 程

第三篇 桥梁附属工程

第一篇　桥梁承台与墩柱工程

第1章 一般放坡开挖承台施工工艺

1.1 适用范围及特点

1.1.1 适用范围

本工艺适用于干涸无水河滩、河沟中，或虽有水但经改河或筑堤能排除地表水的河沟；地下水位低于基底或渗透量小，不影响坑壁的稳定性；基础埋置不深，施工工期较短，挖基坑时不影响邻近建筑物的安全。

1.1.2 工艺特点

（1）施工工艺简单、便于操作。（2）施工功效高、无须特殊施工设备。（3）施工质量、安全易于控制。

1.2 施工准备

1.2.1 技术准备

（1）根据现场地质、水文资料以及设计图纸，编制专项承台施工方案，并向现场管理人员及作业班组进行安全、技术交底。

（2）基坑开挖前，对基坑开挖范围内进行地上、地下障碍物的排除工作，及时清理以免造成施工干扰。

（3）根据业主及设计单位提供的测量控制点，进行现场控制网复测及加密；并根据测量成果进行承台开挖平面尺寸、轴线、高程的测量放线工作。

1.2.2 材料准备

（1）安全防护材料：安全帽、安全爬梯、安全照明设施等。

（2）边坡防护材料：防护栏杆、警示带、警示牌等。

（3）承台施工材料：模板、钢筋、混凝土、预埋件、对拉螺杆等。

1.2.3 机具准备

（1）土方开挖设备：挖掘机、土方运输车、铁锹、空压机、风镐等。

（2）排水设备：潜水泵、塑料管或胶皮管等。

（3）混凝土浇筑设备：混凝土运输罐车、混凝土泵车、溜槽、串通、插入式振动棒。

（4）测量设备：全站仪、水准仪等。

1.2.4 作业条件准备

（1）施工前，做好现场的三通一平工作。

（2）制定好现场施工区域机械、车辆行走路线、开挖方式及开挖顺序等方案。

（3）施工前对现场的施工机具进行检验验收，并对现场的操作人员进行安全技术交底工作，做好现场的排水工作。

1.3　施工工艺

1.3.1　工艺流程

一般放坡开挖承台施工工艺流程如图 1-1 所示。

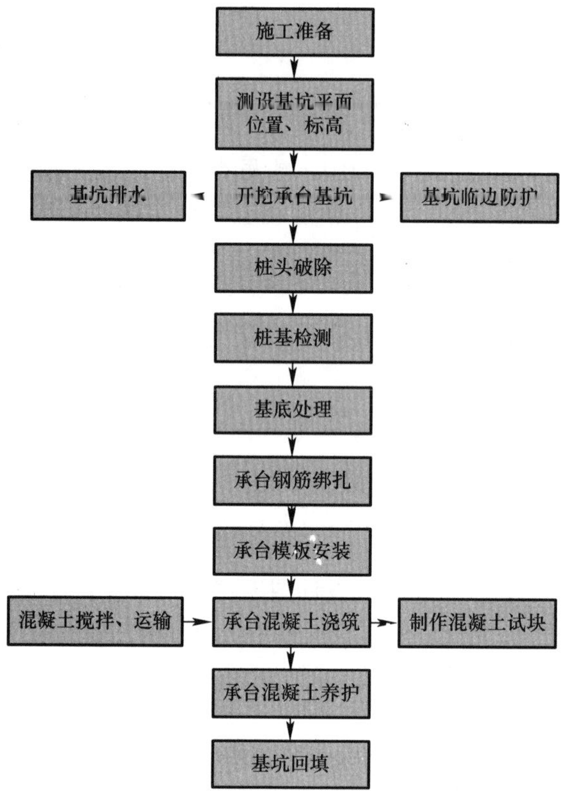

图 1-1　一般放坡开挖承台施工工艺流程

1.3.2　操作要点

1. 基坑形式选择

（1）垂直坑壁基坑

对于天然湿度接近最佳含水量、构造均匀、不致发生坍滑、移动、松散或不均匀下沉的土层，基坑可采用垂直坑壁的形式。不同土类状态垂直坑壁基坑容许深度可参考表 1-1。

无支护加固的垂直坑壁基坑容许深度　　**表 1-1**

序号	土类	容许深度（m）
1	密实、中密的砂类土和砾类土（充填物为砂类土）	1.00
2	硬塑、软塑的低液限粉土、低液限黏土	1.25
3	硬塑、软塑的高液限黏土、高液限黏质土夹砂砾土	1.50
4	坚硬的高液限黏土	2.00

黏质土的垂直坑壁最大高度 H_{max} 可按下式进行计算：

$$H_{max}=\frac{0.2c}{k\rho \mathrm{tg}(45^\circ-\varphi/2)}-\frac{q}{10\rho}$$

式中　H_{max}——垂直坑壁最大高度（m）；

k——安全系数，一般可采用 1.25；

ρ——坑壁土的密度（g/cm^3）；

q——坑顶边缘均布静荷载（kPa）；

φ——坑壁土的内摩擦角（°）；

c——坑壁土的黏聚力（kPa）。

（2）斜坡和阶梯形坑壁基坑

基坑深度在 5m 以内，土的湿度正常、土层构造均匀，基坑坑壁坡度可参考表 1-2，采用斜坡开挖或按相应斜坡高、宽比值开挖成阶梯形坑壁，每梯高度以 0.5～1.0m 为宜。阶梯可兼作人工运土台阶。

基坑坑壁坡度　　**表 1-2**

序号	坑壁土类别	坑壁坡度		
		坡顶无荷载	坡顶有静荷载	坡顶有动荷载
1	砂类土	1∶1	1∶1.25	1∶1.5
2	卵石、砾类土	1∶0.75	1∶1	1∶1.25
3	粉质土、黏质土	1∶0.33	1∶0.5	1∶0.75
4	极软岩	1∶0.25	1∶0.33	1∶0.67
5	软质岩	1∶0	1∶0.1	1∶0.25
6	硬质岩	1∶0	1∶0	1∶0

注：① 坑壁有不同土层时，基坑坑壁坡度可分层选用，并可根据现场实际情况设置平台。

② 坑壁土的类别按照现行行业标准《公路土工试验规程》JTG E40—2007 划分，岩面单轴抗压强度＜5MPa、5～30MPa、＞30MPa 时，分别定为极软、软质、硬质岩。

③ 当基坑深度大于 5m 时，基坑坑壁坡度可适当放缓或加设平台。

基坑深度大于 5m 时，可参考表 1-2 坑壁坡度适当放缓，或加做平台。土的湿度超过坑壁稳定的湿度时，应采用缓于该湿度时土的天然坡度，或采取加固坑壁的措施。

（3）变坡度坑壁基坑

当开挖基坑穿过不同土层时，坑壁边坡可按各层土质采用不同坡度。当下层土质为密实黏质土或岩石时，下层可采用垂直坑壁。在坑壁坡度变换处可视需要设至少 0.5m 宽的平台。

2. 基坑平面测量放线

根据基坑开挖深度、地下水以及土层情况，确定基坑方式与基坑开挖平面尺寸后，应采用全站仪对基坑开挖的平面尺寸及基坑的轴线进场测量放线。一般情况按基础平面尺寸四周各边应增宽 50～100cm，以便在基础底面外安置基础模板，设置排水沟、集水坑等。在无地下水、土质满足垂直开挖的要求、基础施工可采用原槽浇筑时，基坑开挖可按基础平面尺寸进行开挖，不必加大。

3. 基坑开挖

（1）基坑开挖一般采用人工配合挖掘机进行开挖，对岩石采用爆破的方式开挖。开挖至坑底时要保留不小于 20cm 的厚度，待基础混凝土垫层浇筑前，再用人工挖至基底标高。

根据地质情况不同，采用放坡开挖或垂直开挖，并考虑 0.5～1.0m 的工作平台预留，及时做好基坑排水。

（2）基坑采用人工清底后，应按设计进行混凝土垫层的施工；基坑垫层施工过程中，应控制好垫层的顶标高即承台结构底标高。垫层平面尺寸一般比承台平面尺寸各边大 15cm 左右。

（3）基坑开挖完成后，应及时采用钢管脚手架在基坑四周搭设防护栏杆，防护栏杆搭设高度不宜小于 1.2m，以确保安全；并在基坑边缘设置明显的安全警示标牌。

（4）在基坑顶边缘四周应设置向外排水坡度，并在适当距离设置截水沟，防止地面水流入基坑。基坑顶面有动荷载时，其边缘与动荷载之间应留有不小于 1m 宽的护道，动荷载较大时宜适当加宽护道，不得将弃土堆放在基坑边缘；若水文和地质条件较差，应采取加固措施。

4. 凿除桩头、桩基检测

（1）破桩头前，应在桩体侧面用红油漆标注高程线，以防桩头被多凿，桩顶伸入承台内高度为 10cm（不包含垫层厚度）。破除桩头时应采用空压机结合人工凿除，上部采用空压机凿除，下部留有 10～20cm 由人工进行凿除。凿除过程中保证不扰动设计桩顶以下的桩身混凝土。严禁用挖掘机或铲车将桩头强行拉断，以免破坏主筋。将伸入承台的桩身钢筋清理整修成设计形状，复测桩顶高程，进行桩基检测。

（2）桩头凿除完成后经验收合格后，并经超声波检测桩基合格后方可进行承台钢筋的绑扎。

5. 钢筋绑扎

（1）钢筋的质量必须符合现行国家技术标准，具有出厂质量证明书和试验报告单。进场后进行进场检验，检验合格后方可使用。钢筋统一在钢筋加工厂制作成半成品，平板车运输到工点，现场绑扎成型。

（2）钢筋绑扎前，在基底垫层上放出承台边线，并画出钢筋绑扎的间距，用于控制钢筋绑扎和检查。

主筋采用搭接焊或直螺纹套筒连接。焊接接头焊缝的长度单面搭接不应小于 $10d$，双面搭接不应小于 $5d$。焊接保证钢筋接头在同一断面内（相邻焊接接头间距不小于 $35d$，且不少于 50cm）的数量不能超过钢筋总量的 50%。搭接焊应使两钢筋的轴线位于同一直线上，焊接时在钢筋一端引弧，并在搭接钢筋端头上收弧，弧坑应填满。采用直筒螺纹连接，钢筋套丝后用打磨机磨平丝头毛刺，直螺纹套筒连接外露丝扣不得超过完整一丝。

（3）钢筋加工与安装要注意预埋钢筋及其他预埋件。安装好垫块，控制钢筋保护层厚度。

6. 模板安装

（1）承台模板采用组合钢模或木胶合板。安装前应使模板表面清洁并涂隔离剂，以便脱模。模板与钢筋安装工作应配合进行，妨碍绑扎钢筋的模板应待钢筋安装完毕后安设。模板安装前应根据承台的长、宽、高安装侧模，模内以圆钢拉杆对拉，模外采用钢管或方木支撑，以保证侧模安装的垂直度和稳定性。模板安装完毕后，必须检查其平面尺寸、几何尺寸、标高及纵横向稳定性，模板拼缝及加固体系稳定性等的检查，自检合格后经监理工程师检查合格后进行混凝土的浇筑。

（2）混凝土浇筑前对模板、钢筋及预埋件进行二次检查，符合设计要求并确认无误后方可浇筑。对模板内带有的杂物、积水和钢筋上的污垢应清理干净，模板安装应固定、牢靠，接缝平顺严密不漏浆，模板如有缝隙，应堵塞严密。模板安装完后在模板顶测量标高，并做好记号。在混凝土灌注过程中，设专人检查模板及其支撑，随时进行加固和校正。

7. 混凝土浇筑及养护

（1）承台混凝土浇筑前对搅拌机和配料机进行全面检修，确保混凝土拌合时计量准确，拌合时间要符合规定，确保拌合均匀，拌合时由试验人员对混凝土坍落度进行控制，以满足施工要求。

（2）混凝土的运输采用混凝土搅拌车运输。到场混凝土，应检查混凝土的均匀性和坍落度。混凝土浇筑采用分层连续浇筑，分层厚度为 30cm；在混凝土浇筑过程中，应在前层混凝土初凝之前，将次层混凝土浇筑完毕，保证无层间冷缝发生。

（3）混凝土的振捣，采用插入式振捣器，操作中严格按振动棒的作用范围，严禁漏捣，避免因振捣不密实出现蜂窝麻面，或因过振而出现振捣性离析的情况。振捣时移动间距不应超过振动器作用半径的 1.5 倍，且按梅花点布置，与侧模应保持 50～100mm 的距离，插入下层混凝土 50～100mm，每一处振动至表面呈平坦泛浆，不再冒气泡为止。振捣过程中，应避免振动棒碰撞模板、钢筋及其他预埋件。

（4）混凝土浇筑时其自由下落高度不大于 2m，浇筑时视情况设置溜槽或串筒。在混凝土振捣平整以后，初凝之前进行表面抹压，以清除早期产生的塑性裂纹。混凝土浇筑完毕要及时覆盖养生布进行养护，养护时间不得小于 7 天，确保承台质量。

8. 模板拆除

拆模时要小心操作，严禁敲打模板，应采用静力使模板上下同时脱离，严禁暴力操作。安装和拆模时用吊车配合，统一指挥，严禁碰撞承台，确保承台外观质量。拆除后的模板应立即清理，并在下一施工处旁边组装完毕，进行校核检查。拆模后的混凝土应立即进行养护并包裹塑料布，做好成品保护。

9. 基坑回填

混凝土达到设计强度后按照设计要求进行基坑回填，基坑四周同步、分层回填。

1.4　质量控制

1.4.1　验收标准

承台施工允许误差，除设计有特殊规定外，应符合表 1-3 的规定。

承台施工允许误差　　表 1-3

序号	项目		允许误差（mm）	检验方法
1	基底高程	土质	+50，−50	测量检查
2		石质	+50，−200	测量检查
3	轴线偏位		25	测量检查
4	基础顶面高程		+30，−30	测量检查
5	相邻模板表面高低差		2	测量检查
6	尺寸		+10，0	测量检查
7	预埋件中心线位置		3	测量检查

1.4.2　质量要求

（1）进行详细的安全、技术交底工作，每个部位、工序施工前，均需进行详细的技术交底。

（2）加强施工测量控制管理工作，对基准线、点（包括坐标点、水准点）进行认真的复核。根据施工需要，合理布置现场测量控制网络，并按规范要求进行闭合测量，严格控制测量精确度。测量仪器、工具，须按国家计量管理的相关要求，定期送检，测量仪器在使用时应定期进行常规检查、校准，发现仪器失准或因意外经摔碰，立即停止使用，并送指定的计量检测所进行鉴定、检修。

（3）工程中使用的所有材料、成品、半成品等必须有合格证。对原材料进行试验，对成品、半成品进行检验，做到试验内容完整。

（4）对施工中形成的成品进行自检，严格控制隐蔽工程验收，认真进行工程的交接与验收，验收前进行自检，严格按照三检制度、隐蔽验收制度执行，未通过验收的工序立即返工。

（5）加强工序质量控制。严格按设计图纸进行施工。各工序在隐蔽前必须经施工员和质检人员自检合格后，且经监理工程师检验合格并签字认可后，方可进行下一道工序的施工。

1.5　施工记录

（1）基坑开挖测量放线记录；

（2）基坑开挖施工记录及基坑验收记录；

（3）钢筋、混凝土、预埋件等质量证明及进场验收报告；

（4）桩基检测报告；

（5）钢筋绑扎验收记录；

（6）模板安装验收记录；

（7）混凝土施工检验批质量验收记录；

（8）基坑回填施工记录。

1.6　成品保护

（1）承台施工测量控制点的保护。

（2）做好基坑地基排水工作，防止基坑受到水的浸泡。

（3）做好承台混凝土的养护工作，特别是高温及冬季的养护。

（4）承台模板拆除后，及时进行基坑回填。

1.7　安全与环保措施

1.7.1　安全保护措施

（1）施工过程的安全应符合国家现行《建筑施工安全检查标准》JGJ59—2011 的有关

规定，施工机械应符合国家现行《建筑机械使用安全技术规程》JGJ33—2012 的有关规定，施工临时用电应符合国家现行《施工现场临时用电安全技术规范》JGJ46—2005 的规定。

(2) 当基坑开挖深度超过 1.5m 以上时，应按规定设置上下安全爬梯；如有地下水应做好基坑的排水措施。

(3) 施工之前必须由现场管理人员对现场作业人员进行详细的安全、技术交底工作，现场作业人员必须佩戴好安全帽及其他安全防护用品。

(4) 做好基坑周围的安全防护栏杆的设置，并在显著位置设置安全警示牌；夜间施工时，必须做好安全照明。

(5) 施工现场应设置专职安全员负责日常的安全检查工作，重点控制好基坑开挖、临边防护、基坑排水、土方开挖等重大危险源的监控。

1.7.2　环保措施

(1) 施工过程的环境保护应符合国家现行《建设工程施工现场环境与卫生标准》JGJ146—2013 的有关规定。在施工期间严格控制噪声，应符合现行国家《建筑施工场界环境噪声排放标准》GB12523—2011 的规定。

(2) 做好现场弃土以及废水的排放，不得随意填埋、污染附近的河流。

(3) 定期对现场道路进行洒水降尘，土方运输时应采用篷布进行覆盖，避免在土方运输过程中产生扬尘。

(4) 夜间施工时，若距离居民居住地较近，应控制好施工机械的人为噪声，以免发生噪声扰民。

第 2 章　大体积混凝土施工工艺

2.1　适用范围及特点

2.1.1　适用范围

所谓大体积混凝土，根据不同的文献有着不同的定义。《大体积混凝土施工规范》GB50496—2009 定义为：混凝土结构物实体最小尺寸不小于 1m 的大体量混凝土，或预计会因混凝土中胶凝材料水化引起的温度变化和收缩而导致有害裂缝产生的混凝土。

大体积混凝土施工工艺，是通过采用低水化热水泥、优化混凝土配合比，降低早期水泥水化热，并进行混凝土热工计算，控制混凝土入模温度，在承台混凝土内部埋设冷却水管，通过循环水，降低混凝土内部温度；在外部采取保湿蓄热养护，防止混凝土外侧温度降低过快，控制混凝土内外温差过大，以避免混凝土裂缝发生。

本工艺适用于承台、桥墩、梁体、锚碇、塔柱等部位大体积混凝土的施工。

2.1.2　工艺特点

（1）采用低水化热的水泥，通过优化混凝土配合比，进行详细的热工计算，严格控制混凝土的入模温度。

（2）在混凝土结构内分层埋设冷却水循环系统，通过循环水带出混凝土内部热量，降低混凝土内外温差；并通过控制循环系统进、出水的水温差，防止因水温差过大而产生有害裂纹。

（3）依据埋设在大体积混凝土结构内部的测温传感器，对混凝土内部温度进行实时监控；以便调控冷却水循环系统及养护措施。

2.2　施工准备

2.2.1　技术准备

（1）收集气象资料、设计资料。混凝土原材料的优选，并按实际使用的原材料进行混凝土配合比的试配和优化。

（2）做好混凝土热工计算和大体积混凝土温度场和应力场的模拟计算，通过设置冷却水管等温控措施后的温度场和应力场的变化情况优化冷却水管的布置和测温元件的布置。

（3）对现场管理人员及操作人员进行了详细的混凝土施工安全、技术交底工作。

2.2.2　材料准备

1. 水泥

（1）应符合现场国家标准《通用硅酸盐水泥》国家标准第 1 号修改单 GB175—2007/XG1—2009 的有关规定，当采用其他品种时，其性能指标必须符合国家现行有关标准的规定。

（2）应选用中、低热硅酸盐水泥或低热矿渣硅酸盐水泥，大体积混凝土施工所用水泥其 3d 的水化热不宜大于 240kJ/kg，7d 的水化热不宜大于 270kJ/kg。

（3）当混凝土有抗渗指标要求时，所用水泥的铝酸三钙含量不宜大于 8%。

（4）所用水泥在搅拌站的入机温度不宜大于 60℃。

（5）水泥进场时应对水泥品种、强度等级、包装或散装仓号、出厂日期等进行检查，并应对其强度、安全性、初（终）凝时间、水化热等性能指标及其他必要的性能指标进行复检。

2. 粗细骨料

（1）骨料的选择，应符合国家现行标准《普通混凝土用砂、石质量及检验方法标准》JGJ52—2006 的有关规定。

（2）细骨料宜采用中砂，其细度模数宜大于 2.3，含泥量不应大于 3%。

（3）粗骨料粒径为 5～31.5mm，并应连续级配，含泥量不应大于 1%。

（4）应选用非碱活性的粗骨料；当采用非泵送施工时，粗骨料的粒径可适当增大。

3. 掺合料

粉煤灰和粒化高炉矿渣粉，其质量应符合现行国家标准《用于水泥和混凝土中的粉煤灰》GB/T1596—2005 和《用于水泥和混凝土中的粒化高炉矿渣粉》GB/T18046—2008 的有关规定。

4. 外加剂

（1）外加剂的质量及应用技术，应符合现行国家标准《混凝土外加剂》GB8076—2008、《混凝土外加剂应用技术规范》GB50119—2013 和有关环境保护标准的规定。

（2）外加剂的品种、掺量应根据工程所用胶凝材料经试验确定；应提供外加剂对硬化混凝土收缩等性能的影响。

（3）耐久性要求较高或寒冷地区的大体积混凝土，宜采用引气剂或引气减水剂。

5. 水

拌合用水的质量应符合国家现行标准《混凝土用水标准》JGJ63—2006 的有关规定。

6. 养护材料

混凝土养护塑料薄膜、保温棉、养护液。

2.2.3　机具准备

（1）混凝土搅拌及配套设备：混凝土搅拌机、装载机、自动计量设备、水箱、水泵等。

（2）混凝土运输设备及振捣设备：混凝土罐车、混凝土泵车、插入式振动棒、平板振捣器、振动梁、附着式振捣器等。

（3）混凝土温控及测温设备：冷却水管循环系统、电阻型测温仪、热电偶测温仪、普通温度计、湿度仪等。

2.2.4　作业条件准备

（1）编制专项混凝土浇筑方案，确定混凝土浇筑分段划分及浇筑顺序，混凝土运输线路、泵车布置位置、混凝土振捣方式等。

（2）混凝土搅拌、运输、浇筑及振捣等设备均进行全面检查验收、运行正常。施工现场模板、钢筋、预埋件、温控设备及标高、轴线等验收合格，具备混凝土浇筑条件。

（3）配置混凝土用的水泥、砂、石及掺合料、外加剂等材料，经检验质量符合有关标准要求。并准备足够数量，能满足混凝土连续浇筑的需要；试验室已按实际材料进行混凝土配合比。

（4）施工现场三通一平完成，场地硬化、临水、临电设备就绪。

2.3　施工工艺

2.3.1　工艺流程

大体积混凝土施工工艺流程如图 2-1 所示。

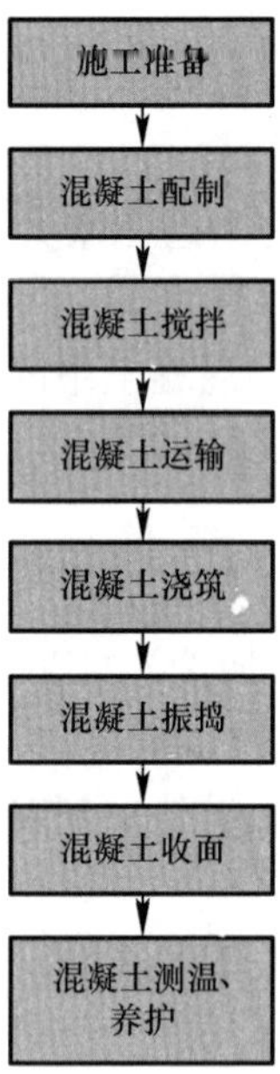

图 2-1　大体积混凝土施工工艺流程

2.3.2　操作要点

1. 混凝土拌合

（1）混凝土的配料宜采用自动计量装置，各种衡器的精度应符合要求，计量应准确。计量器具应定期标定，迁移后应重新进行标定。拌制混凝土所用的各项材料应按质量投料，配料数量的允许质量偏差应符合表 2-1 的要求。

（2）外加剂宜以稀疏溶液加入，其稀疏用水和原液中的水量，应从拌合加水量中扣除。加入搅拌筒的外加剂溶液应充分溶解，并搅拌均匀。掺合料应采用与水泥相同的输送、计量方式加入。

（3）混凝土应采用机械拌制，拌制时，自全部材料装入搅拌筒开始搅拌至开始出料的最短搅拌时间，应按照搅拌机产品说明书的要求并经试验确定。

（4）混凝土拌合物应搅拌均匀，颜色一致，不得有离析和泌水现象，对在施工现场集中拌制的混凝土，应检测其拌合物的均匀性，并满足施工工艺对坍落度损失、入模坍落度、入模温度等的技术要求。检测时，应在搅拌机的卸料过程中，从卸料流的1/4～3/4 之间部位取试样进行试验，试验结果应符合下列规定：

配料数量允许质量偏差　　表 2-1

序号	材料类别	允许偏差（%）	
		现场拌制	集中搅拌站拌制
1	水泥、干燥状态的掺合料	±2	±1
2	粗、细骨料	±3	±2
3	水、外加剂	±2	±1

1）混凝土中砂浆密度两次测值的相对误差应不大于 0.8%。

2）单位体积混凝土中粗骨料含量两次测值的相对误差应不大于 5%。

（5）混凝土搅拌完毕后，应按下列要求检测混凝土拌合物的各项性能：

1）混凝土拌合物的坍落度及其损失，宜在搅拌地点和浇筑地点分别取样检测，每一工作班或每一单元结构物不应少于两次，评定时应以浇筑地点的测值为准。当混凝土拌合物从搅拌机出料起至浇筑入模的时间不超过 15min 时，其坍落度可仅在搅拌地点取样检测。

2）必要时，尚宜对工作性能、泌水率及含气量等混凝土拌合物的其他指标进行检测。

2. 混凝土运输

（1）混凝土的运输能力应与混凝土的凝结速度、浇筑速度相适应，应使浇筑工作不间断且混凝土运到浇筑地点时仍能保持其均匀性和规定的坍落度。混凝土的运输采用混凝土搅拌罐车进行运输，或在条件允许时采用泵送方式输送；采用吊斗或其他方式运输时，运距不宜超过 100m 且不得使混凝土产生离析。

（2）采用混凝土罐车运输时，途中应以 2～4r/min 的慢速进行搅拌，卸料前应以常速再次搅拌。混凝土运至浇筑地点发生离析、泌水或坍落度不符合要求时，应进行第二次搅拌，二次搅拌时不宜任意加水，确有必要时，应有试验工程师根据具体情况同时加水、相应的胶凝材料和外加剂，并保持其原水胶比不变；二次搅拌仍不符合要求时，则不得使用。

（3）混凝土采用泵送方式时应符合下列规定：

1）混凝土的供应宜使输送混凝土的泵能连续工作，泵送的间歇时间不宜超过 15min。在泵送过程中，受料斗内应具有足够的混凝土，应防止吸入空气产生阻塞。

2）输送管应顺直，转弯处应圆缓，接头应严密不漏气。

3）向低处泵送混凝土时，应采取必要措施，防止混凝土离析或堵塞输送管。

3. 冷却及测温系统埋设

（1）冷却水管埋设

根据混凝土内部温度分布特征及控制最高温度的要求，设计冷却水管。一般情况下，冷却水管水平、垂直间距可按 1m 进行布置，冷却水管与结构外表面距离不应大于 1m，冷却水管采用内径 40mm 钢管。冷却水管可采用丝扣连接或橡胶管套接，确保不漏水。采用橡胶管套接时，两根冷却水管在橡胶套管内应对碰，避免橡胶管弯折阻水，用多重钢丝扎紧。冷却水管使用前进行压水试验，防止管道漏水、阻水，通水时间在 1h 左右，对于管道漏水、阻水的部位立即进行修复；进水口处设置分水器，每套冷却水管设置一个分水器，分水器设置控制阀门，控制水流速度。每套水管设置单独的阀门，并对每套水管逐一编号。

（2）测温元件布置

大体积混凝土浇筑体内监测点的布置，应真实地反映出混凝土浇筑体内最高温升、里表温差、降温速率及环境温度，可按下列方式进行布置：

1）监测点的布置范围应以所选混凝土浇筑体平面图对称轴线的半条轴线为测试区，在测试区内监测点按平面分层布置。

2）在测试区内，监测点的位置与数量可根据混凝土浇筑体内温度场的分布情况及温控的要求确定。

3）在每条测试轴线上，监测点位不宜小于 4 处，应根据结构的几何尺寸布置。

4）沿混凝土浇筑体厚度方向，必须布置外表、底面和中心温度测点，其余测点宜按测点间距不大于 600mm 布置。

5）保温养护效果及环境温度监测点数量应根据具体需要确定。

6）混凝土浇筑体的外表温度，宜为混凝土外表以内 50mm 处的温度。

7）混凝土浇筑体底面的温度，宜为混凝土浇筑体底面上 50mm 处的温度。

（3）温度测试元件质量要求

1）测温元件的测温误差不应大于 0.3℃（25℃环境下），测试范围应为－30～150℃，绝缘电阻应大于 500MΩ。

2）测试元件安装前，必须在水下 1m 处经过浸泡 24h 不损坏；测试元件接头安装位置应准确，固定应牢固，并应与结构钢筋及固定架金属体绝热。

3）测试元件的引出线宜集中布置，并应加以保护；测试元件周围应进行保护，混凝土浇筑过程中，下料时不得直接冲击测试测温元件及其引出线；振捣时，振捣器不得触及测温元件及引出线。

4）测试过程中宜及时描绘出各点的温度变化曲线和断面的温度分布曲线，发现温控数值异常应及时报警，并应采取相应的措施。

4. 混凝土浇筑及施工缝处理

（1）根据待浇结构物的情况、环境条件及浇筑量等制定合理的浇筑工艺方案，工艺方案应对施工缝设置、浇筑顺序、浇筑工具、防裂措施、保护层的控制等作出明确规定。混凝土运至浇筑现场，并在浇筑之前对混凝土的均匀性、坍落度、和易性等性能进行检测。

（2）自高处箱模板内倾卸混凝土时，应防止混凝土离析。直接倾卸时，其自由倾落高度不宜超过 2m；超过 2m 时，应通过串筒、溜槽或振动溜槽等设施下落；倾落高度超过 10m 时，应设置减速装置。

（3）混凝土应按一定的厚度、顺序和方向分层浇筑（混凝土浇筑方式如图 2-2～图 2-4 所示），且应在下层混凝土初凝或能重塑前完成上层混凝土浇筑；上下层同时浇筑时，上层与下层的前后浇筑距离应保持 1.5m 以上；在倾斜面上浇筑混凝土时，应从低处开始逐层扩展升高，并保持水平分层。混凝土分层浇筑的厚度不宜超过表 2-2 的要求。

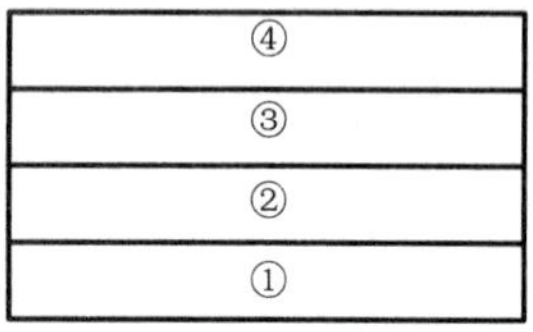

图 2-2　整体分层连续浇筑法

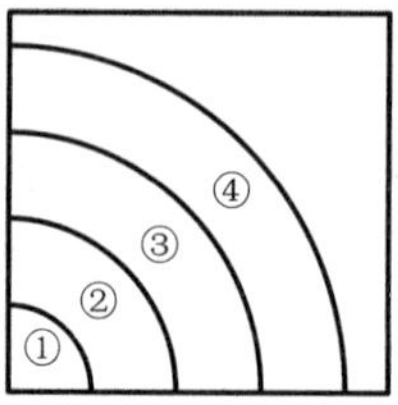

图 2-3　推移式连续浇筑法

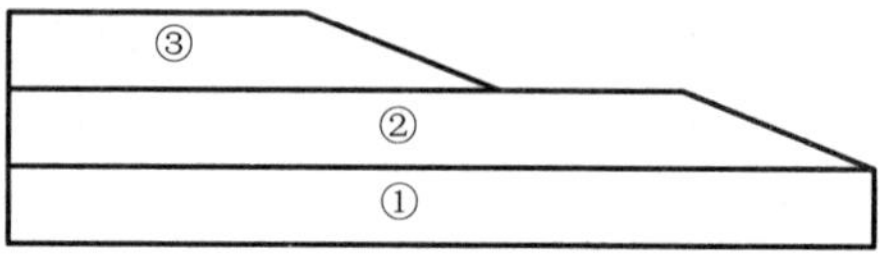

图 2-4　斜面分层浇筑法

混凝土分层浇筑厚度　　**表 2-2**

序号	振捣方式		浇筑层厚度（mm）
1	采用插入式振捣器		300
2	采用附着式振捣器		300
3	采用表面振捣器	无筋或配筋稀疏时	250
		配筋较密实	150

（4）混凝土浇筑宜连续进行，因故中断间歇时，其间歇时间应不小于前层混凝土的初凝时间或重塑时间；当超出时应按浇筑中断处理，并应留置施工缝，同时应记录。

（5）施工缝的位置应在混凝土浇筑之前确定，且宜留置在结构受力剪力和弯矩较小并便于施工的部位，施工缝宜设置成水平面或垂直面。对施工缝的处理应满足下列要求：

1）处理层混凝土表面的松弱层应予以凿除。对处理层混凝土的强度，当采用水冲洗凿毛时，应达到 0.5MPa；人工凿毛时，应达到 2.5MPa；采用风动凿毛时，应达到 10MPa。

2）经凿毛处理后的混凝土面，应采用洁净水冲洗干净；在浇筑上层混凝土前，应对垂直施工缝刷一层水泥净浆，对水平施工缝宜铺一层厚为 10～20mm 的、比结构物混凝土高一强度等级的水泥砂浆。

3）重要部位及抗震要求高的混凝土结构或钢筋稀疏的钢筋混凝土结构，宜在施工缝处补插锚固钢筋；有抗渗要求的混凝土，其施工缝宜做成凹形、凸形或设置止水带；施工缝为斜面时宜浇筑或凿成台阶状。

4）施工缝处理后，须待处理层混凝土达到一定强度后才能继续浇筑混凝土。需要达到的强度，一般最低为 1.2MPa，当结构物为钢筋混凝土时，不得低于 2.5MPa。

5. 混凝土振捣

（1）采用插入式振动器振捣混凝土时，其移位间距应不超过振捣器作用半径的 1.5 倍，与侧模板应保持 50～100mm 的距离，且插入下层混凝土中的深度宜为 50～100mm。

（2）表面振动器的移位间距应使振动器平板能覆盖已振实部分不小于 100mm。附着式振捣器的布置距离，应根据结构物形状和振动器的性能通过试验确定。

（3）每一振点的振捣延续时间宜为 20～30s，以混凝土停止下沉、不出现气泡、表面呈现浮浆为度。

（4）在混凝土初凝之前，适当的时间内给予两次振捣，可以排除混凝土因泌水在粗骨料、水平钢筋下部生成的水分和空隙，提高混凝土与钢筋握裹力。

（5）在混凝土浇筑过程中，应采取防止受力钢筋、定位筋、预埋件等移位和变形的措施，并应及时清除混凝土表面的泌水。在混凝土初凝前应及时进行二次抹压处理。

6. 大体积混凝土温测

（1）温控施工控制关键点

1）浇筑温度的控制；2）冷却水管通水的及时、稳定和持续；3）早龄期内表温差的控制；4）混凝土的持续养护。

（2）控制混凝土出机温度，混凝土出机温度不宜超过 30℃。

（3）控制混凝土入模温度

控制混凝土入模温度在 28℃以内，最高温度不超过 30℃，入模前的模板与钢筋温度以及附近的局部气温不超过 40℃，可采取仓面喷雾的方式降低浇筑温度；尽量将混凝土开盘时间安排在夜晚（此条针对非冬期施工，冬期施工应避免在低温时开盘）。

（4）冷却水循环降温

根据混凝土内部温度分部特征及控制最高温度的要求，在浇筑混凝土时就开始进行冷却水循环。冷却水管为钢管，冷却水温度在 20℃左右，冷却水流速应达到 0.6m/s 以上，流量应大于 45L/min。循环水流速需保持稳定，保证混凝土内部温度整体均匀降低。

每根冷却水管设置一个分水器，这样便于对该层的每套水管的流量进行控制。同时，对每套水管编号，便于根据不同部位温度不同可单独调节该水管的流量，并委派专人对冷却水管进行管理。

1）混凝土浇筑到各层冷却水管标高后开始通水，各层混凝土峰值过后尽快减缓或停止通水，冷却水流量控制应委派专人管理。2）升温时段通水流量应使流速达到0.6m/s以上，形成紊流，降温时段，可通过水阀控制减缓通水，使流速减半，水流平缓，以层流状态冷却混凝土。3）供水泵采用离心式水泵，水泵功率大小根据水管套数和通水流量选取。4）待冷却水管通水结束并养生完成后，应采用同强度等级的水泥砂浆封堵冷却水管。

（5）温度监控

混凝土浇筑后，峰值以前每2h监测一次，峰值出现后每4h监测一次，持续5天，然后转入每天测2次，直到温度变化基本稳定，每次观测完成后及时填写记录表。

混凝土表面与内部温差报警值为25℃，绝对温度不超过65℃，若接近报警值则及时调整循环水的速度及增大蓄水层的厚度。若混凝土内部温度仍较高，可在其表面采用温水养护。通过水汽蒸发带走混凝土的热量，保证其内外温差保持一恒定值。监测中混凝土降温速率过快，可以减缓或停止冷却水管通水，增厚保温层，减少降温阶段散热量。

7. 混凝土养护

大体积混凝土养护采用保湿蓄热法养护。保湿法，即在混凝土浇筑成型后，用蓄水、洒水或喷水养生；蓄热法是在混凝土成型后，覆盖塑料薄膜和保温材料养护或采用薄膜养生液养护。混凝土连续养护时间不得少于14d。

2.4　质量控制

2.4.1　主控项目

1. 原材料

（1）水泥进场时对其品种、级别、包装或散装仓号、出厂日期等进行检查，并对其强度、安定性及其他必要的性能指标进行复验，其质量必须符合现行国家标准规定。

当在使用中对水泥质量有怀疑或水泥出厂超过三个月（快硬硅酸盐水泥超过一个月）时，应进行复验，并按复验结果使用。

钢筋混凝土结构中，严禁使用含氯化物的水泥。

检查数量：按同一生产厂家、同一等级、同一品种、同一批号且连续进场的水泥，袋装不超过200t为一批，散装不超过500t为一批，每批抽样不少于一次。

检验方法：检查产品合格证、出厂检验报告和进场复验报告。

（2）混凝土中掺用外加剂的质量及应用技术应符合现行国家标准《混凝土外加剂》GB8076—2008、《混凝土外加剂应用技术规范》GB50119—2013等和有关环境保护的规定。

钢筋混凝土结构中，当使用含氯化物的外加剂时，混凝土中氯化物的总含量应符合现行国家标准《混凝土质量控制标准》GB50164—2011的规定。

检查数量：按进场的批次和产品的抽样检验方案确定。

检验方法：检查产品合格证、出厂检验报告和进场复验报告。

（3）混凝土中氯化物和碱的总含量应符合现行国家标准《混凝土结构设计规范》GB50010—2010和设计的要求。

检验方法：检查原材料试验报告和氯化物、碱的总含量计算书。

2. 混凝土搅拌及浇灌

(1) 结构混凝土的强度等级必须符合设计要求。用于检查结构构件混凝土强度的试件，应在混凝土的浇筑地点随机抽取。取样与试件留置应符合下列规定：

1) 每拌制 100 盘且不超过 100m^3 的同配合比的混凝土，取样不得少于一次。

2) 每工作班拌制的同一配合比的混凝土不足 100 盘时，取样不得少于一次。

3) 当一次连续浇筑超过 1000m^3 时，同一配合比的混凝土每 200m^3 取样不得少于一次。

4) 每一节段、同一配合比的混凝土，取样不得少于一次。

5) 每次取样应至少留置一组标准养护试件，同条件养护试件的留置组数应根据实际需要确定。

检验方法：检查施工记录及试件强度试验报告。

(2) 对有抗渗要求的混凝土结构，其混凝土试件应在浇筑地点随机取样。同一工程、同一配合比的混凝土，取样不应少于一次，留置组数可根据实际需要确定。

检验方法：检查试件抗渗试验报告。

(3) 混凝土运输、浇筑及间歇的全部时间不应超过混凝土的初凝时间。同一施工段的混凝土应连续浇筑，并应在底层混凝土初凝之前将上一层混凝土浇筑完毕。

当底层混凝土初凝后，浇筑上一层混凝土时，应按施工技术方案中对施工缝的要求进行处理。

检查数量：全数检查。

检验方法：观察，检查施工记录。

2.4.2　一般项目

1. 原材料

(1) 混凝土中掺用矿物掺合料的质量应符合现行国家标准《用于水泥和混凝土中的粉煤灰》GB/T1596—2005 等的规定。矿物掺合料的掺量应通过试验确定。

检查数量：按进场的批次和产品的抽样检验方案确定。

检验方法：检查出厂合格证和进场复验报告。

(2) 普通混凝土所用的粗、细骨料的质量应符合国家现行标准《普通混凝土用砂、石质量及检验方法标准》JGJ52—2006 的规定。

检查数量：按进场的批次和产品的抽样检验方案确定。

检验方法：检查进场复验报告。

(3) 拌制混凝土宜采用饮用水；当采用其他水源时，水质应符合国家现行标准《混凝土用水标准》JGJ63—2006 的规定。

检查数量：同一水源检查不应少于一次。

检验方法：检查水质试验报告。

2. 混凝土施工

(1) 施工缝的位置应在混凝土浇筑前按设计要求和施工技术方案确定。施工缝的处理应按施工技术方案执行。

检查数量：全数检查。

检验方法：观察，检查施工记录。

(2) 混凝土浇筑完毕后，应按施工技术方案及时采取有效的养护措施。

检查数量：全数检查。

检验方法：观察，检查施工记录。

2.4.3　允许偏差项目

大体积混凝土结构实测项目允许偏差见表 2-3 所列。

大体积混凝土结构实测项目　　表 2-3

序号	项目	规定值或允许偏差	检验方法和频率
1	混凝土强度	在合格标准内	试块试压
2	轴线偏差	20mm	全站仪或经纬仪：纵、横各测量 2 点
3	断面尺寸	±30mm	尺量：检查 1～2 断面
4	结构高度	±30mm	尺量：检查 8～10 处
5	顶面高程	±20mm	水准仪：测量 8～10 处
6	大面积平整度	8mm	2m 直尺：检查两个垂直方向，每 $20m^2$ 测 1 处

2.4.4　外观质量要求

(1) 混凝土表面平整，棱角平直，无明显施工接缝。

(2) 蜂窝、麻面面积不得超过该面总面积的 0.5%。

(3) 混凝土表面出现非受力裂缝时，裂缝宽度超过设计规定或设计未规定时超过 0.15mm 必须处理。

2.5　施工记录

(1) 水泥出厂质量证明书及进场复试报告；

(2) 石子试验报告；

(3) 砂试验报告；

(4) 掺合料出厂质量证明及进场试验报告；

(5) 外加剂出厂质量证明及进场试验报告、产品说明书；

(6) 混凝土试配记录；

(7) 混凝土施工配合比通知单；

(8) 混凝土试块强度试压报告；

(9) 混凝土原材料及配合比设计检验批质量验收记录；

(10) 混凝土施工检验批质量验收记录；

(11) 混凝土施工日志。

2.6　成品保护

(1) 混凝土浇筑前，必须严格检查钢筋的保护层厚度，其钢筋垫块不得遗漏。

(2) 冬期施工应覆盖保温材料，防止混凝土受冻。

(3) 拆模时应避免重撬、硬砸，以免损伤混凝土和钢模板。

(4) 混凝土终凝前，不得在混凝土面上行走，以免留下脚印或其他印记。

2.7　安全与环保措施

2.7.1　安全保护措施

（1）施工过程的安全应符合国家现行《建筑施工安全检查标准》JGJ59—2011的有关规定，施工机械应符合国家现行《建筑机械使用安全技术规程》JGJ33—2012的有关规定，施工临时用电应符合国家现行《施工现场临时用电安全技术规范》JGJ46—2005的规定。

（2）施工过程危害辨识及控制措施见表2-4所列。

施工过程危害辨识及控制措施　　表2-4

序号	作业活动	危险源	控制措施
1	搭拆脚手架	高处坠落	安全技术逐级交底，架子工必须持证上岗；穿戴安全帽、安全带，穿防滑鞋；脚手板不得有探头板，应绑钉牢固可靠
2	设备操作	机械伤害	施工机具应由专人负责使用和维护，大、中型机械特殊机具需执有效合格证件上岗；施工机具要定期进行维护和保养，不得带病运转和超负荷作业；非施工人员，不得进入，施工机具运转时，施工人员严禁靠近触摸，防止伤人；雨、雪天施工时，应注意对带电施工机具的保护。防止受潮、短路，必要时应搭设防雨棚等
3	施工用电	触电	施工用电认真执行三相五线用电制，每台用电设备，要做到“一机、一闸、一漏”的保护原则，严禁“一闸多用”；作业时应按规定穿戴绝缘鞋、绝缘手套及其他防护用品；现场施工用电要定期进行检查，对有问题的电缆、配电箱、开关等应及时进行更换和维护
4	混凝土振捣	触电	使用前检查电缆，电缆延长线采用具有漏电开关的电缆盘；戴绝缘手套、穿绝缘鞋
5	冬期施工	火灾	配置现场灭火器，指定专人管理；对每位施工人员进行“三懂三会”的教育；确认周围有否易燃物，采取隔离措施

2.7.2　环保措施

（1）施工过程的环境保护应符合国家现行《建设工程施工现场环境与卫生标准》JGJ146—2013的有关规定。在施工期间严格控制噪声，应符合现行国家《建筑施工场界环境噪声排放标准》GB12523—2011的规定。

（2）环境因素辨识及控制措施见表2-5所列。

环境因素辨识及控制措施　　表2-5

序号	作业活动	环境因素	控制措施
1	砂石料进场、垃圾出场	扬尘	砂石运输车辆表面覆盖；建筑垃圾运输车辆表面覆盖；每天清洁路面泥土
2	混凝土搅拌	污水的排放	设沉淀池，清污分流
3	袋装水泥使用	固体废物	设置分类垃圾箱，及时清运建筑垃圾
4	混凝土振捣	噪声	办理夜间施工许可证；合理安排施工时间

第3章　一般墩柱（一次支模浇筑）施工工艺

3.1　适用范围及特点

3.1.1　适用范围

一般桥墩（一次支模浇筑）施工工艺适用于高度不大于20m的墩柱。

3.1.2　工艺特点

（1）施工工艺简单、操作方便。（2）在墩柱高度大于5m以上时，进行混凝土浇筑时，应拉缆风绳。

3.2　施工准备

3.2.1　技术准备

（1）对现场管理人员及操作工人进行安全、技术交底，交底内容主要包括：施工总体布置、钢筋绑扎、模板安装及拆卸、混凝土浇筑注意事项、桥墩中心坐标、标高以及质量控制要点等事项。

（2）测量人员对现场桥梁墩中心坐标、平面尺寸、标高等技术参数进行现场测设，并对现场工长以及作业班组进行交底。

3.2.2　材料准备

（1）做好前期的钢材、混凝土原材料的准备。

（2）依据施工进度安排，配置能满足施工进度要求的模板架料以及辅助材料（表3-1）。

主要施工物资需求计划　　**表3-1**

序号	名称	备注
1	墩柱模板	钢模板
2	钢管	Φ48×3.5
3	塑料薄膜	厚度0.15mm
4	防护网	安全防护
5	脚手木板	搭设操作平台

3.2.3　机具准备

一般墩柱施工主要涉及机具见表3-2所列。

主要机具设备投入情况　　**表3-2**

序号	设备名称	备注
1	汽车吊	模板、钢筋起吊
2	混凝土泵车	混凝土浇筑

续表

序号	设备名称	备注
3	混凝土灌车	混凝土运输
4	插入式振捣器	混凝土振捣
5	电焊机	钢筋焊接
6	钢筋加工成套设备	钢筋加工

3.2.4　作业条件准备

（1）对现场施工完毕的承台进行验收，对验收合格的承台及时进行基坑回填；基坑回填应密实，不影响脚手架搭设的安全性。

（2）清理出足够的施工作业面，并做好现场桥墩模板架设的准备工作。

（3）保证水、电的供应需求。

3.3　施工工艺

3.3.1　工艺流程

一般墩柱施工工艺流程如图 3-1 所示。

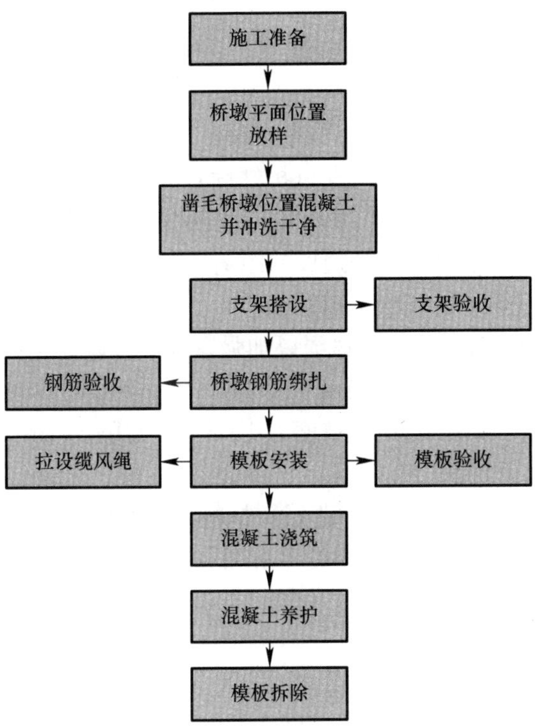

图 3-1　一般墩柱施工工艺流程

3.3.2　操作要点

1. 墩柱底部接缝处理

（1）在承台混凝土终凝后，对墩身的平面位置进行测量放样，在承台上确定出墩身的中心坐标及平面位置。

（2）对承台顶面桥墩位置的混凝土面进行凿毛（露出混凝土新鲜石子）、冲洗干净以及对锚入承台内桥墩钢筋进行修正、除锈、调直，但不得损伤钢筋（图 3-2）。

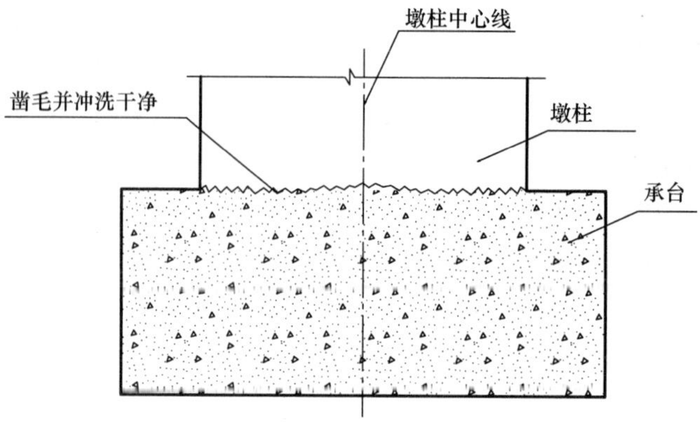

图 3-2　墩柱与承台接缝凿毛处理示意

2. 支架搭设

（1）在墩柱钢筋绑扎前进行脚手架的搭设，脚手架沿墩柱四周通长搭设，高度按照具体墩柱高度而定。

（2）脚手架采用 Φ48×3.5 扣件式钢管架，立杆纵距为 1.2m，横距为 1.5m，步距为 1.8m。

（3）脚手架设置纵、横向扫地杆，纵向杆采用直角扣件固定在距底座上皮不大于 200mm 处的立杆上，横向扫地杆采用直角扣件固定在紧靠纵向扫地杆下方的立杆上，当立杆基础不在同一高度上时，将高处的纵向扫地杆向低处延长两跨与立杆固定，高低差不应大于 1m，靠边坡上方的立杆轴线到边坡的距离不应小于 500mm。

（4）剪刀撑成 45°搭设，通长交叉搭设。

（5）当墩柱高于 10m 时，设置揽风绳以加强墩柱的整体稳定性。

（6）斜道与脚手架同时搭设，脚手架搭设成“之”字形，斜道的宽度为 1～1.5m，平台宽度 1.5m，长度为 2～3m，斜道的坡度为 1∶3，并每隔 300mm 设置 30mm×40mm 的防滑木条一道。

（7）脚手架每步设置脚手板作为作业层，材料采用木板，并设置安全网全封闭防护。

（8）脚手架的搭设严格按照《建筑施工扣件式钢管脚手架安全技术规范》JGJ130—2011 中的相关要求进行施工（图 3-3）。

3. 钢筋工程

（1）基本要求

钢筋必须具有出厂合格证；钢筋表面洁净、平直、无局部弯折，使用前将表面油渍、鳞锈等清除干净。

（2）钢筋加工

1）钢筋班组根据钢筋工长提供的配筋单进行加工，钢筋原材和成型钢筋进行挂牌标识和分类堆放。钢筋工长对钢筋加工进行技术交底，在工作过程中进行指导抽查，钢筋加工成品在检验合格后方可进行绑扎。

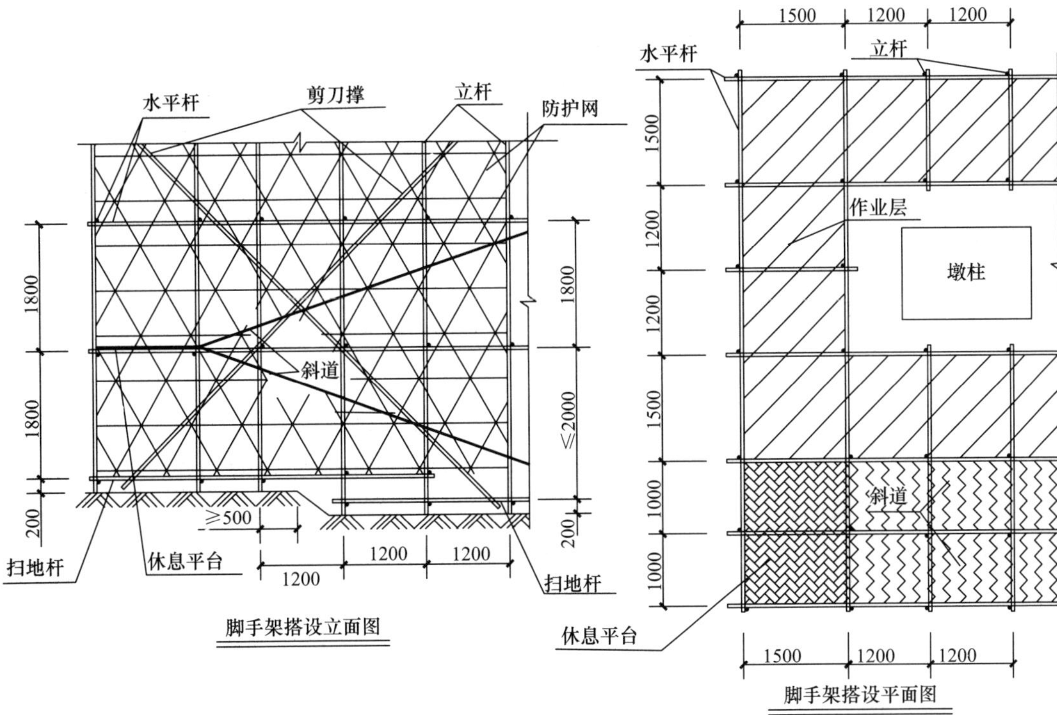

图 3-3　脚手架搭设示意

2）钢筋如有锈蚀采用钢丝刷或在调直过程中除锈，带有颗粒状或片状老锈的钢筋不得使用，钢筋拉直后应平直，且无局部曲折。

3）钢筋切断时避免用短尺量长料，防止在量料中产生累计误差，为此在工作台上标出尺寸刻度，并设置控制断料尺寸用的挡板。在切断过程中，如有发现钢筋有劈裂、缩头或严重的弯头等必须切除。如发现钢筋硬度与该钢种有较大的出入，及时向工长反映，立即采取处理措施，钢筋的断口不得有马蹄形或起弯等现象。

4）钢筋的弯曲成型用弯曲机进行。钢筋的弯制和末端的弯钩应符合设计要求，如设计无规定时，应符合表 3-3 的规定。

受力主钢筋制作和末端弯钩形状　　**表 3-3**

弯曲部位	弯曲角度	形状图	钢筋种类	弯曲直径 D	平直部分长度	备注
末端弯钩	180°	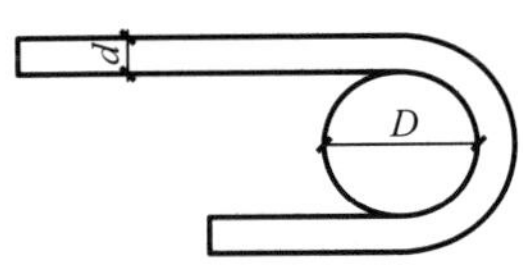	HPB300	≥2.5d	≥3d	d 为钢筋直径
	135°	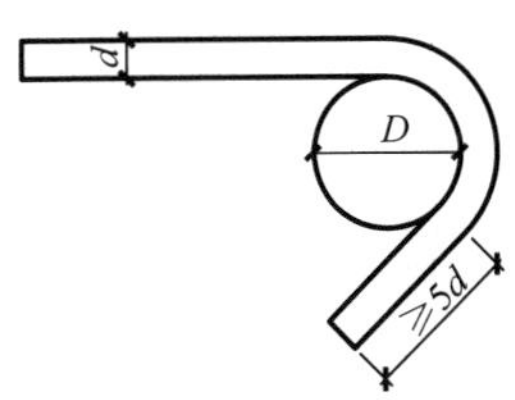	HRB335	ϕ8～ϕ25≥4d	≥5d	

续表

弯曲部位	弯曲角度	形状图	钢筋种类	弯曲直径 D	平直部分长度	备注
末端弯钩	90°	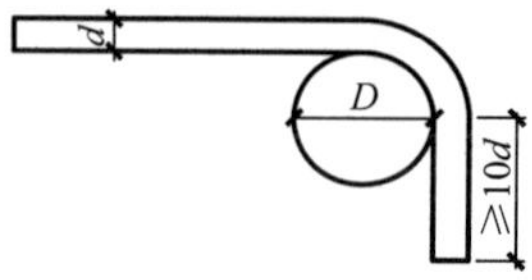	HRB335	ϕ8～ϕ25≥4d	≥10d	d 为钢筋直径
中间弯钩	90°以下	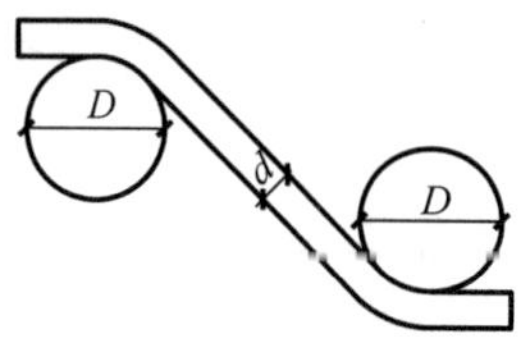	各类	≥20d		

用 HPB300 级钢筋制作的箍筋，其末端应做弯钩，弯钩的弯曲直径应大于受力主钢筋的直径，且不小于箍筋直径的 2.5 倍。弯钩平直部分的长度，一般结构不宜小于箍筋直径的 5 倍，有抗震要求的结构，不应小于箍筋直径的 10 倍。

5）钢筋加工完成后按表 3-4 中的要求进行验收，合格后方可进行安装。

钢筋加工允许偏差和检验方法　　**表 3-4**

序号	名称	允许偏差（mm）	检查频率		检验方法
			范围	点数	
1	受力钢筋全长	±10	按每工作日同一类型钢筋、同一加工设备抽查 3 件	3	用钢尺量
2	弯起钢筋的弯折位置	±20			
3	箍筋内净尺寸	±5			

（3）钢筋的连接

墩柱钢筋连接方式选用：竖向钢筋采用机械连接，水平钢筋、箍筋以及其他钢筋采用焊接或者绑扎连接。

受力钢筋焊接或绑扎接头应设置在内力较小处，并错开布置，对于绑扎接头，两接头间距离不小于 1.3 倍搭接长度。对于焊接接头，在接头长度区段内，同一根钢筋不得有两个接头，配置在接头长度区段内的受力钢筋，其接头的截面面积占总截面面积的百分率应符合表 3-5 的规定。

接头长度区段内受力钢筋接头面积的最大百分率　　**表 3-5**

序号	接头型式	接头面积最大百分率（%）	
		受拉区	受压区
1	主钢筋绑扎接头	25	50
2	主钢筋焊接接头	50	不限制

注：焊接接头长度区段内是指 35d（d 为钢筋直径）长度范围内，但不得小于 500mm，绑扎接头长度区段是指 1.3 倍搭接长度；在同一根钢筋上应尽量少设接头；装配式构件连接处的受力钢筋焊接接头可不受此限制；绑扎接头中钢筋的横向净距不应小于钢筋直径且不应小于 25mm。

1）机械连接

① 竖向钢筋采用直螺纹套筒连接，局部采用焊接。连接钢筋时，钢筋规格和套筒的规格必须一致，钢筋和套筒的丝扣干净、完好无损。

② 连接水平钢筋时，必须从一头往另一头依次连接，不得从两头往中间或中间往两

端连接。

③ 连接钢筋时应对正轴线，将待连接的钢筋拧入同规格连接套筒，接头连接完成后，应使两个丝头在套筒中央位置互相顶紧，标准型套筒每端不得有一扣以上完整丝扣外露。

④ 钢筋直螺纹连接必须满足《钢筋机械连接技术规程》JGJ107—2010 和《钢筋机械连接用套筒》JG/T163—2013 中相关要求。

2）电弧焊

① 检查电源、焊机及工具，焊接接地应与钢筋接触良好，防止因起弧烧伤钢筋。

② 选择焊接参数，根据钢筋级别、直径、接头型式和焊接位置，选择适宜的焊条直径、焊接层数和焊接电流。保证焊缝与钢筋熔焊良好。

③ 试焊、做模拟试件，在每批埋件正式焊接前，应焊接 3 个模拟试件做拉力试验，经试验合格后，方可按确定的焊接参数成批生产（表 3-6）。

钢筋电弧焊所采用焊条推荐　　表 3-6

序号	母材	焊材
1	HPB300	E4303 ER50-X
2	HRB335 HRBF335	E5003 E4303 E5016 E5015 ER50-X
3	HRB400 HRBF400	E5003 E5516 E5515 ER50-X

注：采用帮条焊或搭接焊。

④ 施焊操作

引弧：带有垫板或帮条的接头，引弧应在钢板或帮条上进行。无钢筋垫板或无帮条的接头，引弧应在形成焊缝的部位，防止烧伤主筋。

定位：焊接时应先进行点固再施焊。

运条：运条时的直线前进、横向摆动和松紧焊条三个动作要协调平稳。

收弧：收弧时，应将熔池填满，注意不要在工作面上造成电弧擦伤。

多层焊：如钢筋直径较大，需要进行多层施焊时，应分层间断施焊，每焊一层后，应清渣再焊接下一层。应保证焊缝的高度和长度。

熔合：焊接过程中应有足够的熔深。主焊缝与定位焊缝应接合良好，避免气孔、夹渣和烧伤缺陷，并防止产生裂缝。

平焊：平焊时要注意熔渣和铁水混合不清的现象，防止熔渣流到铁水前面。熔池也应控制成椭圆形，一般采用右焊法，焊条与工作面成 70°～80°。

立焊：立焊时，铁水与熔渣易分离。要防止熔池温度过高，铁水下坠形成焊瘤，操作时焊条与垂直面形成 60°～80°角。使电弧略向上，吹向熔池中心。焊第一道时，应压住电弧向上运条，同时做较小的横向摆动，其余各层用半圆形横向摆动加挑弧法向上焊接。

仰焊：仰焊时宜用小的电流短弧焊接，熔地宜薄，应确保与母材熔合良好。第一层焊缝用短电弧做前后推拉动作，焊条与焊接方向成80°～90°。其余各层焊条横摆，并在坡口侧略停顿稳弧，保证两侧熔合。

贴角焊：贴角焊时，焊缝的焊脚高度K对HPB300级钢筋不得小于0.5d，对HRB335级钢筋，不得小于0.6d（d为钢筋直径）。

⑤ 相关规定：采用搭接焊时，两连接钢筋轴线应一致，双面焊缝的长度不得小于5d，单面焊缝的长度不得小于10d（d为钢筋直径）；采用帮条焊时，帮条直径、级别应与被焊钢筋一致，帮条长度：双面焊缝不得小于5d，单面焊缝不得小于10d（d为主筋直径）。帮条与被焊钢筋轴线应在同一平面上，两主筋端面的间隙应为2～4mm。

（4）钢筋绑扎

墩柱钢筋绑扎：接槎混凝土凿毛→套墩柱箍筋→连接竖向受力筋→画墩柱箍筋线→绑扎墩柱箍筋。

套墩柱箍筋：按照图纸要求间距计算出箍筋数量，将箍筋套在留出的插筋上。

墩柱箍筋套完后，将墩柱的受力筋立起，在墩柱受力筋上画出箍筋的间距线，按照间距线来绑扎箍筋，并且箍筋的开口方向要相互错开。柱子箍筋加密区范围应符合图纸要求或相关规范要求。箍筋绑扎时要保证箍筋开口错开布置。

待墩柱钢筋基本绑扎完毕后，通过吊线锤将墩柱主筋的位置线引到上层钢管上，并用钢管锁口，以保证墩柱钢筋位置的准确。

（5）钢筋安装验收

1）墩身钢筋与承台内预埋钢筋连接接头按50％接头错开配置。

2）确保墩柱垫石附近的剪力钢筋以及支座预埋螺栓孔数量、位置必须满足设计图纸的要求或遵照监理工程师的要求施工。

3）钢筋安装的允许偏差，按照《公路工程质量检验评定标准　第一册　土建工程》JTG F80/1—2004与《公路桥涵施工技术规范》JTG/T F50—2011，见表3-7所列。

钢筋安装及钢筋保护层厚度允许偏差和检验方法　　表3-7

序号	名称		允许偏差	检验方法
1	受力钢筋排距		±5mm	尺量，两端、中间1处
2	同一排中受力钢筋间距		±20mm	
3	箍筋间距	绑扎骨架	±20mm	
		焊接骨架	±10mm	
4	弯起点的偏差（加工偏差±20mm包含在内）		±20mm	尺量
5	钢筋保护层厚度	50mm	±10mm	尺量，两端、中间2处

（6）钢筋保护层设置

保护层的设置采用专业厂家订制的四点式混凝土垫块，垫块按照钢筋直径制成十字形凹槽状，绑扎在钢筋十字交叉处以保证垫块绑扎后不会发生转动，垫块的设置按每平方米不少于4个呈梅花形进行布置。

4. 模板制作与安装

（1）模板制作

1）模板采用定型钢模板，模板设计时应结合墩柱形状及表面装饰条纹，在模板表面制作艺术衬模，使装饰条纹与混凝土浇筑同时完成。

2）钢模板及配件按现行的国家标准《组合钢模板技术规范》GB/T50214—2013 以及《清水混凝土应用技术规程》JGJ169—2009 中相关要求在模板厂家进行设计加工，制作质量精良，误差较小，达到平整、平直、不变形等要求。

3）模板出厂时必须具有产品质量检验合格证，在出厂前，必须进行荷载试验，检验模板的强度、刚度和焊接质量等综合性能。

4）在钢模板出厂时进行模板试拼装，模板的验收分为单件验收和组合验收，验收标准按表 3-8 进行。

模板制作允许偏差　　**表 3-8**

项目			允许偏差（mm）	检验频率		检验方法
				范围	点数	
钢模板	模板长度和宽度		0，－1	每个构筑物或每个构件	4	用钢尺量
	肋高		±5		2	
	面板端偏斜		0.5		2	用水平尺量
	连接配件（螺栓、卡子等）的眼孔位置	孔中心与板面的间距	±0.3		4	用钢尺量
		板端孔中心与板端的间距	0，－0.5			
		沿板长度方向的孔	±0.6			
	板面局部不平		1.0			用 2m 直尺和塞尺量
	板面和板侧挠度		±1.0		1	用水准仪和拉线量

（2）模板安装

1）钢筋安装完成并通过验收后开始对墩柱模板进行封模；模板安装前对模板安装平面位置及标高进行放样，确保模板安装位置的准确性；模板安装前需对模板进行表面的清洁处理并涂抹隔离剂。

2）墩身模板采用汽车吊整体吊装、人工配合的方法进行安装，墩身模板竖向按模板的配模分节安装。

3）模板外侧设置桁架式可调支撑便于模板垂直位置调整，顶帽模板就位调整。

4）模板吊装完毕后及时进行脚手架的搭设，确保模板满足整体性与刚度；模板接缝处贴海绵胶带要严密，不得漏浆。

5）模板安装完毕后对模板的标高、模板的组装质量进行复查，并检查配件的数量、位置和紧固情况（表 3-9）。

墩柱钢模板安装质量验收标准　　**表 3-9**

序号	项目	允许偏差（mm）	检验方法
1	前后、左右距中心线尺寸	10	用经纬仪测量，纵横向各 1 点
2	表面平整度	3	2m 直尺和塞尺检查不少于 4 处
3	相邻模板错台	2	钢板尺和塞尺量不少于 5 处
4	同一梁端两垫石高差	2	水准仪测量
5	墩台支承垫石顶面高程	＋2，－5	水准仪测量
6	预埋件和预留孔位置	5	用钢尺量
7	垂直度	H/500，且不大于 20	经纬仪或垂线和钢尺量

6）墩柱采用钢管抱箍以保证其整体稳定性，钢管抱箍的间距为 1000mm。

7）设置缆风绳加强墩柱的整体稳定性，在调整模板垂直度和少量位置偏差时，可以用设置在缆风绳上的花篮螺栓进行调整。

5. 混凝土浇筑

（1）墩柱混凝土浇筑一般采用混凝土汽车输送泵泵送，采用插入式振动器振捣。在混凝土浇筑前对支架、模板、钢筋和预埋件进行检查，做好记录，符合设计要求后方可浇筑，模板内的杂物、积水和钢筋上的污垢应清理干净。模板如有缝隙，应填塞严密。浇筑混凝土前，应检查混凝土的均匀性、坍落度，并做好试块的制作。

（2）对于墩柱高度 10m 以上的桥墩可采用二次或三次浇筑，根据墩身高度合理地划分施工缝位置，在下次浇筑前需对已浇混凝土表面进行凿毛处理；若墩身高度在 10m 以内，则一次支模、一次浇筑。

（3）当采用二次或三次浇筑混凝土时，在第一次混凝土浇筑完毕后，混凝土初凝之前必须将混凝土顶面外边沿与模板顶面抹压平齐。混凝土终凝后，必须采用人工对混凝土接缝处进行凿毛处理（凿出混凝土新鲜石子），并采用清水冲洗干净，在浇筑上部混凝土之前不得有积水以及浮渣等杂质。为了保证混凝土接缝处光滑、顺直、无缺陷，从混凝土外侧边沿向墩身内部 20mm 宽度范围不得凿毛（图 3-4）。

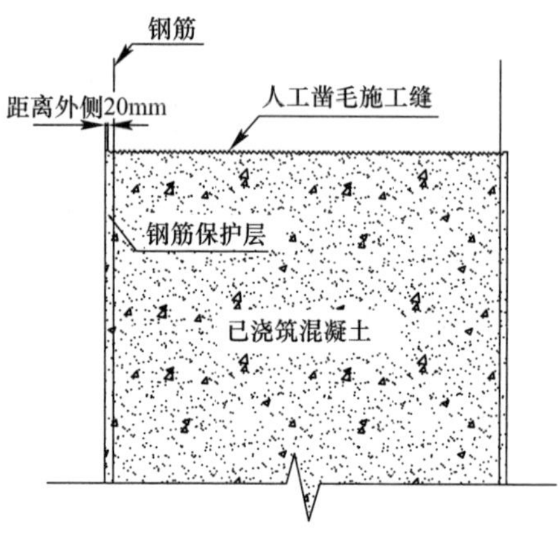

图 3-4　墩柱二次混凝土施工缝处理示意

（4）因该墩柱高度较高，为防止混凝土浇筑过程中产生离析，采用串筒或溜槽辅助混凝土浇筑，串筒出料口下方混凝土堆积高度不宜超过 1m。严格控制混凝土的浇筑速度，最大浇筑速度不大于 2m/h。

（5）墩柱混凝土浇筑采用“分层浇筑，降低混凝土内外温差”，分层厚度控制在 30cm 之内，振捣采用插入式振动器，振捣时严禁碰撞钢筋和模板。振动器振动时要快插慢拔，不断上下移动振动棒，以便捣实均匀，减少混凝土表面气泡。振动棒插入下层混凝土中 5～10cm，移动间距不应超过振动器作用半径的 1.5 倍，振动棒与模板保持 5～10cm 距离，对每一个振动部位，振动到该部位混凝土密实为止，即混凝土不再冒出气泡，表面出现平坦泛浆。每一处振动完毕后应徐徐提出振动棒。

（6）混凝土的浇筑应连续进行，如因故必须间断时，其间断时间应小于前层混凝土的初凝时间或能重塑的时间。

（7）在混凝土浇筑过程中，随时观察所设置的预埋螺栓、预留孔、预埋支座的位置是否移动，若发现移位及时校正；在浇筑过程中注意模板、支架等支撑情况，设专人检查，如有变形、移位或沉陷立即校正并加固，处理后方可继续浇筑混凝土。

（8）在浇筑过程中或浇筑完成时，如混凝土表面泌水较多，须在不扰动已浇筑混凝土的条件下，采取措施将水排除。继续浇筑混凝土时应查明原因，采取措施，减少泌水。

6. 混凝土养护

（1）混凝土浇筑振捣完毕，墩顶混凝土面以木杠刮平后覆盖塑料薄膜，在混凝土初凝前人工二次压实抹平，压抹后立即铺上塑料薄膜予以养护。

（2）混凝土强度达到 2.5MPa 前，不得使其承受行人、运输工具、模板、支架及脚手架等荷载。

7. 模板拆除及保护

（1）模板拆除采用吊车与人工配合的方式进行。模板的拆除顺序按照“先支后拆，后支先拆”的顺序进行模板拆除；桥墩上半部分模板拆除时应防止对墩身混凝土造成损伤。

（2）不要猛力撬、敲粘在混凝土上的模板，也不能高处丢、掷模板，避免造成模板的损坏、变形，而影响下次的安装使用。

（3）对粘在模板表面的混凝土碴（浆）应及时铲除清理干净，板面涂刷防锈油，并在下次使用前涂刷隔离剂，保证模板表面平整、光洁。

（4）对多次使用的模板进行定期检查，对变形及损坏的模板及配件进行整形和修补（表 3-10）。

钢模板板面修复后主要质量标准　　表 3-10

序号	项目	允许偏差（mm）
1	钢模板板面平整度	≤2.0
2	模板上下端部平整度	≤2.0

（5）钢模板处理后采用塑料布遮盖，模板放置地面应平整、坚实，有排水措施，模板底面垫离地面 200mm 以上，两支点模板两端的距离不大于模板长度的 1/6。

3.4　质量控制

3.4.1　验收标准

混凝土表面色泽一致、结构尺寸准确，棱角分明，强度符合设计要求，且混凝土密实平整，表面光洁，接槎顺直，不得有露筋、蜂窝、孔洞、疏松、麻面和缺棱掉角等缺陷；混凝土表面严禁涂、刷、抹，保持自然质感（表 3-11）。

混凝土墩柱允许偏差和检验方法　　表 3-11

序号	项目	允许偏差（mm）
1	混凝土强度	在合格标准内
2	竖直度或倾斜度（mm）	0.3%H 且不大于 20
3	节段间错台	5mm
4	预埋件位置	10mm
5	断面尺寸	±20mm
6	顶面高程	±10mm
7	轴线偏差	10mm
8	大面积平整度	5mm

注：H 为墩柱高度。

说明：混凝土表面裂缝宽度不得大于 0.2mm。

3.4.2　施工质量保证措施

1. 施工前的质量控制

（1）做好混凝土原材料的检验工作，确保水泥、砂子、石子、外加剂、粉煤灰等原材料满足混凝土的技术要求。

（2）确保墩柱模板的加工质量，即模板的刚度、稳定性以及模板的表面平整度、尺寸均满足设计要求。

（3）对进场的施工人员进行岗前培训，培训合格的人员方可持证上岗；对特种工种的人员必须取得资格证书后才可从事本职岗位。

（4）测量队在施工前期必须对导线进行复核，精确放样，对现场施工技术人员和作业班组进行测量坐标交底工作。

（5）在开工前，材料检验合格证明、机械设备报验单、测量报验、开工报告等相关资料齐全，并经过监理工程师审批后方可开始施工。

2. 施工中的质量控制

（1）在施工过程中测量人员必须对施工过程中测量控制点定期复核。严格执行复核制度、交底签认制度、向监理工程师报批制度，以“放准，勤复测，点、线、面通盘控制”的方法，确保测量工作的准确无误。

（2）现场技术人员及工长必须做好现场的检查验收工作，对不符合要求的工序、操作方法进行纠正，特别对隐蔽工序做好详细的记录与报检工作，即钢筋、预埋件、预留孔等的规格、数量、尺寸的准确性。严格按照“过程检验和试验控制程序”的内容和要求保证三级验证制度的效能；及时组织质检员、施工员和有关技术人员对各工序进行自检，按有关规程规范进行检验、试验、标识和记录；对出现的问题，及时组织有关人员进行研究分析，制定出纠正和预防措施，以确保达到其实施效果；对隐蔽工序及时通知设计单位和监理单位，经现场认可后，才能进行下一工序的施工。

（3）组织质检、试验、技术等相关人员定期、不定期地进行现场的施工质量检查，对发现的问题及时予以纠正。

（4）对运至现场的混凝土做好浇筑前的检验工作，对不符合要求的混凝土禁止使用；严格按照已定的施工方案进行混凝土的浇筑、振捣工作，在混凝土浇筑过程中指派专人进行模板、支架沉降变形的观测，对超出允许范围内的变形及时采取措施，确保混凝土的浇筑质量。

3. 施工后的质量控制

（1）及时对桥墩的标高、尺寸、相邻距离以及沉降量进行测量与观测，防止不合格产品的发生，按照纠正措施控制程序对不合格产品进行评审，分析原因，指定纠正措施，跟踪和记录纠正措施的结果，并对其有效性作出评价。

（2）模板拆除时不能用力过猛，严禁使用撬杠等工具蛮撬。模板拆除后，对混凝土表面的缺陷要及时处理。

3.5 施工记录

（1）水泥、掺合料、外加剂（产品说明书）出厂质量证明书及进场复试报告；

（2）石子、砂子试验报告；

（3）混凝土试配记录；

（4）混凝土施工配合比通知单；

（5）混凝土试块强度试压报告；

（6）混凝土原材料及配合比设计检验批质量验收记录；
（7）混凝土施工检验批质量验收记录；
（8）钢筋绑扎检验批质量验收记录；
（9）模板安装检验批质量验收记录；
（10）混凝土施工日志。

3.6　成品保护

（1）桥墩拆模后，采用塑料薄膜封严，以防止桥墩表面污染；桥墩顶面应覆盖严密，避免雨水从桥墩上部冲刷桥墩表面，造成污染。桥墩的覆盖薄膜采用硬质塑料压杆条沿桥墩四周每 1m 设置一道，并采用绳索环向捆绑牢固。

（2）在桥墩周围搭设防护栏杆，防止运输车辆以及其他物体的碰撞对桥墩表面造成损伤。

3.7　安全与环保措施

3.7.1　安全保护措施

（1）施工过程的安全应符合国家现行《建筑施工安全检查标准》JGJ59—2011 的有关规定，施工机械应符合国家现行《建筑机械使用安全技术规程》JGJ33—2012 的有关规定，施工临时用电应符合国家现行《施工现场临时用电安全技术规范》JGJ46—2005 的规定。

（2）施工过程危害辨识及控制措施见表 3-12 所列。

危险源识别与管理措施分析　　表 3-12

序号	作业活动	危险因素	可能导致的事故	采取纠正措施
1	施工作业	安全技术措施方案未经审批、审核，就采用	高处坠落/物体打击/触电等	完善审批制度
		设备设施未经验收	起重伤害/机械伤害/倒塌等	未经验收设备不得使用
		无安全技术交底	高处坠落/物体打击/触电等	机械能安全技术交底
		未按要求做安全检查	高处坠落/物体打击/触电等	每天进行安全巡检
		允许无证人员操作	起重伤害/触电等	杜绝无证操作
		违反安全技术措施方案	起重伤害等	进行现场安全交底
		未使用个人防护用品	高处坠落/机械伤害/触电等	配备安全防护用品
		施工人员无证上岗操作	高处坠落等	杜绝无证上岗
2	脚手架和安全网搭拆作业	使用不合格的钢管扣件	坍塌/高处坠落	验收合格方可使用
		错误使用扣件	倒塌	随时检查、随时改正
		脚手架基础未平整夯实	倒塌	脚手架基础夯实
		未按规定设置剪刀撑或剪刀撑搭设不符合设计要求	倒塌/高处坠落	重新搭设
		未按规定设置安全网或安全网搭设不符合要求	高处坠落/物体打击	重新搭设
		非架子工操作	高处坠落/物体打击	持证上岗
		疲劳作业	其他伤害	杜绝疲劳作业

续表

序号	作业活动	危险因素	可能导致的事故	采取纠正措施
3	高处作业	临边护栏高度低于 1.2m，没用密目网遮挡	高处坠落	重新搭设
		酒后高处作业	高处坠落/物体打击	严禁进入施工现场
4	模板安拆	随大模板吊起提升	高处坠落	杜绝此类事件
		非操作人员驾驶吊车	高处坠落/人员伤害	持证上岗

3.7.2　环保措施

（1）施工过程的环境保护应符合国家现行《建设工程施工现场环境与卫生标准》JGJ146—2013 的有关规定。在施工期间严格控制噪声，应符合现行国家《建筑施工场界环境噪声排放标准》GB12523—2011 的规定。

（2）场地要进行合理规划，材料堆放要整齐，现场管理要有序，现场道路要畅通，无积水、坑陷，电线路及配电箱敷设整洁、规范。

（3）施工完毕后，大件施工工具应集中存放，小件施工工具要清理归仓。机械检修时，底部垫厚塑料布隔绝地面并用容器接装油料，防止油料污染。

（4）应注意混凝土生产、水泥运输等产生的粉尘对环境的影响。混凝土所用材料，特别是外加剂，应满足环保要求。

（5）混凝土浇筑完成后，要做到工完料清，及时清除多余的砂石、废弃混凝土和各种剩余物质材料。

第 4 章　混凝土墩柱滑模法施工工艺

4.1　适用范围及特点

4.1.1　适用范围

混凝土墩身滑模法适用于浇筑低流动度或半干硬性混凝土，同时由于其工作原理，滑模施工要求墩柱结构形式单一、断面变化少、无局部凸出物及其他预埋件等物体。适用于等截面或变截面的实体或薄壁空心墩柱，对高度大于 25m 以上墩柱较为经济。

4.1.2　工艺特点

（1）滑模施工连续不间断、机械化程度高、施工速度快。（2）墩身混凝土连续性好、一次成型、无施工缝、整体性好。（3）安全度高。

4.2　施工准备

4.2.1　技术准备

（1）滑模施工应根据工程结构特点及滑模工艺的要求提出对工程设计的局部修改意见，确定不宜滑模施工部位的处理方法以及划分滑模作业的区段等。

（2）滑模施工必须根据工程结构的特点及现场的施工条件编制施工组织设计。

（3）做好滑模装置设计，并能满足现场施工所要求的安全性、可靠性、使用性的要求，便于操作。

（4）做好对现场管理人员及操作人员的安全、技术交底工作。

4.2.2　材料准备

（1）模板：应具有通用性、耐磨性，拼缝紧密，装拆方便，并有足够的刚度，且符合下列规定：

1）平模板宜采用模板和围圈合一的组合大钢模板。

2）异型模板、弧形模板、调节模板等应根据结构截面形状和施工要求设计制作。

3）模板制作必须板面平整，无卷边、翘曲、孔洞、毛刺等，阴阳角模的单面倾斜度应符合设计要求。

（2）提升架宜设计成适用于多种结构施工的类型。对于结构的特殊部位，可设计专用的提升架。提升架设计时，应按实际的垂直和水平荷载验算，必须有足够的刚度，其构造应符合下列规定：

1）提升架可采用单横梁“Ⅱ”形架、双横梁的“开”形架或单立柱的“T”形架，横梁与立柱必须刚性连接，两者的轴线应在同一平面内，在使用荷载作用下，立柱下端的侧向变形应不大于 2mm。

2）模板上口至提升架横梁底部的净高度，对于 Φ25 支承杆宜为 400～500mm，对于 Φ48×3.5 支承杆宜为 500～900mm。

3）提升架立柱上应设有调整内外模板间距和倾斜度的可调支腿。

4）当采用工具式支承杆设在结构体外时，提升架横梁相应加长，支承杆中心线距模板距离应大于 50mm。

（3）围圈将提升架连成整体，并同操作平台桁架相连。围圈的构造应符合下列规定：

1）围圈截面尺寸应根据计算确定，上、下围圈的间距一般为 450～750mm，上围圈距模板上口的距离不宜大于 250mm。

2）当提升架间距大于 2.5m 或操作平台的承重骨架直接支承在围圈上时，围圈宜设计成桁架式。围圈在转角处应设计成刚性节点。

3）固定式围圈接头应用等刚度型钢连接，连接螺栓每边不得少于 2 个。

（4）操作平台应按所施工工程的结构类型和受力确定，其构造应符合下列规定：

1）操作平台由桁架、三脚架及铺板等主要构件组成，与提升架或围圈应连成整体。

2）外挑平台的外挑宽度不宜大于 900mm，并应在其外侧设安全防护栏杆。

3）吊脚手板时，钢吊架宜采用 Φ48×3.5 钢管，吊杆下端的连接螺栓必须采用双螺母。吊脚手架的双侧必须设安全防护栏杆，并应满挂安全网。

（5）支撑杆的直径、规格应与所使用的千斤顶相适应，对支承杆的加工、接长、加固应做专项设计，确保支撑体系的稳定。

4.2.3　机具准备

滑模施工应根据现场实际情况及墩柱的结构形式进行配置，可参考表 4-1。

主要机具设备投入情况　　表 4-1

序号	设备名称	备注
1	混凝土搅拌机	混凝土搅拌
2	电动卷扬机	材料提升
3	插入式振动棒	混凝土振捣
4	电焊机	焊接
5	滑模系统	模板、提升
6	油泵及控制系统	其流量按千斤顶数量、排油量及一次给油时间确定
7	千斤顶	模板提升
8	钢筋加工成套设备	钢筋加工
9	料斗	混凝土运输
10	全站仪	测量

4.2.4　作业条件准备

（1）根据现场施工环境做好施工总平面布置，总平面布置应符合下列要求：

1）施工总平面布置应满足施工工艺要求，减少施工用地和缩短地面水平运输距离。

2）在所施工建筑物的周围应设立危险警戒区，警戒线至建筑物边缘的距离不应小于其高度的 1/10，且不应小于 10m，不能满足要求时，应采取安全防护措施。

3）临时建筑物及材料堆放场地等均应设在警戒区以外，当需要在警戒区内堆放材料时，必须采取安全防护措施。经过警戒区的人行道或运输通道均应搭设安全防护棚。

4）材料堆放场地应靠近垂直运输机械，堆放数量应满足施工速度的需要。

5）根据现场施工条件确定混凝土供应方式，当设置自备搅拌站时宜靠近施工工程，混凝土的供应量必须满足连续浇灌的需要。

6）供水、供电应满足滑模连续施工的要求。施工工期较长，且有断电可能时，应有双路供电或配自备电源。操作平台的供水系统，当水压不够时，应设加压水泵。

7）应设置测量施工工程垂直度和标高的观测站。

（2）现场临时道路、水电畅通，搭设必要的脚手架。

（3）组织滑模装置构件、安装紧固件、配套材料、机具进场验收。

（4）混凝土的搅拌、运输、垂直运输和布料设备应满足混凝土连续浇灌和滑升的要求。

4.3　施工工艺

4.3.1　工艺流程

混凝土墩柱滑模施工工艺流程如图 4-1 所示。

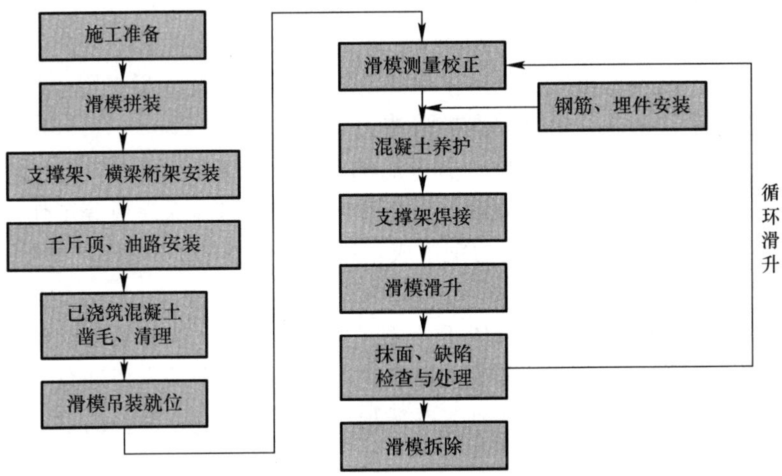

图 4-1　混凝土墩柱滑模施工工艺流程

4.3.2　操作要点

1. 滑模构造体系

滑模装置由模板系统、操作平台系统、液压提升系统和垂直运输系统等四大系统组成。滑模施工工艺原理是预先在墩身混凝土结构中埋置钢管（称之为支承杆），利用千斤顶与提升架将滑升模板的全部施工荷载转至支承杆上，待混凝土具备规定强度后，通过自身液压提升系统将整个装置沿支承杆上滑，模板定位后又继续浇筑混凝土并不断循环直至完成墩身施工。

（1）模板体系

模板系统由面板、桁架、提升架及其他附属配件组成，在施工中主要承受混凝土的侧压力、冲击力和滑升时的摩阻力及模板滑空、纠偏时产生的附加荷载。

面板作为混凝土成型的模具，根据所使用的材料可分为钢模板、木模板、钢木模板和铝模板等。模板必须经专业人员设计成工具室定型模板，必须满足施工所需的刚度、表面平整度的要求；模板规格型号尽量减少，高度宜采用 100～150cm，宽度应根据墩柱形状和安装能力而定，模板之间连接宜采用销钉、回形销或螺栓。安装直坡式墩柱模板宜有 0.1%H～0.3%H（H 为模板的高度）的锥度（即上小下大），对带坡度的结构，其模板倾斜度应根据结构坡度情况适当调整；以减少混凝土与模板间的摩阻力，便于提升，并避免混凝土出现横向裂缝。

模板上口以下 2/3 模板高度处的净间距应与结构设计截面等宽，圆形连续变截面结构的收分模板必须沿圆周对称布置，每对模板的收分方向应相反，收分模板的搭接处不得漏浆。

(2) 桁架式围圈主要用来支撑和加固模板，使其形成一个整体。根据经验及侧压力计算，桁架宜采用矩形桁架梁。

(3) 提升架是安装千斤顶并与内外桁架、模板连接成整体的联系构件。主要用于支撑模板体、桁架、操作平台，加固桁架梁，避免变形，并通过安装在其横梁上的千斤顶支撑在爬杆上。整个系统荷载通过提升架传递给爬杆。提升架一般采用“F”形和“开”形。

(4) 操作平台系统主要包括操作平台（工作盘）和辅助盘，是供材料、工具、设备堆放，施工人员进行操作的主要场所。操作平台采用桁架上平面代替，分内外两部分，外侧设置安全防护栏杆，满挂安全网。内侧主要供绑扎钢筋和浇筑混凝土用。盘面采用 50mm 厚木板满铺，盘面必须密实、平整并保持清洁。

(5) 辅助盘主要用于人员随时检查脱模后的混凝土质量，及时修补混凝土表面缺陷，扒出预埋件，以及及时对混凝土表面进行洒水养护，调整和拆除模板等工作。在工作盘下方 3m 处悬挂一辅助盘，辅助盘采用角钢组成，用 50mm 厚木板铺密实，利用 Φ16 钢筋焊接悬挂于桁架梁下。

(6) 液压提升系统由支承杆、液压千斤顶、液压控制台、油管等附件组成，它承担着滑模系统全部的施工荷载。该系统的工作原理是：由电动机带动高压油泵，将油液通过换向阀、分油器、截止阀及管路，输送到各千斤顶。在不断供油、回油的过程中，使千斤顶活塞不断地压缩、复位，将全部滑模装置向上提升到需要高度。

(7) 支承杆是千斤顶向上爬升的轨道，又是滑升模板装置的承重支柱，承受着施工过程中的全部荷载。一般采用钢管或型钢作为支承杆，其长度一般为 3～4m，当千斤顶爬升至距支承杆顶端小于 350mm 时，应及时接长。

(8) 垂直运输系统是钢筋、混凝土等材料上下的通道，它由卷扬机、料斗、门字架、滑轮等组成。卷扬机应根据现场实际情况选择适合的建筑卷扬机，配备启动、调整型电阻器，用于控制卷扬机的提升速度（图 4-2）。

2. 滑升模板组装

(1) 组装方法：千斤顶架底面高程以基层表面最高点为准，偏低处应用木垫块垫好后再立千斤顶架。桁架围圈用螺栓安装在千斤顶架上，其顺序应先内后外，先上后下。模板挂在桁架围圈上，对直坡式墩滑模，其模板安装时应设锥度，其锥度以模板高低的 0.1%～0.3%左右为宜。

(2) 结构的水平钢筋，第一次只能绑扎至与模板相同的高度，以上部分在滑升开始后随滑升随绑扎。

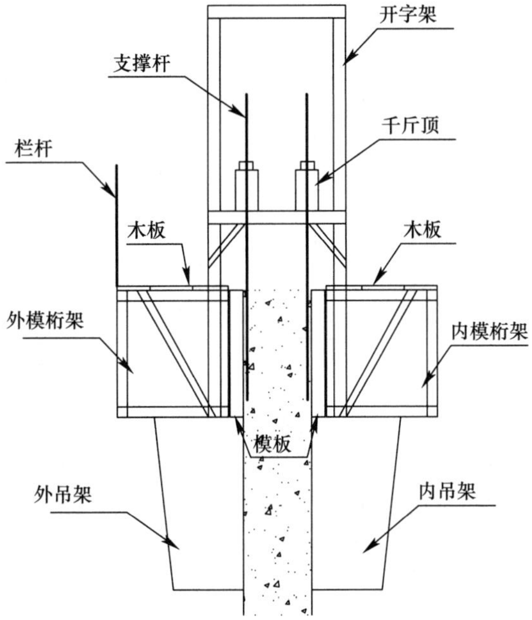

图 4-2　滑模模板装置结构示意

（3）在千斤顶空载试验后，插入第一批支撑杆，并按不同长度互相错开接缝。安装支撑杆时，为增加其稳定性，下端可焊 10mm 厚的钢板，如采用工具式，下端可套工具钢靴。插入支撑杆时，必须保持垂直，支撑杆轴线应与千斤顶轴线保持一致，其偏斜度允许偏差为 2‰。支撑杆弯曲不直、表面锈蚀等有质量缺陷的严禁使用。

（4）内外吊架待模板滑升至一定高度时，及时安装。模板在安装前，表面必须涂润滑剂，以减少滑升时的摩阻力。

（5）操作平台结构，如梁或桁架必须采用螺栓或焊接连接。各桁架间以及相对应的千斤顶架立柱间需做水平及垂直剪刀撑，以增加平台的整体性。

（6）液压千斤顶在组装前，要事先做串联试压工作，加压到 10MPa，半小时后，检查千斤顶有无漏油现象，检验合格后才能安装。千斤顶中心孔一定要与钢筋轴套管对正，用四条螺栓把千斤顶底座固定在桁架上，安装后的千斤顶应垂直。

油管在组装前应做试压工作，把若干根软管连接起来，加压至 12MPa，5min 后严格检查有无漏油或脱头现象。安装后的千斤顶及油路应经常保持洁净，不得存在灰浆或油垢，以免影响千斤顶的密封性能。

（7）滑模组装后，必须按设计要求及组装质量标准进行全面检查，并及时纠正偏差（表 4-2）。

滑模装置组装的允许偏差　　**表 4-2**

序号	内容		允许偏差（mm）
1	模板结构轴线与相应结构轴线位置		3
2	桁架围圈位置偏差	水平方向	3
		垂直方向	3
3	提升架的垂直度	平面内	3
		平面外	2

续表

序号	内容		允许偏差（mm）
4	安放千斤顶的提升横梁相对标高偏差		5
5	考虑倾斜度后模板尺寸的偏差	上口	−1
		下口	+2
6	千斤顶位置安装的偏差	提升架平面内	5
		提升架平面外	5
7	圆模直径、方模边长的偏差		+3，−2
8	相邻两块模板平面平整偏差		1.5

3. 混凝土浇筑

（1）滑模宜浇筑低流动度或半干硬性混凝土，混凝土浇筑时应分层、分段对称进行，分层厚度以 20～30cm 为宜，浇筑后混凝土表面距模板上缘应有不小于 10～15cm 的距离。上层混凝土覆盖下层混凝土的时间间隔不得大于混凝土的凝结时间，当间隔时间超过规定时，接槎处应按施工缝的要求进行处理。

（2）混凝土入模时，要均匀分布，应采用插入式振动器振捣，振捣时不得触及支撑杆、钢筋或模板，振动棒应插入下一层混凝土中，但插入下层的深度不应超过 5cm。

（3）混凝土脱模时强度应为 0.2～0.5MPa，以防在其自重压力下坍塌变形。混凝土浇筑时，可根据气温、水泥强度等级及试验掺入一定数量的早强剂。

（4）混凝土出模后应及时进行检查修整，其应及时进行养护；养护期间，应保持混凝土表面湿润，养护时间不应小于 7d；混凝土养护宜采用连续均匀喷水雾养护或喷涂养护液养护。

4. 滑升模板滑升

（1）初滑时，宜将混凝土分层交圈浇筑至 500～700mm（或模板高度的 1/2～2/3）高度，待第一层混凝土强度达到 0.2～0.4MPa 或混凝土贯入阻力值达到 0.30～1.05kN/cm^2 时，应进行 1～2 个千斤顶行程的提升。模板初升时要缓慢均衡，并在此过程中对滑模装置和混凝土凝结状态进行全面检查，确定正常后，方可转为正常滑升。

（2）正常滑升过程中，相邻两次提升的时间间隔不宜超过 0.5h。滑升过程中，应使所有的千斤顶充分进油、排油。当出现油压增至正常滑升工作压力值的 1.2 倍，尚不能使全部千斤顶升起时，应停止提升操作，立即检查原因，及时进行处理。

在滑模板正常施工中，各主要工序（如钢筋绑扎、浇筑混凝土、提升模板）要紧密配合，并同时穿插进行下列工作：如及时检查中线水平、调整千斤顶升差、支撑杆接长、预埋铁件、预留孔洞、支撑杆加固、特殊部位处理和混凝土表面修饰等。

滑升中如发现偏扭时，应查明原因，逐渐纠正，每次纠正量不宜过大。在滑升过程中要及时清理粘在模板内侧的混凝土，以免影响滑升及下一节段混凝土的外观质量。

（3）模板提升时应做到垂直、均衡一致，在正常滑升过程中，每滑升 200～400mm，应对各千斤顶进行一次调平，特殊结构或特殊部位应采取专门措施保持操作平台基本水平，各千斤顶的相对高差不得大于 40mm，相邻两个提升架上千斤顶升差不得大于 20mm。

（4）连续变截面结构，每滑升 200mm 高度，至少应进行一次模板收分。模板一次收分量不宜大于 6mm。当结构的坡度大于 3%时，应减少每次提升高度；当设计支撑杆数量时，应适当降低其设计承载能力。

（5）滑模施工中要求三班连续作业，一般情况下不得随意停工。如遇设备故障或其他原因需要暂停施工时，应每间隔适当时间（1h 左右）将模板略微提升，以免混凝土与模板粘结。对浇筑停歇所造成的接缝应严格处理，其方法是在继续浇筑混凝土之前，将表面边角随模板带起的已凝固混凝土块清除干净，然后凿毛，并用水冲走残渣，湿润混凝土表面，再浇筑一层坍落度较大、含水泥量较多的混凝土或 2～3cm 厚的 1∶1 水泥砂浆，然后再浇筑原配合比的混凝土。

4.4　质量控制

4.4.1　滑模结构设计质量控制

（1）滑模施工应根据工程结构特点及滑模工艺的要求对设计进行全面细化，滑模装置设计计算必须包括下列荷载：

1）模板体系、操作平台系统的自重（按实际重量计算）。

2）操作平台上的施工荷载，包括操作平台上的机械设备及特殊设施等的自重，操作平台上施工人员、工具和堆放材料等。

3）操作平台上设置的垂直运输设备运转时的额定附加荷载，包括垂直运输设备的起重量及柔性滑道的张紧力等，垂直运输设备刹车时的制动力。

4）卸料对操作平台的冲击力，以及向模板内倾倒混凝土时混凝土对模板的冲击力。

5）混凝土对模板的侧压力，模板滑动时混凝土与模板之间的摩阻力。

6）风荷载。

（2）滑动模板应具有通用性、耐磨性、拼缝紧密、装拆方便和足够的刚度。模板制作必须板面平整，无卷边、翘曲、孔洞及毛刺等；阴阳角模的单面倾斜度应符合设计要求。

（3）提升架宜采用钢材制作，应具有足够的刚度，设计时应按实际的受力荷载验算。

（4）滑模装置各种构件的制作应符合现行国家标准《钢结构工程施工质量验收规范》GB50205—2001 和《组合钢模板技术规范》GB/T50214—2013 的规定，其允许偏差应满足表 4-3 的要求。其构件表面，除支撑杆及接触混凝土的模板表面外，均应刷防锈涂料。

构件制作的允许偏差　　表 4-3

序号	名称	内容	允许偏差（mm）
1	钢模板	高度	±1
		宽度	0，−0.7
		表面平整度	±1
		侧面平直度	±1
		连接孔位置	±0.5
2	围圈	长度	−5
		弯曲长度≤3m	±2
		弯曲长度>3m	±4
		连接孔位置	±0.5

续表

序号	名称	内容	允许偏差（mm）
3	提升架	高度	±3
		宽度	±3
		围圈支托位置	±2
		连接孔位置	±0.5
4	支撑杆	弯曲	<(1/1000)L
		Φ25 圆钢 直径	+0.5，−0.5
		Φ48×3.5 钢管 直径	+0.5，−0.2
		椭圆度公差	+0.25，−0.25
		对接焊缝凸出母材	<+0.25

注：L 为支撑杆加工长度。

（5）液压控制台质量控制

1）液压控制台内，油泵的额定压力不应小于 12MPa，其流量可根据所带动的千斤顶数量、每只千斤顶油缸内容积及一次给油时间确定。

2）液压控制台内，换向阀和溢流阀的流量计额定压力均应大于等于油泵的流量和液压系统最大工作压力，阀的公称内径不应小于 10mm，宜采用通流能力大、动作速度快、密封性能好、工作可靠的三通逻辑换向阀。

（6）支撑杆的质量要求

1）支撑杆的制作材料为 HPB300 级圆钢、HRB335 级钢筋或外径及壁厚精度较高的低硬度焊接钢管，对热轧退火的钢管，其表面不得有冷硬加工层。

2）支撑杆直径、规格应与千斤顶的要求相适应，长度宜为 3～6m，两相邻接头高差不应小于 1m，同一高度上支撑杆接头数不应大于总量的 1/4。采用工具式支撑杆时应用螺纹连接。圆钢 ϕ25 支撑杆连接螺纹宜为 M18，螺纹长度不宜小于 20mm；钢管 ϕ48 支撑杆连接螺纹宜为 M30，螺纹长度不宜小于 40mm。任何连接螺纹接头中心位置处公差均为 ±0.15mm；支撑杆借助连接螺纹对接后，支撑杆轴线偏斜度允许偏差为（2/1000）L（L 为单根支撑杆长度）。

3）HPB300 级圆钢和 HRB335 级钢筋支撑杆采用冷拉调直时，其延伸率不得大于 3%；支撑杆表面不得有油漆和铁锈。

4）工具式支撑杆的套管与提升架之间的连接构造，宜做成可使套管转动并能有 50mm 以上的上下移动量的方式。

5）对兼作结构钢筋的支撑杆，应按国家现行有关标准的规定进行抽样检验。

4.4.2 滑升过程质量控制

（1）在滑升过程中，应检查和记录结构垂直度、水平度、扭转及结构截面尺寸等偏差数值。检查及纠偏、纠扭应符合下列要求：

1）每滑升一次浇筑高度应自检一次，每次交接班时应全面检查、记录一次。

2）在纠正结构垂直度偏差时，应徐缓进行，避免出现硬弯。

3）当采用倾斜操作平台的方法纠正垂直偏差时，操作平台的倾斜度应控制在 1% 之内。

4）对筒体结构，任意 3m 高度上的相对扭转值不应大于 30mm，且任意一点的全高最大扭转值不应大于 200mm。

（2）在滑升过程中，应检查操作平台结构、支撑杆的工作状态及混凝土的凝结状态，发现异常时，应及时分析原因并采取有效的处理措施。

（3）在滑升过程中，应及时清理粘结在模板上的砂浆和转角模板、收分模板与活动模板之间的灰浆，不得将已硬结的灰浆混进新浇的混凝土中。滑升过程中不得出现油污，凡被油污染的钢筋和混凝土应及时处理干净。

4.4.3 精度控制要求

（1）千斤顶同步控制装置，可采用限位卡档、激光水平扫描仪、水杯自动控制装置、计算机同步整体提升控制装置等。

（2）垂直度观测设备可采用激光铅直仪、自动安平激光铅直仪、全站仪、经纬仪和线锤等，其精度不应低于 1/10000。

（3）测量靶标及观测站的设置必须稳定可靠，便于测量操作，并应根据结构特征和关键控制部位确定其位置。

（4）在正常施工中，每天要用仪器测量墩中线和支架水平度 1～2 次，每次提升后要用水平尺检查各个顶架本身的水平度、顶架横梁的水平度等，如发现偏移和扭转应及时纠正。

4.5 施工记录

（1）滑模结构体系验收报告；

（2）滑模施工预埋件检查记录表；

（3）混凝土贯入阻力试验记录；

（4）提升系统工作情况记录表；

（5）滑模平台垂直度测量位移记录表；

（6）滑模平台水平度测量记录表；

（7）纠偏、纠扭施工记录表；

（8）混凝土浇筑记录表；

（9）滑模安装验收记录。

4.6 成品保护

（1）定期组织对滑模体系进行检验、保养，及时发现模板、杆件质量缺陷，及时更换。

（2）滑模提升后，必须及时进行养护。养护方法宜选用喷雾养护或喷涂养护液。冬期养护宜选用塑料薄膜保湿和阻燃棉毡保温。

（3）施工过程中，对已脱模的混凝土如发现有坍塌、缺棱掉角、蜂窝麻面等现象，要及时进行修补抹平，严重者，须将混凝土全部清除，重新浇筑。

4.7 安全与环保措施

4.7.1 安全保护措施

（1）施工过程的安全应符合国家现行《建筑施工安全检查标准》JGJ59—2011 的有关

规定，施工机械应符合国家现行《建筑机械使用安全技术规程》JGJ33—2012 的有关规定，施工临时用电应符合国家现行《施工现场临时用电安全技术规范》JGJ46—2005 的规定。

（2）要对施工人员经常进行安全教育，严格执行高空作业安全制度和规定。要经常检查并保障支撑工作台及上、下吊架铁木结构的可靠性和周围栏杆的牢固性。

（3）滑模施工中，应严格按滑模设计要求分散堆载，平台不得超载且不应出现不均匀堆载的现象。施工人员必须服从统一指挥，不得擅自操作液压设备和机械设备。

（4）平台内外吊脚手架使用前，一律安装好轻质牢固的安全网，并将安全网靠紧筒壁，经项目部安全验收后方可使用。为了防止高空物体坠落伤人，滑模下部，在 2.5m 处搭设保护棚，并在上部铺一层 6～8mm 钢板防护。

（5）避雷设备应有接地线装置，平台上振动器、电动机等应接地。

（6）滑模在提升时，应统一指挥，并有专人负责量测千斤顶，升高时出现不正常情况时，立即停止滑升，找出原因，并制定相应措施后方准继续滑升。

（7）拆除滑模前必须制定专项滑模拆除方案，有专人统一指挥，不得随意拆除。

4.7.2　环保措施

（1）施工过程的环境保护应符合国家现行《建设工程施工现场环境与卫生标准》JGJ146—2013 的有关规定。在施工期间严格控制噪声，应符合现行国家《建筑施工场界环境噪声排放标准》GB12523—2011 的规定。

（2）加强对施工燃油、工程材料、设备、废水、生产生活垃圾、弃渣的控制和治理，遵守有防火及废弃物处理的规章制度，做好交通环境疏导，随时接受相关单位的监督检查。

（3）将施工场地和作业限制在工程建设允许范围内，合理布置、规范围挡，做到标牌清楚、齐全，各种标识醒目，施工现场整洁文明。

（4）对施工中可能影响到的各种公共设施制定可靠的防止损坏和移位的实施措施，加强实施中的监测、应对和验收。同时，将相关方案和要求向全体施工人员详细交底。

（5）制定定期清运滑模更换、维修物品、混凝土产生的弃料及其他工程材料运输过程中的防散落和沿途污染措施，废水除按环境卫生指标进行处理达标外，并按当地环保要求的指定地点排放。弃渣及其他工程废弃物按工程建设指定的地点和方案进行合理堆放和处治。

（6）对施工场地道路进行硬化，并在晴天经常对施工通行道路进行洒水，防止尘土飞扬，污染四周环境。

第5章 混凝土墩柱翻模法施工工艺

5.1 适用范围及特点

5.1.1 适用范围

翻模施工是以模板节块的外部吊点及塔式起重机实现模板的吊装，采用上、中、下竖立3节等高模板循环交替拆装，以每一循环的上节模板作为下一循环模板的固定节及支撑体系，将下一循环模板用螺栓固定在前一循环上节模板上，同时内外模板用拉杆固定。外模设置操作平台，施工人员在操作平台上进行模板的拆卸、安装、钢筋绑扎连接、混凝土浇筑等。在第一循环浇筑混凝土时增设调节块模板，每一循环3节，每节内、外模板高一般为2m，循环交替翻升，完成墩身施工。

翻模法施工适用于等截面或变截面空心墩、实心墩等，对高度大于25m以上墩柱较为经济。

5.1.2 工艺特点

（1）不搭设脚手架，利用主体支撑，施工操作安全快捷。（2）翻模材料结构简单，分层、流水施工，利于加快施工节奏，缩短工期。（3）翻模3层循环提升使用，模板使用面积小、节约材料。（4）模板设计结构合理实用，是有效的安全、质量保证措施。

5.2 施工准备

5.2.1 技术准备

（1）根据工程结构尺寸及每次施工节段高度进行翻模模板、操作平台结构体系设计，并能满足现场施工所要求的安全性、可靠性、使用性的要求，操作方便。

（2）根据翻模施工特性及工程结构特点、现场施工条件编制翻模专项施工方案；同时，应进行提升塔吊、施工电梯的设计施工方案的编制。

（3）做好对现场管理人员及操作人员的安全、技术交底工作。

5.2.2 材料准备

翻模施工工艺所需主要材料可参考表5-1。

翻模施工所需主要材料 表5-1

序号	材料名称	规格型号	备注
1	外侧模板	特殊设计	大块钢模板，厚度6～8mm
2	内侧模板	组合钢模板	加背楞组拼成大块模板
3	脚手架钢管	Φ48×3.5mm	配相应数量扣件
4	安全网		阻燃要求
5	木板	50mm厚	

5.2.3　机具准备

翻模施工应根据现场实际情况及墩柱的结构形式进行配置，可参考表 5-2。

翻模施工主要设备　　表 5-2

序号	设备名称	规格型号	用途
1	塔吊	满足现场施工要求	物料的垂直提升
2	混凝土搅拌机	ZJ-60	混凝土搅拌生产
3	混凝土运输车	6～8m^3	混凝土运输
4	手拉捯链	5t	调整和固定模板
5	电梯	2t	人员及小型物料垂直运输
6	水泵	满足墩身高度要求	混凝土养生、冲洗清理
7	全站仪		平面测量
8	水平仪		水平测量
9	发电机	120kVA	备用电源
10	钢筋加工设备		钢筋加工
11	电焊机		焊接
12	插入式振动棒	HZ250	混凝土振捣

5.2.4　作业条件准备

（1）根据现场施工环境做好施工总平面布置，总平面布置应符合下列要求：

1）施工总平面布置应满足施工工艺要求，减少施工用地和缩短地面水平运输距离。

2）材料堆放场地应靠近垂直运输机械，堆放数量应满足施工速度的需要。

3）根据现场施工条件确定混凝土供应方式，当设置自备搅拌站时宜靠近施工工程，混凝土的供应量必须满足连续浇灌的需要。

4）供水、供电应满足翻模施工的要求，道路畅通。施工工期较长，且有断电可能时，应有双路供电或配自备电源。操作平台的供水系统，当水压不够时，应设加压水泵。

5）应设置测量施工工程垂直度和标高的观测站。

（2）组织翻模装置构件、安装紧固件、配套材料、机具进场验收。

（3）混凝土的搅拌、运输、垂直运输和布料设备应满足混凝土连续浇灌的要求。

5.3　施工工艺

5.3.1　工艺流程

混凝土墩柱滑模施工工艺流程如图 5-1 所示。

5.3.2　操作要点

1. 测量放线

根据测量控制点及设计图纸在基础顶面测放出墩柱底面的中心线、平面位置及高程。在高墩柱施工过程中，垂直度控制至关重要，每次在模板安装完成后浇筑混凝土前要对混凝土垂直度进行检查，发现偏差时及时修正。高墩轴线和高程测量控制采用全站仪测量，轴线观测和模板校正应在无阳光直接照射下完成，避免因日晒产生温差变形影响。

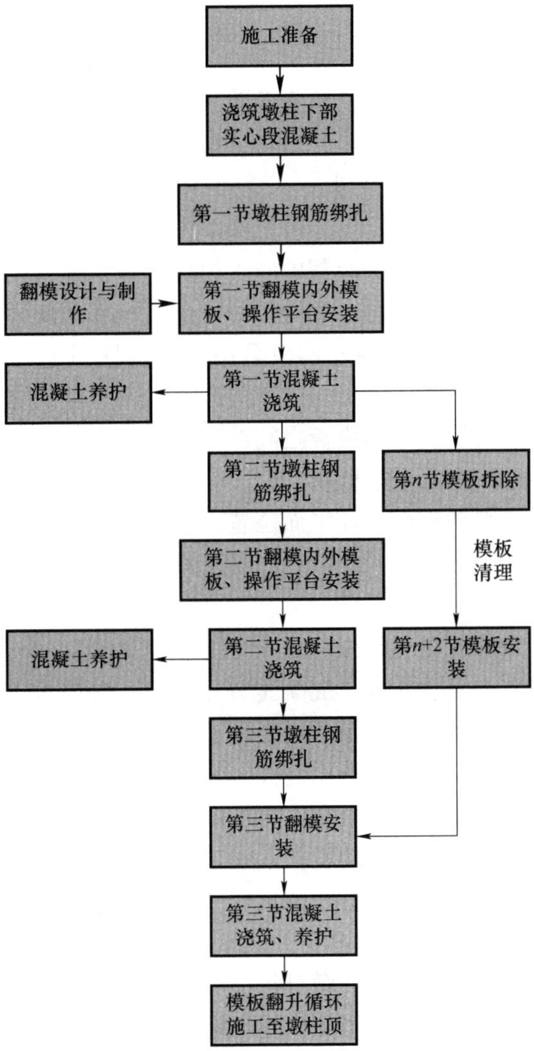

图 5-1　混凝土墩柱滑模施工工艺流程

2. 施工缝处理

第一节墩柱底部及每节墩柱顶混凝土接缝，在上一层墩柱钢筋绑扎之前必须充分凿毛，露出新鲜的混凝土，并冲洗干净。在上一节混凝土浇筑前，应先浇筑一层 1～2cm 厚的 1∶1 水泥净浆。

3. 钢筋绑扎

(1) 钢筋加工前，要对钢筋表面清理干净，无油渍、漆皮、鳞锈等，认真复核钢筋图纸，综合考虑翻升模板高度、施工难度、钢筋接头控制数量等，准确无误后方可下料，下料严格按照设计及规范要求进行，保证钢筋骨架的结构尺寸及钢筋保护层厚度。

(2) 主筋直径大于 22mm 及以上的钢筋可采用直螺纹套筒连接，其他钢筋采用搭接或焊接连接。在同一截面内，钢筋接头总数不得超过钢筋根数的 50%，接头间距至少错开 50～150cm。

4. 模板安装

（1）模板清理

模板使用前，应先对模板质量进行检查验收，主要控制模板的外形尺寸、板面有无偏斜、平整度是否满足要求、螺杆孔位是否对正、板面与板侧挠度是否符合要求等。对模板表面清理干净，安装前均匀刷涂隔离剂。

（2）模板安装

第一节段模板＝调节块模板＋一套翻模施工模板，一套翻模施工模板由 3 节组成，每节高度为 2m，共计高 6m。模板用塔吊移至设计位置，相邻两块模板之间拼缝应粘贴一层海绵双面胶进行密封，防止漏浆。内外模板采用对拉螺杆固定，内模板每节与外模板等高，内模板之间可采用角钢对撑加固。对拉螺杆需穿 PVC 管，拉杆端头用双面胶塞紧，防止漏浆。模板拼装时严格控制相邻模板之间缝隙、板面高差、相邻模板间上口高差。模板顶与墩身外 30cm 边线吊锤线进行偏差纠正，同时用全站仪测放出模板顶墩身 4 个角点位置，同手拉捯链及钢丝绳调整至设计平面位置。为保证墩身位置的准确性，第一节段位置要严格控制。

5. 混凝土浇筑

模板调整、验收合格后方可进行混凝土浇筑。混凝土浇筑时严格控制混凝土坍落度，可采用塔吊提升料斗的方式浇筑入模。混凝土分层浇筑，每层控制在 30cm 左右，布料均匀，浇筑速度不宜过快，混凝土自由下落高度超过 2m 时需采用串筒下落。混凝土振捣采用插入式振动器进行振捣，振动棒要快插慢拔，振捣过程中避免碰撞模板、钢筋及其他预埋件。对每一振捣部位必须振捣至混凝土不再下沉，表面呈现平坦、泛浆为止。在混凝土浇筑过程中，必须指派专人进行模板的看护，模板出现变形或螺栓松动时应及时停止浇筑并采用妥善的处理措施进行加固。

6. 翻模

（1）翻模施工至少需要 2 节模板，墩身每节段混凝土浇筑施工完毕并强度达到 10MPa 以上时，方可进行翻模施工。为了适当加快施工进度，可采用 3 节模板，每次翻升 2 节模板。每次翻模时保留顶节模板不拆，作为翻升模板的固定节及承力部分，从最下节模板开始逐一拆除，采用塔吊提升模板，并放置在最上节模板的相应平面位置，将模板与相邻模板连接形成整体。重复以上操作直至墩身施工完成。

（2）模板每次翻升时，应先找出单块模板的中心吊点，塔吊钢丝绳竖直尽可能靠近模板，避免拆模时模板倾斜晃动过大，造成危险；防止模板与墩身碰撞造成模板变形及损坏墩身外露混凝土质量。在模板吊点位置用钢丝绳连接在塔吊吊钩上，用撬棍等工具松动模板。

（3）在模板翻升固定后及时悬挂安全网，从操作平台至墩身四周均挂上安全网。

（4）由于高墩施工立模在高空进行，模板的拼接、校正较为困难。在每节模板就位后及时进行拼缝处理，垂直调整，每节进行控制，每循环模板翻升调正后用全站仪校核墩身 4 个角点。翻模施工每循环节缝外观影响整个墩身外观质量，在浇筑下一节段混凝土时，上一节段浇筑的墩身混凝土已经硬化收缩，承力模板与混凝土之间产生了一定缝隙，会造成节缝错台及水泥浆下漏；在模板制作时每节模板上下拉杆位置靠近模板两端（不大于 30cm），用在浇筑混凝土前将承力模板拉杆紧固、浇筑第一层混凝土时适当减小坍落度等方式来减小节缝（图 5-2）。

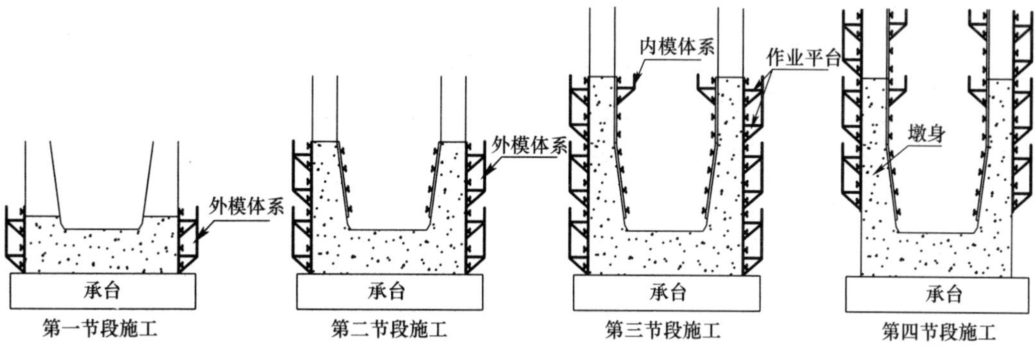

图 5-2　翻模施工工艺示意

7. 混凝土养护

模板翻升后，及时清理混凝土表面，洒水养护。在每节段模板底部缠绕水管，水管朝混凝土表面方向每间隔 10cm 设置一个喷水孔，高压水泵与水管相连，进行洒水养护，确保混凝土表面湿润。冬期施工时，可采用暖棚法进行混凝土的养护；混凝土强度在达到 2.5MPa 之前，不得使其承受任何外加荷载。

5.4　质量控制

5.4.1　质量控制

（1）墩身质量控制要点主要有以下方面：墩身平面位置、尺寸、高程的精确控制；墩身钢筋质量的控制；墩身模板与支架的控制；墩身混凝土的质量控制及墩身预埋件、预埋孔的精确控制等。

（2）现场管理人员和测量组对墩身中线、方向、支座十字线和高程进行精确测量。实行现场管理员和测量组的双控制度以确保其与图纸一致无误。

（3）对墩身钢筋的钢筋数量、焊接质量、钢筋间距以及下料长度进行全方位的检查以确保达到规范要求。

（4）模板采用工厂加工制作，安装前进行试拼，试拼质量达到设计及规范要求后，对其进行编号后再进行模板安装。采用整体吊装时，其吊装高度根据吊装能力并结合墩身施工分段而定。利用吊锤球方法检查控制桥墩中心和方位时，有专人负责，跟踪观测，发现偏差及时纠正。

（5）浇筑混凝土时，指定专人检查模板、钢筋、沉降观测点的位置和保护层的尺寸，确保位置正确不发生变形。墩身混凝土在下层混凝土初凝或能重塑前浇筑完上层混凝土。

（6）浇筑混凝土前，指定专人对墩身的预埋件、预埋孔的位置和尺寸检查，确保与设计图纸相符合。浇筑混凝土过程中，还应经常检查预埋件、预埋孔的位置和尺寸，确保其位置正确不发生变形。

5.4.2　质量检验

（1）墩身的平面位置、尺寸、高程必须满足设计和施工工艺设计要求。

检查方法：测量。

(2) 墩身的允许偏差见表5-3所列。

墩身施工允许误差和检验方法　　　　**表5-3**

序号	检查项目	规定值或允许偏差（mm）	检验方法
1	混凝土强度（MPa）	满足设计要求	混凝土强度试验
2	断面尺寸（mm）	±20	尺量
3	竖直度或倾斜度（mm）	0.3%H且不大于20	吊垂线或经纬仪
4	顶面高程（mm）	±10	全站仪
5	轴线偏差（mm）	10	全站仪
6	节段间错台（mm）	5	尺量
7	大面积平整度（mm）	5	2m直尺
8	预埋件位置（mm）	符合设计要求	尺量

注：H为墩身高度。

(3) 翻模板加工及拼装质量要求见表5-4所列。

翻模板加工及拼装允许误差和检验方法　　　　**表5-4**

序号	检查项目		允许偏差（mm）	检查方法
1	长度、宽度		0，−1	游标卡尺：中间及两端
2	高度		±5	游标卡尺：中间及两端
3	面板端偏斜		≤0.5	直角尺、塞尺：面板四角
4	面板局部不平		1.0	平尺、塞尺：面板任意方向
5	板面和板侧挠度		±1.0	直角尺、塞尺：长宽两方向
6	连接配件（螺栓、卡子等）的孔眼位置	孔中心与板面的间距	±0.3	游标卡尺
		板端中心与板端的间距	0，−0.5	游标卡尺
		沿板长、宽方向的孔	±0.6	游标卡尺
7	模板间拼缝宽		≤2	平尺、塞尺
8	相邻两模板表面高低差		≤2	平尺、塞尺
9	相邻模板上口高差		≤2	平尺、塞尺

(4) 混凝土表面平整，施工缝平顺，棱角线平直，外露面色泽一致；混凝土表面蜂窝、麻面面积不得超过该面面积的0.5%，深度超过10mm的必须处理；混凝土表面裂缝宽度超过0.15mm必须处理。

检验方法：观察和用刻度放大镜检查。

5.5　施工记录

(1) 翻模结构体系验收报告；

(2) 混凝土浇筑记录表；

(3) 翻模安装验收记录。

5.6　成品保护

(1) 定期组织对翻模体系进行检验、保养，发现模板、杆件质量缺陷及时更换。

（2）翻模提升后，必须及时进行墩身养护。

（3）施工过程中，对已脱模的混凝土如发现有坍塌、缺棱掉角、蜂窝麻面等现象，要及时进行修补抹平，严重者，须将混凝土全部清除，重新浇筑。

5.7　安全与环保措施

5.7.1　安全保护措施

（1）施工过程的安全应符合国家现行《建筑施工安全检查标准》JGJ59—2011的有关规定，施工机械应符合国家现行《建筑机械使用安全技术规程》JGJ33—2012的有关规定，施工临时用电应符合国家现行《施工现场临时用电安全技术规范》JGJ46—2005的规定。

（2）建立安全交底、监督检查、事故处理、考核制度，由专职安全员监督各个部门的安全职责和监督检查、考核。根据危险源辨识的结果，逐项进行安全交底。

（3）防护网：在墩身的内外侧模板以下沿墩壁混凝土各安装一圈防落网。沿外侧模板背面的平台栏杆安装一圈防护网，其高度可以使上下平台空间间全部被罩住。在模板边角处，防护网连接在一起，不留空档。墩内支架在工作高度范围水平安装3层防落网。

（4）操作平台：外侧模板的背面安装两层固定的操作平台，模板拼装后平台形成环形，便于通行，在固定位置设置人洞，供人员上下。墩内侧的钢管支架上用木板搭设安全操作平台，用于内模安装、拆除、混凝土修整、钢筋定位、安装、混凝土浇筑等作业。

（5）施工电梯：在墩身侧面安装电梯，载施工人员和管理人员上下墩身作业面。电梯的轨道用附臂固定在已浇筑完成的墩身上，并随施工进展不断升高。在电梯轨道的顶面安装行走通道，与模板上的平台连接。

（6）隔离区：用隔离网将墩身周围的一定区域隔离为禁入区，墩身施工期间禁止入内，仅允许在非施工期间，由专人负责清理区域内的落物。隔离区随墩高增加而扩大。

（7）安全注意事项

1）塔吊升高时，按照要求设置钢附壁，不可超过要求的间距。

2）安装模板时，将模板固定后方可解除吊绳；模板安装期间，要有防风绳；拆除模板时，用钢丝绳系在塔吊吊钩上，并将模板用捯链吊在上面的模板上，防止模板脱落时的剧烈晃动，模板完全脱开后，再用塔吊吊起。

3）每个高空作业人员必须配备安全用品，并知道如何正确使用。

4）如果道路必须通过隔离区，则要搭设防护通道。

5.7.2　环保措施

（1）施工过程的环境保护应符合国家现行《建设工程施工现场环境与卫生标准》JGJ146—2013的有关规定。在施工期间严格控制噪声，应符合现行国家《建筑施工场界环境噪声排放标准》GB12523—2011的规定。

（2）在施工和作业场地内，合理布置，做到标牌齐全、清楚，各种标识醒目，施工场地整洁文明。

（3）施工废水需沉淀处理，达到排放标准后才可排放。

（4）施工场地、道路要硬化，并做到经常洒水，防止扬尘。

（5）固体废料集中回收、堆放和处置。

第 6 章　混凝土墩身爬模法施工工艺

6.1　适用范围及特点

6.1.1　适用范围

爬模施工是爬架及模板体系依附在建筑结构上，随着结构施工而逐层上升的一种模板体系。当结构工程混凝土达到拆模强度后脱模，模板不落地，而是依靠千斤顶和支承杆将模板和爬模装置整体向上爬升一层，反复循环施工。爬模施工适用于高度不低于 25m 的高塔柱施工，塔柱越高施工越经济。

6.1.2　工艺特点

（1）爬模模板面板及爬架平台能设计成适用于不同形状的塔柱和倾斜度，当塔柱截面形状改变时，只需对模板面板及平台做少量调整即可；（2）爬架在墩身或高塔的每个方向都各挂设有多层施工平台，可为施工人员提供足够的施工空间；（3）爬架可采用全封闭式平台施工，为施工人员提供了较好的安全保障；（4）爬模模板宜采用木模板体系。木模板具有较好的收分操作性，操作方便、施工快捷、板缝整齐美观；（5）爬架采用整体液压爬升，施工速度快，投入人力、物力少，工人劳动强度低；（6）爬架主体结构均由杆件通过螺栓和销轴连接，安装、拆卸、运输都十分简单快捷；（7）爬模系统重复利用率高，能有效地降低工程成本。

6.2　施工准备

6.2.1　技术准备

（1）根据爬模设计及施工图纸编制爬模施工方案，包括以下内容：爬模装置设计，爬模安装程序及方法，爬模施工程序及进度安排，爬模施工安全，质量保证体系及具体措施，施工管理及劳动组织，材料、构件、机具设备供应计划，特殊部位的施工措施，季节性施工措施等。

（2）对现场管理人员及操作工人进行安全、技术交底，交底内容主要包括：施工总体布置、钢筋绑扎、爬模拼装及拆卸、爬模爬升操作工艺、混凝土浇筑注意事项、塔柱中心坐标、标高以及质量控制要点等事项。

（3）测量人员对现场塔柱中心坐标、平面尺寸、标高等技术参数进行现场测设，并对现场工长以及作业班组进行交底。

6.2.2　材料准备

（1）模板体系的选型应根据工程设计要求和工程具体情况，满足混凝土质量要求。

（2）模板应满足强度、刚度、平整度和周转使用要求，易于清理和涂刷隔离剂，面板更换不应影响工程施工进度。模板面板材料宜选用钢模板、木（竹）胶合板等。钢模板应符合现场行业标准《建筑工程大模板技术规程》JGJ74—2003 的有关规定，木胶合板应符合现行国家标准《混凝土模板用胶合板》GB/T17656—2008 的有关规定，竹胶合板应符合现行行业标准《竹胶合板模板》JG/T156—2004 的有关规定。

（3）模板之间的连接可采用螺栓、模板卡具等连接件。对拉螺栓宜采用高强度的螺栓。

（4）爬架结构体系及配件等主要受力部件，所采用的钢材规格和材质应由设计确定，并符合设计要求和现行国家标准《钢结构设计规范》GB50017—2003 的有关规定。对于锥形承载接头、承载螺栓、挂钩连接座、导轨等重要受力部件，除应有钢材生产厂家产品合格证及材质证明外，还应进行材料复检，并存档备案。

（5）操作平台板宜选用 50mm 厚杉木或松木脚手板，其材质应符合现行国家标准《木结构设计规范》GB50005—2003 中 II 级材质的有关规定；操作平台护栏选用 Φ48×3.5 钢管或其他材料（表 6-1）。

主要施工物资需求计划　　　　**表 6-1**

序号	名称	单位	备注
1	内、外模板	套	与爬架体系配套
2	Φ48×3.5 钢管	t	内模加固及防护栏杆
3	塑料薄膜	m^2	混凝土养护
4	防护网	m^2	安全防护
5	脚手木板	m^2	搭设操作平台

6.2.3　机具准备

一般爬模施工主要涉及机具见表 6-2 所列。

主要设备配置　　　　**表 6-2**

序号	设备名称	单位	数量	备注
1	液压爬模爬升架体	套	1	塔柱爬模施工
2	千斤顶	套	1	与爬模配套
3	发电机	台	1	临时供电
4	塔吊	台	1	材料垂直运输、内模提升
5	电梯	台	2	人员垂直运输
6	电焊机	台	4	钢筋焊接
7	全站仪	台	1	测量
8	GPS	台	3	测量
9	水准仪	台	1	测量

6.2.4　作业条件准备

（1）对现场施工完毕的承台进行验收，对验收合格的承台及时进行基坑回填；基坑回填应密实，不影响脚手架搭设的安全性。

（2）清理出足够的施工作业面，并做好现场塔柱模板架料的准备工作。

（3）保证水、电的供应需求。

6.3　施工工艺

6.3.1　工艺流程

混凝土墩柱爬模施工工艺流程如图 6-1 所示。

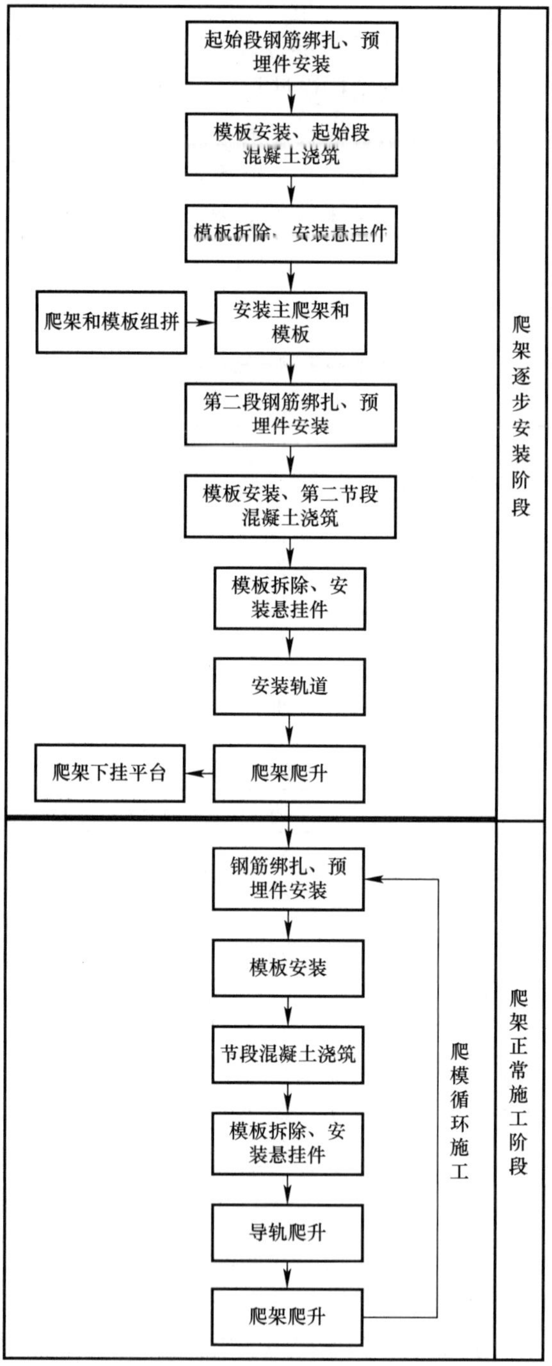

图 6-1　混凝土墩柱爬模施工工艺流程

6.3.2　操作要点

1. 爬模板体系设计

根据工程实际塔柱截面尺寸、施工环境及设计条件进行液压爬模体系的设计。

（1）模板系统：一般采用轻质高强的模板体系，由于是高塔柱施工，因此首选木梁胶合板模板体系。

（2）埋件系统：埋件系统主要由埋件板、高强螺杆、受力螺栓、爬锥组成（图 6-2）。

图 6-2　爬架附墙埋件系统示意

（3）支架系统：主要由承重三脚架、后移装置、中平台、吊平台、导轨、附墙装置、桁架支撑系统组成（图 6-3）。

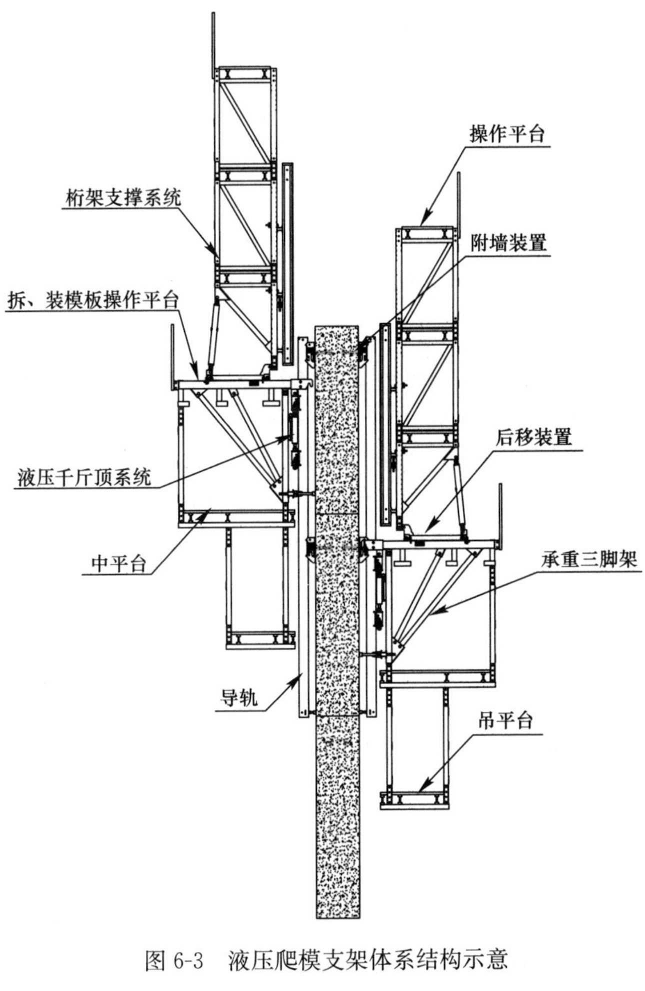

图 6-3　液压爬模支架体系结构示意

2. 钢筋制作与绑扎

(1) 钢筋制作与运输

钢筋配料、加工在钢筋加工场进行，加工好的半成品钢筋由塔吊起吊安装。塔柱主筋按照50%错头和1.2 m错头长度进行配料。钢筋按要求加工成半成品，分类编号堆存。堆存时，其下放枕木以利排水，上面覆盖彩条布防雨。

(2) 钢筋安装

塔柱钢筋绑扎安装按先竖向主筋再环向水平筋的顺序进行绑扎。在进行竖向主筋绑扎前，应测放出竖向主筋的平面位置，确保主筋的位置准确，满足钢筋保护的要求。水平筋绑扎：主筋接长完毕后，在竖向钢筋上做出水平筋记号，然后分层绑扎水平筋，钢筋绑扎间距应满足设计要求。水平筋接头采取绑扎搭接，搭接长度不小于35d（d为钢筋直径）。

(3) 钢筋绑扎注意事项

1) 钢筋在原位绑扎时，尽量采用机械方式连接；如需焊接必须采取防护措施，防止模板板面损伤。保证钢筋保护层厚度满足要求，不得露筋。

2) 扎丝绑完后要将扎丝尾向里按倒，以防止扎丝外露，使混凝土表面出现点点锈斑。

3) 混凝土垫块采用等强度的细石混凝土三点式垫块或高强塑料垫块，利用垫块尾部的钢丝将其牢牢固定在钢筋上；垫块颜色应与混凝土的颜色接近，以免影响混凝土观感效果。

4) 钢筋的接头应避免在同一截面上超过50%。

3. 爬模安装施工

(1) 模板拼装

面板全部铺好后，将板面擦干净，去除尘土，将面板表面水分擦干，将调好的原子灰抹于面板螺钉处，刮平。将各单元间次背楞用芯带及芯带销连成一个整体。

(2) 埋件安装

在模板就位前，通过模板面板上的孔，从模板背面将爬锥M36/D20（具体型号根据实际而定）固定于模板面板上，混凝土浇筑后，卸下M36的螺栓，模板后移，将受力螺栓安装在爬锥上。将模板吊装就位，支架卡在受力螺栓上，插上销子。操作人员在吊平台上用套筒扳手和爬锥卸具将受力螺栓和爬锥取出，以便重复利用，同时用砂浆抹好由爬锥留下的孔。爬锥上均匀涂隔离剂，防止爬锥拆卸困难（图6-4）。

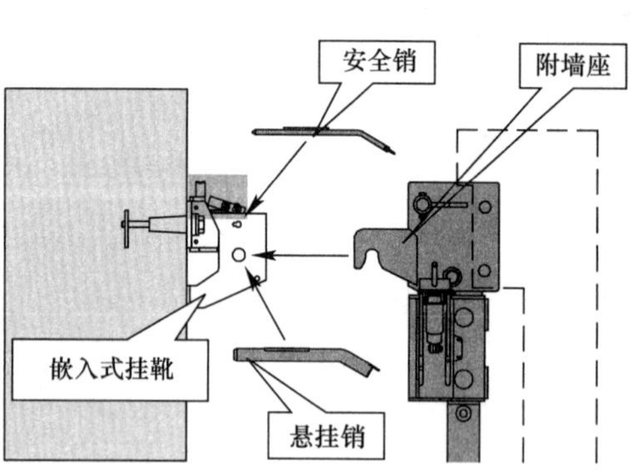

图6-4　主平台悬挂点结构示意

(3) 液压自爬模架体安装

1) 三脚架拼装

先在地面上将单个三脚架拼装好，然后用塔吊吊至附墙座上安装。保证三脚架中到中间距等于第一次浇筑爬锥中到中间距。两三脚架对角线误差不超过2mm，安装平台立杆，用钢管扣件连接。

2) 安装平台板

安装平台板，平台要求平整牢固，在与部件冲突位置开孔，以保证架体使用，并再次校正两三脚架中道中间距是否为第一次浇筑爬锥中到中间位置（图 6-5）。

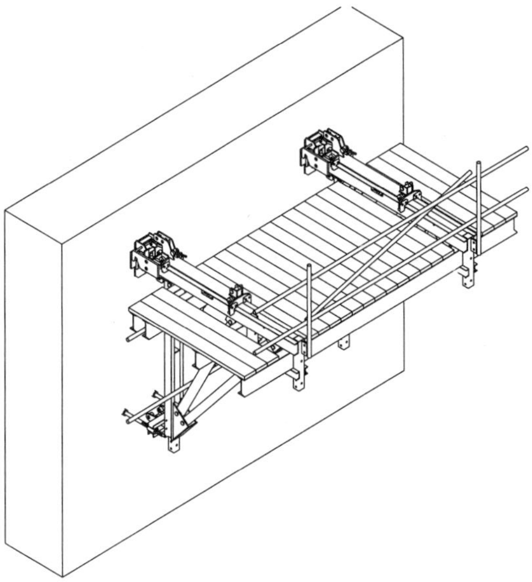

图 6-5　安装平台示意

3）拼装桁架、安装所有操作平台

安装背楞扣件，用钢管扣件将挑架连接牢固，注意加斜拉钢管。平台要求平整牢固，在与部件冲突位置开孔，以保证架体使用。将拼装好的模板整体吊起，利用斜撑调节角度，校正模板（图 6-6）。

4. 液压爬模爬升

（1）液压自爬模施工流程

第一节段混凝土浇筑完后→ 拆模后移→ 模板清理刷隔离剂→ 安装附墙装置→ 绑扎钢筋→ 提升导轨→ 爬升架体→ 埋件固定模板上→ 合模→浇筑混凝土（图 6-7）。

（2）液压爬模爬升

爬升前，检查爬升设备，确认符合要求后方可正式爬升。

1）导轨爬升

① 混凝土强度达到 15MPa 以上；上部爬升悬挂件安装完成；清洁爬升导轨，导轨表面涂上润滑油；液压油缸上、下顶升弹簧装置方向一致向上。

② 经确认爬升条件具备后，打开液压油缸的进油阀门、启动液压控制柜，拆除导轨顶部楔形插销，开始导轨的爬升。当液压油缸完成一个行程的顶升后，经确认其上、下顶升装置到位后，再开始下一个行程的顶升。

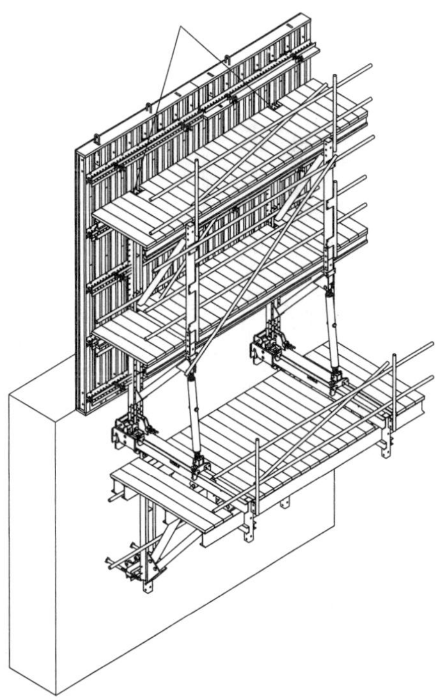

图 6-6　爬模桁架及操作平台拼装示意

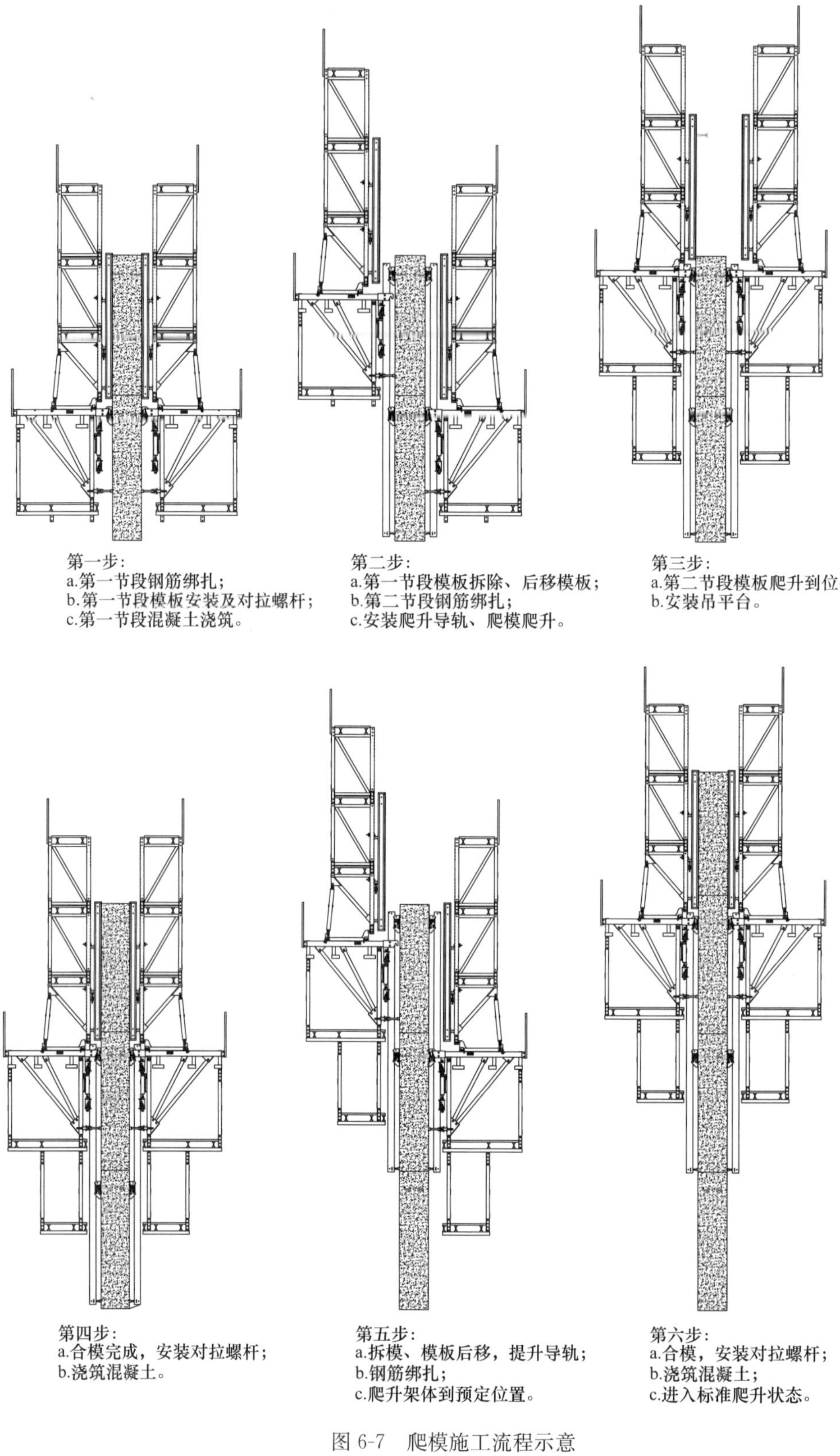

第一步：
a.第一节段钢筋绑扎；
b.第一节段模板安装及对拉螺杆；
c.第一节段混凝土浇筑。

第二步：
a.第一节段模板拆除、后移模板；
b.第二节段钢筋绑扎；
c.安装爬升导轨、爬模爬升。

第三步：
a.第二节段模板爬升到位、合模；
b.安装吊平台。

第四步：
a.合模完成，安装对拉螺杆；
b.浇筑混凝土。

第五步：
a.拆模、模板后移，提升导轨；
b.钢筋绑扎；
c.爬升架体到预定位置。

第六步：
a.合模，安装对拉螺杆；
b.浇筑混凝土；
c.进入标准爬升状态。

图 6-7　爬模施工流程示意

③ 当导轨顶升到位后，按从右往左插上爬升导轨顶部楔形插销，以确保插销锁定装置到位。下降导轨使顶部楔形插销与悬挂件完全接触。

④ 导轨爬升完成后，关闭油缸进油阀门、关闭控制柜、切断电源。

2）爬架架体及模板的爬升

① 清理爬架上荷载；改变液压油缸上下顶升弹簧装置状态，使其一致向下；解除塔柱与爬架的连接件；完成前节段混凝土螺栓孔修补。

② 经确认爬架爬升条件具备后，打开液压油缸的进油阀门、启动液压控制柜、拔去安全插销，开始爬架的爬升。

③ 当爬架爬升两个行程后，拔除悬挂插销。

④ 当爬架顶升到位后，及时插上悬挂插销及安全插销。关闭油缸进油阀门、关闭控制柜、切断电源。

（3）内模

内模板可采用由 1.8cm 木模板和 10cm×10cm@25cm 方木组成，压杆为双［8 号槽钢。内模板支撑体系采用 Φ48×3.5mm 钢管。操作平台可采用钢平台形式。

爬模内模由钢管支撑，以控制塔柱箱室内部尺寸，混凝土浇筑完成，达到拆模强度后，先拆除对拉螺杆及支撑的钢管，用塔吊将内模板吊起至上一节安装。爬模内模的操作平台为钢平台，如图 6-8、图 6-9 所示；操作平台和模板体系一起通过塔吊提升，如图 6-10～图 6-12 所示。

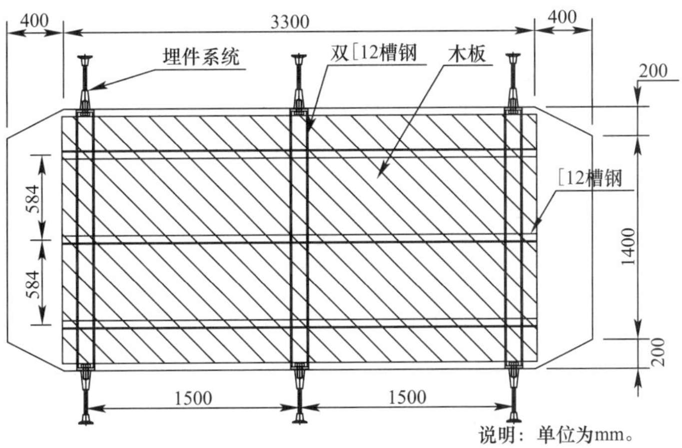

图 6-8　内模钢平台平面结构示意

内模在混凝土结构中的埋件系统与外模悬臂模板相同，内模支撑体系立杆与钢平台焊接成一个整体，以利于起吊。钢平台每侧与混凝土壁有 21mm 的间隙，安装钢平台时加设 20mm 厚垫板。当节段混凝土浇筑完毕后，达到拆模板强度时，先拆除内外模对拉杆，然后拆除水平撑杆，将模板倾斜，最后用塔吊起吊到下一节段就位。

5. 混凝土浇筑

（1）混凝土生产及运输

混凝土由搅拌站集中供料，应满足索塔一次最大浇筑强度的要求。

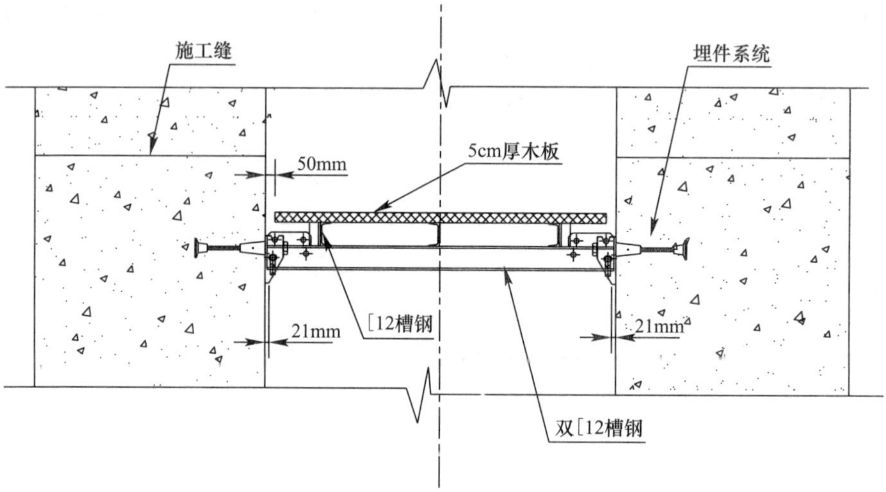

图 6-9　内模钢平台断面结构示意

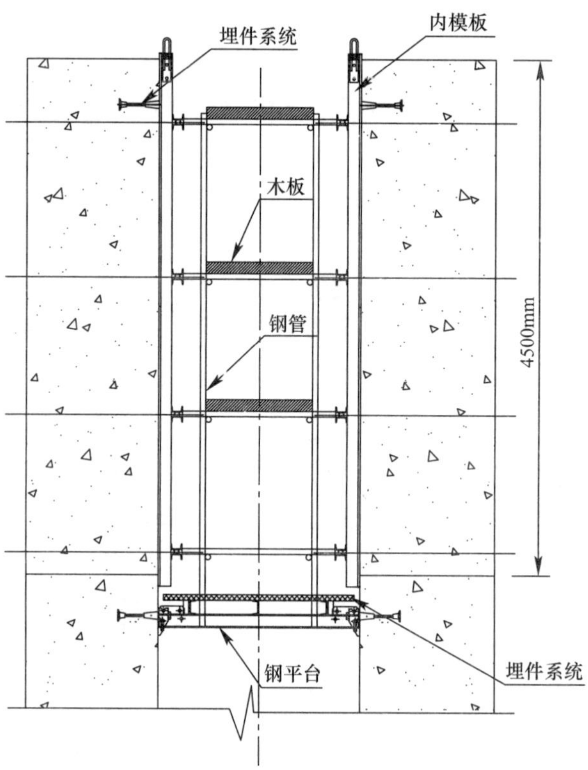

图 6-10　爬升模板内模体系支撑结构示意

1）混凝土原材料均按重量计量，每盘混凝土计量允许偏差为水泥±1%，矿物掺合料±1%，粗细骨料±2%，水±1%，外加剂±1%。应保证混凝土搅拌均匀，适当延长混凝土搅拌时间，搅拌时间宜控制在 120s。

2）加水计量必须精确，应充分考虑骨料含水率的变化，及时调整加水量。混凝土每次生产前，要提前对材料含水率进行检测，依据含水率调整施工配合比进行试生产。

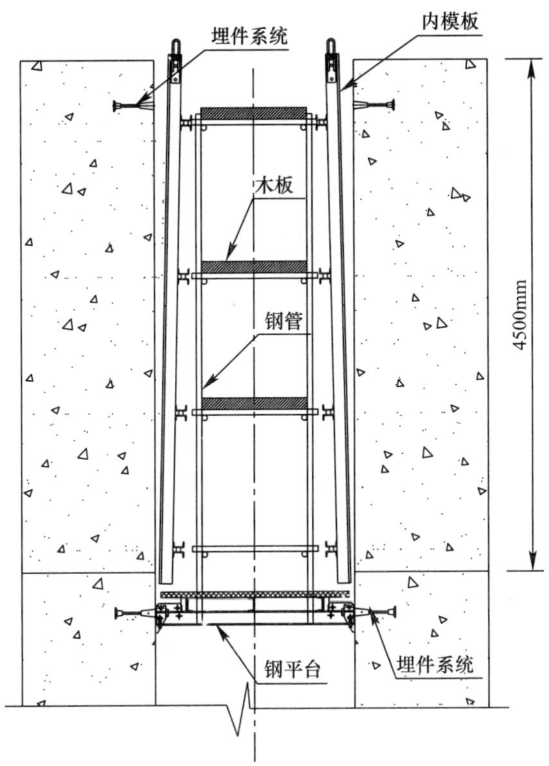

图 6-11 爬模内模拆除状态示意

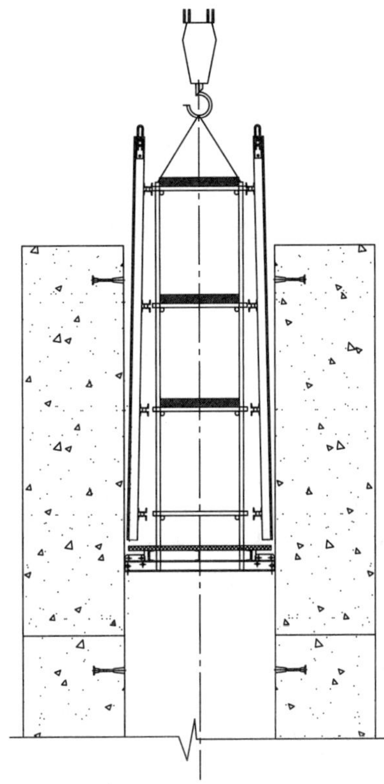

图 6-12 爬模内模拆除吊装状态示意

3）混凝土罐车在装料之前应反转，清除罐内积水、积浆，严禁中途加水；罐车在运输途中保持旋转状态，在浇筑混凝土前，高速旋转，保证混凝土在运输车内质量均匀稳定。

4）混凝土要及时浇筑，每车混凝土从生产开始到浇筑完成宜在 90min 内完成，并且保持泵送的连续性。

（2）混凝土浇筑施工要点

1）在混凝土浇筑前，应将旧混凝土面加以润湿。

2）混凝土采取分层布料、分层振捣，分层高度控制在 30～40cm 左右。为保证混凝土自由落体高度不大于 2m，浇筑时应悬挂溜筒布料。

3）混凝土振捣时分区定块、定员作业，混凝土振捣应密实，无漏振、欠振、过振等现象。

4）振捣采取快插慢拔方式，严格控制棒头插入混凝土的间距、深度与作用时间，并密切观察振捣情况，在混凝土泛浆、不再冒出气泡时为混凝土振捣密实，防止混凝土表面出现蜂窝、麻面，甚至空洞等缺陷。

5）混凝土振捣间距小于 40cm，振捣上层混凝土时要插入下层混凝土 5cm 以上。每个振动点振捣时间控制在 35～45s。

6）振捣过程中，振动棒严禁接触模板，并在混凝土浇筑期间内，派专人检查模板对拉螺杆松紧情况，防止出现爆模、漏浆等现象；专人检查预埋钢筋和其他预埋件的稳固情况，对松动、变形、移位等情况，及时进行处理。

（3）混凝土养护

为保证混凝土质量，防止或减少混凝土表面开裂，浇筑完成的混凝土必须及时进行养护。混凝土养护应由专人负责。

1）混凝土可选用养护剂养护，当模板拆除后，立即将预先配制好的养护剂喷洒于混凝土表面上，喷洒应均匀、适量，勿漏喷，勿流淌，养护剂一般应喷洒两道，并随配随用。养护剂的品种或配方应经严格试验选取，避免养护剂对混凝土表面颜色产生不良影响。

2）若混凝土采用洒水养护的方式，养护用水要洁净，洒水要及时、不间断、不流淌，应避免混凝土表面出现干湿循环，每天洒水次数以能保持混凝土表面经常处于湿润状态为度。

（4）施工缝处理

为使拆模后混凝土表面接缝美观，两层混凝土间的外露接缝线一定要平整顺直，在施工中，应采取以下措施进行预控：

1）在第一层混凝土浇筑完毕后，以模板顶口线为基准，对靠近模板、宽约 1.5cm 的混凝土顶面内外接缝做修正、压实、抹平处理，在进行施工缝凿毛时，严禁破坏这条接缝，以确保上下层混凝土接缝顺直。凿毛由人工完成，当处理层混凝土强度达到 2.5MPa 时，由人工开始凿除混凝土表面的水泥砂浆和松软层，经凿毛处理的混凝土面用压缩空气或高压水清理干净。

2）为防止混凝土浇筑时漏浆以及上下两节段混凝土结合部出现过大的错台，待浇节段的模板底部应压紧已浇节段的混凝土顶部外表面，顶部外表面应先清理平整，然后粘贴双层粘胶带，确保模板底口不漏浆。

3）混凝土浇筑前，再次对接缝表面进行检查清理（若有杂物，应清理干净，以防夹渣）；接缝两侧的混凝土应充分振捣，以使缝线饱满密实。

6. 混凝土外观修饰

（1）施工用预埋螺栓孔修补

1）拆模后，应及时取出锥形螺母及套头，修补留下的螺栓孔。修补可分两次进行，即先用水泥砂浆填充，待凝固干缩后用调好色泽的白水泥浆填补、抹面（必要时，可用角磨机打磨），水泥砂浆和水泥浆里应掺一定量的粘胶。

2）施工用的螺栓埋件在使用期间应进行防锈处理；当使用完成后，先对其螺栓孔洞清洗，然后按照修补螺栓孔的方法处理。

3）螺栓孔修补完成后，及时养护，并加强保护。

（2）缺陷修补

在施工过程中，应尽可能地避免或减少蜂窝、麻面、气泡、接缝不齐、裂缝以及其他缺陷的出现，若有细小缺陷出现，在分析出现原因、制定预控措施的同时，及时地进行修补修饰。

1）对于混凝土表面的局部细小突瘤、接缝不齐等缺陷的修补，采用角磨机打磨，使其与周边混凝土顺平。

2）对于混凝土表面出现的少量气泡的修补，先用与混凝土同强度等级、同品种的水泥掺入定量白水泥和粘胶水配成专用腻子堵塞小气泡，并进行打磨，以上步骤可重复进行，直到修补的部位与周围混凝土的颜色一致为止（必要时可用白水泥净浆修饰）。

3）对于蜂窝、麻面等缺陷的修补。若存在松软层则应先行凿除，用钢丝刷清理、压力水冲洗干净及润湿后，再用较高强度的水泥砂浆填塞捣实抹平，再用白水泥浆修饰表面，为确保粘结效果，水泥砂浆里可掺入粘胶，有必要时，进行打磨，使其与结构混凝土的颜色一致；若不存在松软层（属小蜂窝、小麻面），先将缺陷部位清洗干净，然后进行修补，其修补修饰的方法同气泡处理。

4）缺陷修补完成后，及时养护，并加强保护。

（3）修补、修饰材料选用

为了保证修补的部位与周围混凝土表面颜色一致，所有使用的修补修饰材料统一经试验室严格试配。试配应结合实际施工条件展开，并根据同龄期混凝土试块色泽的具体情况进行。

6.4　质量控制

6.4.1　质量控制标准

1. 爬模装置制作控制标准

（1）模板检验应放在平台上，按模板平放状态进行。模板制作允许偏差可参考表 6-3。

模板制作允许偏差与检验方法　　**表 6-3**

序号	项目	允许偏差（mm）	检验方法
1	模板高度	±2	钢尺检查
2	模板板面对角线差	3	钢尺检查
3	板面平整度	2	2m 靠尺、塞尺检查
4	边肋平直度	2	2m 靠尺、塞尺检查
5	相邻板面拼缝高低差	0.5	平尺、塞尺检查
6	相邻板面拼缝间隙	0.8	塞尺检查
7	连接孔中心距	±0.5	游标卡尺检查

（2）爬模装置制作检验应在校正后进行，主要部件制作允许偏差与检查方法可参考表 6-4。

爬模装置主要部件制作允许偏差与检验方法　　**表 6-4**

序号	项目	允许偏差（mm）	检验方法
1	连接孔中心位置	±0.5	游标卡尺检查
2	下架体挂点位置	±2	钢尺检查
3	梯档间距	±2	钢尺检查
4	导轨平直度	2	2m 靠尺、塞尺检查
5	提升架宽度	±5	钢尺检查
6	提升架高度	±3	钢尺检查
7	平移滑轮与轴配合	+0.5，+0.2	游标卡尺检查
8	支腿丝杠与螺母配合	+0.3，+0.1	游标卡尺检查

（3）爬模装置采用千斤顶，其主要部件之类要求和检验方法可参考表 6-5。

爬模装置千斤顶主要部件之类要求和检验方法　　表 6-5

序号	项目	允许偏差（mm）	检验方法
1	液压系统	工作可靠压力正常	开机检查
2	千斤顶	往复动作无渗漏	接入试验高压油，做往复动作不少于 10 次
3	液压控制台	电器仪表配置齐全，液压配件密封可靠、压力正常	开机检查

2. 爬模安装质量验收

爬模装置安装允许偏差和检验方法可参考表 6-6。

爬模装置安装允许偏差和检验方法　　表 6-6

序号	项目		允许偏差（mm）	检验方法
1	模板轴线与相应结构轴线位置		3	吊线、钢尺检查
2	截面尺寸		±2	钢尺检查
3	组拼成大模板的边长偏差		±3	钢尺检查
4	组拼成大模板的对角线偏差		5	钢尺检查
5	相邻模板拼缝高低差		1	平尺、塞尺检查
6	模板平整度		3	2m 靠尺、塞尺检查
7	模板上口标高		±5	水准仪、拉线、钢尺检查
8	模板垂直度	≤5m	3	吊线、钢尺检查
		>5m	5	吊线、钢尺检查
9	背楞位置偏差	水平方向	3	吊线、钢尺检查
		垂直方向	3	吊线、钢尺检查
10	架体或提升架垂直偏差	平面内	±3	吊线、钢尺检查
		平面外	±5	吊线、钢尺检查
11	架体或提升架横梁相对标高差		±5	水准仪检查
12	油缸或千斤顶安装偏差	架体平面内	±3	吊线、钢尺检查
		架体平面外	±5	吊线、钢尺检查
13	锥线承载接头（承载螺栓）中心偏差		5	吊线、钢尺检查
14	支承杆垂直偏差		3	2m 靠尺检查

3. 爬模工程质量验收

爬模工程的验收应符合现场国家标准《混凝土结构工程施工质量验收规范》GB50204—2015 的有关规定。

6.4.2　质量保证措施

1. 爬架安装和使用质量保证措施

（1）严格爬架架体材料（型钢、木板、螺栓等）的进场检验，对液压提升系统查验相关产品质量证明。

（2）爬架架体各构件严格按照要求下料，拼装孔利用高精度机床施钻。

（3）架体转运过程中，增加临时杆件以防止变形损坏，起吊时应轻起轻放。

（4）架体悬挂件利用模板精确定位，预埋锚筋上设置旋入悬挂螺栓的标记，以方便检查。

（5）加强液压爬模系统的维护与保养。

2. 模板的拼装和使用质量保证措施

（1）模板拼装

1）爬架组拼在专用平台上进行，严格控制专用平台的刚度和平整度。

2）爬架组拼前，对拼装人员应进行培训和考核，合格后才能上岗。

3）影响模板组拼质量主要因素是槽钢背楞放位安装质量、木工字梁放位固定及平整度和面板外形尺寸、平整度，三者共同影响的结果确定了整体面板的平整度及模板断面尺寸，以及模板的刚度和耐久性。因此，在模板组拼过程中，对以上三者采取了针对性控制，最终达到板面平整度、断面尺寸、面板接缝（水平缝或竖直缝）及装饰槽和阳角模满足模板设计要求。

（2）模板吊装及转运

1）模板吊装转运过程中不得有尖锐的构件压在面板上或刮到面板上，以免面板刮伤损坏。

2）吊装过程中注意对模板周边棱角的保护，不得破坏棱边棱角，以免相接不良后发生漏浆等，线形被破坏。

3）装运时，模板起吊要均匀平衡受力，堆放平稳并进行固定，以免滑落。

（3）模板安装及拆除

1）拉杆安装：对拉拉杆的长度要和塔柱节段断面尺寸一致，在外螺母上紧模板时必须安排人员在模板内侧检查模板内面断面尺寸，确保与设计尺寸相符。模板受拉后断面尺寸过小，则造成内撑杆向外的力过大，易造成面板局部发生凹陷，因此模板断面尺寸控制到位后上紧外螺母即可；拉杆过松则造成塔身尺寸偏大，因此同样也要上到位为止。

2）拆模和安装模板需安排专人进行控制，以便于对模板保护。拆模时，模板起吊要均匀平衡受力。

3）模板安装时，同节段中相接的竖缝均需粘贴双面胶护缝以免向外渗浆，但胶带边口必须平于接缝边口线（否则混凝土会出现嵌缝的缺陷）或统一稍低于边口线且胶带必须拉顺直，确保接缝顺直良好。

4）混凝土浇筑过程中振动棒不得接触到模板板面振捣，泵管等移动时也不能撞击到面板上，以防面板被破坏。

5）浇筑完成后及时将模板外侧残余混凝土清除，清洁面板刷上隔离剂用花布覆盖保护。在松拉杆时，各块模板需设置临时固定保护，以免模板突然倾斜压入或高空掉落。

6）模板拆除后及时对模板进行检查，发现问题需及时修补，如：螺钉松动，面板局部受损、拉松，封堵螺钉眼的原子灰被破坏，棱角被破坏等，以免影响后续混凝土浇筑质量。

7）模板存放要整齐、平整、垫实，避免在其上堆积重材料。

6.5 施工记录

（1）水泥、掺合料、外加剂（产品说明书）出厂质量证明书及进场复试报告；

（2）石子、砂子试验报告；

（3）混凝土试配记录；

（4）混凝土施工配合比通知单；

（5）混凝土试块强度试压报告；

（6）混凝土原材料及配合比设计检验批质量验收记录；

（7）混凝土施工检验批质量验收记录；

（8）钢筋绑扎检验批质量验收记录；

（9）爬升模板、架体出厂验收及安装验收记录；

（10）混凝土施工日志。

6.6　成品保护

（1）爬升模板必须做到层层清理、层层涂刷隔离剂。每隔 5～8 层进行一次大清理，即将模板后退彻底清理一次，并对模板及相关部件进行检查、校正、紧固和修理。

（2）高度重视支承杆的垂直度和加固工作，确保支承杆的稳定和清洁，保证千斤顶的正常工作。

（3）爬升过程中应注意清除爬升障碍，在确认对拉螺栓全部拆除、模板及爬模装置上部无障碍时方可提升。

（4）浇筑混凝土时，应采取措施防止浆液污染已浇混凝土面；对有预应力的塔柱在预应力施工时，应采取必要的防护措施，并且不得使用破损的灌浆管、油管，管接头应密封，油泵、灌浆设备及千斤顶应完好，以防止张拉和灌浆过程中水泥浆及液压油污染混凝土面。混凝土表面一旦出现浆液及其他污物，应立即清洗干净。

（5）脱模前必须了解混凝土的强度情况，在确保混凝土表面及棱角不受影响的前提下，才能脱模。拆模后的混凝土表面若粘有浮灰及留有模板痕迹，应立即用细砂纸打磨，直到浮灰及模板痕迹清除干净、混凝土表面色泽一致为止。

（6）混凝土脱模后及时进行养护。冬期施工应有专项保护混凝土的措施。不得用重物随便撞击及敲打混凝土面，尤其刚拆模的混凝土面。不得在混凝土表面乱写乱画，不得用尖利的硬物刮刻混凝土面，严禁用污物擦摸混凝土面。

（7）进出人孔的爬梯及混凝土泵管尽量不要靠近混凝土表面，钢材不要在混凝土表面堆存。采取有效措施防止电梯、塔吊及其他机械设备用油污染混凝土表面，易污染处应预先用土工布围护。塔吊和电梯附着、横梁支架、临时用钢爬梯及其他易锈蚀的铁件在使用期间进行防锈处理。

（8）混凝土表面应经常检查，发现问题应及时处理。

6.7　安全与环保措施

6.7.1　安全保护措施

（1）施工过程的安全应符合国家现行《建筑施工安全检查标准》JGJ59—2011 的有关规定，施工机械应符合国家现行《建筑机械使用安全技术规程》JGJ33—2012 的有关规定，施工临时用电应符合国家现行《施工现场临时用电安全技术规范》JGJ46—2005 的规定。

（2）凡患有高血压、心脏病、惧高症等不适合高空作业的人员不得参加高塔施工。塔柱爬模施工人员，必须熟知本工种的安全技术操作规程，特种作业人员必须持证上岗并具备相应的技术素质和安全应变技能。凡是从事塔柱爬模施工人员应实行统一管理，爬模装置的安装、操作、拆除应在专业厂家指导下进行，专业操作人员应进行爬模施工安全、技术培训，合格后方可上岗操作。

（3）爬模工程应设置专职安全员，负责爬模施工的安全监控。

（4）规范使用劳动保护用品。进入施工现场必须戴安全帽，进行高空及悬挂作业时应系好安全带，扣好保险并穿防滑靴。

（5）当施工现场风力大于（等于）6 级或遇暴风雨、浓雾天气时必须暂停施工。根据天气预报，当恶劣气候来临前，应做好施工现场人员及有关设备、设施的撤离、转移及加固工作，确保人、机、设施的安全。

（6）上、下操作平台均应满铺脚手板，脚手板铺设应符合现场行业标准《建筑施工扣件式钢管脚手架安全技术规范》JGJ130—2011 的有关规定；上架体、下架体全高范围及下端平台底部均应安装防护栏及安全网；下操作平台及下架体下端平台与结构表面之间应设置翻板和兜网。

（7）高空作业所需的工索具及材料等应放在工具箱内或临时固定，严禁上下抛掷工具及物体。

（8）各类电器设备必须按三相四线制采取有效可靠的接地和漏电保护装置。操作平台上应按消防要求设置灭火器，施工消防供水系统应随爬模同步设置。在操作平台上进行电、气焊作业时应有防火措施和专人看护。

（9）操作平台上应在明显位置标明允许荷载值，设备、材料及人员等应均匀分布，人员、物料不得超过允许荷载；爬模装置爬升不得堆放钢筋等施工材料，非操作人员应撤离操作平台。

（10）爬升前爬模总指挥应告知平台上所有操作人员，清除影响爬升的障碍物。在爬架处于爬升和非爬升状态时，都应挂好保险绳。

（11）严格按照操作程序进行导轨和爬架的爬升。

（12）爬模施工现场必须有明显的安全标志，爬模安装、拆除时地面必须设围栏和警戒标志，并派专人看守，严禁非操作人员入内。按照“谁施工谁负责安全”的原则，落实各级人员的安全生产责任制，强化现场施工人员的“三不伤害”教育，提高施工人员的自我保护意识。

6.7.2　环保措施

（1）施工过程的环境保护应符合国家现行《建设工程施工现场环境与卫生标准》JGJ146—2013 的有关规定。在施工期间严格控制噪声，应符合现行国家《建筑施工场界环境噪声排放标准》GB12523—2011 的规定。

（2）模板宜选用钢模板或优质木（或竹）胶合板和木工字梁模板，提高周转使用次数，减少木材资源消耗和环境污染。

（3）爬模装置应做到模数化、标准化，可在多项工程使用，减少能源消耗。

（4）混凝土施工时，应采用低噪声环保型振动器，以减低噪声污染。

（5）操作平台上宜设置环保厕所，并有专人负责清理，确保施工现场环境卫生。

（6）清理施工垃圾时应使用容器吊运并及时清运，严禁凌空抛撒。

（7）液压系统宜采用耐腐蚀、防老化、具备优良密封性能的油管，防止漏油造成环境污染。

（8）模板表面宜选用无污染、环保型隔离剂。

第7章　柱式墩盖梁抱箍法施工工艺

7.1　适用范围及特点

7.1.1　适用范围

抱箍法盖梁施工是利用在墩身上安装固定抱箍，并需要螺栓紧固；在抱箍上安装横桥向主梁，利用抱箍与墩柱之间的摩阻力来承担混凝土盖梁及施工荷载等。该施工工艺适用于高墩盖梁、无法采用支架法或采用支架法不经济、不安全的墩柱盖梁。

7.1.2　工艺特点

（1）不受地基条件的影响，施工工序较为简单；（2）抱箍、型钢等材料可循环利用，节约成本；（3）在高墩、水中墩柱、峡谷等无法搭设支架的盖梁施工尤为适用；（4）安全性较高。

7.2　施工准备

7.2.1　技术准备

（1）熟悉和分析墩柱的断面形式及几何尺寸，编制抱箍法盖梁支撑施工的单项施工组织设计，向管理人员及作业班组操作人员进行安全、技术交底。

（2）根据墩身的断面形式及需承担上部结构的重力，进行抱箍设计：包括钢板的厚度、高度的确定，紧固螺栓的个数及规格的选择等。

1）初步设计

对于圆形墩柱，抱箍应采用两个半圆形的钢板，通过连接板上的螺栓连接在一起，使钢板与墩身密贴，能够承受一定的重量而不变形，板的高度由连接板上的螺栓个数决定。

抱箍的直径宜大于墩柱直径1cm；对于截面为多边形的墩柱，抱箍应采用1/2墩柱截面形式对称设计。

抱箍内壁宜加垫摩阻力较大的柔性材料，如橡胶垫、麻袋片等，以增加抱箍与墩柱之间的摩擦力。

抱箍须设置足够厚度的连接板，连接板上的螺栓在竖向上宜布置成两排，螺栓预拉力必须保证抱箍与墩柱间的摩擦力可靠地传递荷载。

2）受力计算

根据“抱箍与墩柱间的最大静摩擦力等于正压力与摩擦系数的乘积”的关系确定出每个螺栓预紧力、螺栓数目，并对抱箍体进行验算。

（3）荷载预压

抱箍设计完毕后，应进行荷载预压试验。堆载重量为计算上部荷载（包括盖梁模板体系、钢筋、混凝土及各种施工荷载等总重)。

(4) 抱箍安装时必须与墩柱密贴，抱箍的箍身宜采用不设环向加劲的柔性箍身。

(5) 螺栓布置应尽量可能紧凑，以刚好能满足施工及传力要求为宜。

(6) 为加强抱箍连接板的刚度并可靠地传递螺栓拉力，在竖直方向上，每隔 2～3 排螺栓应给连接板设置一加劲板。

7.2.2　材料准备

(1) 抱箍应有足够的强度和刚度，以传递拉力、摩擦力并支承上部结构重量，可采用厚度为 10～20mm 的钢板。

(2) 螺栓：螺栓可采用 45 号钢的 M30 大直径螺栓或 M24 高强度螺栓。

7.2.3　机具准备

(1) 螺栓紧固设备：电动扭矩扳手、千斤顶等。

(2) 抱箍钢板加工设备：电焊机、切割机等。

(3) 抱箍安装设备：脚手架、工作平台、电动捯链、吊车、测力扳手等。

(4) 安全设备：移动上下爬梯、安全帽、安全带等。

7.2.4　作业条件准备

(1) 安全设施准备就绪。

(2) 现场“三通一平”。

(3) 施工前，应由现场管理人员或现场技术人员对操作人员进行培训、安全技术交底、做到熟练掌握加工、安装等技术，要有安全紧急救援措施。操作人员要保持稳定。

7.3　施工工艺

7.3.1　工艺流程

柱式墩盖梁抱箍法施工工艺流程如图 7-1 所示。

7.3.2　操作要点

1. 墩柱混凝土浇筑及养生

墩柱模板安装验收合格后，进行混凝土浇筑。混凝土浇筑时为了防止混凝土浇筑下落时发生离析，当混凝土自由下落高度大于 2m 时，应采用串筒、溜槽或软管等设施下落(图 7-2)。

混凝土浇筑完成后待混凝土强度达到要求即可拆除墩柱模板。模板拆除后利用塑料薄膜套将墩柱整体套好养护；同时，在墩柱的顶部安放一个水桶，在水桶底部打一个小孔，实现墩柱滴水养生(图 7-3)。

2. 抱箍安装及盖梁施工

待墩柱混凝土强度达到设计强度的 90%后，即可进行盖梁施工准备工作。

(1) 吊篮设计及安装

盖梁底模的支点采用“双”抱箍，为安全、快捷、便利的安装抱箍，利用扁担式吊篮作为抱箍安装、加固、检查的操作平台，其设计方式如图 7-4 所示。

(2)“双”抱箍设计与安装

为了提高操作人员的工作效率、降低劳动强度，在抱箍安装时，采用“双”抱箍设

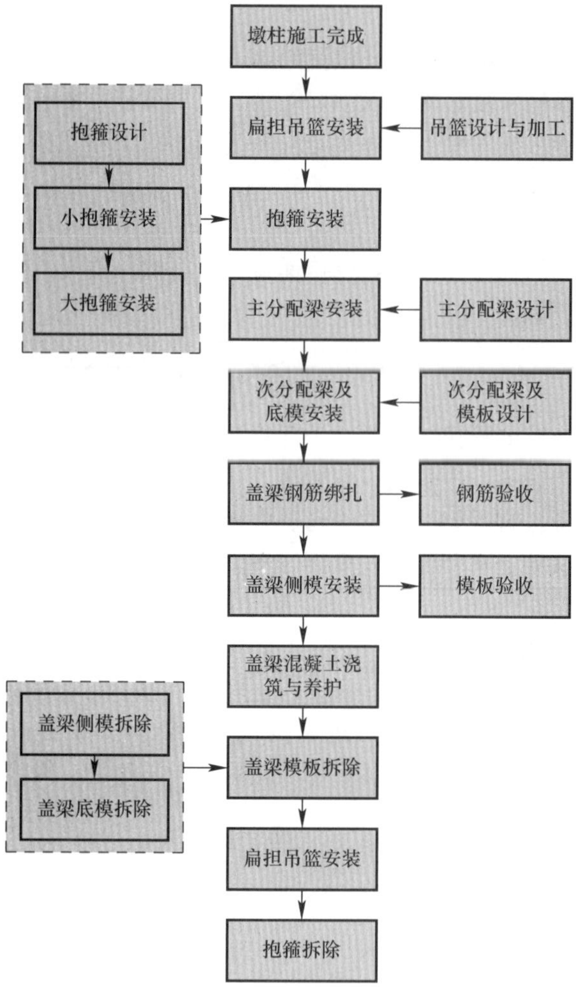

图 7-1　柱式墩盖梁抱箍法施工工艺流程

图 7-2　墩柱混凝土浇筑及型钢过道示意

计，即：小抱箍+大抱箍方式，小抱箍利用其轻巧、便于人工安装的特点，为大抱箍安装提供支撑平台。大抱箍为盖梁施工受力体系，大抱箍内径宜比圆柱墩柱直径大 1～2cm，抱箍与混凝土接触面必须平整，所有焊接部位必须焊接密实，焊缝饱满。抱箍连接板上的螺栓孔的大小由选择的螺栓直径大小决定（图 7-5）。

图 7-3　墩柱养护示意

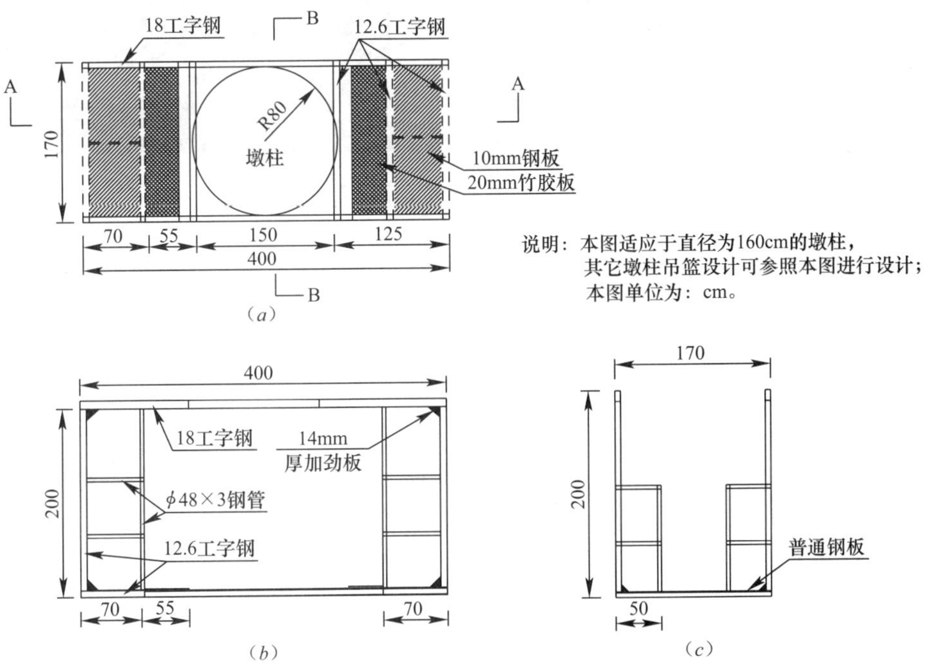

图 7-4　扁担式吊篮设计示意

(a) 吊篮平面设计示意；(b) A-A 吊篮立面示意；(c) B-B 吊篮侧面示意

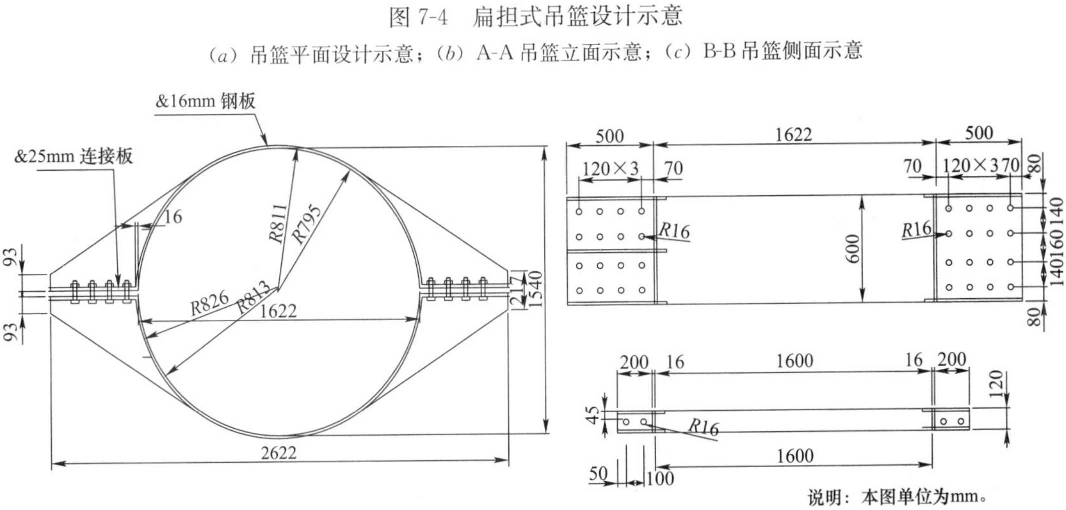

图 7-5　抱箍设计示意

在墩柱顶部安装吊篮后，然后人工进行小抱箍的安装，小抱箍作为大抱箍的安装平台。大抱箍内侧与墩柱接触处用橡胶皮等柔性环包，以增大墩身与抱箍间的摩擦力，并避免钢抱箍与墩柱间的钢性接触，损伤混凝土表面。抱箍两部分宜同时吊装，操作人员用电动扭矩扳手将螺栓逐个拧紧。注意两个法兰要对称进行（图 7-6）。

图 7-6　扁担式吊篮及大小抱箍安装示意

抱箍安装好后应在桥墩上抱箍下方做好标记，以便观测抱箍是否下沉，然后将主分配梁装置在抱箍牛腿上，为防止主分配梁侧向倾覆，两根主分配梁间可选用对拉螺栓穿过工字钢腹板连接，内侧用钢管支撑，对拉螺栓穿过钢管。最后在主分配梁上直接安放盖梁次分配梁及底模。

（3）抱箍的承重

盖梁底模安放好后，再一次拧紧抱箍连接螺栓，检查抱箍是否下沉。若发现抱箍并未下沉，便可吊装钢筋骨架及侧模，再检查抱箍是否下沉，确认抱箍没有移动，就可以灌注混凝土。盖梁在灌注混凝土过程中必须安排一人观测抱箍是否下沉（图 7-7）。

图 7-7　盖梁底模及钢筋安装示意

3. 盖梁底模拆除

盖梁混凝土强度达到设计强度后，可进行盖梁底模的拆除工作。底模的卸落利用主分配梁和抱箍间砂箱装置，砂箱卸落后，进行盖梁底模板的拆除，下一步进行木枋、次分配梁拆除工作，再进行主分配梁拆除，最后拆除双抱箍（图 7-8）。

图 7-8　盖梁底模及抱箍拆除示意

4. 注意事项

由于施工误差，抱箍每排螺栓个数必须比理论计算数多一个。抱箍连接螺栓，在重复使用过程中必须检查螺栓是否有滑丝、开裂现象，否则严禁使用。

7.4　质量控制

(1) 施工前对原材料进行检查，并有合格鉴证记录。对施工程序、工艺流程、检测手段进行检查。

(2) 抱箍法盖梁支撑体系质量必须符合表 7-1～表 7-3 的要求。

抱箍制作允许偏差　　**表 7-1**

序号	项目		允许偏差（mm）
1	外形尺寸	长和高	0，－1
		肋高	±5
2	面板端偏斜		≤0.5
3	连接配件（螺栓、卡子等）的孔眼位置	孔中心与板面的间距	±0.3
		板端中心与板端的间距	0，－0.5
		沿板长、宽方向的孔	±0.6
4	板面局部不平		1
5	板面和板侧挠度		±1.0

抱箍安装允许偏差　　**表 7-2**

序号	项目	允许偏差（mm）
1	长和高	±10
2	模内尺寸	±20
3	轴线偏位	10
4	孔中心与板面的间距	2
5	预留孔洞中心线位置	10
6	预留孔洞内部尺寸	+10，0
7	全部拉杆螺母	逐个检查已经上紧，无滑丝现象

抱箍法盖梁支撑体系实测项目允许偏差　　表 7-3

序号	检查项目	检验标准	检验方法
1	混凝土强度（MPa）	在合格范围内	按《混凝土结构工程施工质量验收规范》GB50204—2015 评定
2	断面尺寸（mm）	±20	尺量：检查 3 个断面
3	轴线位置（mm）	10	全站仪或经纬仪：纵、横各测量 2 点
4	顶面高程（mm）	±10	水准仪：检查 3～5 点
5	支座垫石预留位置（mm）	10	尺量：每个

7.5　施工记录

（1）抱箍反算安装标高记录，

（2）抱箍首次使用预压期下沉记录；

（3）抱箍加工及安装质量检验表。

7.6　成品保护

（1）施工过程中妥善保护加工好的抱箍，以便重复使用。

（2）浇筑完成后要注意及时进行盖梁的覆盖洒水养生。

（3）拆卸模板时严禁碰伤已浇筑成型的盖梁，尤其是边角部分。

（4）设专职成品保护人员，随时进行现场巡视检查，及时发现、制止各种违章和破坏行为。

7.7　安全与环保措施

7.7.1　安全保护措施

（1）施工过程的安全应符合国家现行《建筑施工安全检查标准》JGJ59—2011 的有关规定，施工机械应符合国家现行《建筑机械使用安全技术规程》JGJ33—2012 的有关规定，施工临时用电应符合国家现行《施工现场临时用电安全技术规范》JGJ46—2005 的规定。

（2）施工现场的电焊工、钳工等操作人员均必须持证上岗。

（3）所有参与施工人员必须接受现场专职安全员的安全知识培训，遵守施工现场的安全管理规定。

（4）施工现场必须有专职安全员和兼职安全员。

（5）施工过程中需注意防止螺栓、扳手等高空坠落。

（6）施工现场人员必须佩戴安全帽，高空作业人员必须扎系安全带。

（7）施工现场禁止非施工人员进入。

7.7.2　环保措施

（1）施工过程的环境保护应符合国家现行《建设工程施工现场环境与卫生标准》

JGJ146—2013 的有关规定。在施工期间严格控制噪声，应符合现行国家《建筑施工场界环境噪声排放标准》GB12523—2011 的规定。

（2）施工现场必须保持整洁，施工机具严禁随意抛弃。

（3）工程废弃物、生活垃圾等集中处理。

（4）降低施工噪声，减少对周边居民的噪声污染。

第 8 章　墩柱盖梁落地支架法施工工艺

8.1　适用范围及特点

8.1.1　适用范围

落地支架法盖梁施工，即采用钢管支架、门式支架或碗扣支架或其他支撑体系作为支撑系统，在支架上安装纵、横龙骨（型钢或方木），铺设底模、绑扎钢筋，然后安装侧模、浇筑盖梁混凝土。落地支架现浇盖梁适用于陆上盖梁且地基承载力较高或盖梁正投影处为承台、墩柱高度小于 5m 以下的情况。当墩柱高度大于 5m 和位于水上或软土地上的盖梁，不宜采用落地支架法进行现场施工。

8.1.2　工艺特点

（1）施工工艺简单、操作方便。（2）安全性高。

8.2　施工准备

8.2.1　技术准备

（1）熟悉和分析施工现场的地质、水文、环境、交通资料，编制落地支架现浇盖梁施工方案，并向管理人员及现场操作人员进行书面安全、技术交底。

（2）根据施工图纸及现场实际情况选择合适的支架、模板体系；并对支架、模板进行认真设计、计算，包括支架和模板的强度、刚度、稳定性验算，以及支架布置形式。

（3）施工放样。测定盖梁中心轴线、高程水准点。测量放样完毕后，办理监理工程师复核、签认手续。

（4）柱顶处理。凿除松散的混凝土颗粒，并按设计图纸做好柱顶锚固筋的调整。

（5）地基处理。做好现场排水系统，清除场地上的杂物并整平压实，必要时对原地表进行掺灰、换填或硬化处理。地基处理加固后垫枕木或型钢。

（6）进行落地支架法现浇盖梁施工前，应对支架进行预压；预压重量为盖梁自重的 1.1～1.2 倍，通过预压取得支架及地基非弹性沉降高度 h_1、弹性压缩沉降高度 h_2，则底模安装时升高 $\Delta h=h_1+h_2$ 高度。其余支架即可根据此 Δh 预留。

8.2.2　材料准备

（1）原材料：水泥、石子、砂、钢筋、预应力钢绞线等由持证材料员和试验员按规定进行检验，确保其原材料质量符合相应标准。

（2）混凝土配合比设计及试验：按混凝土设计强度要求，分别做混凝土配合比的试验室配合比、施工配合比，满足结构浇筑的要求。

（3）支架系统：扣件式钢管支架、碗扣式钢管支架、门式支架或其他型钢支架、钢管扣件、可调顶托及可调底座等。

（4）其他材料：模板、木枋（或型钢）、氧气、乙炔、塑料布、养护棉、隔离剂等。

8.2.3 机具准备

（1）场地处理设备。挖掘机、压路机、夯机等。

（2）起重设备：吊车等。

（3）安全设备：爬梯、安全帽、安全带、防滑鞋等。

（4）混凝土浇筑设备：混凝土拌合站（机）、混凝土振动棒、地泵或汽车泵、混凝土运输车等。

（5）钢筋加工、安装设备：钢筋成套加工设备、电焊机等。

（6）预应力施工机具：千斤顶（油压表）、油泵、压浆机、手提砂轮切割机、卷扬机等。

（7）模板加工机具：电锯、电刨、手电钻等。

8.2.4 作业条件准备

（1）施工前完成场地平整，清除杂物，支架下的地基已处理并满足施工要求，吊车就位处应平整夯实。临时电力、水的供应已具备。

（2）墩柱顶凿毛，模板进行除锈、打磨、均匀涂抹隔离剂等处理并立模。完成中心定位复测和高程测量，办完监理工程师验收手续。混凝土拌合站已标定、各种机具准备就绪、各种材料验收合格，数量充足，混凝土配合比已获准使用。

（3）施工作业人员要求：由现场工程师或现场技术人员对盖梁施工的工人进行培训、安全技术交底。做到熟练掌握支架搭设、支立模板、浇筑等技术，要有安全紧急救援措施，操作人员保持稳定。

（4）安全防护设施全部就位。

8.3 施工工艺

8.3.1 工艺流程

墩柱盖梁落地支架法施工工艺流程如图 8-1 所示。

8.3.2 操作要点

1. 测量放样

依据基准控制桩在地基上测放出盖梁中心点及纵横向轴线控制桩。按支架施工方案设计的地基处理宽度，用钢尺从控制桩向轴线两侧放出地基边线控制桩。地基四周边线距支架外缘不宜小于 50cm，并沿地基四周边线做好排水系统。

2. 地基处理

对于落地支架，在盖梁支架搭设前为保证支架的稳定性，首先应对基础进行硬化处理。对盖梁下施工范围内基础进行处理，根据盖梁底模、木枋（或型钢）、支架搭设高度、支架可调底座和顶托等确定基础顶面标高。清除表层杂物废土，对软弱地基可采用换填后夯实，换填处理时每层松铺厚度不应大于 300mm，然后采用压路机或打夯机进行碾压或夯实，压实度不小于 95%，平整度不大于 15mm；然后在处理后的地基上浇筑 50～100mm 混凝土进行硬化，混凝土顶面应向四周有 1%的坡度以利于排水。地基承载力必须能够满足盖梁施工承载力的要求。

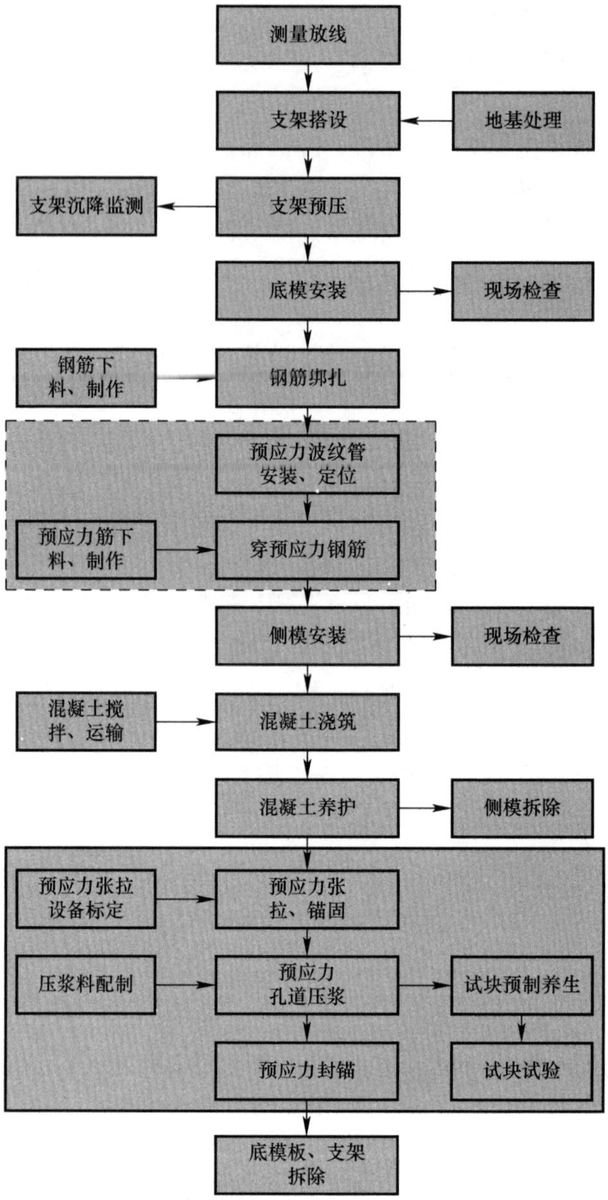

图 8-1　墩柱盖梁落地支架法施工工艺流程

3. 搭设支架

(1) 在处理后的地基上按照施工方案铺设型钢或枕木，枕木上搭设支架，调整支架活动底托和顶托，再在顶托上安放主次分配梁。若支架采用钢管脚手架体系，则支架搭设过程中必须满足《建筑施工扣件式钢管脚手架安全技术规范》JGJ130—2011 的要求；若支架体系采用碗扣式钢管脚手架体系，则支架搭设过程中必须满足《建筑施工碗扣式钢管脚手架安全技术规范》JGJ166—2008 的要求。

(2) 支架搭设过程中，必须确保纵横杆与立杆之间连接牢固；同时在搭设过程中设置剪刀撑，每道剪刀撑跨越立杆的根数可参考表 8-1 执行。每道剪刀撑宽度不应小于 4 跨，且不应小于 6m，斜杆与地面的倾角宜在 45°～60°之间。

剪刀撑跨越立杆的最多根数　　表 8-1

剪刀撑斜杆与地面的倾角 θ	45°	50°	60°
剪刀撑跨越立杆的最多根数 n	7	6	5

（3）在支架体系的四个外侧立面，均必须设置一道剪刀撑，并应由底至顶连续设置。

（4）剪刀撑的搭接长度应符合《建筑施工扣件式钢管脚手架安全技术规范》JGJ130—2011 的有关要求。

（5）支架搭设完成后仔细检查各承重部位是否垫实、牢固，经现场管理人员及监理工程师验收合格后方可进行下道工序。

4. 安装底模

盖梁模板可采用钢模或木模板。底模、侧模的强度和刚度必须满足规范要求。模板挠度不超过模板跨度的 1/400，面板变形不超过 1.5mm。在盖梁底模安装前，应根据支架体系预压结果进行支架顶托标高的调整来确定底模的标高。模板安装前必须打磨干净，并使用符合要求的隔离剂，涂抹均匀，以利于拆模。

5. 钢筋绑扎安装

（1）钢筋整体吊装

钢筋在加工场地严格按图纸及设计要求下料，然后运输到工地现场在绑扎台座上进行成型绑扎。加工盖梁时，焊接接头应均匀布设，在同一断面上钢筋焊接接头不能大于总面积的 50%。

如盖梁上设有预埋件、预应力管道，必须按照图纸要求准确设置预埋件。

绑扎完后采用多点吊装方法，防止盖梁钢筋骨架在吊装时变形，骨架就位一定要准确，如有偏差及时调整，防止钢筋骨架偏位。做好钢筋保护层垫块，安装时必须呈梅花状设置垫块，以保证钢筋保护层厚度。

（2）在盖梁上绑扎

钢筋骨架在拼装台上焊拼、其他钢筋加工成半成品后，吊到已支好的底模上进行绑扎，经检查无误后进行波纹管安放定位，放置垫块，以保证钢筋厚度。

6. 安装侧模和端模

（1）钢筋骨架就位后，可采用整体吊运拼装侧模，在侧模接缝处和侧模与底模接缝处粘 5mm 双面胶条，采用对拉螺杆使模板就位。对对拉螺杆应有足够的强度和较小的变形，并采用有效措施使拉杆和现浇混凝土隔离，对拉螺杆和模内支撑应设置在同一平面，通过内外支撑和缆绳对模板进行调整、对中、加固，使其稳固。侧板的安装必须保证垂直度、整个模板的线形顺直以及保证盖梁的截面尺寸。

（2）端头模板要和侧面模板牢固接连，认真采取支撑、加固措施，防止跑模、漏浆。模板支好后，测量模板控制点标高，确定混凝土浇筑位置。

（3）当盖梁高度超过 6m 时，为防止模板与钢筋笼碰撞、摆动等，在吊装模板时应设缆风绳，保持模板在吊装过程中的稳定性。

7. 混凝土浇筑

（1）混凝土按工地实验室提供的混凝土施工配合比配制。采用搅拌站集中备制，混凝土运输罐车运送，混凝土泵车入模浇筑混凝土。混凝土拌合物运至浇筑地点时，应检查坍落度、和易性，如不符合要求，应退回拌合站由实验技术员决定是否进行第二次拌合，二次拌合后仍不符合要求时，不得使用。用混凝土运输罐车运送混凝土途中应以 2～4r/min 的慢速进行搅动，混凝土的装载量约为搅拌筒几何容量的 2/3。

（2）混凝土浇筑前，应将模板内杂物、已浇混凝土面上泥土清理干净，应对支架、模板、钢筋和预埋件进行检查并做好记录，符合设计要求后方可浇筑；浇筑时必须派专人指挥。

（3）混凝土浇筑时应连续浇筑。为保证混凝土有足够和易性，混凝土坍落度满足规范要求，混凝土应分层浇筑，每层宜控制在 250～300mm。混凝土振捣宜采用插入式振动器分层振实，振点间距宜控制在 150～250mm 之间距模板 150mm 处振捣，振捣时"快插慢拨"至混凝土面不再下沉、不再溢出气泡、表面充分泛浆为准。振捣时，尤其注意挡块部位和钢筋密集处的振捣。考虑浇筑方案时应注意避免由于支架的不平均沉降变形而可能造成混凝土的开裂。混凝土浇筑完成后盖梁顶面按控制标高抹平，盖梁顶面应做二次压平收光处理，整个浇筑完成后迅速覆盖、养生。

（4）在浇筑过程中，应派专人检查模板、支架。时刻检查模板的稳定性，注意是否出现跑模、胀模、漏浆等现象。及时发现及时采取措施纠正，做到未雨绸缪、防患于未然。

8. 混凝土养护

（1）浇筑完成后迅速覆盖、养护。侧模拆除前，顶面浸水土工布覆盖养护；侧模拆除后，采用塑料薄膜包裹养生，养生时间不少于 7d。

（2）混凝土的洒水养护时间不少于 7d，每天洒水次数可根据空气的湿度、温度等情况确定，以能保证混凝土表面始终处于湿润状态为度。

9. 拆除模板

（1）在混凝土强度达到 2.5MPa 以上，并能保证其表面及棱角不因拆除模板而受损后，方能拆除盖梁侧模板。底模在混凝土强度大于规定强度（如有预应力则必须在预应力下张拉）后方可拆除。

（2）模板的拆除顺序和方法应按模板配板设计的规定进行。若无设计规定时，应遵循先支后拆、后支先拆；先拆不承重的模板，后拆承重部分的模板，自上而下。

8.4　质量控制

8.4.1　基本要求

（1）钢绞线及锚、夹具等预应力材料的各项技术性能必须符合国家现行标准规定和设计要求，经检验合格后方可使用。

（2）钢绞线应梳理顺直，不得有缠绞、扭麻花等现象；预应力张拉时，单根钢绞线不允许有断丝现象；千斤顶与压力表、油泵必须配对校验。

（3）钢筋、电焊条及混凝土等各种材料的各项技术性能指标必须符合国家现行有关技术标准要求。

（4）盖梁混凝土在浇筑前，必须先检查预埋件、锚固螺栓等，必须保证其位置准确，埋件牢固。混凝土应振捣密实，不应有蜂窝、孔洞，混凝土及孔道水泥浆强度必须满足设计要求。

（5）施工过程中必须对基础处理、支架搭设、模板安装、混凝土浇筑等进行全过程检查。

8.4.2　盖梁质量标准要求

（1）混凝土表面平整，施工缝平顺，棱角线平直，外露面色泽一致。

（2）蜂窝、麻面面积不得超过该面积的 0.5%，深度超过 10mm 的必须处理（表 8-2、表 8-3）。

钢筋网的间距位置允许误差　　　**表 8-2**

<table>
<tr><th>序号</th><th colspan="2">检查项目</th><th>规定值或允许偏差</th><th>检查方法</th></tr>
<tr><td>1</td><td colspan="2">受力钢筋间距（mm）</td><td>±10</td><td>尺量</td></tr>
<tr><td>2</td><td colspan="2">箍筋、横向水平筋、螺旋筋间距（mm）</td><td>±10</td><td>尺量</td></tr>
<tr><td rowspan="2">3</td><td rowspan="2">钢筋骨架尺寸（mm）</td><td>长</td><td>±10</td><td rowspan="2">尺量</td></tr>
<tr><td>宽、高或直径</td><td>±5</td></tr>
<tr><td>4</td><td colspan="2">弯起钢筋位置（mm）</td><td>±20</td><td>尺量</td></tr>
<tr><td>5</td><td colspan="2">保护层厚度（mm）</td><td>±5</td><td>尺量</td></tr>
</table>

钢筋混凝土盖梁实测项目允许偏差标准　　　**表 8-3**

序号	检查项目	规定值或允许偏差	检查方法
1	混凝土强度（MPa）	在合格标准内	试块强度试验
2	断面尺寸（mm）	±20	尺量
3	轴线偏位（mm）	10	全站仪或经纬仪
4	顶面高程（mm）	±10	水准仪
5	支座垫石预留位置（mm）	10	尺量

8.5　施工记录

（1）原材料（水泥、砂、石、钢筋、钢绞线、外掺剂）进场复验报告；

（2）盖梁放样及复核记录；

（3）钢筋、预应力加工及安装分项工程质量检验评定表；

（4）混凝土浇筑记录；

（5）隐蔽验收检查记录；

（6）混凝土强度试验报告；

（7）盖梁分项工程质量检验评定表；

（8）预应力张拉记录。

8.6　成品保护

（1）模板内面涂隔离剂时不要污染钢筋。模板涂好隔离剂后要及时安装，否则要用塑料布覆盖，防止粘上灰尘和杂物。

（2）钢筋骨架吊装时要求多点吊装，防止骨架变形。

（3）吊装模板时避免模板与钢筋骨架碰撞而发生变形。侧模定位好后，不准任何人或机械碰动缆风绳，使得侧模整体位置变化，否则需重新让测量组定位调整。

（4）混凝土的强度必须达到2.5MPa以上，方可进行盖梁侧模板的拆除，不得强力拆除，以免损伤混凝土棱角；拆除模板时不得用大锤、撬棍硬砸猛撬，以免混凝土的外形和内部受到损伤。

（5）盖梁预应力压浆完成后，及时进行封锚；并及时将喷洒在盖梁上的水泥浆冲洗干净，以免影响外观质量。

8.7　安全与环保措施

8.7.1　安全保护措施

（1）施工过程的安全应符合国家现行《建筑施工安全检查标准》JGJ59—2011的有关规定，施工机械应符合国家现行《建筑机械使用安全技术规程》JGJ33—2012的有关规定，施工临时用电应符合国家现行《施工现场临时用电安全技术规范》JGJ46—2005的规定。

（2）配备专职安全员，用于施工现场的安全帽必须符合质量标准，进入现场每一个人必须佩戴安全帽。

（3）在2m以上高度作业时，必须安装防护设施，如果条件不允许，必须使用安全带或者安全防护网。

（4）必须正确选择、安装、使用和维护电气系统和设备，系统维护良好，并设置专职人员负责定期检查。

（5）施工现场使用的各种电缆线要定期检查，接头必须绑扎牢固，确保不透水、不漏电。

（6）脚手架应保证搭设基础的牢固和足够宽的安全平台供人行走，与固定结构连接可靠，并配有护栏和行走挡板，以保证上下平台安全。

（7）高空工作区域脚手架上严禁放置工具和材料，为了防止物体坠落，应设置挡板。

（8）吊装作业必须有详尽的方案，吊机安装完成后要经过验收，吊钩必须有保险装置，钢丝绳磨耗、断丝不得超标。

（9）在5级风速和恶劣天气的情况下，避免高空作业。

（10）危险区域要有明显的警告标志。

8.7.2　环保措施

（1）施工过程的环境保护应符合国家现行《建设工程施工现场环境与卫生标准》JGJ146—2013的有关规定。在施工期间严格控制噪声，应符合现行国家《建筑施工场界环境噪声排放标准》GB12523—2011的规定。

（2）施工现场应制定洒水防尘措施，指定专人负责及时清运废渣土。

（3）混凝土浇筑完成后，要做到工完料清，及时清除多余的砂石、废弃混凝土和各种剩余物质材料。

（4）各种施工机械按指定的停车场地整齐停放。

（5）注意做好职工生活卫生，美化生活环境。

第 9 章　支座安装施工工艺

9.1　适用范围及特点

9.1.1　适用范围

适用于市政、公路、铁路等桥梁工程中板式橡胶支座、盆式橡胶支座、球形支座的安装。

9.1.2　工艺特点

（1）施工工艺简单、操作方便。（2）质量易于保证。（3）便于支座更换。

9.2　施工准备

9.2.1　技术准备

（1）认真审核支座安装图纸、确认支座规格型号，编制施工方案，经审批后，向相关人员进行交底。

（2）进行补偿收缩砂浆及混凝土各种原材料的取样试验工作，设计砂浆及混凝土混合比。

（3）进行环氧砂浆配合比设计。

（4）支座进场后取样送有资质的检测单位进行检验。

9.2.2　材料准备

（1）支座：进场应有装箱清单、产品合格证及支座安装养护细则，规格、质量和有关技术性能指标符合现行标准的规定，并满足设计要求。

（2）配制环氧砂浆材料：应有合格证及使用说明书，细砂品种、质量应符合有关标准规定。

（3）配制混凝土及补偿收缩砂浆材料。

（4）电焊条：进场应有合格证，选用的焊条型号应与母材金属强度相适应，品种、规格和质量应符合国家现行标准的规定并满足设计要求。

（5）其他材料：丙酮或酒精、硅脂等。

9.2.3　机具准备

（1）主要机械：空压机、发电机、电焊机、汽车吊、水车、水泵等。

（2）工具：扳手、水平尺、铁錾、小铁铲、铁锅、铁锹、铁抹子、木抹子、橡皮锤、钢丝刷、钢楔、细筛、扫帚、小线、线坠等。

（3）测量工具：全站仪、墨线等。

9.2.4　作业条件准备

(1）墩台混凝土强度已达到设计要求。

(2）墩台（含垫石）轴线、高程等复核完毕并符合设计要求。

(3）墩台顶面已清扫干净，并设置护栏。

(4）上下墩台的梯子已搭设就位。

9.3　施工工艺

9.3.1　工艺流程

板式橡胶支座安装施工工艺流程如图 9-1 所示，盆式支座安装施工工艺流程如图 9-2 所示。

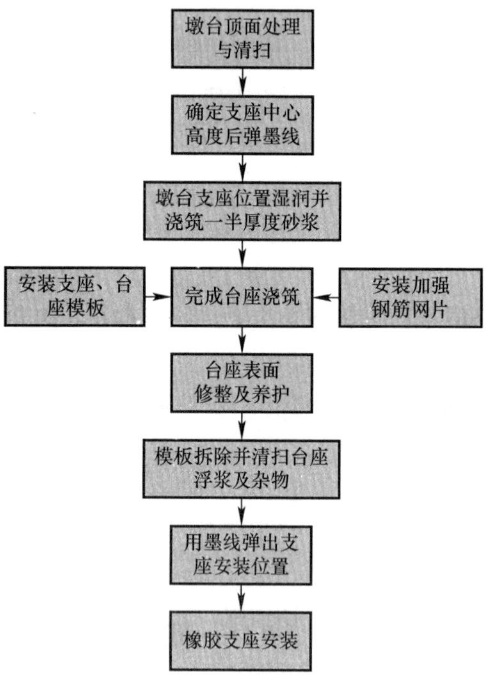

图 9-1　板式橡胶支座安装施工工艺流程

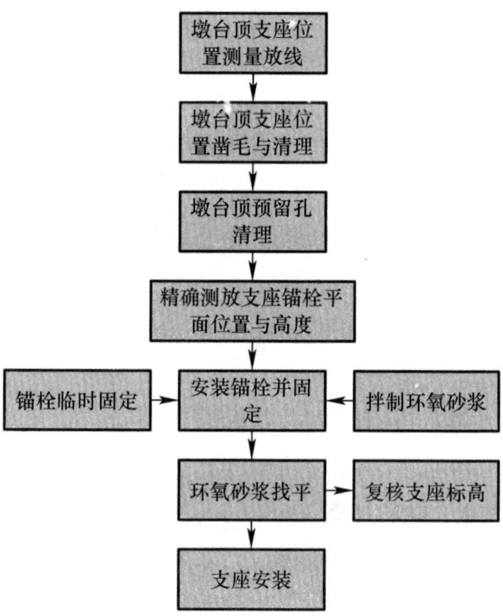

图 9-2　盆式支座安装施工工艺流程

9.3.2　操作要点

1. 板式橡胶支座

(1）板式橡胶支座的运输与存放

1）支座在运输中，避免阳光直接暴晒、雨淋、雪浸，并保持清洁，不得与影响橡胶质量的物质相接触。

2）如果送达施工现场的支座未能立即安装，则必须妥善存贮；支座存贮的场所要求场地平整，支座配套钢板、配套螺栓的下方用方木或木块垫放，支座存贮的场所应遮阳、干燥、通风，支座堆放整齐，保持清洁，严禁与酸、碱、油类、有机溶剂等相接触，并应距热源 1m 以上且不能与地面直接接触。支座的存贮应不影响工地施工，且方便支座的运输。

（2）支承垫石的设置

1）为了保证橡胶支座的施工质量，以及安装、调整、观察及更换支座的方便；支座必须安放在墩台顶部的支承垫石之上。

2）施工支承垫石注意事项：

① 板式橡胶支座安装处宜设置支承垫石，支承垫石平面尺寸大小应按局部承压计算确定，垫石长度、宽度比支座相应的尺寸增加 100mm 左右，其高度应为 100mm 以上，且考虑日后便于支座的更换（图 9-3）。

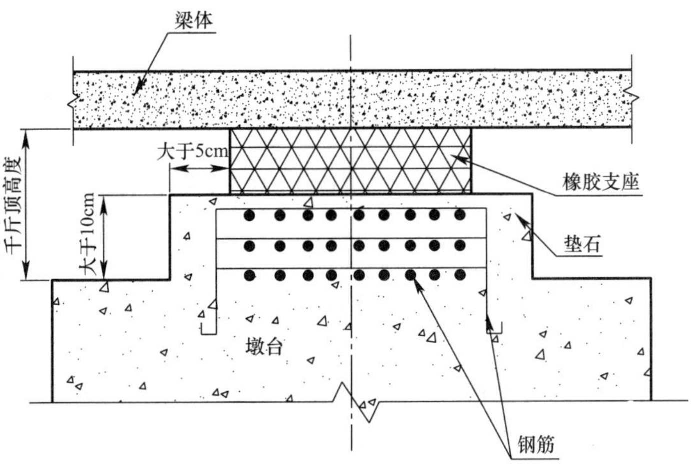

图 9-3　支承垫石施工示意

② 支座垫石内应布置钢筋网，钢筋直径为 8mm 时，间距宜为 50mm×50mm，桥梁墩、台内应有竖向钢筋延伸至支座垫石内，支座垫石的混凝土强度等级不应低于 C30。

③ 支座垫石表面应平整、清洁、干爽、无浮砂。支座垫石顶面标高要求准确无误。在平坡情况下，同一片梁两端支承垫石及同一桥墩、台上支承垫石应处于同一设计标高平面内，其相对高差不应超过±1.5mm，同一支承垫石高差应小于 0.5mm。以免发生偏压、初始剪切与不均匀受力现象。

（3）普通板式橡胶支座的安装

1）现浇梁橡胶支座的安装，施工顺序如下：

① 先将墩台垫石顶面去除浮砂，表面应清洁、平整无油污。若墩台垫石的标高差距过大，可用水泥砂浆调整。

② 在支承垫石上按设计图标出支座位置中心线，同时在橡胶支座上也标上十字交叉中心线。将橡胶支座安放在支座垫石上，使支座的中心线同墩台上设计位置中心相重合，支座就位准确。

③ 在浇筑混凝土梁体前，在橡胶支座上需加设一块比支座平面稍大的支承钢板，钢板上焊锚固钢筋与梁体相连接。将此支承钢板视作现浇梁模板的一部分进行浇筑。为防止漏浆，可在支承钢板之间四周空隙处，用纱丝，油灰或软木板填设。以后在拆除模板时，再将填充物除去，按以上施工可使支座上下面同梁底钢板、垫石顶面全部密贴（图 9-4）。

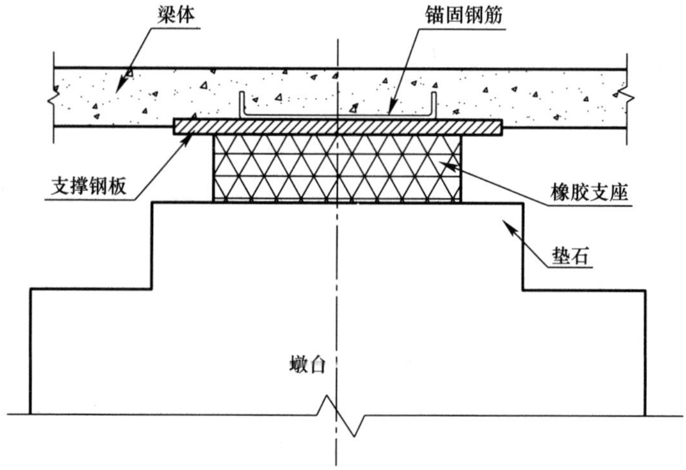

图 9-4　现浇梁板式橡胶支座安装示意

2）预制梁橡胶支座的安装。安装好预制梁橡胶支座的关键，在于尽可能地保证梁底与垫石顶面的平行、平整使其同橡胶支座上下面全部密贴，避免偏压、脱空、不均匀支承的发生。施工顺序如下：

① 先按现浇梁的处理方式处理好支承垫石。

② 预制梁同支座接触的底平面应保证水平与平整。若有蜂窝或倾斜度应预先用水泥砂浆捣实、整平。

③ 橡胶支座的正确就位。先按现浇梁②的做法将橡胶支座在墩台垫石上按设计中心位置就位。T 形梁的纵轴线应同支座中心线相重合；板梁与箱梁的纵轴线应与支座中心线相平行。为落梁准确，在架第一跨板梁或箱梁时，可在梁底划好两个支座的十字位置中心线，在梁端立面上标出两个支座位置中心线的沿直线；落梁时同墩台上的位置中心线相吻合。以后数跨可依第一跨梁为基准落梁（图 9-5）。

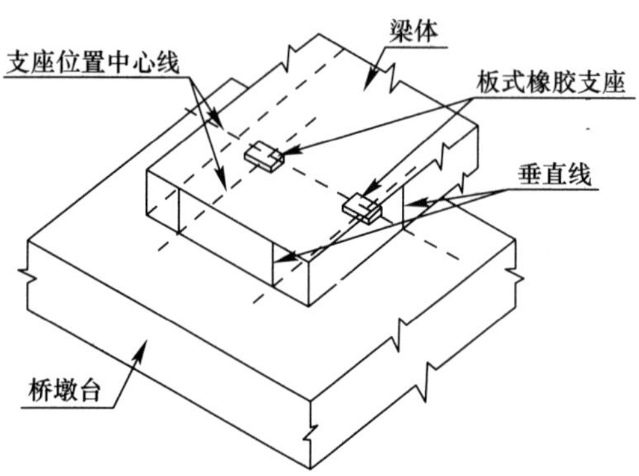

图 9-5　预制板梁或箱梁板式橡胶支座的安装示意

④ 落梁时应平稳，防止支座偏心受压或产生初始剪切变形。

⑤ 在安放 T 梁支座时，若支座比梁肋宽，则在支座与梁底之间加设比支座略大的钢筋混凝土垫块或厚钢板作过渡，以免橡胶支座局部超载、应力集中。

⑥ 橡胶支座安装落梁后，一般情况下，其顶面应保持水平。预应力简支梁，其支座顶面可略微后倾；非预应力简支梁其支座顶面可略微前倾，但倾斜角不得超过 5"。

3）橡胶支座安装时的调整。橡胶支座安装后，若发现下述情况必须及时调整：

① 个别支座脱空，出现不均匀受力。

② 支座发生较大的初始剪切变形。

③ 支座偏压严重，局部受压，侧面鼓出异常，而局部脱空应及时加以调整。

调整的方法一般可用千斤顶顶起梁端，在支座上下表面铺涂一层水泥砂浆（或环氧树脂砂浆）。再次落梁，在重力作用下支座上下表面平行且同梁底、墩台顶面全部密贴；同时使一片梁两端的支座处于同一平面内，梁的纵向倾斜度应加以控制，以支座不产生明显初始剪切变形为佳。

4）普通板式橡胶支座的安装注意事项：

① 矩形支座短边应与顺桥方向平行安置，以利梁端转动。若需要长边平行于顺桥向，必须通过转角验算。

② 圆形支座各向同性，安装时无须考虑方向性，只需将支座圆心同设计位置中心点重合即可。为防止离心力下使梁体横向移动，可设置横向挡块。

③ 使用普通板式橡胶支座一般设有固定端与活动端之分；使用等高度支座时，上部构造的水平位移由同一片梁两端支座的剪切变形共同完成，各承担一半，也可用厚度较小的橡胶支座作固定支座。

④ 当梁体在纵向有坡度时，可按以下 3 种情况处理：

A. 梁体纵坡 $i \leqslant 1\%$ 时，纵坡由支座垫石调整支座斜置（图 9-6）。

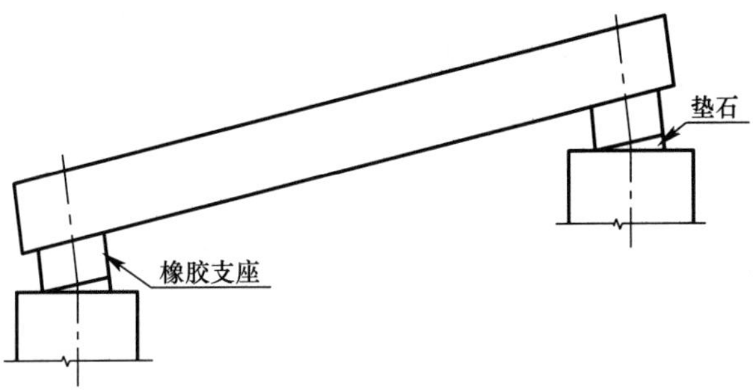

图 9-6　支座垫石调整梁体纵坡示意

B. 梁体纵坡 $1\% \leqslant i \leqslant 3\%$ 时，在梁底与支座之间楔形钢板调平（图 9-7）。

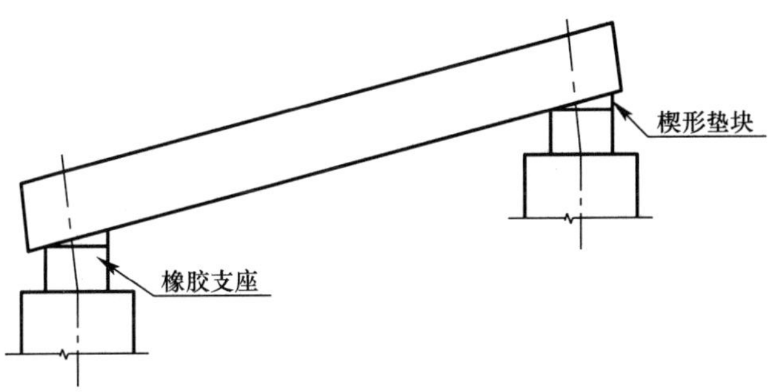

图 9-7　楔形钢板调整梁体纵坡示意

C. 也可采用梁底一端削去与坡度相一致的一角，在另一端补上与削去部分相等的一角，使支座平置（图 9-8）。

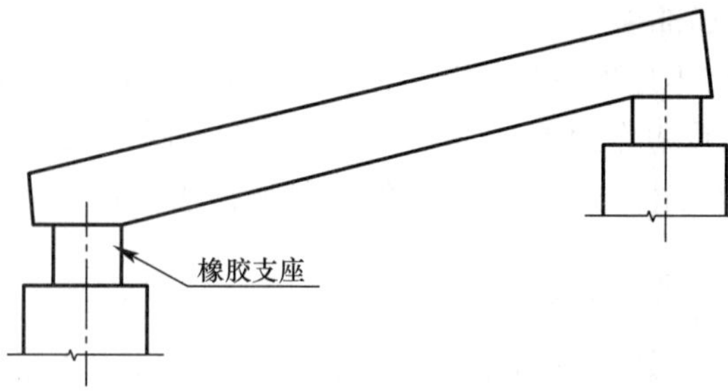

图 9-8　梁体自身调整梁体纵坡示意

（4）四氟板式橡胶支座的安装

1）四氟支座上、下钢板与桥梁的连接

① 为保证四氟滑板支座更换方便，将梁底预埋钢板与支座钢板分开用螺栓或焊接连接。

② 在支座下钢板安放支座位置处要扣 5mm 深度刻槽，将支座置于槽内，以增加支座抗滑承载力（图 9-9）。

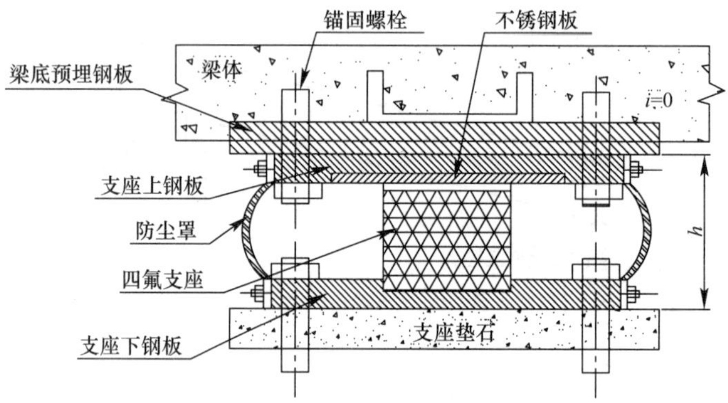

图 9-9　四氟板式橡胶支座安装示意

2）四氟支座防尘罩的设置

四氟支座必须设置防尘罩，防尘罩用 2～5mm 厚橡胶片制成，四周用压条和螺丝钉固定。

3）安装注意事项

四氟滑板支座的安装施工方法与普通板式支座基本相同，但应注意下列事项：

① 四氟板式支座系作活动支座用，应同普通板式支座配套使用。

② 安装四氟支座必须精心细致，支座按设计支承中心准确就位。梁底钢板与支承垫石（或钢板）顶面尽可能保持平行和平整。同一支座上下面全部密贴；同一片梁的各个支座应置于同一平面上，避免支座的偏心受压、不均匀支承与个别脱空的现象。

③ 四氟支座安装后若发现问题需要调整时，可顶起梁端，在四氟支座底面与支承垫石（或钢板）之间铺涂一层环氧树脂砂浆来调节。

④ 当梁体有纵向坡度时，可将上钢板加工成相应坡度的楔形来调节，使四氟支座同不锈钢板的接触面保持水平。

⑤ 四氟支座面的储油凹槽坑内，安装时涂刷充满不会挥发的“5201硅脂”作润滑剂，以降低摩擦系数。

⑥ 与四氟板接触的不锈钢板表面不允许有损伤、拉毛现象；以免增大摩阻系数及损坏四氟板。

2. 盆式支座

（1）卸货与存放

1）支座需用软绳捆扎，装卸时需用叉车或起重设备吊装，支座各部件已按要求连接好，可立即用于安装。

2）如果送达工地的支座没有立即安装，应妥善存贮；支座存贮的场所要求场地干整，支座套筒的下方用方木或木块垫放，支座存贮的场所应防潮防晒防尘，并保持清洁；严禁与酸、碱、油类、有机溶剂等影响支座质量的物质接触，并距离热源1m以上。支座存贮应不影响工地施工，且方便支座的运输和吊装。本系列支座本体部件不可分解拆开。

3）整个装卸、运输和存储的过程应当保证支座各部件及油漆面不受损坏。

（2）安装前的检查

1）检查支座上顶面止中心的中心标识，安装时准确对正 X 轴（纵轴）和 Y 轴（横轴），支座高程应符合设计要求。

2）检查支座螺栓和防尘套是否紧密固定。

3）核对支座对应的墩台号位置与支座规格是否相符。

4）检查支座的上、下板贴近混凝土或水泥砂浆的面，必须无灰尘和油渍。

5）检查活动型支座预偏量数值是否与该位置支座设定值相符。

6）活动型支座安装前，须先放松支座的临时固定板螺栓，再将支座上支座板依预偏量数值放置到位，并核对指针位置是否正确，然后重新旋紧固定板螺栓。

（3）灌浆材料性能要求

支座安装时所采用的灌浆材料为无收缩环氧树脂砂浆，其性能要求可参考表9-1。

灌浆用无收缩环氧树脂砂浆性能要求　　表9-1

序号	项目	技术指标		序号	项目	技术指标
1	抗压强度（MPa）	8h	≥20	3	流动性	≥220mm
		12h	≥25	4	温度范围	+5～+35℃
		24h	≥40	5	初凝时间	≥30min
		28d	≥50	6	终凝时间	≤3h
		56d和90d	强度不降低	7	收缩率	<2%
2	泌水性	不泌水		8	膨胀率	≥0.1%

（4）灌浆工艺

盆式支座安装时，根据其与梁体或墩台的连接方式（灌浆工艺），可分为重力灌浆法、压力灌浆法及预装钢板法。

1）重力灌浆法

① 凿毛支承垫石上表面，露出粗骨料，呈坚固不规则表面，清除预留孔中的杂物，采用洁净水将支承垫石表面浸湿（当采用重力灌浆法安装支座时，施工垫石高度应比原设计高度低25mm）。

② 吊放支座于支承垫石上，用调平螺栓、薄形钢板或薄形千斤顶调整支座高度和平整度。

③ 支座封模前，在灌浆管一端安装一个漏斗，另一端深入预留孔内，在重力作用下，通过漏斗和灌浆管将无收缩环氧树脂砂浆灌入预留孔内，然后迅速抽出灌浆管（图 9-10）。

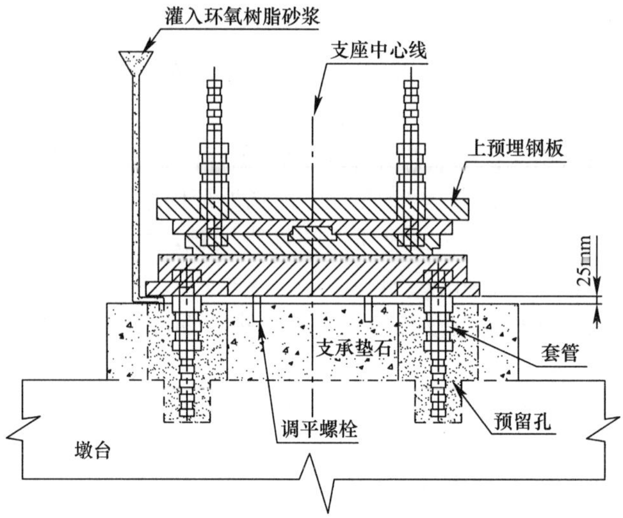

图 9-10　预留孔灌浆示意（支座封模前）

④ 封模灌浆：待各预留孔灌浆完成后，立即在支座四周封好模，将灌浆管伸入至支座下面中心位置，从支座中心向四周灌浆。灌浆时用振动棒将砂浆捣实，排除气泡，确保空隙全部被砂浆灌满。灌浆至砂浆高出支座下支座板 10mm 为宜（图 9-11）。

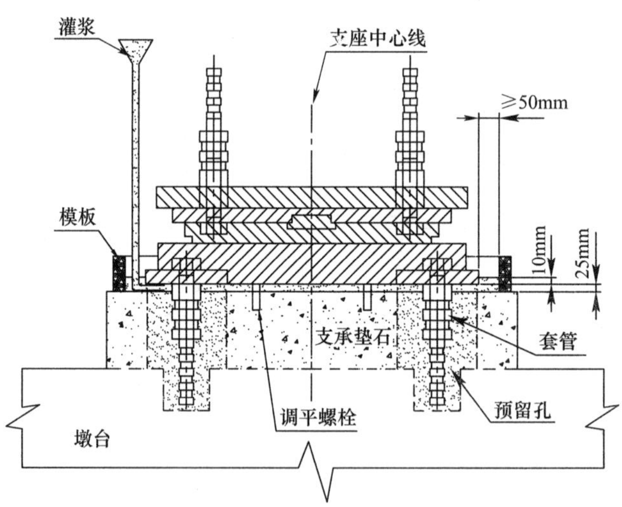

图 9-11　支座垫石和支座之间灌浆示意

⑤ 在灌浆前，应初步计算所需的浆体体积，灌注实用浆体数量不应与计算值产生过大误差，应防止中间缺浆。灌浆材料终凝后，拆除模板及四角钢楔块，检查是否有漏浆

处，必要时对漏浆处进行补浆，并用砂浆填堵钢楔块抽出后的空隙。

⑥ 环氧树脂砂浆强度达到设计要求之前，不可使支座受到碰撞或在其上方进行任何其他作业。

⑦ 拆除临时边模板后应仔细检查无收缩环氧树脂砂浆表面，确保表面无裂纹。

⑧ 待环氧树脂砂浆达到设计强度后拧紧锚固螺栓，完成支座安装。

2）压力灌浆法

① 在支承垫石侧面预先设置通往预留孔内的压浆嘴。

② 检查支承垫石顶面，保证其高程达到设计标高且平整光滑，四角高差不大于 2mm。

③ 在垫石顶面涂抹一层环氧树脂砂浆，确保支座位置及高程后，就位支座。

④ 支座就位后，仔细检查其位置、标高无误后，再经压浆嘴向预留孔内灌注无收缩环氧树脂砂浆，砂浆应灌满并从顶面漫出以确保压浆密实，待环氧树脂砂浆达到设计强度后拧紧锚固螺栓，完成支座安装（图 9-12）。

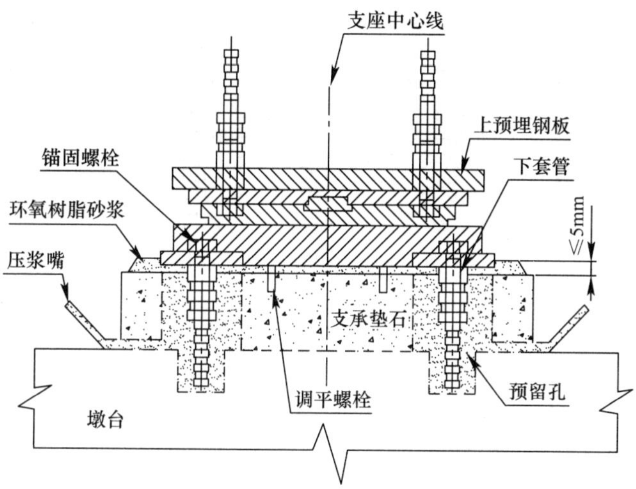

图 9-12　压力灌浆法示意

3）预装钢板法（本工艺仅限于现浇梁支座安装）

① 现浇梁若采用预装钢板法安装支座时，垫石顶面必须设置下预埋钢板（下套筒应采用上套筒结构），仅在墩台顶面设置预留孔，而支承垫石部位可不设置预留孔。

② 凿毛墩台顶面，露出粗骨料，呈坚固不规则表面，清除预留孔中的杂物。

③ 支垫石模板，吊放支座下预埋组件于垫石钢筋网顶面，固定下预埋组件并调整高度和平整度。

④ 检查支座下预埋组件顶面，保证其标高达设计标高且四角高差不大于 2mm。

⑤ 浇筑支承垫石混凝土（当采用预装钢板法安装支座时，施工垫石高度应比原设计高度高 10mm），并使混凝土能漫过下预埋钢板 10mm（图 9-13）。

⑥ 待垫石混凝土达设计强度后，用水准仪复测支座下预埋组件顶面标高，确保支座位置及高程无误。

⑦ 将支座和上预埋组件连接成整体并安装在下预埋钢板顶面，完成支座安装（图 9-14）。

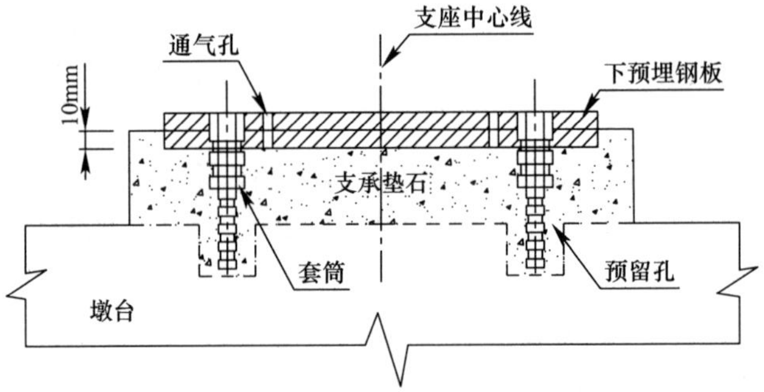

图 9-13　预装法示意

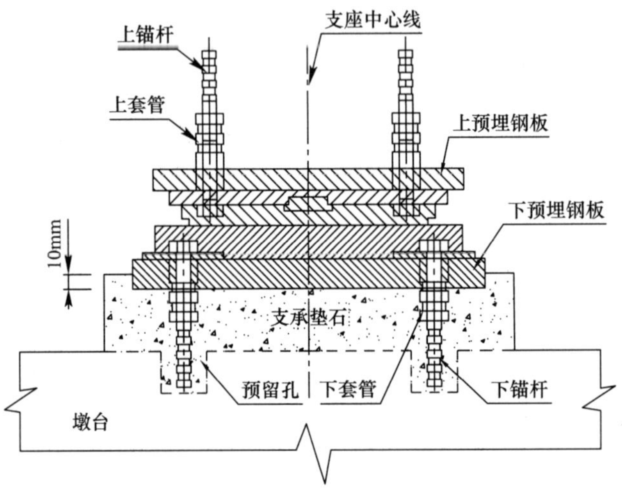

图 9-14　安装支座本体及上预埋组件示意

3. 球形支座

(1) 球形支座安装的基本要求

1) 球形支座出厂时，生产厂家应将支座调平，并将连接螺栓拧紧，以防止支座在运输和安装过程中发生转动和倾覆；也可根据使用单位提供的预设转角及位移量，在装配时预先调整好。

2) 支座安装前方可开箱检查装箱清单，包括配件清单、检验报告复印件、支座产品合格证书及安装养护细则。施工单位在开箱后，不得任意转动连接螺栓，并不得任意拆卸支座。

3) 支座安装高度应符合设计要求，保证支座平面的水平及平整。支座支承面四角高差不得大于 2mm。

(2) 球形支座安装注意事项

1) 桥梁梁体及墩台部位的混凝土强度等级不宜低于 C40，特殊情况需经设计单位认可。

2) 安装支座时，应在下支座板四周用钢模块调整支座水平，并使下支座板底面高出桥墩台顶面 20～50mm，找出支座纵、横向中线位置，使之符合设计要求。用环氧树脂砂浆灌注支座底面垫层，安装工艺可参照盆式支座安装工艺，通常使用的环氧树脂砂浆配合比（质量比）可参考表 9-2。

环氧树脂砂浆参考配合比（质量比）　　表9-2

配方＼材料	环氧树脂（610）	乙二氨	乙烯四氨	二丁酯	石英砂或细砂
1	100	8～10	—	12	250～300
2	100	—	14～15	12	250～300

3）环氧树脂砂浆硬化后，拆除支座四角临时钢楔块，并用环氧树脂砂浆填满抽出楔块的位置。

4）在梁体安装完成后，或现浇混凝土梁体形成整体并达到设计强度后，在张拉梁体预应力之前，拆除上、下支座连接板，以防止约束梁体正常转动。

5）拆除上、下支座连接板后，检查支座外观，并及时安装支座外防尘罩。

6）当支座与梁体及墩台采用焊接连接时，应先将支座准确定位后，用对称间断焊接，将下支座板与墩台预埋钢板焊接，焊接时应防止烧伤支座及混凝土。

7）球形支座安装的具体操作可按相关规范、标准及厂家说明书进行。

4. 钢结构梁支座安装

当支座用于钢结构梁体时，支座可采用高强度螺栓与钢梁连接，采用锚固螺栓、套筒和锚杆与墩、台连接。

（1）安装准备

1）钢梁架设前，将支座起吊并安放在支座垫石旁预先设置的支座横移滑道上。

2）在支座垫石顶面分别标示出纵、横向中心线，同时复测支座垫石标高。

3）检查支座垫石表面，对其进行凿毛处理，同时检查预留孔位置及深度是否符合要求，如不符合要求应及时进行处理，再清理预留孔内杂物。

（2）布置千斤顶

1）在钢梁底的每个节点中心下方位置分别布置千斤顶作为钢梁起顶的主要支撑，确保各点均匀受力。

2）在每片主桁节点中心外侧分别布置一台千斤顶，用以调节钢梁起顶时的平衡。

3）分别在左右边桁节点的滑座（或临时支撑点）横向侧面布置一台千斤顶，用以调整钢梁横向位置。

（3）钢梁平面位置调整

1）钢梁在纵向拖拉时已将钢梁的纵向位置调整到1mm范围内，四节间架设完成后必须再次调整钢梁平面位置。

2）对主桁节点下方的千斤顶同时、均匀、缓慢起顶，同时通过控制节点下方的千斤顶对其钢梁起到稳定和调平作用；当节点的滑座脱空2mm后停止起顶，根据预拱度按相对于设计标高高出2cm来调整各节点处滑座顶面的标高，然后再在滑座顶面布置好不锈钢板和四氟滑板（中间擦上润滑油）。

3）落顶，让安装有不锈钢板和四氟滑板的滑座受力，千斤顶顶面脱空。根据4节间钢梁的位置，在测量组监控指令下，对左右边桁节点滑座横向侧面布置的千斤顶进行横向起顶并精确调整钢梁的平面位置，平面位置偏差控制在允许范围以内。

（4）钢梁支座安装

1）将垫石旁边的支座通过捯链拖拉横移到位。

2）通过捯链将支座（各部件已临时连接）吊起与钢梁密贴，同时将支座下支座板底面脱空处用木板垫实。

3）打冲钉使钢梁与支座的螺栓孔重合，并将连接支座与钢梁的高强度螺栓拧紧。

4）拆除木板，根据支座垫石上事先标示出的纵、横向中心线，精确调整支座下支座板的平面位置，同时在测量组监控下按设计或监控计算的要求调整下支座板标高，并调平下支座板，使四角高差满足规范要求。

5）安装灌浆模板，对预留孔及下支座板底进行重力式灌浆，待灌注砂浆达到设计强度后，拆除支座临时连接，用千斤顶将钢梁顶升约5mm，拆除临时支撑点（或滑座），缓慢将钢梁放下，使支座受力，完成受力体系转换。

（5）钢梁标高调整

1）需要调整标高时，将支座临时连接成整体，拧松支座与钢梁的连接拴。对节点下方的千斤顶同时、均匀、缓慢起顶，同时通过控制节点下方的千斤顶对其钢梁起到稳定和调平的作用，使节点的底面与支座顶面脱空2cm后停止起顶。

2）在测量组的监控下，按照设计标高（考虑预拱度）来调整各节点处支座顶面所设置调高钢板或装置的标高，然后落顶使支座和调高钢板共同受力。

3）拆除千斤顶，完成支座标高调整。

9.4　质量控制

9.4.1　基本要求

（1）支座的材料、质量和规格必须满足设计和有关规定的要求，经验收合格后方可安装。

（2）支座底板调平砂浆性能应符合设计要求，灌注密实，不得留有空洞。

（3）支座上下各部件纵轴线必须对正。当安装时温度与设计要求不同时，应通过计算设置支座顺桥向预偏量。

（4）支座不得发生偏歪、不均匀受力和脱空现象。滑动面上的四氟滑板和不锈钢板不得有划痕、碰伤等，位置正确，安装前必须涂上硅脂油。

9.4.2　实测项目

（1）支座垫石质量要求见表9-3所列。

支座垫石实测质量要求　　**表9-3**

序号	项目	规定值或允许偏差
1	混凝土强度（MPa）	在合格标准内
2	轴线偏位（mm）	5
3	断面尺寸（mm）	±5
4	顶面高程（mm）	±2
5	顶面四角高差（mm）	1
6	预埋件位置（mm）	5

注：支座垫石不得出现露角、空洞、蜂窝、麻面现象及任何裂缝。

（2）支座安装质量标准见表9-4所列。

支座安装规定值或允许偏差　　表 9-4

序号	检查项目		规定值或允许偏差
1	支座中心与主梁中线（mm）		应重合，最大偏差<2
2	高程		符合设计要求
3	支座四角高差（mm）	承压力≤5000kN	<1
		承压力>5000kN	<2
4	支座上下各部件纵轴线		必须对正
5	顺桥向最大位移（mm）		±250
	双向活动支座横桥向最大位移（mm）		±25
	横轴线错位距离（mm）		根据安装时的温度与年平均最高、最低温差计算确定
	支座上下挡块最大偏差的交叉角		<5′

9.4.3　施工注意事项

（1）要求环氧砂浆配合比准确且有足够的固化时间，避免预制梁板就位后支座下沉。

（2）要求支座槽或垫石按要求充分凿毛且凿毛后彻底清理，防止板式支座粘结不牢固。

（3）支座粘结应平整，且砂浆饱满。支座粘结完毕后，多余的环氧砂浆应清理干净，支座周围不得有松散的环氧砂浆，以免支座受力不均匀。

（4）应对滑板支座的储油槽进行彻底清洗并注满硅脂，否则易导致滑板支座活动不正常。

（5）环氧砂浆搅拌均匀，以免受力后出现不均匀沉降，进而出现脱空现象，造成支座四角高程误差超标。

（6）当上部结构预制梁板就位不准确或梁板与支座不密贴时，必须吊起梁板重新就位或垫钢板消除缝隙，不得用撬棍移动梁板。

（7）当支座钢体采用焊接时，要将橡胶块用阻燃材料予以适当覆盖遮挡，防止烧伤支座，并避免钢体受热。

（8）支座安装时，必须注意支座的滑动方向、位移量与设计要求相符合。

9.5　施工记录

（1）支座检测记录、产品合格证等；

（2）水泥、砂子、石子、掺合料、外加剂等材料试验报告，水质化验报告，水泥、掺合料、外加剂的产品合格证及出厂检测报告；

（3）环氧砂浆或补偿收缩砂浆及混凝土强度试验报告；

（4）电焊条合格证；

（5）测量放线记录；

（6）质量验收记录。

9.6　成品保护

（1）当上部结构预制梁板就位不准确或梁板与支座不密贴时，必须吊起梁板重新就位或垫钢板消除缝隙，不得用撬棍移动梁板。

（2）当支座钢体采用焊接时，要将橡胶块用阻燃材料予以适当覆盖遮挡，防止烧伤支座，并避免钢体受热。

（3）球形支座运营一年后应进行检查，清除支座附近的杂物及灰尘，并用棉纱仔细擦除不锈钢表面的灰尘。

9.7　安全与环保措施

9.7.1　安全保护措施

（1）施工过程的安全应符合国家现行《建筑施工安全检查标准》JGJ59—2011 的有关规定，施工机械应符合国家现行《建筑机械使用安全技术规程》JGJ33—2012 的有关规定，施工临时用电应符合国家现行《施工现场临时用电安全技术规范》JGJ46—2005 的规定。

（2）施工前，必须对所有参加施工的技术员、施工员、作业人员进行技术、安全培训和交底工作，并由专职安全员进行专门监督。

（3）制定严密的操作规程，操作人员必须严守各自岗位，必须按规定佩戴安全防护用品。上岗操作时拴好安全绳，正确佩戴安全帽。

（4）施工平台周围设置安全护栏，平台下面设封闭式安全网，上下墩身设爬梯，便于施工人员上下作业。派专人定期和不定期进行检查，人行道板上采取防滑措施。跳板压上钢筋并用铁线捆绑成为一体。

（5）高空作业时，应防止掉落铁件、工具等。操作工具不用时，必须装在工具袋内，以防坠物伤人。严禁从高处向下抛掷杂物。

（6）在操作平台上严禁堆叠重物，并经常检查承重部件是否稳固，均衡受力，确保万无一失。

（7）起吊作业须有专职安全人员现场监控，操作手必须为熟练工，且经过安全培训。现场有管理人员统一调配指挥。

（8）夜间施工必须保证照明光线充足，有些工作夜间不得施工，如提升滑架、起吊重物构件等。

9.7.2　环保措施

（1）施工过程的环境保护应符合国家现行《建设工程施工现场环境与卫生标准》JGJ146—2013 的有关规定。在施工期间严格控制噪声，应符合现行国家《建筑施工场界环境噪声排放标准》GB12523—2011 的规定。

（2）支座使用前必须在室内存放，并做好保护措施。

（3）场地要进行合理规划，材料堆放要整齐，现场管理要有序，现场道路要畅通，无积水、坑陷，电线路及配电箱敷设整洁、规范。

（4）要防止噪声污染，减少噪声扰民现象。对产生强噪声机械作业的工序，宜安排在白天进行；若安排在夜间施工时，应采取隔声措施。

（5）支座处凿毛和清扫时，应采取降尘措施，防止粉尘污染周围环境。

（6）操作人员要按要求佩戴口罩、眼罩、手套，并选择通风良好的位置进行砂浆拌制。

（7）支座注浆时，要做到工完料清，及时清除多余废浆和各种剩余物质材料。

（8）施工垃圾不得随意丢弃，应集中到指定位置处理；做好施工场地环境卫生、食品卫生、饮水卫生，定期消毒。

第二篇 梁 体 工 程

第10章 先张法预应力混凝土箱梁（空心板）施工工艺

10.1 适用范围及特点

10.1.1 适用范围

先张法预应力混凝土箱梁（空心板）是在浇筑混凝土前张拉预应力筋，并将张拉的预应力筋临时锚固在台座，然后浇筑混凝土，待混凝土养护达到设计强度的80%，弹性模量不低于混凝土28d弹性模量的80%，能够保证预应力筋与混凝土有足够的粘结力时，放松预应力筋，借助于混凝土与预应力筋之间的粘结力，对混凝土施加预应力的施工工艺。先张法预应力混凝土箱梁（空心板）的预制构件可采用长线台座法，一般台座长度在50～150m之间，先张法预制构件，涉及预制台座、张拉机具和夹具及先张法张拉工艺。

先张法预应力混凝土箱梁（空心板）一般仅适用于生产中小型预制构件，在固定的预制场生产。

10.1.2 工艺特点

（1）结构耐久性能好、制造周期短、节省材料、工序简洁。

（2）施工工艺简单，靠粘结力自锚，不必消耗特制锚具，临时锚具可重复使用，大批量生产时经济，质量稳定。

（3）适用于中小型预制构件，后期维修养护工作量少。

（4）先张法预制梁施工时，需要较大的预制台座；预应力筋布置多数为直线形，曲线布置较为困难。

10.2 施工准备

10.2.1 技术准备

（1）复核设计图纸中的箱梁结构尺寸、细部尺寸是否与桥梁跨径相适应，预埋件位置是否准确；根据张拉台座及梁跨径复核预应力筋下料长度，计算预应力筋控制张拉力及伸长量。

（2）根据预制箱梁的数量、施工进度等因素进行预制场地的总体规划设计，确定预制场地（预制台座）、箱梁存放场地、龙门吊布置、混凝土运输路线、场地排水、施工用水电布置、混凝土搅拌站、钢筋加工场地及预应力筋下料场地等具体布置图，以便组织施工。

（3）根据预制箱梁结构尺寸、设计参数及工期进行预制台座及配套张拉横梁等的设计与计算（包括预制台座的数量），存梁枕梁设计与计算（包括数量），预制箱梁内外模板的设计与计算（包括内外模板的套数及配模），预制箱梁移梁设计与计算，龙门吊轨道的设计与计算。

（4）根据预制箱梁施工图纸及工期要求编制详细的预制箱梁专项施工方案，并向现场操作人员及管理人员进行安全、技术交底工作，确保施工过程中的质量及安全。

（5）根据预制箱梁的混凝土强度要求进行混凝土配合比设计及试验，按照混凝土设计强度进行理论配合比、施工配合比设计的试验。

10.2.2 材料准备

（1）原材料：水泥、砂石、钢筋、预应力筋、外加剂等应有持证人员和试验人员按规定进行检测，确保原材料的质量符合质量标准要求。

（2）不同规格的材料分类堆放，材料堆放场地应进行硬化，场地硬化混凝土的厚度应能够满足施工机械设备的行驶；不同规格的石子、砂料应设置隔离墙，钢筋、预应力筋存放应高出地面不小于 30cm，各种材料设置统一的标志标牌，标明材料的名称、规格、产地等。

10.2.3 机具准备

（1）钢筋加工与安装设备：钢筋切断机、钢筋弯曲机、电焊机、对焊机、龙门吊、钢筋成型骨架等。

（2）模板及其安装设备：外侧模板（包括模板支腿体系）、端模板、内模板、龙门吊等。

（3）混凝土搅拌、运输及浇筑设备：混凝土搅拌机、混凝土运输罐车或小型翻斗车、混凝土料斗、附着式振动器、插入式振动器、龙门吊等。

（4）预应力施工设备：千斤顶（包括油泵、油压表等配套设备）、固定端横梁、张拉横梁、预应力限位板等。

（5）移梁、吊运设备：龙门吊。

10.2.4 作业条件准备

（1）预制场地设置完成：根据专项施工方案已施工完成场地平整、场地硬化、预制台座、存梁场地、预制场区的水电布置、排水设施及现场混凝土试块标准养护室的修建等工作。

（2）钢筋加工场施工完成：对钢筋加工场地已进行硬化，完成钢筋加工棚的搭设、加工设备的调试及钢筋制作胎座的安装。

（3）起吊设施：龙门吊轨道施工完成，龙门吊安装、调试及检测验收完成。

（4）混凝土拌合站：根据预制箱梁施工进度计划进行混凝土搅拌站的设备选型，并已安装、验收合格。

（5）预应力张拉台座：先张法预应力张拉台座及横梁、千斤顶等设备已调试完毕。

10.3 施工工艺

10.3.1 工艺流程

先张预应力混凝土箱梁（空心板）施工工艺流程如图 10-1 所示。

10.3.2　操作要点

1. 张拉台座施工

先张法预应力箱梁施工台座是先张法预应力的主要设施之一，它承受预应力筋在梁体预制过程中的全部张拉力。张拉台座应进行专门的设计，并有足够的强度、刚度和稳定性，其抗倾覆安全系数应不小于 1.5，抗滑移系数应不小于 1.3。

（1）底板

先张法预制底板一般采用整体式钢筋混凝土台面，作为预制构件的底模，其宽度由预制构件的宽度而定。底板全部采用钢筋混凝土底板时，边缘需预埋角钢保护底模边角，将钢筋混凝土表面可制作成水磨石或在其表面铺设不小于 6mm 厚的钢板等方式保证表面的平整度。

（2）承力架或支承架

支承架是台座的主要受力结构，它全部承受张拉力，在预制箱梁制作过程中，要保证承力架变形小、经济、安全等。其结构形式有框架式、墩式、槽式等。

（3）反力横梁

反力横梁是与支承架相互垂直安放的张拉预应力传力构件，反力横梁一般采用型钢或钢板焊接制作，其断面尺寸由横梁的跨径、张拉力的大小而定，必须有足够的刚度和稳定性，受力后的挠度不应大于 2mm。反力横梁的安装必须保证位置准确、水平。

（4）定位板

定位板是用于固定预应力筋的位置，一般用钢板制作而成，连接在反力横梁上，它必须保证承受张拉力后，具有足够的强度和刚度。孔的位置按照梁体的预应力筋的位置设置，孔径比预应力筋大 2～4mm，以便穿预应力筋。

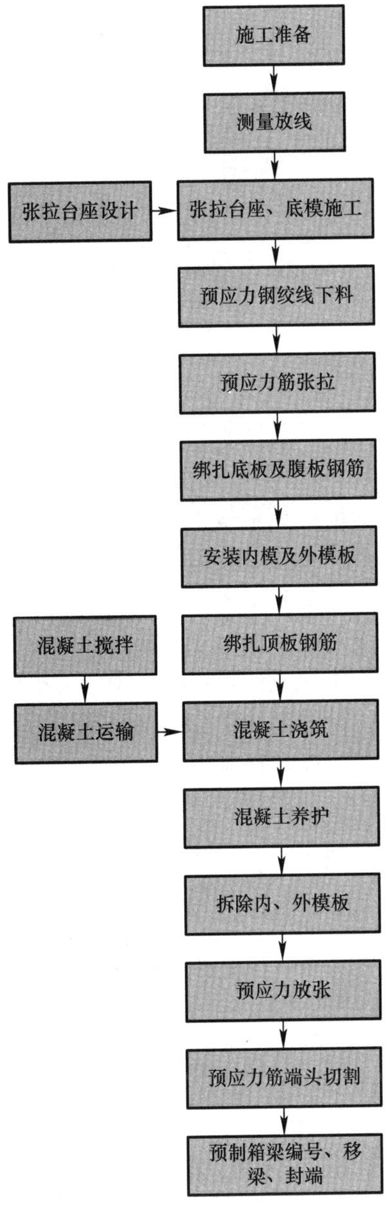

图 10-1　先张预应力混凝土箱梁（空心板）施工工艺流程

（5）固定端装置

固定端装置是设置在非张拉端，用于固定预应力筋并在梁体预制完成后放松预应力筋（仅用于一端张拉的张拉台座），如图 10-2 所示。

2. 预应力钢绞线下料

在对预应力钢绞线下料时，其长度要根据台座长度、工作长度以及活动横梁宽度进行计算确定，并适当考虑一定的富余工作长度。钢绞线下料切割必须采用砂轮切割机进行切割，采用人工按设计位置穿入反力横梁定位孔内。

3. 预应力钢绞线张拉

（1）预应力钢绞线的安装宜自下而上进行。钢绞线张拉前，应对台座、锚固横梁及各项张拉设备进行详细检查，符合要求后方可进行操作。

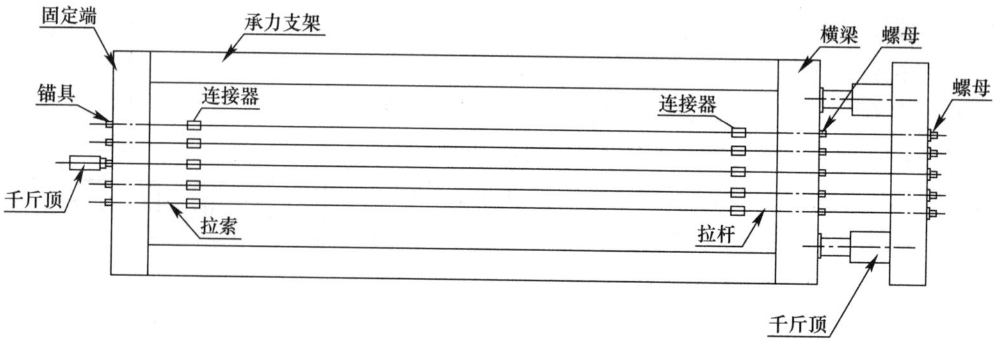

图 10-2　先张法张拉台座布置示意

（2）同时张拉多根预应力筋时，应预先调整其单根预应力筋的初应力（初应力一般宜为张拉控制应力的 10%～25%），使相互之间的应力一致，再整体张拉；张拉过程中，应使活动横梁与固定横梁始终保持平行，并应检查预应力筋的预应力值，其偏差的绝对值不得超过按一个构件全部预应力筋预应力总值的 5%。

当采用单根预应力筋张拉时即一端固定，一端单根张拉。张拉顺序由中间向两侧对称进行，单根预应力筋张拉吨位不可一次张拉至超张拉应力值。施工中需要对预应力筋实施超张拉或计入锚圈口预应力损失时，可比设计规定高出 5%，但在任何情况下均不得超过设计规定的最大张拉控制应力。

（3）预应力筋张拉采用应力控制方法张拉，以伸长值进行校核。实际伸长值（伸长值应从初应力时开始量测）与理论伸长值的差值应符合设计规定；设计未规定时，其偏差应控制在±6%以内，否则应暂停张拉，查明原因并采取措施予以调整后，方可继续张拉。

（4）预应力筋的张拉程序应符合设计要求，设计未规定时可参考表 10-1 的规定进行。

先张法预应力筋张拉程序　　**表 10-1**

序号	预应力筋种类		张拉程序
1	钢丝、钢绞线	夹片式等具有自锚性能的锚具	普通松弛预应力筋：0→初应力→1.03σ_{con}（锚固） 低松弛预应力筋：0→初应力→σ_{con}（持荷 5min 锚固）
		其他锚具	0→初应力→1.05σ_{con}（持荷 5min 锚固）→0→σ_{con}（锚固）
2	螺纹钢筋		0→初应力→1.05σ_{con}（持荷 5min 锚固）→0.9σ_{con}→σ_{con}（锚固）

注：1. 表中 σ_{con} 为张拉时的控制应力值，包括预应力损失值。
2. 超张拉应力不得超过设计规定的最大张拉控制应力。
3. 张拉螺纹钢筋时，应在超张拉并持荷 5min 后放张至 0.9σ_{con}时再安装模板、普通钢筋及预埋件等。

（5）预应力筋张拉完毕后，其位置与设计位置的偏差应不大于 5mm。

4. 模板安装

（1）先张预应力箱梁模板可分为外侧模、内模、端模及底模。模板要求具有足够的强度、刚度、稳定性及可靠的承受施工过程中可能产生的各种施工荷载，保证结构的设计形状、尺寸和模板各部件之间相互位置的准确性。一般情况下，外侧模板、端模尽可能地采用组合钢模板或大钢模板，以提高模板的适应性和周转率；内模板可根据箱梁结构形式采用组合钢模或充气胶囊（当小箱梁内箱室设计为圆形时可采用充气胶囊）；先张预应力台座底板作为预制构件的底模，台座地基处理后不得发生不均匀沉陷，底板制作必须平整光滑、排水畅通，台座端部应满足强度要求。

（2）端模应在箱梁钢筋绑扎完成及外侧模安装完成后进行安装，端模预应力筋孔的位置要准确，安装后与定位板上对应的预应力筋孔位在同一中心线上。

（3）外侧模、端模安装拼装应严密、平整、不露浆。

5. 混凝土浇筑及养护

混凝土浇筑及养护参照第 11 章相关内容。

6. 模板拆除

箱梁混凝土浇筑完成之后，外侧模及端模应在混凝土抗压强度达到 2.5MPa，且能保证其表面积棱角不致因拆模而受损坏时方可拆除模板；当内模采用组合钢模时或木模板时，应从一端分块拆卸、移出，不得碰撞混凝土；当内模采用充气胶囊时，充气胶囊的拆除时间应经过试验确定，以混凝土强度达到能保持箱梁内箱室不变形为宜。

7. 预应力筋放张

（1）预应力筋放张时箱梁混凝土的强度和弹性模量应符合设计规定；设计未规定时，混凝土的强度应不低于设计强度等级的 80%，弹性模量应不低于混凝土 28d 弹性模量的 80%。且在预应力筋放张之前，应将限制位移的侧模、翼缘模板、端模板及内模拆除。

（2）预应力筋的放张顺序应符合设计规定；设计未规定时，应分节段、均匀、对称、相互交错放张。采用千斤顶，多根整批预应力筋放张时，宜分多次完成。

（3）预应力筋放张后，对钢丝和钢绞线，应采用砂轮切割机进行切断；对螺纹钢筋，可采用乙炔氧气切割，但应采取必要措施防止高温对其产生不利影响。

（4）长线台座上预应力筋的切断顺序，应由放张端开始，依次向另一端切断。

10.4　质量控制

（1）施工前应对原材料进行检查，并有合格检验报告记录。

（2）施工过程中应对底座表面、钢筋保证质量、预应力筋位置、钢筋的保护层、模板和混凝土的浇筑进行全过程检查。

（3）预制箱梁实测允许偏差见表 10-2 所列。

预制箱梁实测检查要求　　**表 10-2**

<table>
<tr><th>序号</th><th colspan="3">检查项目</th><th>规定值或允许偏差</th><th>检查方法和频率</th></tr>
<tr><td>1</td><td colspan="3">混凝土强度（MPa）</td><td>满足设计要求</td><td>混凝土试块试压</td></tr>
<tr><td>2</td><td colspan="3">预制箱梁长度（mm）</td><td>+5，−10</td><td>尺量：每片梁</td></tr>
<tr><td rowspan="4">3</td><td rowspan="4">宽度（mm）</td><td colspan="2">干接缝（梁翼缘、板）</td><td>±10</td><td rowspan="4">尺量：检查 3 处</td></tr>
<tr><td colspan="2">湿接缝（梁翼缘、板）</td><td>±20</td></tr>
<tr><td rowspan="2">箱梁</td><td>顶宽</td><td>±30</td></tr>
<tr><td>底宽</td><td>±5</td></tr>
<tr><td rowspan="2">4</td><td rowspan="2">高度（mm）</td><td colspan="2">梁、板</td><td>±5</td><td rowspan="2">尺量：检查两个断面</td></tr>
<tr><td colspan="2">箱梁</td><td>0，−5</td></tr>
<tr><td rowspan="3">5</td><td rowspan="3">断面尺寸（mm）</td><td colspan="2">顶板厚</td><td rowspan="3">+5，0</td><td rowspan="3">尺量：检查两个断面</td></tr>
<tr><td colspan="2">底板厚</td></tr>
<tr><td colspan="2">腹板或梁肋</td></tr>
<tr><td>6</td><td colspan="3">平整度（mm）</td><td>5</td><td>2m 直尺：每侧面每 10m 梁长测 1 处</td></tr>
<tr><td>7</td><td colspan="3">横系梁及预埋件位置（mm）</td><td>5</td><td>尺量：每件</td></tr>
</table>

（4）外观质量要求

1）混凝土表面平整，颜色一致，无明显施工接缝。

2）混凝土表面不得出现蜂窝、麻面，不得出现非受力裂缝。

3）梁体内不得预留建筑垃圾、杂物、临时预埋件等。

10.5 施工记录

（1）水泥、砂、石、钢筋、预应力筋、外加剂等原材料进场验收报告记录；

（2）预应力张拉千斤顶、仪标、油泵联合标定报告记录；

（3）混凝土强度试验报告记录；

（4）预应力张拉记录；

（5）模板、钢筋、预应力、预制箱梁验收记录。

10.6 成品保护

（1）施工过程中，注意对底座、模板、钢筋及预应力筋的保护，防止在混凝土浇筑过程中，由于振捣设备的强烈振捣而发生模板变形，严禁振捣预应力筋；还应特别注意，防止雨水锈蚀预应力筋。

（2）预制箱梁吊运时，应特别注意，防止边角碰撞破损。

（3）预制箱梁在存梁区存放时，其支座位置必须准确。

10.7 安全与环保措施

10.7.1 安全保护措施

（1）施工过程的安全应符合国家现行《建筑施工安全检查标准》JGJ59—2011的有关规定，施工机械应符合国家现行《建筑机械使用安全技术规程》JGJ33—2012的有关规定，施工临时用电应符合国家现行《施工现场临时用电安全技术规范》JGJ46—2005的规定。

（2）预制场地必须制作安全宣传栏和警示标志，配齐安全防护用品。对全体职工进行安全知识和基本技能培训，熟悉和遵守有关安全技术操作规程，并进行安全考试。对进入施工现场人员要交代安全注意事项，穿戴安全防护用品。

（3）专项安全技术措施主要包括：用电、机械、高空作业、预应力张拉、起吊移梁等安全措施以及消防安全措施，应按相关安全技术规程进行作业，严禁违章指挥、违章操作；特别应注意交叉作业、移梁、预应力张拉和用电等重点主攻方面，按照有关施工技术安全规则执行。

（4）加强现场用电管理。生产、生活用电按照有关规定架设线路、建立变电站和安装变压器级配电盘。电工由经过专业培训、取得上岗证并有丰富管电经验的人员组成。设置好断电和灭火装置、消防器材。在高压线下作业或堆放物料，搭设临时设施，停放机械设备，起重作业，都严格按规定的高度和范围进行。严禁乱拉电线和私接电器设备，非专业电工不得从事电工作业。

10.7.2　环保措施

（1）施工过程的环境保护应符合国家现行《建设工程施工现场环境与卫生标准》JGJ146—2013 的有关规定。

（2）对预制场地进行合理的规划，并对场区道路进行硬化，并定期洒水润湿，减少道路扬尘。

（3）生产、生活设施修建，要尽量避免对植被的破坏。施工、生活场地范围内要做好集水、排水工作，不阻塞地面径流自然通道，防止涌水和场地冲刷。施工中修建的临时设施，工程交验后应予以拆除，并尽可能恢复原有地形、地貌。

（4）生活区临时工程的修建，本着方便生活、利于生产、少占农田及植被地的原则，统筹安排，合理选址。

（5）生产生活垃圾按照环保的要求，用密闭容器分类集中回收，定期采用垃圾清运车拉到就近的垃圾处理场统一妥善处理，或按要求进行填埋处理。

（6）机械设备出现一般故障在现场修理时，在地面铺旧报纸和棉纱接吸废漏油，防止废油污染环境。

第 11 章　后张预应力混凝土箱梁施工工艺

11.1　适用范围及特点

11.1.1　适用范围

后张预应力混凝土箱梁是在预制场专用台座上进行模板支撑、钢筋绑扎、预应力波纹管安装、内模安装、顶板钢筋绑扎及混凝土浇筑等，在混凝土强度达到设计要求的强度后，进行预应力筋的穿束并按照设计要求的顺序进行预应力张拉、封锚。后张预应力混凝土箱梁一般适用于跨径小于 50m 的装配式桥梁结构。

11.1.2　工艺特点

（1）箱梁结构力学具有优良的力学特性——刚度大、抗扭性能良好，构造简单。（2）箱梁结构受力明确、节省材料、架设安装方便、桥下视觉效果良好。（3）结构高度较低，易于维护。（4）与现浇箱梁相比施工速度快、经济、质量易于控制，但跨越能力较现浇箱梁小。

11.2　施工准备

11.2.1　技术准备

（1）复核设计图纸中的箱梁结构尺寸、细部尺寸是否与桥梁跨径相适应、梁端湿接头宽度是否有足够的空间满足施工要求，预埋件位置是否准确；复核预应力筋下料长度、预应力波纹管线型及坐标、锚垫板与预应力管道是否垂直，计算预应力筋控制张拉力及伸长量；复核横隔梁外形尺寸是否有利于模板的拆除；复核梁底楔形块位置及四个角的高度，计算桥梁横坡与图纸设计横坡是否相符。

（2）根据预制箱梁的数量、施工进度等因素进行预制场地的总体规划设计，确定预制场地（预制台座）、箱梁存放场地、龙门吊布置、混凝土运输路线、场地排水、施工用水电布置、混凝土搅拌站、钢筋加工场地及预应力筋下料场地等具体布置图，以便组织施工。

（3）根据预制箱梁结构尺寸、设计参数及工期进行预制台座的设计、计算（包括预制台座的反拱设计、预制台座的数量），存梁枕梁设计、计算（包括数量），预制箱梁内外模板的设计、计算（包括内外模板的套数及配模），预制箱梁移梁、吊运的设计与计算，龙门吊轨道的设计与计算。

（4）根据预制箱梁施工图纸及工期要求编制详细的预制箱梁专项施工方案，并向现场操作人员及管理人员进行安全、技术交底工作，确保施工过程中的质量及安全。

（5）根据预制箱梁的混凝土强度要求进行混凝土配合比设计及试验，按照混凝土设计强度进行理论配合比、施工配合比设计的试验。

11.2.2　材料准备

(1) 原材料：水泥、砂石、钢筋、预应力筋、波纹管、外加剂等应有持证人员和试验人员按规定进行检测，确保原材料的质量符合质量标准要求。

(2) 不同规格的材料分类堆放，材料堆放场地应进行硬化，场地硬化混凝土的厚度应能够满足施工机械设备的行驶；不同规格的石子、砂料应设置隔离墙，钢筋、预应力筋存放应高出地面不小于 30cm，各种材料设置统一的标志标牌，标明材料的名称、规格、产地等。

11.2.3　机具准备

(1) 钢筋加工与安装设备：钢筋切断机、钢筋弯曲机、电焊机、对焊机、龙门吊、钢筋成型骨架及扁担梁（钢筋骨架吊运）等。

(2) 模板及其安装设备：外侧模板（包括模板支腿体系）、端模板、内模板、对拉螺杆、卷扬机、捯链、龙门吊等。

(3) 混凝土搅拌、运输及浇筑设备：混凝土搅拌机、混凝土运输罐车或小型翻斗车、混凝土料斗、附着式振动器、插入式振动器、龙门吊等。

(4) 预应力施工设备：砂轮切割机、千斤顶（包括油泵、油压表等配套设备）、预应力孔道压浆设备（包括压浆料搅拌机）等。

(5) 移梁、吊运设备：龙门吊、运梁平板车。

11.2.4　作业条件准备

(1) 预制场地设置完成：根据专项施工方案已施工完成场地平整、场地硬化、预制台座、存梁场地、预制场区的水电布置、排水设施及现场混凝土试块标准养护室的修建等工作。

(2) 钢筋加工场施工完成：对钢筋加工场地已进行硬化，完成钢筋加工棚的搭设、加工设备的调试及钢筋制作胎座的安装。

(3) 起吊设施：龙门吊轨道施工完成，龙门吊安装、调试及检测验收完成。

(4) 混凝土拌合站：根据预制箱梁施工进度计划进行混凝土搅拌站的设备选型，并已安装、验收合格。

11.3　施工工艺

11.3.1　工艺流程

后张预应力混凝土箱梁施工工艺流程如图 11-1 所示。

11.3.2　操作要点

1. 台座和底模施工

在预制台座顶面预埋 6mm 厚钢板作为制梁底模，在制梁台座沿纵向每间隔 1m 预留 Φ40 孔道，作为预制箱梁侧模固定时对拉螺杆穿孔。根据提梁的起吊点设计位置，在距离梁端起吊点位置对应的制梁台座处设置合适的预留槽，作为移梁和提梁的起吊点。

在制梁台座使用前，应对底模清理干净，底模表面无混凝土残留物，且线型平顺，表面平整。测量底板梁长，调整楔形块底面钢模板平整度。涂抹隔离剂，隔离剂必须涂抹均

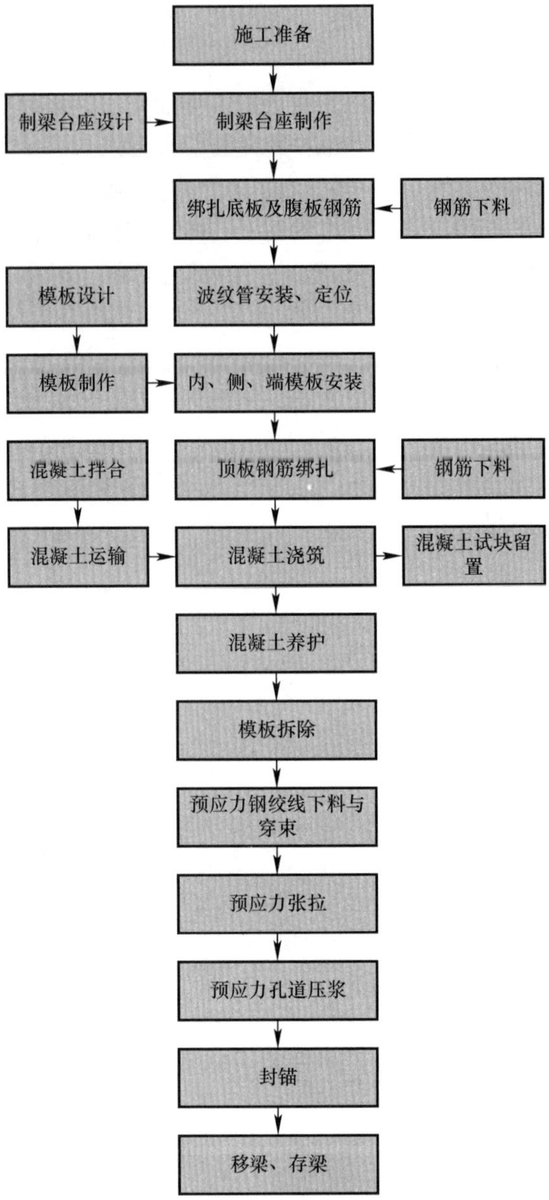

图 11-1　后张预应力混凝土箱梁施工工艺流程

匀，无积油污染钢筋。底模两侧与侧模接触面安装直径不小于 3cm 的软塑料管，塑料管与底模顶面平行，接缝平整，防止露浆。制梁台座经自检合格后方可进行下道工序的施工。

2. 钢筋骨架制作和吊装

（1）钢筋骨架制作与绑扎

1）预制箱梁所使用的各种型号钢筋必须分类堆码、存放在钢筋加工场内，并做好标识。钢筋原材在使用前要进行除锈、调直等工序。钢筋下料长度和弯曲成型后的尺寸，必须符合设计及规范要求。

2）钢筋焊接或绑扎时，严格控制搭接长度；主筋采用双面焊进行搭接。焊接前，对接头处进行预弯，以保证钢筋中心轴线一致；焊接要控制焊缝宽度、厚度，焊接强度必须符合规范要求，焊渣要清理干净。

3）钢筋绑扎可统一在专门的钢筋台座上制作。钢筋加工场内设有底腹板钢筋绑扎台座和顶板钢筋绑扎台座。每个绑扎台座都配备有钢筋绑扎胎具。钢筋绑扎过程中对规格、数量、间距、尺寸、标高、绑扎方式、保护层厚度进行严格检查，确保符合规范要求。

4）按设计要求设置预埋件时，若个别预埋件与钢筋有干扰，可适当调整钢筋间距，但不得随意截断钢筋（图 11-2、图 11-3）。

图 11-2　底、腹板钢筋骨架

图 11-3　顶板钢筋骨架绑扎

（2）钢筋骨架整体吊装

钢筋骨架在钢筋绑扎台座绑扎完成后，底腹板和顶板分别采用两台龙门吊进行整体吊装至预制台座上。

3. 波纹管安装定位

（1）在绑扎钢筋的同时，应进行波纹管定位钢筋的安装。波纹管采用“定位网法”安装，严格按照设计给定的坐标将波纹管用“♯”形定位筋进行固定，定位筋用 Φ12 钢筋，在直线段每隔 0.8m 间距设一个定位架，曲线段起止点、中心点各设一个，其余部分间距 0.5m 设一定位架。钢束平弯处设置防崩钢筋，每 50cm 一道，防崩钢筋的内侧圆弧必须与波纹管内曲面相密贴，定位筋和防崩钢筋点焊在箱梁腹板或箍筋上，不得松动。定位过程中应防止锐器刮破、电弧焊火花烧伤波纹管，以免造成漏浆。

后张预应力管道安装的允许偏差应符合表 11-1 的规定。

后张预应力波纹管安装允许偏差　　**表 11-1**

序号	项目		允许偏差（mm）
1	管道坐标	梁长方向	30
		梁高方向	10
2	管道间距	同排	10
		上下层	10

（2）波纹管接头处的连接管宜采用大一型号的同类管道，其长度宜为被连接管道内径的 5～7 倍。连接时不应使接头处产生角度变化及在混凝土浇筑期间发生管道的转动或移位，并应缠裹紧密防止水泥浆的渗入。

（3）波纹管的安装，应做到曲线圆滑，直线顺直，圆直段过渡平顺，在安装过程中与波纹管冲突的钢筋适当调整位置。在张拉锚板处，沿波纹管切线方向与锚板平面保持垂直状态。在波纹管内穿外径稍小的塑料管，以防漏浆堵塞波纹管管道。

采用胶管抽芯法制作预应力孔道时，胶管内应插入芯棒或充以压力水增加刚度；采用钢管抽芯法制孔时，钢管表面应光滑，焊接接头应平顺。抽芯时间应通过试验确定，以混凝土抗压强度达到 0.4～0.8MPa 时为宜，抽拔时不得损伤结构混凝土。抽芯后，应采用通孔器或压气、压水等方法对孔道进行检查，如发现孔道堵塞或有残留物或与邻孔有串通，应及时处理。

（4）安装锚垫板时，压浆孔或出气孔的位置应当朝上，避免水泥浆流入堵塞孔道。锚垫块附近混凝土要加强振捣，确保密实。锚垫板后的螺旋筋安装时，其螺旋筋必须紧贴锚垫板，并且要将螺旋筋与主筋绑扎在一起，形成一个整体。

4. 模板安装

（1）模板按照图纸尺寸由厂家统一制作成钢模，运至现场后进行试拼，对于稍有变形的模板，试拼前要进行整形。模板接缝处用打磨机打磨，以防止浇筑混凝土时漏浆。模板拼装质量应满足相应规范要求：相邻两板表面高差 1mm，表面平整度 3mm，轴线偏位 5mm，模内长宽尺寸不低于设计，预埋位置 10mm，模板标高±10mm，纵向位移±10mm。模板拼好后对模板内侧进行除锈、刷隔离剂。

（2）模板要进行校核与加固。加固方法：模板下口采用对拉螺栓穿过底模预留孔与模板预留槽钢进行加固，上口设置对拉杆，进行加固。地面预埋地锚，采用捯链连接模板与地锚，以防止模板位移。并通过捯链进行模板细部调整。用经纬仪来调整模板的顺直度。

模板的安装和拆除均采用龙门吊按设计顺序排放不能颠倒。装拆时应注意以下事项：

1）在整个施工过程中要始终保持模板的完好状态，认真进行维修保养工作。

2）模板在吊运过程中应注意避免碰撞，严禁从吊机上将模板悬空抛落。

3）模板在首次使用时要对模面认真进行除锈。除锈采用钢丝刷清除锈垢然后涂刷隔离剂，隔离剂的涂刷要均匀、不遗漏。

4）装拆时要注意检查接缝处止浆垫的完好情况，如发现损坏应及时更换，以保证接缝紧密、不漏浆。

5）在安装过程中要及时对各部分模板进行精度控制，安装完毕后应进行全面检查，若超出容许偏差则应及时纠正。

6）模板表面光洁度是影响箱梁外观质量的重要原因之一，因此在模板安装前必须对模板面板进行除锈、抛光，模板面板的抛光可采用滚轮抛光机从粗磨到精磨经过六道工序对模板进行抛光（图 11-4）。

图 11-4　钢模板抛光设备示意

（3）外模安装

侧模采用定型钢模板，附着式振动器分两排固定在模板的中、下方，每块板间的连接采用螺栓紧固法，底部采用落地法支撑。模板底部和顶部设置 $\Phi 24$ 底拉杆和顶拉杆固定，拉杆必须上双螺母紧固（图 11-5、图 11-6）。

图 11-5　侧模安装示意

图 11-6　附着式振动器安装示意

（4）内模安装

安装内模前要清理、冲洗底模及侧模表面的灰尘及杂物，同时设计支撑内模体系，以保证底板混凝土及其保护层厚度。

为防止内模上浮，在每块内模的底部中间设置两个 $\Phi 100$ 圆孔，作为排气孔，待浇筑混凝土时，观察底板混凝土，当满溢时，再封闭内模底面圆孔。另外，在内模安装就位后，顶板钢筋网上面每隔 60cm 设置一根用 30 号槽钢做成的横梁与外模相连接，中间焊上两根 $\Phi 32$ 钢筋卡住内模顶面；从而防止内模在混凝土浇筑过程中发生上浮问题，确保顶板混凝土厚度（图 11-7）。

图 11-7　内模结构示意

5. 混凝土的浇筑

（1）原材料选择

在选择混凝土材料时，应对所选材料进行严格检验，防止发生碱骨料反应。

水泥：每批量进厂的水泥必须具备质报单、强度报告，经抽样检查合格后方可投入生产。同一座桥的预制梁应采用同一种品牌水泥。

水：采用井水作为拌合用水。

粗、细集料：一般以级配碎石、天然中粗砂为原料。由试验室根据混凝土配合比设计来选定。施工过程中，不得随意改变其级配和砂的细度模数等。混凝土的碎石或卵石必须进行碱活性试验，确定其是否满足规范要求。

外加剂：按照混凝土性能要求掺加适宜的外加剂。出厂的外加剂应附有产品合格证书和使用说明书。并经配制、检测合格的产品，掺用量必须通过试验确定。施工过程中，不得随意改变其种类和掺量，或选用不同厂家同种产品的替代等。

每天开盘前检查自动计量上料设备的精度，确保计量准确，并由试验室进行砂、石料含水率检测，开出施工配合比通知单，搅拌站依此通知单配合比进行配料搅拌，混凝土搅拌出料后对坍落度、和易性进行检查，合格后方可使用。在混凝土浇筑过程中，每片箱梁随机抽取混凝土制作混凝土试块，每片梁至少做三组 150mm×150mm×150mm 试件，一组用做预应力张拉强度试件，两组留做 28 天强度评定试件。

（2）混凝土浇筑

预制箱梁混凝土的浇筑可采用混凝土输送泵和布料机配合浇筑，也可根据现场实际采用料斗吊运混凝土浇筑的方式进行浇筑（图 11-8、图 11-9）。

图 11-8　布料机示意

图 11-9　料斗浇筑示意

1）梁体混凝土灌注采用斜向分段、水平分层、从一端向另外一端浇筑的方式一次浇筑完成、不设施工缝的施工工艺。

2）先进行底板混凝土的浇筑，再进行腹板混凝土浇筑，最后进行顶板混凝土浇筑。底板混凝土分段一次浇筑完成，腹板混凝土分段每次浇筑厚度控制在 30cm，顶板混凝土一次浇筑完成。底板混凝土采用插入式振动器进行振捣，腹板混凝土采用以插入式振动器为主、附着式振动器为辅的方式进行振捣，顶板混凝土采用插入式振动器进行振捣。在混凝土振捣过程中，要特别注意倒角、预应力张拉端及预应力波纹管位置的混凝土振捣质量。

3）施工中要加强观察，混凝土必须振捣密实，防止漏浆、欠振和漏振现象发生。模板边角以及振动器振动不到的地方要辅以插钎振捣；施工时严禁用振动棒拖动混凝土，并尽量避免振动器碰撞预应力管道、预埋件、钢筋、模板，对锚垫板后钢筋密集区要认真、细致振捣，确保锚下混凝土密实。

4）梁体混凝土浇筑完毕后，指派水泥工对顶面混凝土进行多次收浆、研磨，以消除混凝土收缩裂缝，同时确保顶面混凝土的密实，不松散。

（3）梁面拉毛

箱梁混凝土浇筑完毕后，在箱梁收浆前进行顶面拉毛处理，以利于与桥面铺装混凝土的结合。当梁体顶板混凝土振捣完成后及时用抹子进行抹平，采用水平尺量测，保证梁顶混凝土面的平整度以及横坡度；在混凝土初凝前用钢抹再次收抹以减少混凝土的收缩裂缝。顶板混凝土初凝后、终凝前，使用钢刷进行拉毛，拉毛的梁顶面应平整粗糙。

6. 混凝土养护

预制混凝土箱梁可采用自动喷淋养生和蒸汽养护相结合，在高温季节和常温下采用自动喷淋，在冬季或春初、深秋季节等低温、干燥环境下，为加快制梁进度、缩短工期采用蒸汽养护方案。

（1）自动喷淋养护

预制小箱梁自动喷淋养护的方法，是由自动喷淋养护系统喷出的气雾状水对梁板侧面进行养护。其喷出的水雾均匀，可以达到全天候、全湿润的养护质量标准，养护效果极为显著。同时喷淋系统从供水到工作完毕，基本实现了过程全自动控制，大大降低劳动强度，提高劳动生产率，具有成本低，安装、维修方便，节约用水等显著优点（图 11-10）。

图 11-10　自动喷淋养护示意

（2）蒸汽养护

混凝土蒸汽养护采用专门加工的养护棚围蔽，防护棚可采用型钢焊接成养护棚围蔽骨架，骨架上面覆盖防水布，用燃气锅炉产生蒸汽加专用蒸汽输送管接入养护棚内。

梁体混凝土蒸汽养护分静停、升温、恒温、降温四个阶段，静停期间应保持棚内温度不低于 5℃，灌注完 4h 后开始升温，恒温时蒸汽温度不超过 45℃，梁体芯部混凝土温度不超过 60℃，降温速度 8～l0℃/h。蒸养期间及撤除保温设施时，梁体混凝土芯部与表层、表层与环境温差不超过 15℃，蒸汽养护的总时间为 36～48h（表 11-2）。

各阶段温度控制要求表　　　　表 11-2

序号	阶段	说明
1	静停	养护罩内温度保持 5℃以上，4h 以内
2	升温	梁体混凝土在关注完成 4h 后开始通蒸汽加温，升温速度平均每小时控制在 5～10℃。升温速度应视环境温度而定，当环境温度低于 15℃时，每小时升温 5℃；当环境温度高于 15℃时，每小时升温 8～10℃
3	恒温	恒温约 24h 左右，养护温度不超过 45℃，梁体芯部混凝土温度应控制在 60℃以内
4	降温	降温速度在每小时 8～10℃，在升、恒、降温过程中，梁体混凝土芯部、表面、环境温度差异均不超过 15℃

在升温和降温阶段，每隔半小时，观测一次温度。恒温阶段，每小时测量一次，并做好记录，根据实测温度确定蒸汽放入量，以调节蒸养温度，防止混凝土表面开裂。蒸汽养护每小时进行一次记录。冬季蒸汽养护结束后，立即喷涂养护剂（两遍）。拆完模后应注意对顶板的养护，特别是端边墙比较薄弱，拆完模后应立即将其覆盖，以防风吹干裂。

7. 模板拆除

当梁体混凝土浇筑完成达到拆模强度，即可拆除箱梁内外模。外模拆除先拆除上翼缘梳齿状小模板，再拆除外侧模板。外模拆除采用龙门吊配合，内模拆除可采用人工配以小型机械设备进行拆除。模板拆除过程中，不得用铁件猛撬，以免损坏梁体混凝土表面，模板拆除后，吊运到存放处，清洗、维修、涂油保养以供下次使用（图 11-11、图 11-12）。

图 11-11　翼缘梳齿状模板拆除示意

图 11-12　内模板拆除示意

8. 预应力筋穿束

根据施工图纸及预制箱梁的实际尺寸计算好钢绞线的下料长度，在切割口的两侧各5cm 处先用钢丝绑扎，然后用切割机切割。切割后应立即将切割口用胶带缠紧，以防松散。

钢绞线采用人工穿束方式将钢绞线逐根穿入孔道，穿束过程中钢束不得转动，应平直通过孔道，穿入后来回拉拔几次使其通顺，防止钢绞线互相缠绕。若钢束不能自由地滑动，则应查明原因，采取措施予以纠正。

每根钢绞线两端应做对应编号标记，同一根钢绞线在锚板上的位置相同，如不正确应调整一致。

穿束前再进行一次外观检查，特别注意钢绞线端部松股的不能使用，表面污物清除干净，注意梁两端外伸长度应对称一致。

9. 预应力张拉

（1）张拉前的准备工作

1）预应力张拉前，宜对不同类型的孔道进行至少一个孔道的摩阻测试，通过测试所确定锚圈口摩阻损失和孔道摩阻损失值宜用于对设计张拉控制应力进行修正。

2）张拉时，预制箱梁结构混凝土的强度、弹性模量（或龄期）应符合设计规定；设计未规定时，混凝土的强度应不低于设计强度等级的 80%，弹性模量应不低于混凝土 28d 弹性模量的 80%。

3）张拉前将张拉设备、油压泵、仪表必须进行联合标定，并将张拉设备标定结果、张拉力计算值、理论延伸量、张拉程序、张拉人员上岗证书上报监理工程师，监理工程师认可后方可进行张拉。张拉结果采用双控法校核：即以张拉力控制张拉过程，以伸长值校核张拉结果。

4）预应力筋的张拉顺序应符合设计规定，设计未规定时，可采取分批、分阶段的方式对称张拉。

（2）预应力束张拉

1）预应力筋应整束张拉锚固。对扁平管道中平行排放的预应力钢绞线束，在保证各根钢绞线不会叠压时，可采用小型千斤顶逐根张拉，但应考虑逐根张拉时预应力损失对控制应力的影响。

2）预应力筋张拉端的设置应符合设计规定。设计未规定时，应符合下列规定：①直线筋和螺纹钢筋可在一端张拉。对曲线预应力筋，应根据施工计算的要求采取两端张拉或一端张拉的方式进行，当锚固损失的影响长度小于或等于 $L/2$（L 为结构或构件长度）时，应采取两端张拉；当锚固损失的影响长度大于 $L/2$ 时，可采取一端张拉。②当同一截面中有多束一端张拉的预应力筋时，张拉端宜分别交错设置在结构或构件的两端。③预应力筋采用两端张拉时，宜两端同时张拉，或先在一端张拉锚固后，再在另一端补足预应力值进行锚固。

10. 预应力筋切割

（1）预应力筋在张拉控制应力达到稳定后方可锚固。对夹片式锚具，锚固后夹片顶面应平齐，其相互间的错位不宜大于 2mm，且露出锚具外的高度不应大于 4mm。锚固完毕并经检验确认合格后方可切割端头多余的预应力筋，切割时应采用砂轮锯，严禁采用电弧进行切割，同时不得损伤锚具。

（2）切割后预应力筋的外露长度不应小于 30mm，且不应小于 1.5 倍预应力筋直径。锚具应采用封端混凝土保护，当需长期外露时，应采取防止锈蚀的措施。

11. 预应力孔道压浆

预应力孔道压浆可参照第 18 章。

12. 封锚

（1）压浆完毕，即将梁头冲洗干净，然后绑扎钢筋并立封头模板，经检查合格后即可浇捣梁体封头混凝土。封锚混凝土必须认真操作并插捣密实。

（2）封锚混凝土浇筑后，带模浇水养护。封端混凝土脱模后应立即浇水养护，以加强封端混凝土与梁体混凝土的粘结。

（3）当梁体预应力孔道内的水泥浆强度达到规定值和封头混凝土强度达到要求后，方可移至存梁区存放。

13. 起梁存梁

（1）预制梁厂内存梁时的梁端悬出长度，应符合设计要求，距梁端 50～70cm。

（2）运输及存梁时，应保证纵向两点支撑，且支点设在腹板正下方。

（3）在存梁、运输及架设过程中，应保证四支点处于同一水平面，安装就位后严禁出现支座脱空现象。

（4）龙门吊起梁时提升速度不得大于 0.6m/min，吊梁行走速度不得大于 6m/min（图 11-13、图 11-14）。

图 11-13　起梁示意

图 11-14　存梁台座及存梁示意

11.4　质量控制

（1）施工前应对原材料进行检查，并有合格检验报告记录。

（2）施工过程中应对底座表面、钢筋保证质量、波纹管空间定位、钢筋的保护层、模板和混凝土的浇筑进行全过程检查。

（3）预制箱梁实测允许偏差见表 10-2 所列。

（4）外观质量要求

1）混凝土表面平整，颜色一致，无明显施工接缝。

2）混凝土表面不得出现蜂窝、麻面，不得出现非受力裂缝。

3）封锚混凝土应密实、平整，梁、板的填缝应平整密实。

4）梁体内不得预留建筑垃圾、杂物、临时预埋件等。

11.5　施工记录

（1）水泥、砂、石、钢筋、预应力筋、外加剂、锚夹具等原材料进场验收报告记录；

（2）预应力张拉千斤顶、仪表、油泵联合标定报告记录；

（3）混凝土强度试验报告记录；

（4）预应力张拉记录；

（5）模板、钢筋、预应力、预制箱梁验收记录；

（6）预应力孔道压浆记录。

11.6　成品保护

（1）施工过程中，注意对底座、模板、钢筋及波纹管的保护，防止在混凝土浇筑过程中，由于振捣设备的强烈振捣而发生模板变形，钢筋、波纹管发生移位；还应特别注意，模板因雨水的冲刷而发生锈蚀，影响混凝土外观质量。

（2）对张拉完成的梁端在压浆之前应注意保护，防止在外力作用下，损坏两端张拉端。

（3）预制箱梁吊运时，应特别注意，防止边角碰撞破损。

11.7　安全与环保措施

11.7.1　安全保护措施

（1）施工过程的安全应符合国家现行《建筑施工安全检查标准》JGJ59—2011 的有关规定，施工机械应符合国家现行《建筑机械使用安全技术规程》JGJ33—2012 的有关规定，施工临时用电应符合国家现行《施工现场临时用电安全技术规范》JGJ46—2005 的规定。

（2）做好平面布置，使各区域井井有条，解决好场内道路，使之坚实平坦、畅通、视线良好；预制场区必须设置安全宣传牌及安全警示牌等。

（3）设置专职安全员，特殊工种必须持证上岗。进入施工现场的管理人员及操作人员必须佩戴安全帽。

（4）各种施工机具必须定期进行检查、维修保养，以确保使用安全。

（5）场区用电采用电缆线高空建设，统一布置电力线路。在作业机械接口安装漏电保护器，严格安装一机一闸进行管理。对场区施工用电设置专人管理。

（6）振动器的操作人员应穿绝缘胶鞋和戴胶皮手套。

（7）预应力施工安全注意事项

1）操作油压泵的操作人员必须佩戴护目镜，防止油管或油泵破裂时或接头不严时发生故障伤及眼睛。

2）高压油泵与千斤顶之间的所有连接点必须完后无损。

3）预应力张拉时，构件两端正面不得站人，并设置防护罩，高压油泵应放在构件端部的两侧；拧紧螺母时，操作人员站在预应力筋的侧面，张拉完毕后，稍等几分钟再拆卸张拉设备。

（8）移梁及梁体存放安全注意事项

1）龙门架吊梁前必须仔细对龙门吊进行检验验收，验收合格后再进行试吊，并认真观测龙门吊的变形情况。

2）梁体移开台座时，龙门吊起吊移动必须缓慢、同步、匀速进行。

3）梁体与存梁座之间设置枕木，梁体存放后的支垫及斜撑应牢固，并不定时观测存放后的变化，确保安全。

11.7.2　环保措施

（1）施工过程的环境保护应符合国家现行《建设工程施工现场环境与卫生标准》JGJ146—2013 的有关规定。

（2）预制梁场必须经常洒水降尘，并指派专人定时清理建筑垃圾及杂物。

（3）千斤顶、油压泵、机械设备定期保养，防止油污泄漏。

第12章　轻型手提式托架与木胶合板组合箱梁模板体系施工工艺

12.1　适用范围及特点

12.1.1　适用范围

轻型手提式托架与木胶合板组合箱梁模板体系是一种采用木胶合板与轻型型钢组合设计、加工及制作的箱梁外模板体系，替代传统的木模板体系和钢模板体系；该工艺充分发挥了型钢刚度大、强度高的特点焊接成钢托架，结合木方作为面板的支撑结构，同时利用木胶合板质轻、柔度大的特点来满足箱梁曲面要求，融合模板体系设计和施工技术，从而达到满足箱梁外观要求，降低桥梁施工难度、实现降本增效的目的。

该工艺适用于外侧模设计复杂、施工难度大的现浇混凝土箱梁外模板体系。

12.1.2　工艺特点

（1）材料消耗少，箱梁模板采用木胶合板，型钢焊接的轻型钢托架仅作为模板的支撑体系，相较于定性钢模，大大减少了钢材的使用量，降低了现浇箱梁模板造价。

（2）施工方便、快捷，整个模板体系安装、拆卸均可由人工独立完成，无需投入大量的机械设备进行模板起吊、安装，施工效率高，减少了机械设备投入，节约了施工工期。

（3）钢托架加工周期短、加工快，可循环利用，为现场大面积组织施工及缩短工期提供了有利条件。

（4）体系安全可靠，通过钢托架受力分析与设计，采用合理的型钢材料制作，保证了整个模板体系合理、安全、可靠。

12.2　施工准备

12.2.1　技术准备

（1）根据箱梁结构特点编制专项钢托架结构设计与施工方案，并向现场管理人员及作业人员进行详细的安全、技术交底工作。

（2）对钢托架上安装的木枋规格型号、布置间距进行设计计算，选择能够满足混凝土成型、外观质量、线性要求的木胶合板。

12.2.2　材料准备

1. 型钢和钢管

（1）钢托架原材料主要为型钢和钢管，必须满足有关规范及设计要求。

（2）钢材的表面外观应符合国家现行有关规范的要求，当钢材的表面有锈蚀、麻点或划痕等缺陷时，其深度不得大于该钢材厚度负允许偏差值的 1/2；钢材应全数检查，钢材端边或断口处不应有分层、夹渣等缺陷。

（3）型钢的规格尺寸及允许偏差应符合其产品标准的要求，每一品种、规格的型钢抽查 5 处。

（4）钢管规格为 Φ48×3.5。

2. 木枋

木枋容许应力及弹性模量应满足《公路桥涵结构及木结构设计规范》JTJ025—1986 要求，见表 12-1 所列。

木材容许应力及弹性模量　　表 12-1

序号	名称	顺纹弯应力 $[\sigma_w]$(MPa)	弯曲剪应力 $[\tau]$(MPa)	顺纹承压应力 $[\sigma_a]$(MPa)	弹性模量 E（MPa）
1	马尾松	12.0	1.9	12.0	9×10^3
2	杉木	11.0	1.7	11.0	9×10^3

3. 木胶合板

6mm 厚的木胶合板，柔性能满足箱梁外观弯曲形成曲面的要求。

12.2.3　机具准备

所需设备见表 12-2 所列。

每跨箱梁施工所需机具设备　　表 12-2

序号	设备名称	规格型号	数量	用途
1	汽车吊	25t	1 台	起吊钢托架、木枋、模板
2	铁榔头	小型	10 台	订钉子
3	木工圆锯机	MJ—116	5 台	木枋、模板安装

12.2.4　作业条件准备

1. 临时用电

施工现场临时用电驳接到位，并牵引至作业位置。施工临时用电应从总配电箱引出，线路采用“三相五线制”；用电必须满足《施工现场临时用电安全技术规范》JGJ46—2005 的要求。

2. 施工条件

（1）支架体系验收合格，并对支架顶托进行标高复核，满足支架设计要求。

（2）钢托架、木枋、木胶合板已全部运至现场，并验收合格，具备安装条件。

（3）现场材料运输通道畅通，吊装作业区域安全防护措施满足相关规范要求。

12.3　施工工艺

12.3.1　工艺流程

轻型手提式托架与木胶合板组合箱梁模板体系施工工艺流程如图 12-1 所示。

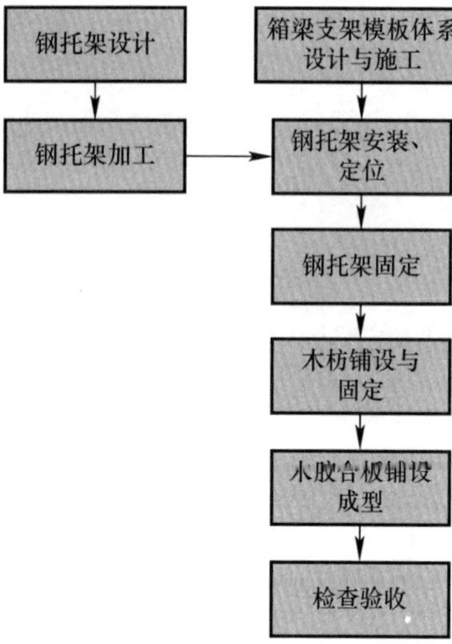

图 12-1 轻型手提式托架与木胶合板组合箱梁模板体系施工工艺流程

12.3.2 操作要点

1. 箱梁支架体系设计与搭设

由于箱梁斜腹板荷载通过钢托架传递于箱梁支架体系之上，且钢托架安装于箱梁支架之上，箱梁支架体系设计时必须考虑钢托架布置，保证钢托架与箱梁支架之间衔接可靠，传力路径清晰。

2. 钢托架设计与施工

（1）钢托架设计

钢托架是采用 I10 工字钢作为托架的主要受力构件，Φ48×3.5 普通钢管为工字钢的纵横向支撑作为传递荷载，托架底部采用角钢形成钢托架结构体系，从而承受箱梁斜腹板的荷载重量。

为保证钢托架与支架体系支架力的传递及减少钢材的使用，钢托架布置间距应与箱梁支架立杆纵向间距一致，托架竖向钢管布置间距与箱梁支架横向间距一致。依据每片钢托架所分担的斜腹板荷载进行钢托架设计，根据结构内力分析选择型号合适的工字钢（图 12-2）。

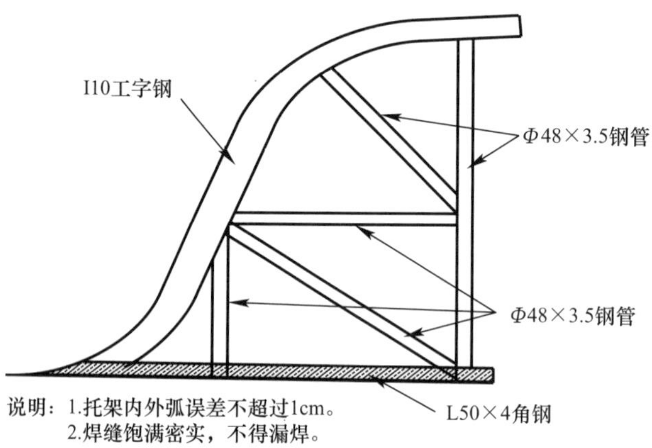

图 12-2 钢托架设计结构示意

（2）钢托架加工

钢托架采用工字钢、角钢和普通钢管焊接而成，在加工厂内集中加工，加工时注意工字钢弯曲形状和弧度应符合箱梁斜腹板外观设计。

（3）钢托架安装

钢托架支架安放在箱梁支架体系顶托上，安装之前应先测量放线，拉线标出钢托架前端安装位置；钢托架安放好之后及时采用钢管固定。

3. 钢托架固定

钢托架采用钢管和扣件从纵横两个方向进行固定，纵向钢管分别扣在钢托架的竖向钢管上，防止钢托架左右晃动，纵向钢管搭接长度不得小于 1m，搭接长度范围内扣件不得少于 3 个（图 12-3）。

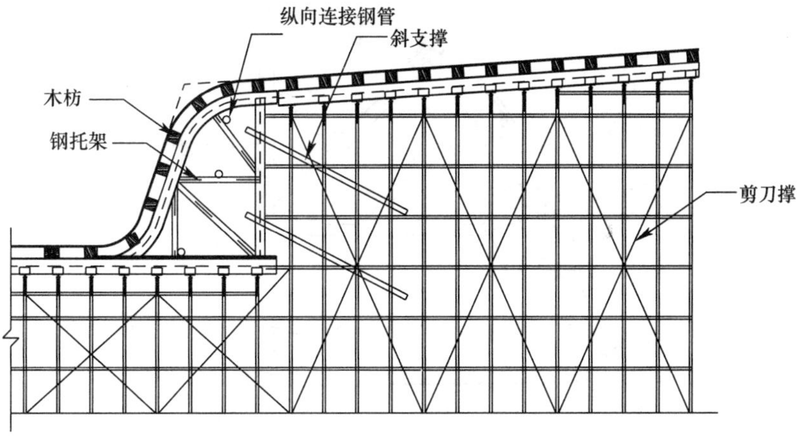

图 12-3　钢托架安装固定设计示意

钢托架横向固定采用斜支撑固定，每排不少于两根；要求每个托架均与支架固定，每根钢管与满堂架横杆的扣接点不得少于 4 个（图 12-4、图 12-5）。

图 12-4　钢托架安装固定示意

4. 木枋铺设、固定

木枋作为模板体系荷载分配构件，铺设间距应满足受力要求，一般情况下在直线段木枋间距设置可为 0.15m，直线段木枋间距设置可为 0.3m。圆弧段位置木枋可适当加密以便于模板固定（图 12-6、图 12-7）。

图 12-5　钢托架安装固定效果示意

5. 木胶合板铺设

在钢托架和木枋安装完以后，进行木胶合板的铺设、弯曲，木胶合板采用钉子钉于木枋之上，不得出现木胶合板翘曲现象，力求木胶合板板面平顺、模板拼缝严密（图 12-8）。

6. 检查

钢托架及木胶合板安装完成之后，必须仔细检查钢托架位置有无偏移、是否固定可靠，并复测模板标高。

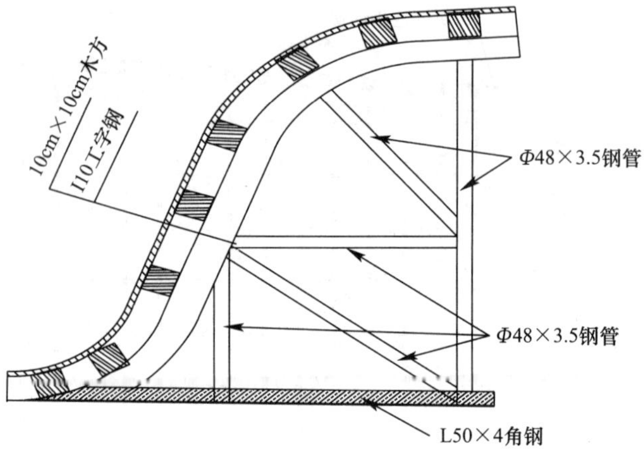

图 12-6　纵向木枋铺设固定设计示意

图 12-7　纵向木枋铺设固定安装效果示意

图 12-8　木胶合板安装实体效果示意

12.4　质量控制

12.4.1　钢托架加工

托架内外弧、竖向钢管位置误差不超过 30mm。

12.4.2　木胶合板安装

（1）木胶合板表面平整，无局部不平整区域。

（2）木胶合板拼缝整齐、均匀、严密；混凝土分格缝，深度一致，棱角清晰，直线度偏差不大于 2mm。

12.4.3　焊接质量

（1）焊条、焊丝、焊剂等焊接材料与母材的匹配应符合设计要求及现行行业标准《钢结构焊接规范》GB50661—2011 的规定，焊条、焊丝等材料在使用前，按其产品说明书及焊接工艺文件的规定存放。

（2）焊缝检验按相关质量要求执行

1）焊缝表面不得有裂纹、焊瘤等缺陷。

2）焊成凹形的角焊缝，焊缝金属与母材间应平缓过渡；加工成凹形的角焊缝，不得在其表面留下切痕。

3）焊缝感观应达到外形均匀、成型较好，焊道与焊道、焊道与基本金属间过渡较平滑，焊渣和飞溅物基本清除干净。

12.5　施工记录

（1）支架验收记录；

（2）钢托架安装质量记录；

（3）木枋与模板安装施工记录。

12.6　成品保护

（1）钢托架在安装过程中，必须随安装、随固定可靠；严禁随意敲打、移动钢托架平面位置及高程。

（2）木枋安装定位完成后，必须逐个检查其固定的牢固性，不得随意踩踏，以免造成木枋偏位。

（3）木胶合板安装完成后，对木胶合板的平整度、面板曲线的流畅性进行监测，确保面板曲线流畅、平整；不得随意踩踏，以免造成木胶合板板面出现凹凸不平现象。

（4）在混凝土浇筑之前，不得出现木胶合板板面受到雨水浸泡的现象。

12.7　安全与环保措施

12.7.1　安全保护措施

（1）施工过程的安全应符合国家现行《建筑施工安全检查标准》JGJ59—2011 的有关规定，施工机械应符合国家现行《建筑机械使用安全技术规程》JGJ33—2012 的有关规定，施工临时用电应符合国家现行《施工现场临时用电安全技术规范》JGJ46—2005 的规定。

（2）根据施工特点编制符合工程实际的安全操作注意事项及具体的施工安全措施，并做好对现场操作人员及管理人员的安全技术交底工作。

（3）钢托架、模板起吊时安排专人统一指导吊装，参与吊装的人员明确分工，吊装时必须留有足够的安全距离和采用相应的安全措施，严禁吊运的物体撞击支架。

（4）钢托架安装后及时固定，防止掉落；钢托架必须采用两根钢管锁定，严禁仅采用一根钢管固定。

（5）支架预压和混凝土浇筑前再次认真检查钢托架，重点检查钢托架有无偏位、悬空，扣件有无松动，保证支架在预压和混凝土浇筑时处于安全、可控状态。

（6）在托架、模板安装与拆除时，必须制定专项安全操作规程，并做好高空作业的防护措施及安全应急预案。

（7）在混凝土浇筑过程中，指派专人对模板系统进行巡视，确保模板体系的稳定性和安全性。

12.7.2　环保措施

（1）施工过程的环境保护应符合国家现行《建设工程施工现场环境与卫生标准》JGJ146—2013的有关规定。

（2）根据工程特点编制环境保护措施及注意事项，并做好对现场操作人员及管理人员的环保措施交底工作。

（3）做好施工现场规划，确保钢托架、木模板等材料堆放整齐、有序。

（4）制定切实可行的废旧钢材和废模板回收处理措施。

第 13 章　少支点支架与满堂支架联合支架体系施工工艺

13.1　适用范围及特点

13.1.1　适用范围

少支点支架与满堂支架联合支架体系施工是在传统的满堂支架和少支点支架施工的基础上发展而形成的施工方法，是结合满堂支架体系装卸方便，安全可靠，价惠实用和少支点支架跨度大等优点，通过基础设计、支架受力分析及对满堂架模数和少支点支架的精确设计，并结合成熟的地基处理技术、预压技术、测量监测技术，使得满堂支架和少支点支架共同受力、变形，实现整个支架体系达到安全、经济、适用的目的。

该工艺适用于有保障交通通行的市政高架桥、交通路口桥梁施工支架体系。

13.1.2　工艺特点

（1）施工工艺简单，采用常规的满堂支架和少支点支架搭设材料和机具设备，无需特殊的技术措施。

（2）联合支架体系相较于传统的满堂支架体系在桥梁施工的同时解决了车辆通行的需求，减少了支架体系的有效占地面积及征地拆迁面积，节约了施工便道的成本，保护了周围生态环境；相较于少支点支架施工，减少了机具设备及特种操作人员的投入量，利用了满堂支架在作业条件好的情况下成本低、施工速度快的优点。

（3）满堂支架采用碗扣式钢管脚手架或其他形式的满堂支架体系搭设，少支点支架采用大直径钢管、型钢及贝雷梁搭设，相较于采用单种支架体系，联合支架体系施工更加合理地利用社会资源，避免了对单一材料的大量需求，为现场大面积组织施工及缩短工期提供了有利条件。

13.2　施工准备

13.2.1　技术准备

（1）认真研究桥梁结构设计图纸及现场交通状况、周边环境，做好支架施工的交通疏导组织方案。

（2）根据地质勘察报告、施工设计图纸、现场施工环境，编制详细可行的施工方案，并对现场管理人员及施工人员进行详细的安全、技术交底。

13.2.2　材料准备

1. 少支点支架原材

（1）钢筋混凝土基础原材料包括：水泥、粗细骨料、矿物掺合物、外加剂、水、钢材等材料，必须满足有关规范及设计要求。

（2）钢材的表面外观应符合国家现行有关规范的要求，当钢材的表面有锈蚀、麻点或划痕等缺陷时，其深度不得大于该钢材厚度负允许偏差值的1/2；钢材应全数检查，钢材端边或断口处不应有分层、夹渣等缺陷。

（3）贝雷片进场应经过验收，贝雷片不能有扭曲变形、焊疤等，各配件齐全、配套，应有产品质量合格证、材质证明检验报告。供应厂家应提供生产销售、租赁专业资质证明。

（4）型钢的规格尺寸及允许偏差应符合其产品标准的要求，每一品种、规格的型钢抽查5处。

2. 满堂支架原材

碗扣式脚手架质量应满足《建筑施工碗扣式钢管脚手架安全技术规范》JGJ166—2008的规定。

13.2.3 机具准备

支架体系施工除应具备常规的测量、钢筋加工、钢筋绑扎、混凝土浇筑等设备外，还应需要以下设备，详见表13-1所列。

所需机具设备表 **表13-1**

序号	名称	单位	数量	用途
1	挖掘机	台	3	场平
2	打夯机	台	5	局部压实
3	压路机	台	3	压实地基
4	自卸车	台	4	装卸土方
5	汽车	台	5	运输脚手架及钢筋
6	汽车吊	台	4	吊运杆件
7	电焊机	台	5	
8	木工圆锯机	台	3	
9	混凝土振动棒	台	8	地基处理时混凝土振捣
10	铁锤	把	20	敲紧碗扣

13.2.4 作业条件准备

（1）重点了解现场不良地质情况（如淤泥、渠塘、泥浆池等），注上鲜明的标志，做好地基处理。

（2）在地基处理前，现场管理人员应及时与试验人员进行联系，对地基承载力进行复测，真实了解该地基处理质量情况。

（3）做好场地平整，以利于钢管、支架的安装，起吊设备的摆设。

（4）做好现场条形基础、钢管立柱、贝雷梁、型钢及碗口架施工场地，并保证现场物资设备运输及交通畅通。

（5）利用全站仪所属桥梁施工区域的标高进行测定，为地基处理提供可靠的依据。

13.3　施工工艺

13.3.1　工艺流程

少支点支架与满堂支架联合体系施工工艺流程如图 13-1 所示。

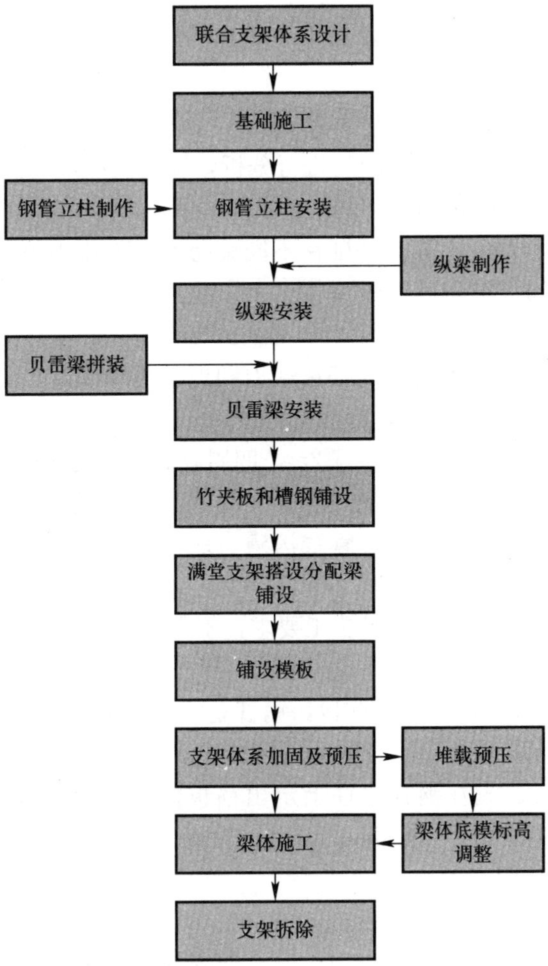

图 13-1　少支点支架与满堂支架联合体系施工工艺流程

13.3.2　操作要点

1. 联合支架体系设计

(1) 满堂支架采用碗扣式脚手架搭设，少支点支架采用钢管、型钢和贝雷梁搭设。

(2) 满堂支架立杆在横隔梁、腹板等混凝土荷载大的地方要加密。

(3) 少支点支架贝雷梁横向跨度要综合考虑交通通行需求和贝雷梁自身模数。

(4) 每排贝雷梁之间间距与满堂支架立杆纵向间距一致，使满堂架立杆轴力直接传递到贝雷梁上，满堂支架和少支点支架两者之间力传递线路清晰。

(5) 根据型钢定尺，钢管立柱间距宜取 3m 或 4m，使型钢端头正好落在钢管立柱顶部。

（6）依据对支架承受的荷载简化验算，并结合以上原则初步确定箱梁支撑体系各部分间距、跨度，再采用有限元模型或其他结构设计软件对支架体系的强度、刚度和整体稳定性进行验算，对支撑体系进行应力应变分析，通过应力应变分析优化设计方案、降低支撑体系的含钢量。

2. 基础施工

（1）少支点支架基础

1）少支点支架基础宜采用钢筋混凝土条形基础，少支点支架基础同时起到防撞的作用，基础高度不应小于0.5m。

2）基础顶面标高一致，外观尺寸一致。

3）应用有限元对条形基础应力应变进行分析，优化设计，确保在整个基础受力合理，基础局部受压、地基承载力和变形满足施工要求。

4）由于桥面宽度和跨度不等，基础在不同梁跨所受作用力不同，在设计过程中根据不同梁跨处基础受力分别进行设计并绘制施工图。

（2）满堂支架基础

1）满堂支架地基处理的关键是地基承载力和地基沉降满足设计要求，对施工范围地基承载力不能满足使用要求的区域进行地基处理。

2）基础处理宽度比设计满堂支架宽2m，四周设好排水沟，避免满堂支架基础和底托泡水。

3）桩基施工泥浆池、承台基坑、管线沟槽为地基处理的薄弱环节，采用中粗砂回填夯实，并在其上采用混凝土硬化处理。

4）满堂支架基础处理完后应满足施工要求，不得存在不均匀沉降，不得有积水。

3. 钢管立柱安装

（1）钢管立柱底板和顶部均设置锚板，钢管立柱应与基础预埋锚栓连接牢固。

（2）钢管立柱之间设置平联，平联可采用槽钢，为便于支架拆除，平联与钢管柱之间采用锚板、螺栓连接，先在钢管立柱上定出锚板位置并在锚板上依据设置位置开孔，螺栓孔的位置、大小应准确，然后将平联用螺栓固定于锚板上，将钢管立柱连成整体（图13-2）。

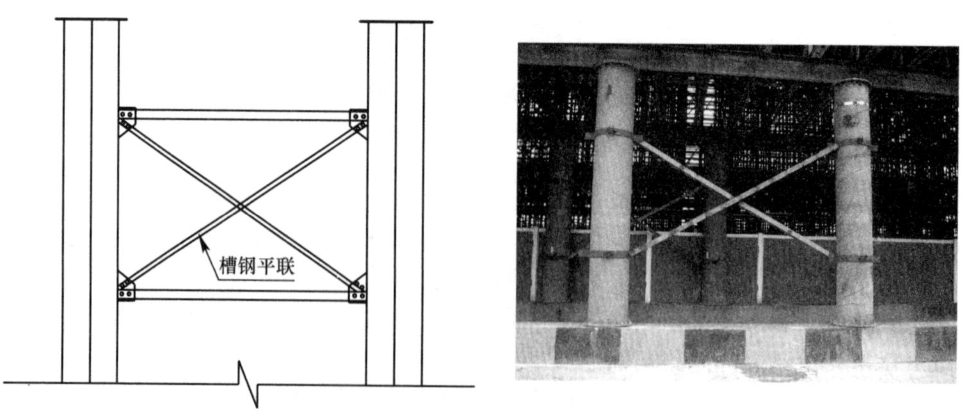

图13-2　钢管立柱平联设计与施工示意

4. 少支点支架纵梁安装

（1）纵梁采用汽车吊吊至钢管立柱顶部锚板之上。

（2）纵梁吊装到位后，在封板上焊接角钢作支撑，防止纵梁倾覆。

5. 贝雷梁安装

（1）贝雷架的安装采用地面拼装、每排整体吊装的方式进行。

（2）贝雷架的安装平面位置及接点位置必须满足设计要求，以保证满堂架与少支点支架两者之间传力合理。

（3）宽度变化且梁体不对称箱梁，贝雷梁钢桁架安装时应按设计坐标定位，相邻贝雷梁之间牢固连接，支承点与贝雷梁桁架节点应对齐。

（4）贝雷架安装完毕并验收合格后，再采用横向槽钢按照一定的设计间距将每排贝雷架连接成为整体，以增强贝雷架的整体稳定性；同时横向槽钢作为箱梁模板的承载平台。

6. 竹夹板和槽钢铺设

（1）贝雷梁安装完后，上面满铺夹竹板，防止上面的坠落物砸伤行人或车辆。

（2）夹竹板上铺设槽钢，槽钢垂直于贝雷梁放置，间距与上部满堂架立杆横向间距一致。

7. 满堂架搭设

满堂支架采用碗扣式钢管脚手架搭设，满堂支架立杆纵向间距、横向间距及布局严格按设计执行，架体材料和搭设质量应满足《建筑施工碗扣式钢管脚手架安全技术规范》JGJ166—2008 的要求（图 13-3）。

图 13-3　满堂支架搭设施工示意

8. 联合支架体系预压

（1）根据支架高度，基础条件选择有代表性的区域进行预压。

（2）箱梁施工支架预压的静载荷必须按照设计要求预压。荷载模拟根据现场实际情况采用砂袋堆码或其他材料作为堆载预压荷载。

（3）为提高预压结果的精确度，对支架预压范围分区分段划分预压单元，每个预压单元的预压荷载按本划分单元混凝土结构恒载、钢管支架、模板重量之和加载。

（4）每个预压单元分 3 级加载，按预压荷载的 0→60%→80%→110%进行加载，每级加载完成后，先停止下一级加载，每间隔 12h 对支架沉降量进行一次监测，当支架顶部监测点 12h 沉降量平均值小于 2mm 时，开始下一级加载。

（5）卸载时采用一次性卸载，且要对称、均衡、同步。

9. 支架预压监控

（1）支架预压监测点沿桥梁纵方向每 1/4 跨布置一个监测断面，支架沉降监测点分别位于箱梁中心线、翼缘板外侧边缘及少支点支架与满堂支架交接处。支架顶部监测点设在底模上，施工时预留出观测位置和观测路线，监测点示意图如图 13-4 所示。

（2）沉降观测以 1 天为一个观测单位（两次），观测 5 天，直至沉降趋于稳定，卸载后，复测对应点标高，确定弹性变形。

（3）在支架静载试验过程中，必须对整个堆载试验进行全程沉降变形监测；并根据监

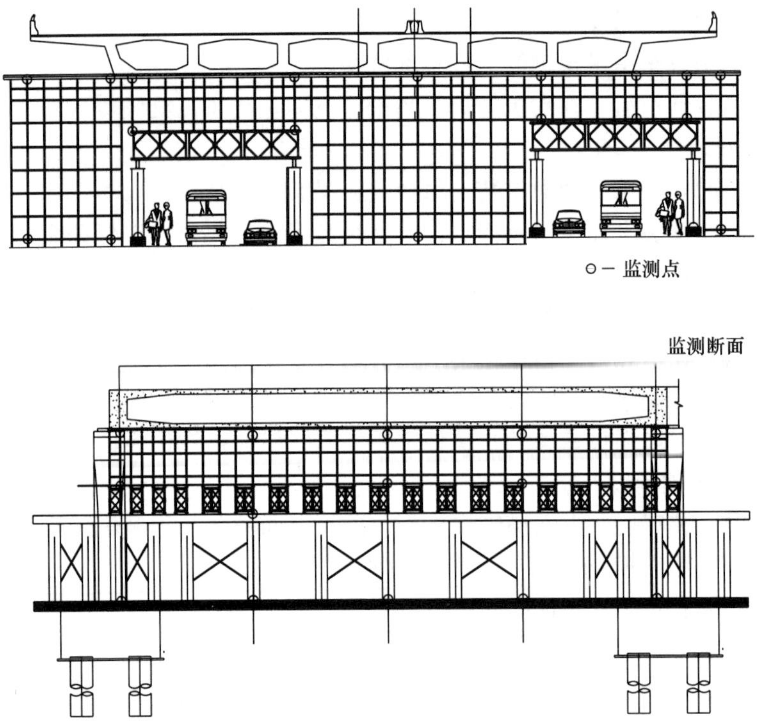

图 13-4　少支点支架与满堂支架预压监测点布置示意

测数据分析支架体系是否满足设计与施工要求。

（4）根据测量结果计算箱梁预拱度和箱梁底模标高，通过满堂架可调顶托对标高进行调整。

10. 支架拆除

（1）拆除前对支架作全面检查，清除全部剩余材料、机具及杂物。

（2）拆除时应划定作业区，设置围栏和警戒标志，并设专人监护。

（3）满堂支架连接杆件拆卸时不得硬拉及敲打拆除的满堂支架构件，均应成捆用吊具送下或人工搬下，禁止抛掷。

（4）少支点支架的构件用吊车移除，钢筋混凝土基础破除后及时清运。

（5）拆除的构件及时运至指定位置，并堆码整齐。

13.4　质量控制

13.4.1　地基处理

（1）地基处理尤其是承台基坑、泥浆池、管网沟槽等应严格按照要求进行处理，按要求处理完后，应配合试验室对地基承载力进行检验，确保承载力满足设计要求。

检验方法：设计复核、静载试验、观测和测量。

检查数量：全部检查

（2）少支点支架基础按设计施工，基础中心线偏差不得大于 10cm，钢筋绑扎及混凝土浇筑满足《城市桥梁工程施工与质量验收规范》CJJ2—2008 要求。

检验方法：观测和测量。

检查数量：每跨选取 4 处检查。

13.4.2　支架体系

支架及模板应具有足够的强度、刚度和稳定性；能承受所浇筑混凝土的重力、侧压力及施工荷载；保证结构尺寸的正确，模板及支架的材料质量，结构必须符合施工工艺设计要求；满堂支架与少支点支架之间连接稳固可靠，形成有效整体。

1. 满堂支架

（1）满堂支架布置应按设计执行，碗扣式钢管脚手架顶托、底托无滑丝；碗扣无裂缝、无损坏等；立杆垂直度、大横杆、小横杆水平度应满足《建筑施工碗扣式钢管脚手架安全技术规范》JGJ166—2008 要求，保证支架全高的垂直度偏差应小于或等于 $H/500$；最大允许偏差应小于 100mm；每个碗扣应敲紧。

检验方法：设计符合要求、观察和尺量。

检查数量：全部检查。

（2）剪刀撑搭设满足《建筑施工碗扣式钢管脚手架安全技术规范》JGJ166—2008 要求。剪刀撑扣件无滑扣、崩扣等现象，扣件螺栓应拧紧。

检验方法：设计符合要求、观察和尺量。

检查数量：全部检查。

2. 少支点支架

（1）支架钢管桩应严格按照设计施工图进行施工，柱长、垂直度及坐标应符合设计要求。

检验方法：水准仪测量观测。

检查数量：每跨检查 4 处。

（2）贝雷梁拼装完成检查桁架、保险销、螺栓、联板、横梁、抗风拉杆是否连接稳固。

检验方法：观察和尺量。

检查数量：全部检查。

（3）型钢的规格尺寸及允许偏差应符合其产品标准的要求。

检验方法：尺量。

检查数量：全部检查。

13.4.3　焊接质量

（1）焊条、焊丝、焊剂等焊接材料与母材的匹配应符合设计要求及国家现行行业标准《钢结构焊接规范》GB50661—2011 的规定，焊条、焊丝等材料在使用前，按其产品说明书及焊接工艺文件的规定存放。

（2）施工单位对其首次采用的钢材、焊接材料、焊接方法等，进行焊接工艺评定。

（3）焊缝检验按相关质量要求执行。

1）焊缝表面不得有裂纹、焊瘤等缺陷。

2）焊成凹形的角焊缝，焊缝金属与母材间应平缓过渡；加工成凹形的角焊缝，不得在其表面留下切痕。

3）焊缝感观应达到外形均匀、成型较好，焊道与焊道、焊道与基本金属间过渡较平滑，焊渣和飞溅物基本清除干净。

13.5 施工记录

（1）碗扣件、钢管、钢管柱、贝雷梁原材料进场质量验收记录；
（2）支架基础质量验收记录；
（3）钢管立柱焊接质量验收记录；
（4）支架搭设质量验收记录。

13.6 成品保护

（1）支架基础施工完成后，应做好基础四周的排水工作，严禁雨水、污水浸泡支架基础。

（2）钢管立柱与混凝土条形基础连接件必须牢靠、稳固，严禁随意拆卸连接件。

（3）少支点支架和满堂支架搭设完成后，应做好安全防护工作及安全警示标识。

13.7 安全与环保措施

13.7.1 安全保护措施

（1）施工过程的安全应符合国家现行《建筑施工安全检查标准》JGJ59—2011的有关规定，施工机械应符合国家现行《建筑机械使用安全技术规程》JGJ33—2012的有关规定，施工临时用电应符合国家现行《施工现场临时用电安全技术规范》JGJ46—2005的规定。

（2）支架体系施工重点预防高空坠落和物体打击事故，所有高空作业设置安全防护设施，如挂安全网，系安全带、安全带等，工作人员戴好安全帽，严禁重叠作业。

（3）进行临边作业时，设置牢固可行的安全防护设施。

（4）支架及脚手架搭设时地面设有围栏和警戒标志，并有专人看守，严禁非操作人员入内。

（5）起重指挥应站在能够照顾全面的地点，信号要统一、准确；严禁任何人员在起重臂和吊起的重物下面停留或行走；起重物件应使用交互捻制的钢丝绳，有打结、变形、断丝和锈蚀的钢丝绳应及时按规定降低使用标准或报废；起吊物件应合理设置溜绳。

（6）如遇强风、雨等特殊气候，不进行支架搭设或拆除作业，遇大风、大雨、大雪后再次施工前应对支架重新检查；夜间作业，要具备良好的照明设备。

（7）支架预压和混凝土浇筑之前对支架体系再次进行全面的检查，排除外界因素对已搭设支架造成二次损坏，保证支架在预压和混凝土浇筑时处于安全状态。

（8）拆除作业必须由上而下逐层进行，按后搭先拆、先搭后拆、从内向外的顺序进行，严禁上下同时作业。施工前将所有垃圾清理干净，防止石子等溅落伤人。拆除时，要统一指挥，上下呼应，动作协调，当解开与另一人有关的结扣时，应先通知对方，以防坠落，各种构配件严禁抛掷至地面。

（9）在拆架时，不得中途换人，如必须换人时，应将拆除情况交代清楚后方可离开。

13.7.2　环保措施

（1）施工过程的环境保护应符合国家现行《建设工程施工现场环境与卫生标准》JGJ146—2013 的有关规定。

（2）施工完成后及时清除临时工程和设施及建筑垃圾，对取、弃土场进行植物防护，以免水土流失。

（3）施工过程中做好噪声控制及支架体系四周排水措施。

（4）现场材料堆放整齐，制定切实可行的废旧钢材回收处理措施。

（5）根据工程特点编制环境保护操作手册及注意事项，并做好对现场操作人员及管理人员的环保措施交底工作。

第 14 章　菱形挂篮法现浇箱梁施工工艺

14.1　适用范围及特点

14.1.1　适用范围

菱形挂篮现浇箱梁是以后张法预应力施工技术为基础，利用悬挑挂篮作为操作平台沿桥梁线路方向对称进行桥梁梁体施工的一种施工方法。挂篮尾端用高强度钢筋锚固在已浇梁段上，前端悬臂外伸，其下方通过前悬吊和后悬吊提起底模桁架和侧模桁架，为悬浇梁段提供支撑平台。它的主要特点是将现浇梁体分段进行施工，利用梁体结构自身承受其施工过程中的所有荷载。

该工艺适用于预应力混凝土连续梁、连续钢构桥悬臂浇筑施工，尤其是跨线、跨桥的单箱双室或单箱多室的宽幅箱形连续梁、连续钢构桥悬臂现浇施工。

14.1.2　工艺特点

（1）菱形挂篮结构简单，主桁架杆件受力合理，易于控制桥梁线型。菱形挂篮行走时，底篮、外模板、内模滑梁升降同步就位，从而减少工序，缩短作业时间。

（2）以节段为单元重复作业，施工人员能较快熟练技术，有利于提高功效和施工管控，且节约模板拼装及预压时间。

（3）菱形挂篮悬臂现浇施工作业空间宽敞，模板和内外作业平台一次安装形成封闭整体，施工作业防护设施齐全，安全可靠。

（4）设备通用性好，可通过调整悬吊的长度和主桁架间的距离适应不同几何尺寸梁段的浇筑。

（5）该工艺为悬臂浇筑无需任何支撑，因此跨间地基不需处理，同时在施工时不影响通车、通航。

14.2　施工准备

14.2.1　技术准备

（1）挂篮是悬浇箱梁的主要设备，它是沿着轨道行走的活动脚手架及模板支架。因此，应组织技术人员认真研究梁体结构设计图纸，对某一具体工程，应根据梁段分段情况，根据对挂篮重量的要求承受荷载及施工经验协助菱形挂篮设计单位进行菱形挂篮的结构设计。菱形挂篮的结构设计除应满足强度、刚度和稳定性要求外，还要使其行走、锚固方便可靠，重量不大于设计规定。挂篮与悬臂浇筑段混凝土的重量比不宜大于 0.5，且挂篮的总重量应控制在设计规定的限重之内；挂篮的最大变形应不大于 20mm；挂篮在浇筑混凝土状态和行走时的抗倾覆安全系数、自锚固系统的安全系数、斜拉水平限位系统的安全系数及上水平限位的安全系数均不应小于 2。

（2）编制详细的挂篮施工方案，并对项目管理人员及现场作业人员进行安全、技术交底；使现场管理人员及作业人员明确菱形挂篮施工工艺流程、安全注意事项、操作关键环节、预埋件位置的摆放、各部位焊缝质量等级、施工过程重点检查部位等，确保所有参建人员心中有数，做到安全、文明、规范施工。

（3）明确挂篮结构的验收标准，并组织监理、业主、设计、制造等各方对挂篮进行验收。

14.2.2　材料准备

（1）水泥、砂石、钢筋、钢绞线、锚夹具、波纹管等，应由具有检测资质的检测机构进行检验，确保原材料质量符合相应标准要求。

（2）按照混凝土设计强度要求进行混凝土配合比设计及试验，应满足设计和施工工艺的要求。

（3）菱形挂篮设计加工及焊接质量应满足相应规范标准质量控制要求。

14.2.3　机具准备

菱形挂篮施工所需要的主要机具见表 14-1 所列。

主要机具设备配置　　**表 14-1**

序号	机具名称	数量	备注
1	菱形挂篮	2 对套	用于梁体结构施工
2	汽车吊	1 辆	能够满足 0 号块施工及塔吊安装需求
3	塔吊	1 套	悬臂段施工材料转运
4	千斤顶及油泵	6 对套	用于挂篮预压
5	千斤顶及油泵	2 对套	挂篮预压及预应力张拉
6	捯链	4 套	挂篮施工
7	混凝土搅拌站	1 座	混凝土搅拌
8	混凝土罐车	根据运距及浇筑方量而定	混凝土运输
9	混凝土泵车	1 台	混凝土浇筑
10	振动棒	20 台	混凝土振捣

14.2.4　作业条件准备

（1）将对称的两套挂篮体系分别注上不同的、鲜明的标记，防止错乱。

（2）对进场挂篮零部件进行仔细的检查，尤其是主要受力部位的焊缝质量。

（3）对参与焊工能力的证书进行检查，必要时让其现场试焊，予以考核，不合格者清退出场。

（4）现场施工所需的机械设备、物资材料、参建人员（管理人员、施工队等）全部进场到位。

（5）对现场施工工人实行三级交底工作，明确作业流程、重点控制部位以及入场安全教育，并提供必要的安全作业措施。

14.3　施工工艺

14.3.1　工艺流程

菱形挂篮现浇箱梁施工工艺流程如图 14-1 所示。

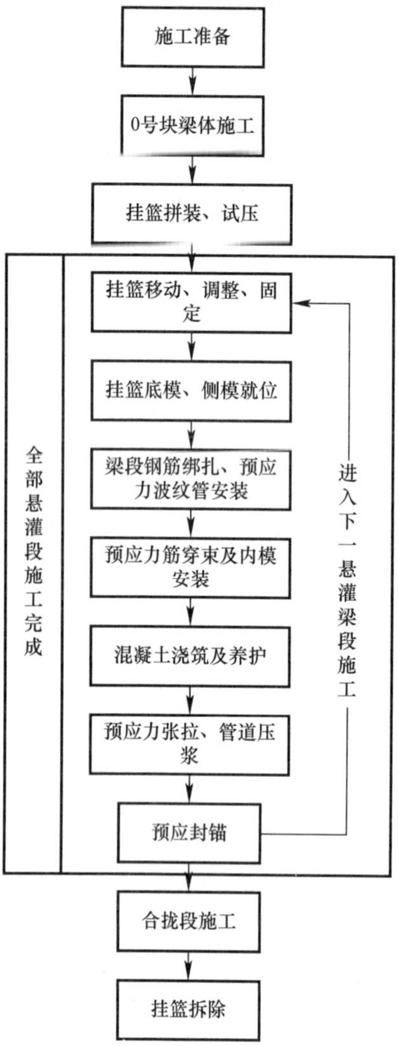

图 14-1　菱形挂篮现浇箱梁施工工艺流程

14.3.2　操作要点

1. 0 号块施工

（1）支撑体系搭设

悬浇连续梁 0 号块在现场施工条件具备的条件下，一般采用落地支架；对于部分高墩可利用三角支架依托在墩身上作为 0 号块持力支撑体系。

1）落地支架可采用钢管柱支架、贝雷架、型钢等。如支架未坐落在承台上，则必须对地基的承载力进行检测，若地基承载力满足沉降要求，方可进行支架搭设，若不能满足要求，则必须对支架搭设范围地基进行处理。

墩身托架大多由钢管、工字钢等型钢加工而成。不论采用何种支撑材料和方式，都必须对支撑体系的强度、刚度和稳定性检算，并在支架搭设完后进行预压。

2）采用钢管柱托架时，须在施工承台和墩身施工时，根据托架设计图在承台和墩身上预埋法兰盘或钢板，要求位置准确，安装牢靠。然后将钢管柱焊接在法兰盘或钢板上，用型钢将钢管柱之间、钢管柱与墩身连接成为一体。

采用其他支架施工时，也要保证立柱垂直，横撑水平，斜拉连接牢靠。墩柱两侧所搭设的支撑结构应对称均衡，整体稳定、坚固。

3）支架顶面基本保持同一高度，在其上方铺设纵、横梁。一般采用工字钢等型钢。在其上部铺设方木，垫入楔形木块调整底模角度，再铺设底模（图 14-2）。

4）支架预压

底模铺设完成后，按设计要求进行加载预压，预压重为箱梁自重的 110%，采用砂袋或混凝土块等作为加载物，使加载的荷载强度与梁的荷载强度分布基本一致。

预压荷载加载前，在底模布置观测点，定期测量相应观测点标高，当变形稳定后，对称卸载，分析测量数据，计算出底模预拱度值，调整底模标高。

（2）支座安装

1）永久支座

支座出厂时必须有检验证书和产品合格证，并按相关标准进行检验，合格后方能使

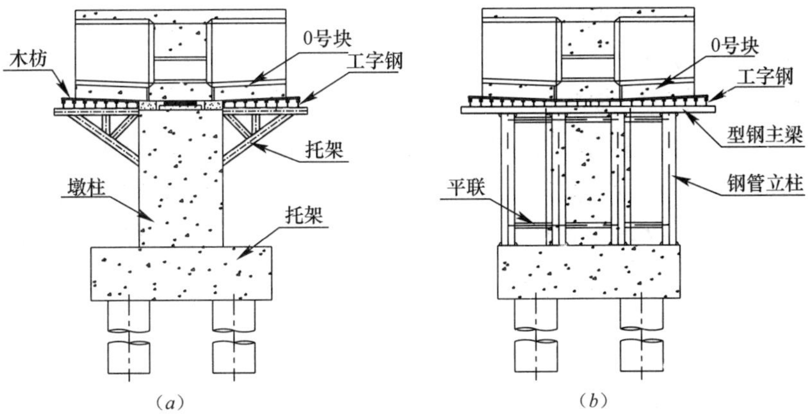

图 14-2　悬浇梁 0 号块支撑体系示意
(a) 托架式支撑体系示意；(b) 落地时支撑体系示意

用。安装前全面检查支座零件有无丢失、损坏。支座安放位置必须正确。支座顺桥向偏差不多于 10mm，支座中心与主梁中心偏差不大于 2mm；支座高程符合设计要求，设计未规定时，误差不得大于 5mm；支座四角高差不得超过《公路桥涵施工技术规范》JGT/TF50—2011 的要求。支座安装时，根据安装时温度，调整支座偏差。

2）临时支座

临时支座是悬浇时的支撑梁体，保护永久支座的重要构件。临时支座可采用硫磺砂浆支座、钢砂筒等形式。临时支座安装的位置与标高必须严格控制。

① 硫磺砂浆支座内部设有电阻丝。

测定临时支座位置后，支立模板，穿入电阻丝，灌入硫磺砂浆。

拆除时，对电阻丝通电，融化硫磺，可脱落支座。

② 钢砂筒采用套筒形式，在下部设有出砂口。

在钢套筒内灌入细砂，上下套筒对接，调整砂量，控制砂筒高度。

拆除时，打开出砂口，细砂流出，套筒自行下落。

(3) 模板安装

悬浇梁 0 号块底模可采用竹胶板或钢模，侧模采用挂篮外模和大块钢模拼装，内模采可用钢模或竹胶板拼装，端模采用钢模板。模板应根据设计图纸及规范进行加工制造。

0 号块底模板安装完成并验收合格后，对 0 号块支撑体系进行预压。根据预压监测结果及设计图纸，计算出底模标高，对底模标高进行调整。模板拼缝之间用原子灰磨平。模板固定必须满足强度、刚度及稳定性的要求，严禁混凝土浇筑过程中出现涨模、跑模等影响混凝土外观质量的现象发生。

(4) 钢筋绑扎

钢筋应在钢筋加工场集中加工制作，采用平板运输车运至现场绑扎成型。钢筋绑扎顺序按照：底板钢筋→腹板钢筋（预应力波纹管安装）、隔墙钢筋→内模安装→顶板钢筋（顶板预应力波纹管安装）的顺序进行绑扎。在钢筋绑扎过程中，应特别注意在内模安装之前，将钢筋交叉点点焊牢固；防止在以后工序中移动腹板钢筋造成腹板波纹管偏位。

在 0 号块施工时应注意预埋主梁支座下钢筋网、预埋件、挂篮底模平台后吊点及后锚固筋预留孔、挂篮走道梁预埋筋、泄水孔、通风孔、支架拆除预留孔、后锚固筋吊点与梁体混凝土间防滑设施设置。

（5）预应力筋（管道）安装

当预应力管道与普通钢筋位置发生冲突时，可进行局部调整，调整原则是先普通钢筋，后竖向预应力筋，然后是横向预应力筋，保持纵向预应力筋空间位置及线型符合设计要求。钢绞线和精轧螺纹钢的下料按事先拟订的下料长度采用砂轮切割机切割下料，严禁电焊和氧气烧割。

（6）混凝土浇筑及养护

悬浇梁体0号块混凝土浇筑，采用泵送入模，水平分层浇筑，插入式振动器振捣的方式进行浇筑，应一次性浇筑完成。混凝土浇筑时，应对称、均衡地进行施工，悬臂两端不平衡荷载偏差不得超过设计规定值。

混凝土浇筑完成后，应及时进行保湿蓄热养护。在设计未规定时，混凝土的强度应不低于设计强度等级的80%，弹性模量应不低于混凝土28d弹性模量的80%方可进行预应力的张拉。

2．菱形挂篮安装

菱形挂篮由主桁承重系、底篮系统、悬吊系统、锚固系统、行走轨道、模板系统等组成，其构造如图14-3、图14-4所示。

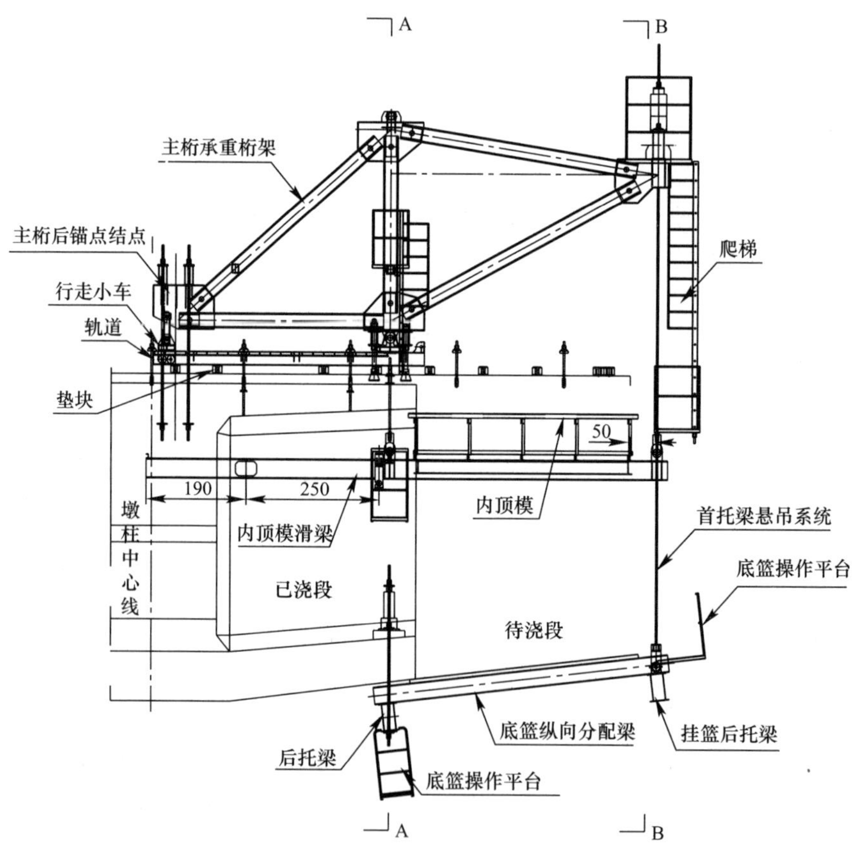

图14-3　菱形挂篮纵断面结构示意

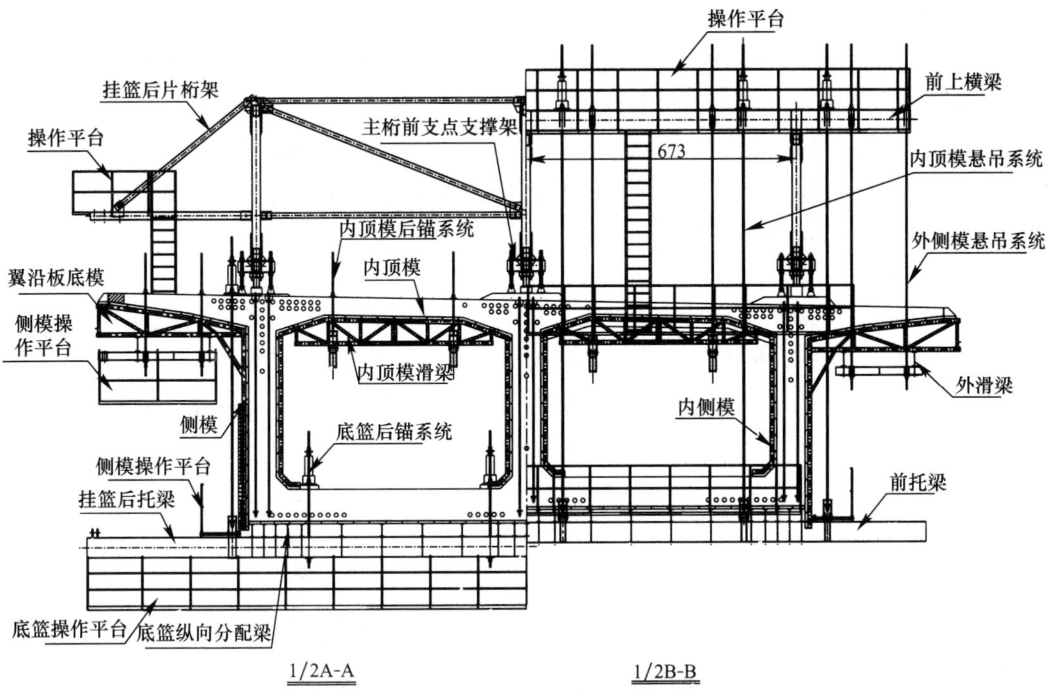

图 14-4　菱形挂篮横断面结构示意

(1) 行走轨道安装

1) 在施工完成的 0 号块梁段上对行走轨道位置利用高强水泥砂浆进行找平，在找平过程中注意承重主桁架前支点撑脚预埋件的埋设。

2) 对砂浆层位置及顶面标高进行测量复核，安装行走轨道钢枕，然后安装行走轨道，并在安装之前提前将挂篮行走小车装入轨道翼缘板处。

3) 接长箱梁腹板内的竖向精轧螺纹钢将行走轨道压紧。

(2) 主桁结构安装

1) 对称安装两侧挂篮，由内侧向外侧逐片安装，并对每片桁架横向施加临时风缆，增强桁架的横向稳定性；全部安装到位后，安装主桁之间的连接桁架、后千斤顶、后锚杆等。

2) 操作千斤顶，使挂篮主桁承重架向下压，保证四个锚点能够均匀受力且主桁行走小车卸载后，拧紧主桁后锚杆的螺母，千斤顶卸载，使承重主桁后锚杆处于锚固工作状态。

3) 安装上横梁、前悬吊、分配梁、吊杆以及其他装置。

(3) 底篮的拼装

主桁结构拼装完成后，将拼装好的底篮前后托梁以及纵向分配梁，利用汽车吊吊装到位，后托梁锚固于 0 号梁段底板，前托梁用悬吊锚固在前横梁上，待悬吊连接到位后，利用前横梁上的液压千斤顶对每根悬吊施加预加力，以消除悬吊的非弹性变形，调整竖向标高；然后卸载千斤顶并拧紧螺母。

(4) 模板系统的安装

1) 底篮模板先安装靠近 0 号块的一半（主要考虑挂篮预压），另外一半在挂篮预压完成后再进行。

2）在地面将侧模骨架及面板连接成一个整体，然后用汽车吊进行整体吊装，悬挂在外侧模滑梁上，检查并调整侧模位置。

3）挂篮底篮拼装完成后，先在底篮上将内模滑梁和横梁连接成一个整体，并通过内模前吊点和内模锚杆悬吊。然后在底篮上将内模和内模支架拼装成一个整体，用汽车吊将其悬挂于内模滑梁上，调整模板。

3. 挂篮预压

（1）挂篮预压可采用千斤顶反力梁法进行预压。具体步骤为：将加工好的牛腿固结于0号梁段的腹板上，然后利用千斤顶对牛腿同时施力，荷载按照悬吊承受等效荷载法换算求出千斤顶预压力，然后分级加载，消除挂篮主桁架的非弹性变形，得出挂篮本身与浇筑混凝土重量的线型关系（图14-5、图14-6）。

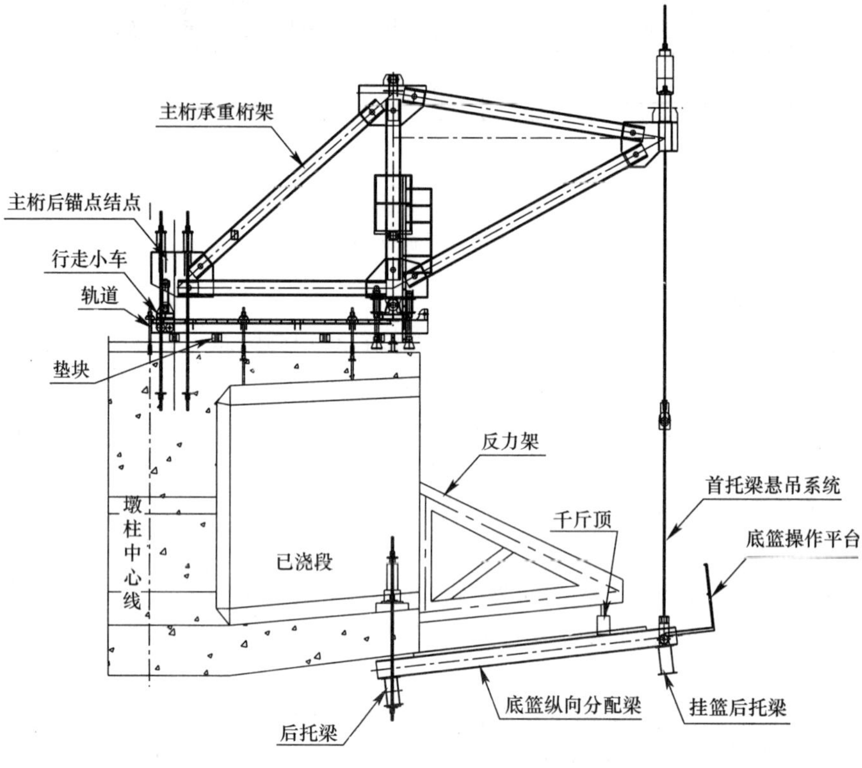

图14-5　挂篮反力架预压结构设计示意

（2）预压过程：在预压准备工作完成后，对对称的两副挂篮同时进行预压，荷载分为四级，分别为30%、60%、100%、110%；卸载分两级进行，分别为50%、100%。加（卸）载后每隔0.5h读取一次水准测点的数据，每隔1h的变形不超过1mm时认为变形稳定，可进行下一级加（卸）载，加载过程中应随时观察结构变化情况。

4. 挂篮前移

在每一节梁段混凝土浇筑及预应力张拉压浆完毕且压浆强度达到设计要求后，方可将挂篮移至下一位置进行施工。挂篮前移先进行轨道前移，再进行主体结构前移，模板与主体同步前移。

图 14-6　挂篮反力架预压现场施工示意

(1) 挂篮前移前先脱除侧模和底模系统，使其松动地悬挂于前上横梁及侧模滑梁上。

(2) 将挂篮前支点支撑架丝杆顶起，同时解除轨道上的锚固，这时挂篮主要由桁架后锚点及支撑丝杆受力。轨道完全脱空，然后用捯链将轨道牵引到位。

(3) 轨道到位后进行锚固压紧，再将挂篮前支点支撑架丝杆放开，前支点受力转换到行走滑船上。承重的吊杆逐根慢慢松开，同一断面的吊杆必须同步放松，当内导梁、底纵梁、下托梁离开混凝土面 0.15m 时停住，此时底模板、外侧模板及内模系均与梁体脱离。为了安全，下放时前后托梁梁端两侧各加挂一个 10t 的捯链连接上下横梁，防止悬吊系统脆断。然后将菱形桁架后锚松开，挂篮后支点进行锚固转换，将上拔力转给行走小车。

(4) 前移采用捯链或液压千斤顶将挂篮牵引到位，挂篮的前移带动侧模、底模、内模整体滑移，随着挂篮的前移，压紧器应交替前移（不得少于两根），以保持主梁的稳定，滑移到位以后将主梁后锚杆锚紧，并用千斤顶张拉进行预紧，以消除非弹性变形，待标高调整后进行卸载或用测力扳手张拉。

(5) 挂篮前移要求两侧同时进行，前移速度均匀一致，两侧挂篮前移距离相差不大于 0.3m。前移前须进行安全检查，重点检查挂篮两轨道是否相对水平并与桥轴线平行，轨道锚固和支垫情况，挂篮的前后支点，挂篮上是否有人员在作业。

(6) 在每次挂篮移篮完毕后，要马上进行挂篮的锚固，然后提升底模系统和侧模系统。

5. 模板校正、就位

模板分为底模、外侧模及内模。底模支承挂篮底的纵、横梁上，外侧模一般由外框架预先装成整体，内模由侧模、顶模及内框架组成，内模的模板及框架因每一梁段均须修改高度，不宜做成整体。

根据箱梁截面的情况确定混凝土是一次浇筑还是分次浇筑，一次浇筑时，应在顶板中部留混凝土下料口，使混凝土由下料口进入箱室内，分布到底模上。采用二次浇筑时，先安装底模、侧模及底板、腹板的普通钢筋、预应力筋，待浇筑第一次混凝土后，再安装内模及顶板普通钢筋及预应力筋。

箱梁由根部至端部为二次抛物线，每浇筑一个梁端均须将底模提高一次，提高不多时，可采用支垫底模的方法，经几次提高后，高差变大时，须用提升吊篮的方法提高底模。

悬臂浇筑时，一个梁段高度的偏差对全孔有很大影响，而且随着梁段所浇筑数量的增加而逐渐下垂，梁段数量越增加，悬臂越长，下垂越多。因此，为保证箱梁的设计高度和挠度，各梁段的模板均须设置一定的预加抬高量，其预加抬高量根据设计规范要求及监测数据确定，并须及时地校对调整。

6. 混凝土箱梁悬浇施工

（1）悬浇箱梁的普通钢筋及预应力管道除须满足一般施工工艺的要求外，还要特别注意：1）预应力管道要严格按设计的要求布置，当与普通钢筋发生矛盾时，优先保证预应力管道的位置正确。2）对预应力用的定位筋固定牢固，确保其保护层的厚度。3）纵向管道的接头多，接头处理必须仔细，并要采取措施防止孔管堵塞。4）由于纵向管道较长，一般要在管道中间增设若干个压浆三通，以便压浆时，可以作为排气孔或压浆孔，以保证孔道压浆密实。

（2）悬浇箱梁的混凝土强度等级一般都较高，必须认真做好混凝土的配合比设计。悬浇时，必须对称浇筑，重量偏差不超过设计规定的要求，浇筑从前端开始逐步向后端，最后与已浇梁端连接。分次浇筑时，第二次浇筑混凝土前必须将首次混凝土的接触凿毛冲洗干净，对上、下梁段的接触面应凿毛、清洗干净。底、肋板的混凝土的振捣以附着式振动器为主，插入式为辅，顶板、翼板混凝土的振捣以插入式振动棒为主，辅以平板振动器拖平。混凝土成型后，要适时覆盖，洒水养生。

（3）预应力张拉前按规范要求对千斤顶、油泵进行标正，准备张拉工作平台等。当混凝土达到设计及规范要求的张拉强度后按设计规定先后次序、分批、对称进行张拉，严格按照张拉程序进行。张拉后按规范要求对管道进行压浆。

7. 挂篮拆除

箱梁悬臂浇筑节段施工完成后进行挂篮的拆除。拆除挂篮时在最后梁段的位置按拼装时相反的顺序依次拆除挂篮的底篮、模板系统以及主桁承重系统，注意在拆除过程中两边要对称地进行。

8. 边跨合梳段施工

边跨合梳段与边跨现浇段一样，采用支架体系施工。悬臂梁段浇筑完毕，拆除挂篮，接长边跨直线段现浇段支架，搭设合拢段支架，支架的搭设与现浇段要求一致。

（1）设平衡重

采用在悬臂端预压水箱中加水或预压混凝土块的方法设平衡重，近端及远端所加平衡重吨位由施工平衡设计确定。配重及合拢步骤如图 14-7 所示。

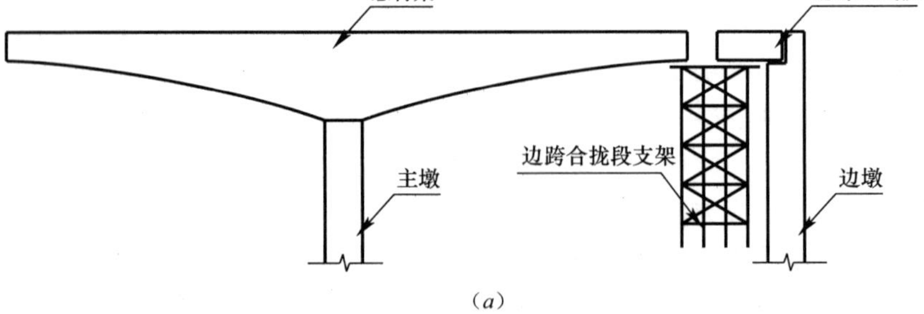

（*a*）

图 14-7　边跨合拢施工步骤示意（一）

（*a*）边跨直线段混凝土完成，搭设合拢段支架

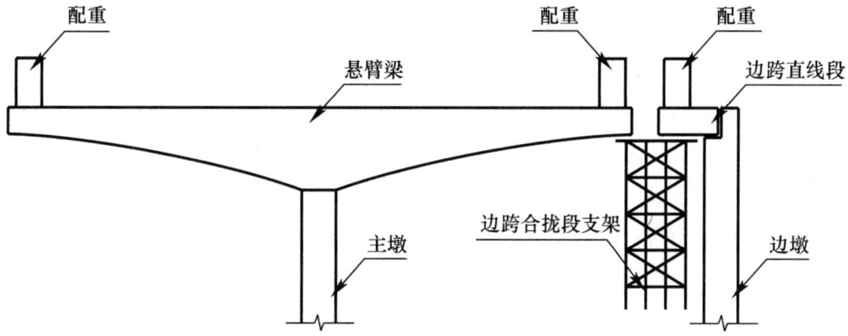

(*b*)

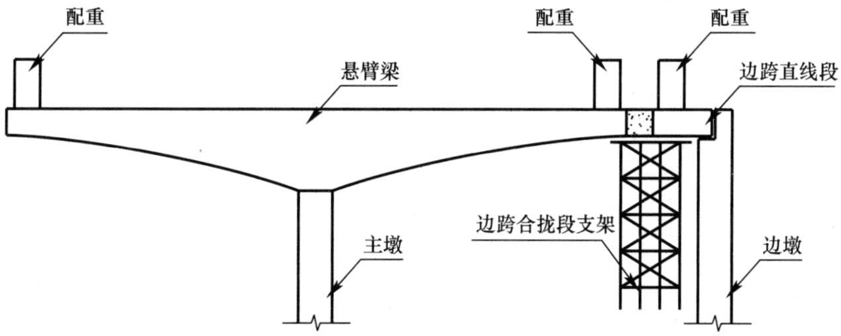

(*c*)

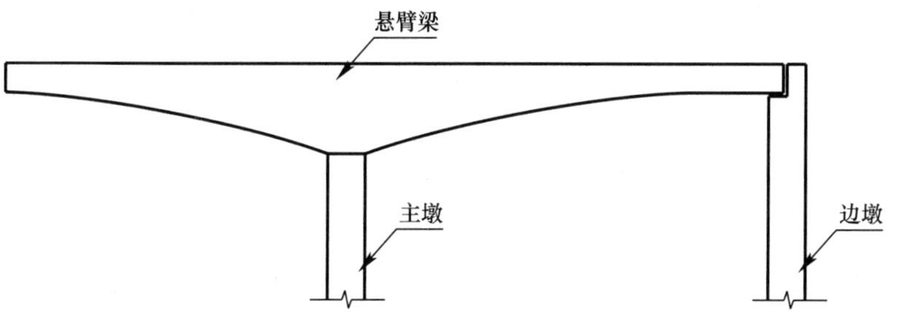

(*d*)

图 14-7　边跨合拢施工步骤示意（二）

(*b*) 加载配重，绑扎边跨合拢段钢筋，预应力波纹管，边跨合拢段锁定；(*c*) 选择当天最低温度时间浇筑混凝土，逐级卸除配重；(*d*) 边跨合拢段预应力张拉及锚固完毕，拆除合拢段支架，拆除边跨模板、支架

（2）浇筑合拢段混凝土

合拢段混凝土浇筑过程中，按新浇筑混凝土的重量分级卸去平衡重（即分级放水或分级卸载），保证平衡施工。合拢段混凝土选择在一天中气温较低时进行浇筑，可保证合拢段新浇筑混凝土处于气温上升的环境中，在受压的状态下达到终凝，以防混凝土开裂。

（3）预应力施工

合拢段永久束张拉前，采取覆盖箱梁悬臂段并洒水降温以减小箱梁悬臂的日照温差。底板预应力束管道安装时要采取措施保证管道畅通，待合拢段混凝土达到设计规定强度和相应龄期后，按照设计要求的张拉吨位及顺序双向对称进行张拉。合拢段施工完毕后，拆除临时预应力束并对永久性预应力管道压浆。

（4）合拢锁定

合拢锁定前，使悬臂端与边跨直线段的现浇段临时连接，尽可能保持相对固定，以防止合拢段混凝土在浇筑及早期硬化过程中发生明显的体积改变，锁定时间按合拢段锁定设计执行，临时“锁定”是合拢的关键，合拢“锁定”遵循又拉又撑的原则，即“锁定”包括焊接劲性骨架和张拉临时预应力束。支撑劲性骨架采用“预埋槽钢＋连接槽钢＋预埋槽钢”三段式结构，其断面面积及支承位置根据锁定设计确定，合拢时，在两预埋槽钢之间设置连接槽钢，并由连接钢板将连接槽钢与预埋槽钢焊接成整体，同时注意焊缝应设在不同截面处。临时预应力束按设计布置，临时预应力张拉吨位按锁定设计确定，劲性骨架顶紧后进行张拉，临时束张拉锚固后不压浆，合拢完毕后将拆除。合拢锁定布置如图 14-8 所示。

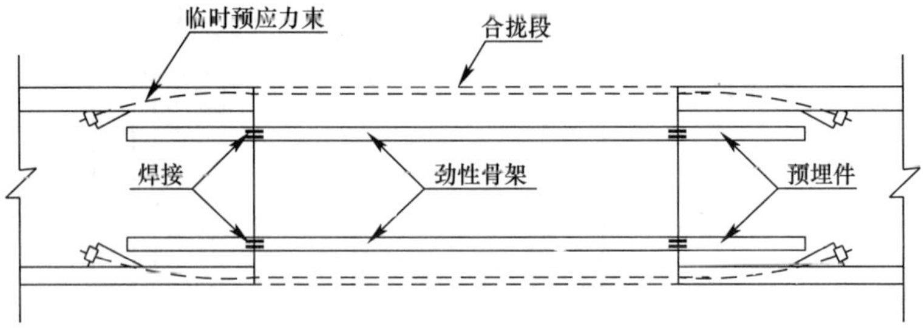

图 14-8　合拢段合龙锁定布置示意

9. 中跨合拢段施工

（1）吊架及模板安装

中跨合拢梁段采用合拢吊架施工，合拢吊架和模板采用施工挂篮的底篮及模板系统。

安装步骤为 1）将挂篮的底篮整体前移至合拢段另一悬臂端；2）在悬臂端预留孔内穿入钢丝绳，用几组滑车吊起底篮前横梁及内外滑梁的前横梁；3）拆除挂篮前吊杆；4）用卷扬机调整所有钢丝绳，使底篮及内外滑梁移到相应位置，安装锚杆、吊杆和连接器将吊架及模板系统锚固稳定；5）将主桁系统退至 0 号梁段后拆除（图 14-9）。

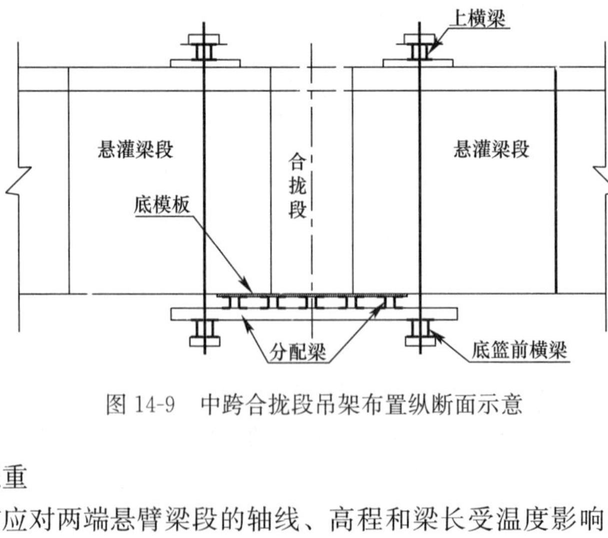

图 14-9　中跨合拢段吊架布置纵断面示意

（2）设平衡配重

合拢段施工前应对两端悬臂梁段的轴线、高程和梁长受温度影响的偏移值进行观测，并应根据实际观测值进行合拢的施工计算，确定准确的合拢温度、合拢时间及合拢程序。对两端的悬臂端段采取施加水平推力的方式调整梁体的应力时，千斤顶的施力应对称、均衡。根据观测值在悬臂端的水箱中加水或加预制块配置的方法设平衡配重，近端及远端所加平衡配重吨位由施工平衡设计确定。配重及合拢步骤如图 14-10 所示。

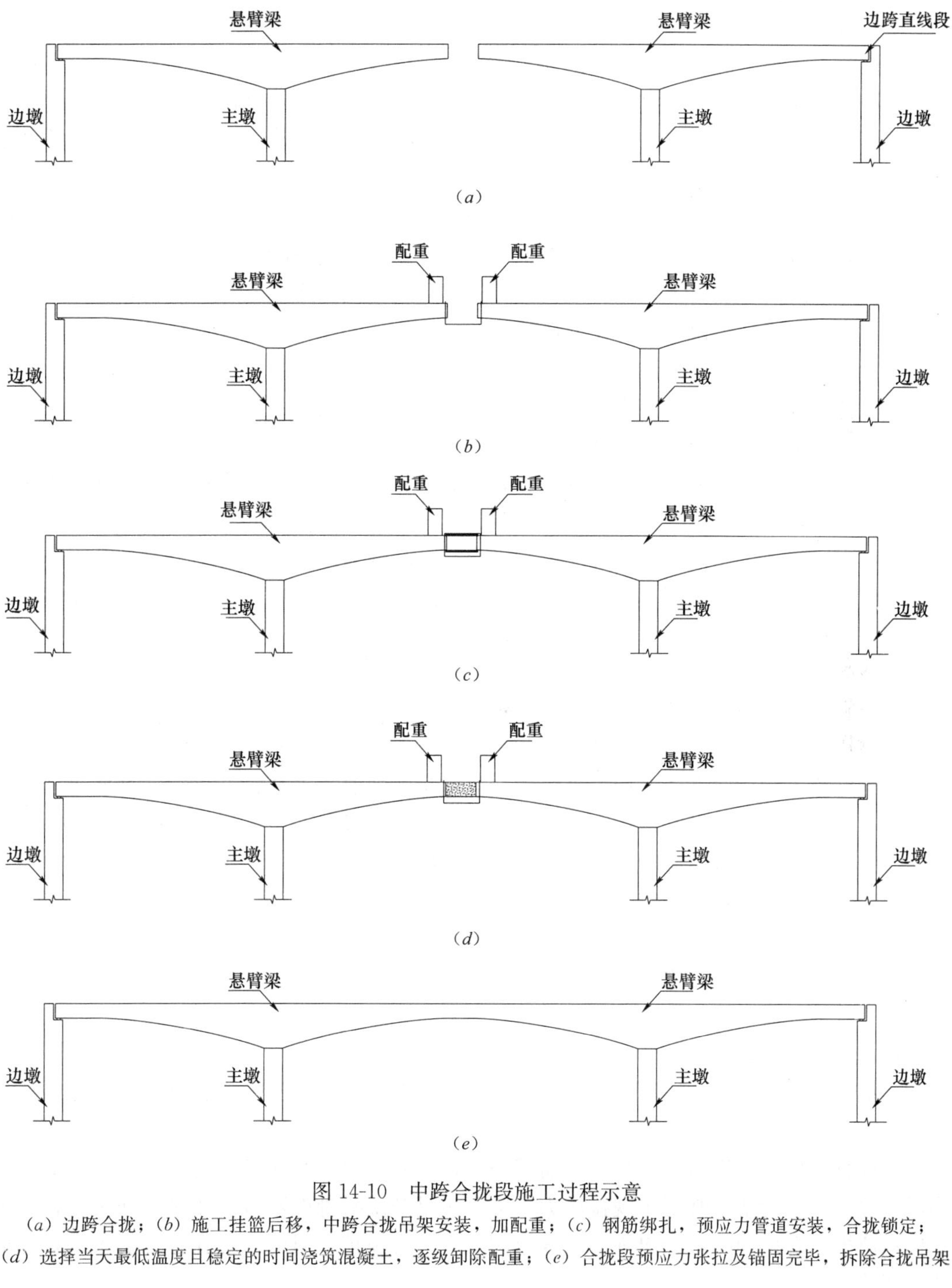

图 14-10　中跨合拢段施工过程示意

(*a*) 边跨合拢；(*b*) 施工挂篮后移，中跨合拢吊架安装，加配重；(*c*) 钢筋绑扎，预应力管道安装，合拢锁定；(*d*) 选择当天最低温度且稳定的时间浇筑混凝土，逐级卸除配重；(*e*) 合拢段预应力张拉及锚固完毕，拆除合拢吊架

（3）普通钢筋及预应力管道安装

普通钢筋在地面集中加工成型，运至合拢段绑扎安装，绑扎时将劲性骨架安装位置预留，等劲性骨架锁定后补充绑扎。底板预应力管道安装前，试穿所有底板预应力束，发现问题及时处理。合拢段底板预应力管道采用钢管或用双层波纹管替代，管道内穿入钢绞线芯模，以保证合拢段混凝土浇筑后底板预应力管道的畅通。

（4）合拢锁定

合拢时，宜采取措施将合拢口两侧的悬臂端予以临时刚性连接，尽可能保持相对固定，再浇筑合拢段混凝土，以防止合拢段混凝土在浇筑及早期硬化过程中发生明显的体积改变。合拢段的混凝土宜在一天中气温最低且稳定的时段内浇筑，浇筑后应及时覆盖洒水养护。

（5）解除临时锁定

合拢时在桥面上设置的全部临时施工荷载应符合施工控制的要求。对预应力混凝土连续梁，混凝土浇筑完成后，合拢后应在规定的时间内尽快拆除墩梁临时固结装置，按设计规定的程序完成体系转换和支座反力调整。

（6）预应力施工

中跨合拢完成后，张拉中跨预应力束，再张拉边跨底板第二批预应力束，合拢段施工完毕后，拆除临时预应力束并对其管道压浆。

对纵向预应力长钢束的张拉，宜通过必要的试验确定其张拉程序和各项参数，张拉持荷时间宜增加 1 倍；当钢束的伸长值不能满足要求时，可采取补张拉或反复张拉的措施，但张拉应力不得超过设计规定的最大控制应力。横向预应力采用一端张拉时，其张拉端宜在梁两侧交错设置。竖向预应力宜采用反复张拉的方式进行，反复张拉的次数应以钢束的伸长值是否达到要求且是否可靠锚固而定。

对竖向预应力孔道，压浆时应从下端的压浆孔压入，压力宜为 0.3～0.4MPa，且压入的速度不宜过快。

10. 平衡设计

合拢段施工时，每个“T 构”悬臂加载应尽量做到对称平衡，合拢前，悬臂受力以弯矩为主，故平衡设计遵循对墩位弯矩平衡的原则，平衡设计中考虑如下几种施工荷载：

（1）合拢吊架自重及混凝土浇筑前作用于合拢吊架的荷载。

（2）直接作用于悬臂的荷载。

（3）合拢段混凝土重。

平衡配重在合拢锁定之前加到相应悬臂端，可使合拢锁定之后骨架处于“不动”，避免薄弱处受剪破坏。

11. 合拢锁定设计

合拢锁定中采用又拉又撑的方法，即用劲性骨架承受压力，用临时预应力束承受拉力。

劲性骨架根据温度荷载计算其所需截面积，同时应验算其压杆稳定性；临时预应力应确保降温时劲性骨架中既不出现拉应力，又要满足升温时骨架不致受压过大而失稳，具体张拉吨位根据合拢期间可能出现的温度范围计算，合拢锁定温度选择在设计要求的合拢最佳温度范围内。

14.4 质量控制

14.4.1 质量控制标准

悬臂浇筑预应力混凝土梁体施工质量应符合表 14-2 的要求。

悬臂浇筑预应力混凝土梁体施工质量标准　　表 14-2

序号	项目		规定值或允许偏差
1	混凝土强度（MPa）		满足设计要求
2	轴线偏位（mm）	$L \leqslant 100$m	10
		$L > 100$mm	$L/10000$
3	顶面高程（mm）	$L \leqslant 100$m	±20
		$L > 100$mm	$\pm L/5000$
		相邻节段高差	10
4	断面尺寸（mm）	高度	+5，−10
		顶宽	±30
		底宽	±20
		顶底腹板厚	+10，−0
5	同跨对称点高差	$L \leqslant 100$m	20
		$L > 100$mm	$L/5000$
6	横坡（%）		±0.15
7	平整度（mm）		8

注：L 为跨径。

14.4.2 0 号块施工质量控制要点

（1）地基的承载力满足现浇混凝土的施工荷载要求，浇筑混凝土时地基的沉降量不宜大于 5mm。无法确定地基承载力时，应对地基进行预压。

（2）现浇支架应满足下列要求：

1）支架应进行设计和计算，并经审批后方可实施。

2）支架的强度、刚度和稳定性等要求应符合现行规范规定。

3）支架的弹性、非弹性变形及基础的允许下沉量应满足施工后梁体设计标高的要求。

（3）永久支座和临时支座的安装位置和高度必须准确，型号正确，安装牢靠。

（4）使用的模板保证光滑平整，使用合格的隔离剂，以保证顺利脱模、混凝土颜色均匀。模板安装注意接缝精度，以避免模板错台。

（5）钢筋安装时，防止钢筋骨架变形，就位后检查钢筋骨架，对变形位置进行调整。

（6）预应力管道安装时，应特别注意不得挤压波纹管，严禁波纹管出现破损情况的发生；波纹管安装应平顺，满足设计要求。在施工过程中，避免波纹管的损伤。浇筑混凝土之前，对波纹管逐一检查，发现破裂，立刻修补。预应力管道必须定位准确，固定牢靠。

（7）在混凝土浇筑过程中，应特别关注腹板、横隔板与底板、顶板的倒角处的混凝土浇筑质量，保证振捣密实。灌注腹板混凝土后，不得再振捣底板混凝土，以防止腹板梗角处混凝土外鼓，上部悬空，出现空洞。预应力张拉齿块和人洞部位的混凝土应加强振捣，以免混凝土不到位，形成空洞。

（8）钢绞线切割只准采用砂轮锯切割，严禁采用氧炔焰或电弧焊切割。预应力束中的钢丝、钢绞线应梳理顺直，不得有缠绞、扭麻花现象，表面不应有损伤。

（9）张拉机具应由专人使用和管理，并应经常维护，定期校验，张拉机具长期不使用时，应在使用前全面进行校验。

14.4.3 悬臂段施工质量控制要点

（1）悬浇施工所用挂篮的设计强度、刚度及稳定性按实际承受荷载进行加载试验和预压。

（2）悬臂浇筑所用挂篮，要具有足够的强度、刚度和稳定性，结构形式、几何尺寸应适应梁段变化及与梁段搭接需要和走行要求。挂篮使用前需要进行安装、走行性能工艺试验和按设计要求进行载重试验。

（3）桥墩两侧悬臂浇筑梁段对称、平衡施工，实际不平衡偏差不得大于设计允许数值。施工时挂篮要在梁段预应力张拉、压浆完成后对称移动。

（4）悬臂浇筑梁段施工过程中，需要进行线型监测，发现超出允许偏差及时调整纠正。

（5）悬臂梁段的混凝土浇筑，从前端开始在根部与已完工梁段连接，已完工梁段混凝土施工缝要充分润湿。

（6）混凝土养生时，对预应力束所留的孔道加以保护，严禁将水或其他物质灌入孔道。

（7）锚垫板牢固地固定在端模上，并注意锚垫板的角度符合设计要求，确保波纹管与锚垫板垂直。

（8）张拉在混凝土强度达到设计强度要求后进行，并严格按设计要求的程序和张拉控制应力采用双控，确保张拉质量。

14.4.4 合拢段质量控制要点

（1）边跨合拢现浇段、边跨合拢段支架的设计强度、刚度及稳定性按实际承受荷载进行加载试验和预压。

（2）预应力混凝土连续梁合拢段临时锁定前，桥梁跨距符合设计要求；合拢段两端悬臂的施工荷载要对称、相等；预应力混凝土连续梁的合拢段长度、合拢施工顺序、合拢段临时锁定方法均符合设计要求，合拢段临时锁定力应大于解除任何一侧梁墩临时固结后各墩全部活动支座的摩擦力。预应力混凝土连续梁的合拢段长度和合拢口临时锁定方法符合设计要求。

（3）边跨现浇梁段施工时，混凝土浇筑向合拢口靠拢，并对梁段高程进行监测，使合拢口高差控制在允许偏差范围内；合拢梁段混凝土施工除必须符合设计要求外，尚需符合下列规定：

1）混凝土浇筑前，合拢段两端悬臂预加压重符合设计要求，并在混凝土浇筑过程中逐步撤除。

2）合拢梁段采用微膨胀混凝土浇筑，混凝土强度宜按设计要求提高一级。

3）合拢梁段混凝土在一天中气温最低时其稳定的时间快速、连续浇筑。

4）合拢梁段混凝土浇筑完成后加强保湿养护，并将合拢梁段及两悬臂端部进行覆盖，降低日照温差影响。

5）混凝土浇筑前将合拢段单侧梁墩的临时固结约束解除，合拢梁段混凝土强度达到设计要求时及时进行预应力筋张拉。

14.5　施工记录

（1）混凝土原材、钢筋、钢绞线质量检验评定记录；
（2）混凝土配合比设计、混凝土拌合质量记录；
（3）菱形挂篮拼装质量及预压验收记录；
（4）钢筋绑扎、模板安装质量验收记录；
（5）混凝土试块 28d 标准养护及现场养护抗压试验强度评定记录；
（6）千斤顶、油表联合标定记录报告，预应力张拉记录；
（7）预应力孔道压浆记录及压浆试块 28d 标样抗压强度记录；
（8）测量记录。

14.6　成品保护

（1）混凝土浇筑前，模板、钢筋、预应力、波纹管绑扎安装质量保护。
（2）菱形挂篮拼装验收后的质量保护以及对称匀速滑动时的安全防护。
（3）模板拆除时的混凝土成品保护。

14.7　安全与环保措施

14.7.1　安全保护措施

施工过程的安全应符合国家现行《建筑施工安全检查标准》JGJ59—2011 的有关规定，施工机械应符合国家现行《建筑机械使用安全技术规程》JGJ33—2012 的有关规定，施工临时用电应符合国家现行《施工现场临时用电安全技术规范》JGJ46—2005 的规定。

1. 一般安全注意事项

（1）在施工前必须遵守：无安全技术措施不准施工，无应急预案不准施工，技术交底不清、安全责任不明不准施工，未设好防护不准施工，施工负责人不到位不准施工，安全检查员不到位不准施工。

（2）施工特种作业人员，通过安全技术培训，并经考试合格后，方可上岗工作，其他人员也要求进行安全技术培训和考核。

（3）模板吊装前，使模板连接牢固，内撑、拉杆、箍筋上紧，吊点正确牢固。起吊时，拴好溜绳，并听从信号指挥，不得超载。

（4）使用混凝土振动器时，须检查振动器的外壳接地装置及胶皮线情况；电线的端部与振动器的连接情况；振动器的搬移地点及在间断工作时电源开关关闭情况。检查合格方准使用。

（5）拆除模板之前，设立禁区，并按规定程序进行拆模。各工种进行上下立体交叉作业时，不得在同一垂直方向操作。

（6）在预应力作业中，必须特别注意安全。在任何情况下作业人员不得站在预应力筋的两端，同时在张拉千斤顶的后面应设立防护装置。操作千斤顶和测量伸长值的人员，应站在千斤顶侧面操作，严格遵守操作规程。油泵开动过程中，不得擅自离开岗位。如需离开，必须把油阀门全部松开或切断电路。

（7）安全网保持完好，满足标准要求；施工平台周围设置安全护栏，平台下面设封闭式安全网，上下层设爬梯，便于施工人员上下作业。派专人定期和不定期进行检查，人行道板上采取防滑措施。跳板压上钢筋并用铁线捆绑成为一体。高空作业时使用统一规定的信号、旗语、手势、哨等与地面联系。

（8）雨天和冬天进行高处作业时，采取可靠的防滑、防寒和防冻措施。高耸建筑物、构筑物等应设置避雷设施。接地电阻≤4Ω。强风、浓雾恶劣气候不得从事高处作业。强风暴雨后，对高处作业设施逐一进行检查，发现有松动、变形、损坏等现象，立即修理完善。

2. 挂篮安装安全保证措施

（1）创造高空作业条件，悬空作业人员必须系安全带，危险处应设安全网，人员操作处要设栏杆。上、下梯需固定牢靠。所有操作人员须戴安全帽。

（2）起重机作业时严禁在其回转半径范围内或是起吊物下方站人，在起重设备使用前要仔细检查钢丝绳的损坏情况、吊钩的损坏情况以及在使用前要估算吊物的重量，严禁起重设备处于超荷工作，致使钢丝绳与吊钩发生脆断，造成危险。

（3）在安装轨道前，要仔细检查轨道下方垫块的距离、垫块的质量、垫块的位置以及砂浆的找平情况等。

（4）主桁片要逐片对称安装，安装好后在侧向位置临时拉设风缆绳，增强主桁片的横向稳定性。

（5）挂篮主桁片安装好后要及时拧紧轨道的后锚筋螺母以及主桁片的后锚点的锚杆螺母及前支点支撑架丝杆螺母，并仔细检查拧紧情况以及行走小车滚轴是否用卡板卡住。

（6）底蓝、悬吊平台安装到位后，要及时设置安全网和其他维护结构。

（7）现场施工员在安装桁架前要对现场工人及时进行交底，明确现场拼装的作业流程和注意要点，切忌在安装时按照个人意愿或想法进行作业，造成不必要的施工隐患。

3. 挂篮使用安全保证措施

（1）使用的机器设备，应随时检查、维修保养。特别是起重用的千斤顶、捯链、钢丝绳等应有足够的安全系数。如有不符合规定者立即更换。所有动力、照明电路，须按规定铺设，定时检查，确保安全。

（2）在浇筑过程中现场技术人员必须经常检查挂篮位置，前后吊带，前支点支撑架、后锚杆、底蓝后锚系统等关键受力部位的情况，发现问题及时解决，重要情况及时报告。

（3）挂篮移动前安排专职安全员认真检查新铺滑移轨道的铺设质量和安全情况，确认合格后方可前移。

（4）所有精扎螺纹钢筋应预拉合格后使用。施工中应采取可靠保护措施，严防电火花触及弯折。

（5）可根据施工需要增设操作平台与走道，但应在安全可靠前提下尽量减轻重量。

（6）所有螺杆及精扎螺纹钢筋必须露出三道丝以上。在操作螺杆及精扎螺纹钢筋上升或下降时应注意防止误操作使其拉断或脱落。

（7）遇大风或雷雨天气，挂篮严禁前移或提升模板，应及时对挂篮采用缆风绳进行锚固。

（8）拆除后锚前要认真检查反扣轮各部连接是否可靠，发现异常情况及时处理。

（9）挂篮移动前调整底模平台和外侧模水平，并仔细检查挂篮各部件连接情况，检查挂篮上的安全网、钢筋头或其他绳索有无与箱梁钩挂情况，发现问题及时处理。

（10）挂篮移动区的轨面应涂抹油脂润滑，挂篮移动过程中应注意纠正其偏位。

（11）挂篮前移时，工作平台上严禁站人或堆放物品。

（12）挂篮移动时，行走小车两端压紧轨道的锚梁的间距不得大于 2m。

（13）挂篮移动统一指挥，在挂篮移动前用油漆在行走轨道侧面每间隔 50cm 注上鲜明标记，移动时三台捯链尽量同步，随着前端捯链的收紧同步放松，并要防止脉冲式行走，移动速度应缓慢，不大于 10cm/min。

（14）挂篮移动时两边应对称进行，两边速度应尽量保持一致。

4. 挂篮拆除安全保证措施

（1）现场施工人员在挂篮拆除时要对现场作业人员及时进行交底，明确挂篮拆除时的作业流程以及重点注意内容，若工人对拆除环节存在疑惑的要及时进行解答，防止拆除时现场处于混乱。

（2）积极布置现场拆除设施以及安全防护措施等，尽可能排除在拆除时造成不良隐患。

（3）拆除所用卷扬机、捯链、起重设备等一定要严格按照相关安全技术操作规程进行作业。

（4）底篮拆除时下方严禁站人。

（5）加强对工人的安全教育，由于挂篮施工处于尾段，工人的思想容易处于松懈状态，忽视安全这个环节，因此必须加大教育密度，切忌在这种阶段发生安全事故。

（6）拆除的杆件要合理的堆放，严禁胡乱摆放，造成不必要的隐患。

14.7.2　环保措施

（1）施工过程的环境保护应符合国家现行《建设工程施工现场环境与卫生标准》JGJ146—2013 的有关规定。

（2）箱梁钢筋及模板施工时，废弃的钢筋、焊条等应集中堆放；在施工期间的废弃物、边角料分类存放，统一集中处理。

（3）在浇筑箱梁混凝土时，对砂石料进行洒水降尘，控制扬尘污染。

（4）大力宣传环境保护，定期对每位员工进行环保教育，并且监督其执行情况。开展环保竞赛，并对在环保中有突出贡献者给予表彰和奖励，对那些破坏环境和生态的员工进行批评、教育和处罚。

（5）清洗施工机械、设备和机具废水、废油等有害物质和生活废水，不得直接排入农田、耕地中，以防污染水质和土壤。

（6）雨天及时清理施工现场及道路的泥泞，晴天及时对施工现场及道路洒水，对施工道路有凹陷的地方及时修补。

（7）场地清理过程中，各种杂物不能随意堆放，要在指定位置堆放整齐。

（8）临时用地、施工运输道路以及驻地周围要经常洒水，避免尘土飞扬，污染空气。

第 15 章　牵索挂篮现浇箱梁施工工艺

15.1　适用范围及特点

15.1.1　适用范围

牵索挂篮现浇预应力混凝土箱梁施工工艺主要应用于预应力混凝土斜拉桥梁体施工。该工艺是利用将挂篮后端锚固在已浇梁段上，并将待浇段的斜拉索锚固在挂篮前端，充分发挥斜拉桥斜拉索的效用，由斜拉索和已浇梁段共同承担待浇节段的混凝土重力。待混凝土达到设计强度后，预应力及斜拉索张拉完成后，拆除斜拉索与挂篮的连接，使节段重力转换到已浇筑梁段的斜拉索上，实现索力转换，再前移挂篮，进行下一节段施工（图 15-1）。

图 15-1　牵索挂篮现场施工示意

15.1.2　工艺特点

（1）以斜拉索为临时前支点，减轻挂篮自重。挂篮整体（连带模板）前移，一次性全面移动到位，提高了工效。

（2）主梁分节段施工，以节段为单元重复作业，施工人员能较快熟练掌握施工技术，有利于提高工效和施工管控。

（3）牵索挂篮结构简单，操作方便，具有适应性强，施工效率高，结构可靠性好等优点。

（4）施工活动范围集中，便于施工安全管理，对周围环境影响较小。

（5）节约成本，挂篮设备可重复使用，节省了模板支架、基础处理等施工措施费用。

15.2　施工准备

15.2.1　技术准备

（1）组织技术人员认真研究梁体结构设计图纸，并协助牵索挂篮设计单位进行牵索挂篮的结构设计。牵索挂篮的结构设计除应满足强度、刚度和稳定性要求外，挂篮与悬臂浇筑段混凝土的重量比不宜大于 0.5，且挂篮的总重量应控制在设计规定的限重之内；挂篮的最大变形应不大于 20mm；挂篮在浇筑混凝土状态和行走时的抗倾覆安全系数、自锚固系统的安全系数、斜拉水平限位系统的安全系数及上水平限位的安全系数均不应小于 2。

（2）编制详细的挂篮施工方案，并对项目管理人员及现场作业人员进行安全、技术交底；使现场管理人员及作业人员明确挂篮施工工艺流程、安全注意事项、操作关键环节、预埋件位置的摆放、各部位焊缝质量等级、施工过程重点检查部位等，确保所有参建人员心中有数，做到安全、文明、规范施工。

（3）明确挂篮结构的验收标准，并组织监理、业主、设计、制造等各方对挂篮进行验收。

15.2.2　材料准备

（1）水泥、砂石、钢筋、钢绞线、锚夹具、波纹管等，应由具有检测资质的检测机构进行检验，确保原材料质量符合相应标准要求。

（2）按照混凝土设计强度要求进行混凝土配合比设计及试验，应满足设计和施工工艺的要求。

（3）牵索挂篮设计加工及焊接质量应满足相应规范标准质量控制要求。

15.2.3　机具准备

牵索挂篮施工所需要的主要机具见表 15-1 所列。

主要机具设备（以一对挂篮为例）　　**表 15-1**

序号	设备	数量	备注	序号	设备	数量	备注
1	牵索挂篮	两套	梁体节段施工平台	5	千斤顶	4 套	挂篮下降、提升
2	塔吊	各 1 台	用于材料的垂直运输	6	千斤顶	4 套	用于斜拉索张拉
3	全站仪	两套	测量	7	工作电梯	1 套	用于人员上下桥梁
4	千斤顶	4 套	挂篮下降、前移、提升				

15.2.4　作业条件准备

（1）将对称的两套挂篮体系分别注上鲜明的不同标记，防止错乱。

（2）对现场施工工人实行三级交底工作，明确作业流程、重点控制部位以及入场安全教育，并提供必要的安全作业措施。

（3）测量人员根据设计图纸中挂篮平台的位置，精确放样出纵、横梁的位置，并在支架上用油漆做上标记。便于挂篮主纵梁吊装就位。

（4）挂篮进场后，仔细检查挂篮各构件、各部位、结构焊缝、重要部位螺栓、销轴、锚杆组等是否齐全并处于良好状态，尤其是主要受力部位的焊缝质量。

15.3　施工工艺

15.3.1　工艺流程

牵索挂篮现浇箱梁施工工艺流程如图 15-2 所示。

15.3.2　操作要点

1. 牵索挂篮加工制造

根据桥梁主塔斜拉索及梁体结构、节段划分情况进行牵索挂篮的设计加工制造。每座主塔采用两对套挂篮对称均衡施工，每个挂篮主要由：承载平台、牵索系统、定位系统、行走系统、止推系统、模板系统等六部分组成。

（1）承载平台

承载平台是挂篮的主体系统，由挂篮的底篮平台和 C 形挂钩组成。在混凝土浇筑时底篮承担混凝土自重及施工荷载，在挂篮行走时承受挂篮自重。

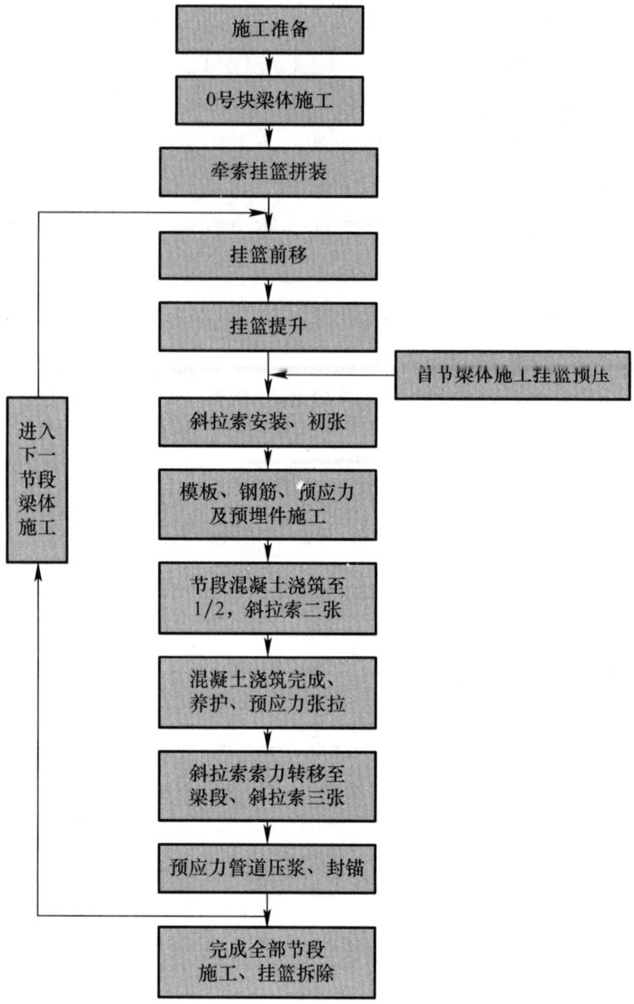

图 15-2　牵索挂篮现浇箱梁施工工艺流程

（2）牵索系统

牵索系统的功能是在挂篮悬臂浇筑施工时将斜拉索与挂篮连接起来形成前支点；在悬臂浇筑施工完成后，将斜拉索与挂篮分离，完成索力转换。牵索系统主要由前端梁、张拉机构、操作平台等组成。

前端梁设置于挂篮主纵梁前端，与挂篮主纵梁之间采用高强螺栓相连。前端梁前段设置成圆弧面，以适应斜拉索角度变化。张拉机构中的张拉千斤通过撑脚固定在张拉垫块上，张拉垫块可沿前端梁弧形面导槽内滑动，以适应斜拉索平面位置的变化。前支点定位完成后可由丝杆、螺母锁定。张拉千斤顶通过张拉杆、变径螺母等实现与拉索锚具的连接与分离。

（3）定位系统

定位系统的功能是在挂篮行走完成后提升挂篮，调整挂篮标高，实现挂篮浇筑前的初定位与微调定位。定位系统主要由顶升机构、顶升千斤顶、止推千斤顶、前后锚杆组、横移机构等组成。

顶升机构设置在挂篮尾部，为挂篮的后支点组成部分。前后锚杆组主要由锚杆、中垫板、千斤顶、上垫梁等组成。前后锚杆组与顶升千斤顶相互配合实现挂篮的升降。挂篮竖向标高由顶升机构与前锚杆完成。止推千斤顶设置在止推结构中，在挂篮行走就位后，微调挂篮纵向定位位置。横移系统设置在挂篮尾部，由横移止推件、千斤顶、横移垫板组成，在挂篮就位后通过横移系统微调挂篮横向位置。

（4）止推系统

止推系统的功能是承受斜拉索张拉受力时所产生的水平分力。止推系统主要由止推机构与止推座组成。止推机构由钢板组焊而成，并设置有千斤顶、丝杆与螺母，施工时由主梁上预留精轧螺纹钢悬吊，将止推机构插入主梁底板预留孔内，形成止推钢牛腿；止推座设置在横梁与纵梁交叉处，与纵横梁焊接。

斜拉索张拉受力时产生水平力，水平力由止推座通过止推机构将水平力传至已浇梁段。

（5）模板系统

模板系统分为内模、外模、端模以及内膜支架。为适应梁段长度、截面尺寸的变化，模板可采用组合式钢模板；内模支架可采用组合型钢支架体系；内模的升降可采用千斤顶张拉精轧螺纹钢提升到位，然后利用捯链微调，销轴定位。

（6）行走系统

行走系统是实现挂篮空载前移的功能。行走系统主要由牵引机构与行走反滚轮等组成。牵引机构由两台穿心千斤顶通过张拉精轧螺纹钢牵引 C 形挂钩，从而带动挂篮前移。挂钩直接在专门铺设的轨道上移动。挂篮行走时由行走反滚轮平衡前倾力，行走反滚轮在已浇主梁底板滚动。

2. 挂篮拼装

（1）拼装挂篮承载平台。按照由内侧到外侧、先纵梁后横梁的顺序依次吊装焊接挂篮底篮，然后吊装焊接 C 形挂钩，完成承载平台的拼装。承载平台焊接完成后需对焊缝进行探伤验收。确保结构安全可靠。

（2）在 0 号梁段混凝土浇筑完成并养护达到强度要求后安装前后锚杆组并预紧，安装后支点顶升千斤顶及顶升机构。利用前后锚杆组将挂篮提升 10cm，使挂篮处于脱空状态，然后拆除承载平台下方的钢管支架。

3. 0 号梁段施工

（1）支座安装和定位：在支座安装前，首先是在支座垫石上确定支座安装中心线，根据中心线和需要安装的支座型号和规格、外形几何尺寸在支座垫石上放大样。

（2）0 号梁段混凝土浇筑前须根据挂篮设计要求预埋挂篮施工所需的预埋件。

（3）0 号梁段混凝土浇筑完成且达到强度要求后，需使用高强度钢筋对 0 号梁段予以临时固结。

4. 挂篮下降、前移及提升

（1）挂篮下降

挂篮下降在预应力张拉、索力三张及体系转换完成、预应力管道压浆且达到强度要求后才能进行。下降前需进行全面严格检查，确保各机构工作正常（图 15-3）。

1）挂篮下降前下放内模支架并拆除边跨中箱模板支架。

2）操作挂篮尾部顶升机构。先用顶升千斤顶顶升主梁底面，使挂篮尾部下降 0.15～

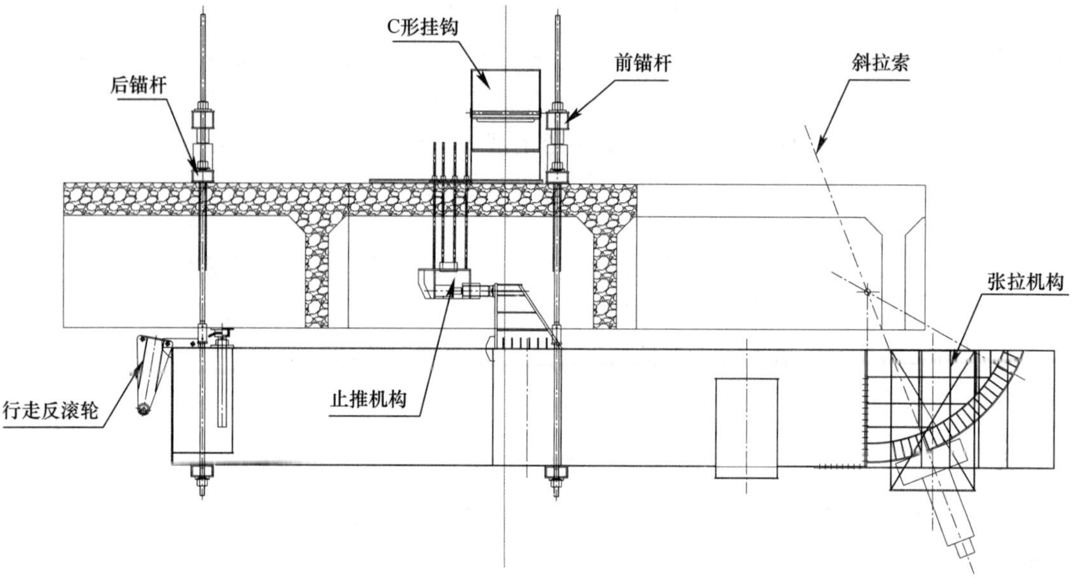

图 15-3　挂篮下降示意

0.2m，然后把顶升机构向上旋紧 0.15～0.2m，使顶升机构受力，再将千斤顶回油退出作用。

3）操作挂篮前端前锚杆。先将主螺母旋紧，副螺母向上旋松 0.15～0.2m，利用千斤顶顶升扁担梁与副螺母紧固，然后将主螺母向上旋松 0.15～0.2m，再将千斤顶回油带动扁担梁下降 0.15～0.2m，从而使挂篮前端下降 0.15～0.2m。

4）每次下降后测量挂篮纵向、横向、竖向位置，以便及时调整。

5）重复上述操作，直至挂篮 C 钩落至轨道上完成挂篮下降。

（2）挂篮前移

挂篮前移在挂篮下降到位，牵引系统安装完成后才能进行。前移前需进行全面严格检查，确保各机构工作正常（图 15-4）。

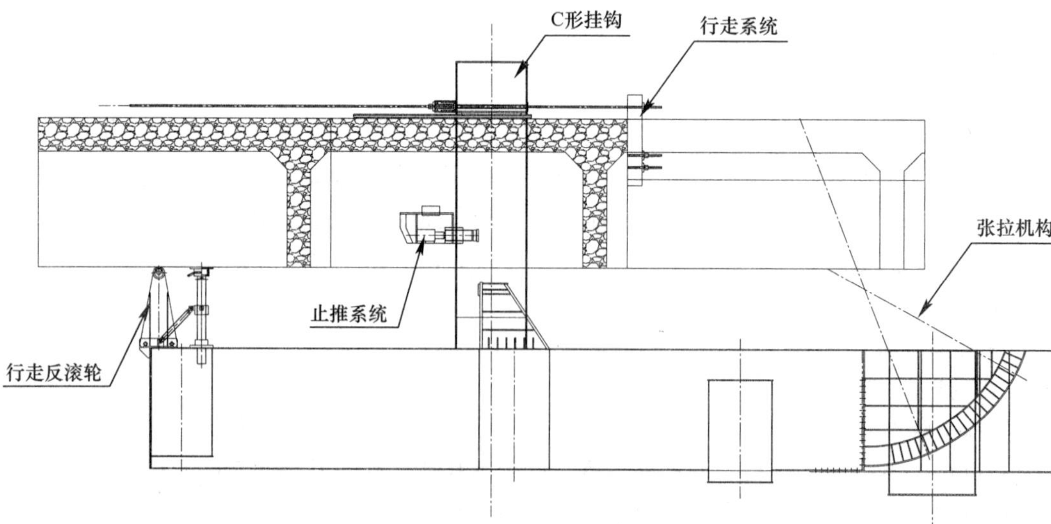

图 15-4　挂篮前移示意

1）先用挂篮尾部顶升千斤顶顶升主梁底面，使挂篮尾部下降 2～3cm，向上旋紧顶升机构，使其与主梁底面接触受力。然后用捯链将行走反滚轮牵引至挂篮梁面，插上销轴固定反滚轮。向下旋松顶升机构 3～4cm，千斤顶缓慢回油脱离主梁底面，使行走反滚轮与主梁底面接触受力。

2）安装牵引系统，旋紧千斤顶尾部螺母和梁端反力梁上的螺母。然后操作行走千斤顶，牵引挂篮前移 0.15～0.2m，完成挂篮一个行程的前移。

3）每次前移一个行程后测量挂篮纵向、横向、竖向位置，以便及时调整。

4）重复上述操作，直至挂篮行走到设计位置。

（3）挂篮提升

挂篮提升在挂篮前移到位，前后锚杆系统安装完成后才能进行。提升前需进行全面严格检查，确保各机构工作正常（图 15-5）。

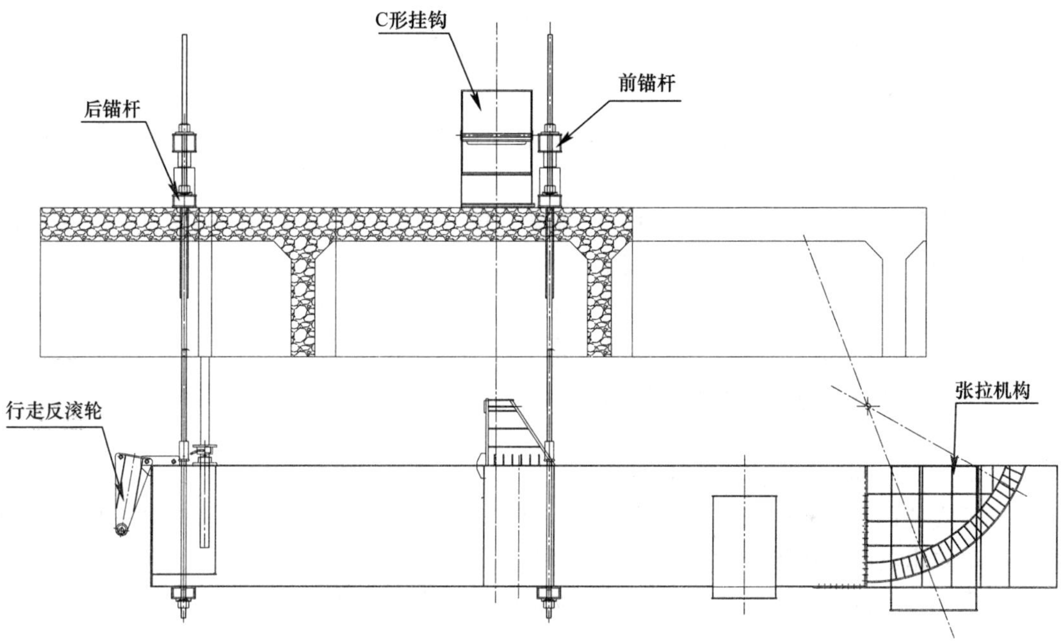

图 15-5　挂篮提升示意

1）先用挂篮尾部顶升千斤顶顶升主梁底面使挂篮尾部下降 2～3cm，向上旋紧顶升机构，使其与主梁底面接触受力。然后用捯链将行走反滚轮放倒，脱离主梁底面。

2）操作挂篮前端前锚杆。旋紧副螺母，与扁担梁紧固，利用千斤顶顶升扁担梁使挂篮前段提升 0.15～0.2m，旋紧主螺母与主梁梁面紧固。千斤顶回油退出作用。

3）操作挂篮尾部顶升机构。先用顶升千斤顶顶升主梁底面使挂篮尾部下降 1～2cm，然后将顶升机构向下旋松 0.15～0.2m，再将千斤顶回油退出作用，使顶升机构与主梁底面接触受力。

4）每次提升后测量挂篮纵向、横向、竖向位置，以便及时调整。

5）重复上述操作，直至挂篮提升到设计位置，然后提升内模支架并安装模板。

5. 挂篮预压

首节梁段施工前需对挂篮进行预压。

（1）挂篮前移到位后，安装分配梁及模板，然后进行挂篮预压工作，检验挂篮安全性。挂篮预压采用堆码砂袋的方法进行，也可以利用千斤顶反压加载。

（2）预压准备工作完成、挂篮定位后，开始测量工作前，对观测网中所用水准点和临时水准点进行高程观测及复核，对预压观测点进行检查，确保在分级预压过程中，所设置的预压观测点不被触动。

（3）挂篮预压时，必须对两对套挂篮对称加载预压。预压荷载采用梁体节段最大节段重量的1.1倍，按照《公路桥涵施工技术规范》JTG/TF50—2011要求分级加载、分级卸载。

（4）挂篮预压完成后，进行数据分析整理，通过预压测量出挂篮不可恢复变形和弹性变形，为后续施工线型控制提供依据。

6. 斜拉索安装及初张

斜拉索安装施工：先挂设主塔端部（锚杯螺母戴平扣），在梁端锚杯安装牵引张拉杆（该张拉杆用于梁端锚头牵引和体系转换），使用桥面设置的梁端卷扬机通过滑车组牵引系统将梁端锚头向挂篮前段梁处牵引，直至张拉杆前端外露千斤顶一个张拉螺母厚度（0.15m），锚固张拉杆，用硬牵引系统将梁端锚杯牵引至设计位置，在塔端安装张拉系统，做好张拉准备工作。

斜拉索张拉时，应按照计算数据分级加载张拉，确保斜拉索张拉的同步性。每次张拉完成后需测量张拉后的挂篮标高及塔偏。

斜拉索初张：第一次张拉在挂篮前移就位、挂索完成后进行。斜拉索可采用梁端固定塔端张拉的方式。此时斜拉索的梁端通过张拉杆锚固在前支点挂篮的前端梁的弧形板上。为了更好地保证斜拉桥线型美观，斜拉索第一次张拉应严格按照监控单位提供的初张索力进行张拉。

7. 模板、钢筋、预应力及预埋件安装

模板安装在斜拉索初张完成以后进行，为保证斜拉桥线型美观，模板安装完成后应根据监控单位出具的监控指令对其标高进行调整。

模板调整到位后，按照底板、腹板、顶板的顺序进行钢筋绑扎、预应力定位和预埋件安装施工。经检查合格后方可浇筑混凝土。

8. 斜拉索二张

在完成主梁钢筋的绑扎和预应力管道的布置安装工作后，即可浇筑箱梁混凝土，在该梁段混凝土浇筑1/2时，进行斜拉索第二次张拉，用以平衡混凝土自重在挂篮前端产生的力。斜拉索第二次张拉应严格按照监控单位提供的二张索力进行张拉。

9. 混凝土浇筑完成、养护及预应力张拉

箱梁混凝土浇筑完毕后立即按要求进行保温保湿养护。梁段混凝土养护7天以上且混凝土强度达到设计要求的强度后，再进行梁段预应力张拉。

10. 斜拉索索力转移至梁段及斜拉索三张

预应力张拉完成后进行体系转换，将斜拉索索力转移至梁段。该过程为：顶升梁端千斤顶2cm，将锚杯上的锚环用特制扳手拧紧，然后千斤顶回油、退掉张拉杆螺母，拆除张拉杆系统。体系转换完成后进行斜拉索第三次张拉。斜拉索第三次张拉应严格按照监控单位提供的三张索力进行张拉。

11. 施工挠度的控制及观测

（1）悬浇施工梁体由于受自重、温度、外荷载等因素影响会产生挠度，混凝土自身的收缩、徐变等因素也会使箱梁产生标高变化，这种变化随着跨度的加大而增加。为了使成桥后的桥面线型达到或接近设计曲线，必须在悬臂浇筑时进行标高控制，在施工中对已浇或准备浇筑的箱梁各工序进行挠度、温度等观察，并以此随时调整悬浇段的立模标高。

（2）立模标高控制值＝箱梁顶面设计标高＋设计施工预拱度＋挂篮自重及浇筑混凝土后的变形值＋日照温差修正值。设计施工预拱值需进行修正，由于设计状态和实际施工状态的差异，为了达到设计的理论线型，必须通过实际测量资料的积累和分析，找出各阶段的挠度变化规律，以修正各项计算参数，使计算状态基本吻合实际，挂篮的变形值也要通过挂篮试压以及施工前几段产生的实际挠度数据进行修正，混凝土的收缩可用折合降低温度的方法处理。对于张拉值的修理，通过锚下应力损失理论公式以及实际观测值比较后决定。为尽量减小日照温差的影响，宜选择一天内温度梯度较小的时候进行观察；另外，平衡力矩，施工荷载对混凝土标高也有影响，若两端荷载不一样，必然会产生一头低一头高的现象，施工中力求平衡施工，消除该项影响。同时在计算控制时也应考虑该项内容。

（3）测点布置：桥轴线及上、下腹板的中心轴线组成观测纵轴线，每段的前沿和观测纵轴的交叉点设置为测点。在 0 号块上设置临时水准点，观测时间在挂篮就位、混凝土浇筑前、混凝土浇筑后、张拉后几个阶段都进行观察，对温度观测及应力的观测根据需要进行。

12. 封锚、压浆

封锚采用无收缩水泥砂浆封锚，封锚时必须将锚下垫板及夹片、外露钢绞线全部包裹，覆盖层厚度大于 15mm，封锚后 24～48h 之内灌浆。后张法预应力施工可采用真空灌浆法。待压浆强度达到 90％后，方可前移挂篮，进入节段循环施工。

13. 挂篮拆除

完成全部悬浇节段施工后，进行挂篮拆除施工。牵索挂篮吨位大，拆除工作不仅操作难度高，而且有较大的安全风险。挂篮拆除可采用钢绞线与千斤顶配合整体下放的方式进行施工。

15.4　质量控制

15.4.1　质量控制标准

悬臂浇筑预应力混凝土梁体施工质量应符合第 14 章表 14-2 的要求。

15.4.2　其他质量注意事项

（1）挂篮运至现场后，应妥善保管，避免挂篮组件锈蚀、遗失、机械受损等。

（2）挂篮拼装完成后，焊缝必须按照设计要求进行超声波探伤，对不符合要求的焊缝应采取加强措施，高强螺栓连接必须按照施工方案进行，加强对摩擦面、螺纹等的保护，对高强螺栓纵扭后的检查必须严谨仔细。

（3）确保预埋件的数量、尺寸的准确，预埋件位置安装偏差不得超过 1cm。

（4）挂篮前移就位时必须确保标高、轴线等符合要求，如不符合要求，利用后支点千斤顶、中支点千斤顶、斜拉索等进行调整。

(5) 施工中要提高索力的监控精度并加强每根斜拉索受力均匀平衡的控制。严格按照监控单位提供的张拉索力进行张拉，索力偏差不得超过张拉索力的3%。

(6) 对已施工完成的斜拉索采取切实可行的临时减震措施进行保护。

15.5　施工记录

(1) 混凝土原材、钢筋、钢绞线质量检验评定记录；

(2) 混凝土配合比设计、混凝土拌合质量记录；

(3) 牵索挂篮拼装质量及预压验收记录；

(4) 钢筋绑扎、模板安装质量验收记录；

(5) 混凝土试块28d标准养护及现场养护抗压试验强度评定记录；

(6) 斜拉索及梁体预应力张拉千斤顶、油表联合标定记录报告，斜拉索及梁体预应力张拉记录；

(7) 预应力孔道压浆记录及压浆试块28d标样抗压强度记录；

(8) 测量记录。

15.6　成品保护

(1) 混凝土浇筑前，模板、钢筋、预应力、波纹管绑扎、斜拉索安装质量保护。

(2) 牵索挂篮拼装验收后的质量保护以及对称匀速滑动时的安全防护。

(3) 模板拆除时的混凝土成品保护。

15.7　安全与环保措施

15.7.1　安全保护措施

(1) 施工过程的安全应符合国家现行《建筑施工安全检查标准》JGJ59—2011的有关规定，施工机械应符合国家现行《建筑机械使用安全技术规程》JGJ33—2012的有关规定，施工临时用电应符合国家现行《施工现场临时用电安全技术规范》JGJ46—2005的规定。

(2) 牵索挂篮悬臂现浇施工为高空作业，悬空作业人员必须系安全带，危险处应设安全网，人员操作处要设栏杆。上、下爬梯需固定牢靠。所有操作人员须戴安全帽。

(3) 使用的机器设备，应随时检查、维修保养。特别是起重用的千斤顶、捯链、钢丝绳等应有足够的安全系数。如有不符合规定者立即更换。所有动力、照明电路，须按规定铺设，定时检查，确保安全。

(4) 现场技术人员必须经常检查挂篮位置，C形挂钩与工作平台焊接处、平台连接处、止推键处等关键受力部位的情况，发现问题及时解决，重要情况及时报告。

(5) 牵索挂篮施工过程中，须在挂篮下方设置安全警戒区，悬臂施工时江面上来往船只应避开挂篮下方区域。

(6) 卷扬机安装完毕必须按标准进行检验，操作人员持证上岗。

（7）斜拉索张拉时，千斤顶后端严禁站人，以防锚具拉断弹出伤人。张拉斜拉索时，均应由专人负责指挥，并确保各作业点间通信顺畅，两侧索对称张拉。

15.7.2　环保措施

（1）施工过程的环境保护应符合国家现行《建设工程施工现场环境与卫生标准》JGJ146—2013 和《环境管理体系　要求及使用指南》GB/T24001—2004 的有关规定。

（2）钢筋及模板施工时，废弃的钢筋、焊条等应集中堆放。

（3）清洗施工机械、设备和机具废水、废油等有害物质和生活废水，不得排入江中，以防污染水质。

（4）雨天及时清理施工现场及道路的泥泞，晴天及时对施工现场及道路洒水，对施工道路有凹陷的地方及时修补。

（5）临时用地、施工运输道路以及驻地周围要经常洒水，避免尘土飞扬，污染空气。

（6）施工所产生的垃圾和废弃物质，应根据各自不同的情况，分别处理，不得裸露弃置。

（7）桥梁施工机械严禁漏油、化学品洒落水体，以防污染水质。

第 16 章　预应力混凝土连续箱梁顶推施工工艺

16.1　适用范围及特点

16.1.1　适用范围

预应力混凝土连续箱梁顶推施工工艺是在沿桥纵轴方向，在桥台台后开辟预制场地，分节段预制混凝土梁身，并用纵向预应力筋连成整体，然后通过水平液压千斤顶施力，借助不锈钢板与聚四氟乙烯模压板特制的滑动装置，将梁逐段向对岸顶进，就位后落架，更换正式支座完成桥梁施工。

该工艺适用于等截面梁、连续梁、简支梁、拱桥（桥面纵梁）、组合梁和斜拉桥（主梁）等结构；不适用于多跨变高梁、曲率变化的曲线桥和竖向曲率大的桥梁。顶推施工的方法可分为单点顶推和多点顶推。

16.1.2　工艺特点

（1）节省施工用地，工厂化制作，结构施工质量易于保证、整体性好。桥梁节段固定在一个场地预制，便于施工管理改善施工条件，避免高空作业；节约劳力，施工安全。

（2）由于顶推力远小于梁体自重，因此顶推设备轻型、简便，无需大型起吊设备、大量的施工脚手架，可不中断交通或通航；对寒冷地区施工，架设场地受限等特殊条件下优势更为显著。

（3）模板、设备可多次周转使用，顶推法可以使用简单的设备建造中跨桥梁，施工平稳无噪声。

（4）受顶推过程中悬臂弯矩的限制，顶推适用较多跨（少跨不经济），且顶推跨径 30～50m 较为经济，如跨径大于此值，则需要设置临时墩等辅助措施。

（5）由于顶推过程中各截面正负弯矩交替变化，致使施工临时预应力筋增多，且装拆与张拉工序繁琐，随着桥长的增加，施工进度较慢；梁体截面高度相比其他施工方法较大。随着桥长的增大，施工进度较慢。

16.2　施工准备

16.2.1　技术准备

（1）认真组织技术人员进行设计图纸审核，根据桥跨数量、设备条件、场地情况、工期要求及设计图纸，确定梁段预制施工方案及选择适宜的顶推方案。

（2）根据顶推方案、顶推方式和一次顶推长度进行制梁台座、导梁、临时墩、滑道、顶推千斤顶及其油路等施工辅助结构的设计。

（3）施工场地的布置及墩台的施工顺序应和预应力混凝土梁顶推顺序相适应。

（4）编制详细的施工工艺和安全操作设施细则，建立质量、安全保障体系；并向操作人员进行安全、技术交底。

16.2.2 材料准备

（1）现浇梁体节段所需的材料（模板、钢筋、混凝土、预应力等所需材料），均应符合设计要求及相应规范规定。

（2）顶推梁体所需的临时支墩、制梁台座所需的材料，应符合设计要求及施工方案的规定。

16.2.3 机具准备

（1）顶推设备：千斤顶（水平千斤顶、竖向千斤顶）、油压表、油泵及同步控制设备、拉杆（钢绞线）、锚具、滑座（滑道）等。

（2）钢筋施工机具：钢筋弯曲机、钢筋调直机、钢筋切断机、电焊机、砂轮切割机等。

（3）模板加工设备：电锯、电刨锯、手电钻等。

（4）混凝土施工机具：混凝土搅拌站、混凝土运输车、混凝土输送泵、混凝土振动器等。

（5）吊装作业设备：龙门吊、卷扬机、汽车吊等。

（6）测量设备：全站仪、经纬仪、水准仪等。

16.2.4 作业条件准备

（1）根据现场施工环境及设计图纸选择能够满足混凝土箱梁预制、顶推施工作业的需要。箱梁预制、顶推场地三通一平已经完成，并根据施工进度的需求配备相应的混凝土搅拌、运输、浇筑设备。

（2）箱梁预制台座及基础的强度、刚度和稳定性应满足顶推施工的要求，并应设置台座地基的防水、排水设施，防止沉陷。在荷载作用下，台座顶面的沉降变形不小于 2mm。

（3）顶推的临时支架、临时墩已按设计安装完成，用于顶推施工的顶推液压设备调试完成，并状态良好。

16.3 施工工艺

16.3.1 工艺流程

预应力混凝土箱梁顶推施工工艺流程如图 16-1 所示。

16.3.2 操作要点

1. 预制场地选取

（1）顶推箱梁预制场地一般设在桥台引道或引桥上，其长度为预制节段的 2～3 倍以上，应考虑梁段悬出时反压段的长度、梁段节段预制长度、导梁拼装长度和机具设备材料进入预制作业线的长度。预制场地宽度，应满足梁段两侧作业的需要。

（2）预制场地上空宜搭设固定或活动作业棚，其长度宜大于 2 倍预制梁段长度，使梁段预制作业不受天气影响。

（3）顶推预制场地的选取除考虑箱梁预制所需场地外，还应充分考虑到钢筋加工车间、混凝土搅拌站、模板整修、预应力下料等用地。根据现场环境及施工需要，还需布置

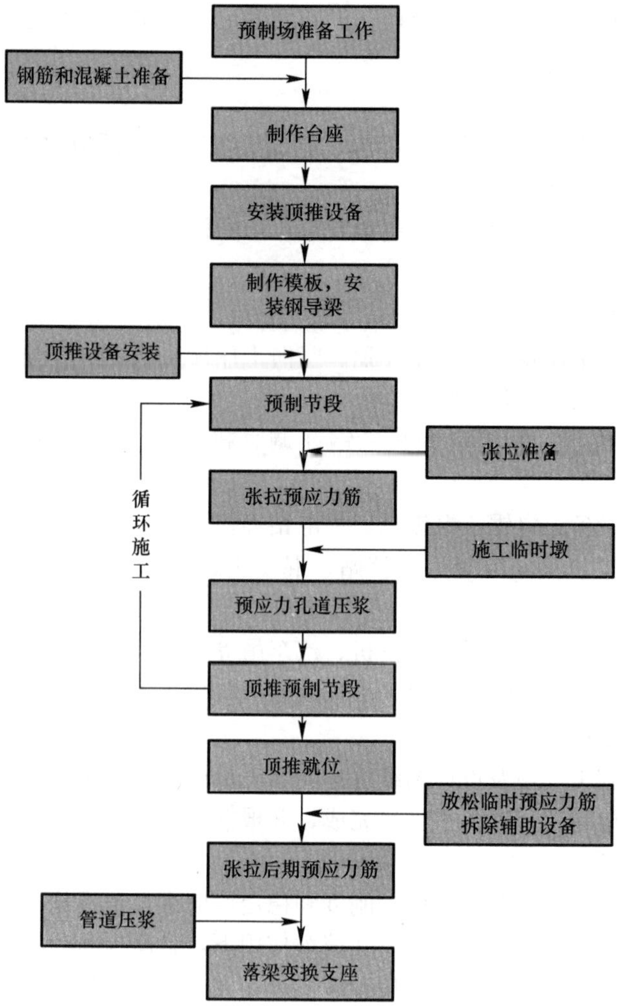

图 16-1　预应力混凝土箱梁顶推施工工艺流程

固定或移动式起吊设备，如龙门吊或塔吊等。

2. 制梁台座

（1）箱梁预制台座主要用于梁段预制，并能满足梁体线型与已顶推出去的梁体完全一致。制梁台座应设置滑道、滑块，具有升降功能的活动底模板、侧模板、端模板安装拆卸便利；预制台座基础应根据现场地质、水文条件选择合理的基础方案，台座结构宜采用梁柱式或整体框架结构，其强度、刚度应满足顶推施工的技术要求，表面平整、标高准确，在箱梁预制与顶推过程中不得发生沉陷。预制台座在首次使用前，必须进行预压以消除预制台座的非弹性变形。

（2）预制台座的轴线应与桥梁轴线的延长线重合，纵坡一致，两轴线间的偏差应不大于 5mm；相邻两支承点上台座中滑移装置的纵向顶面高程差应不大于 2mm；同一支承点上滑移装置的横向顶面高程差应不大于 1mm；台座（包括滑移装置）和梁段底模板顶面高程差应不大于 2mm（图 16-2）。

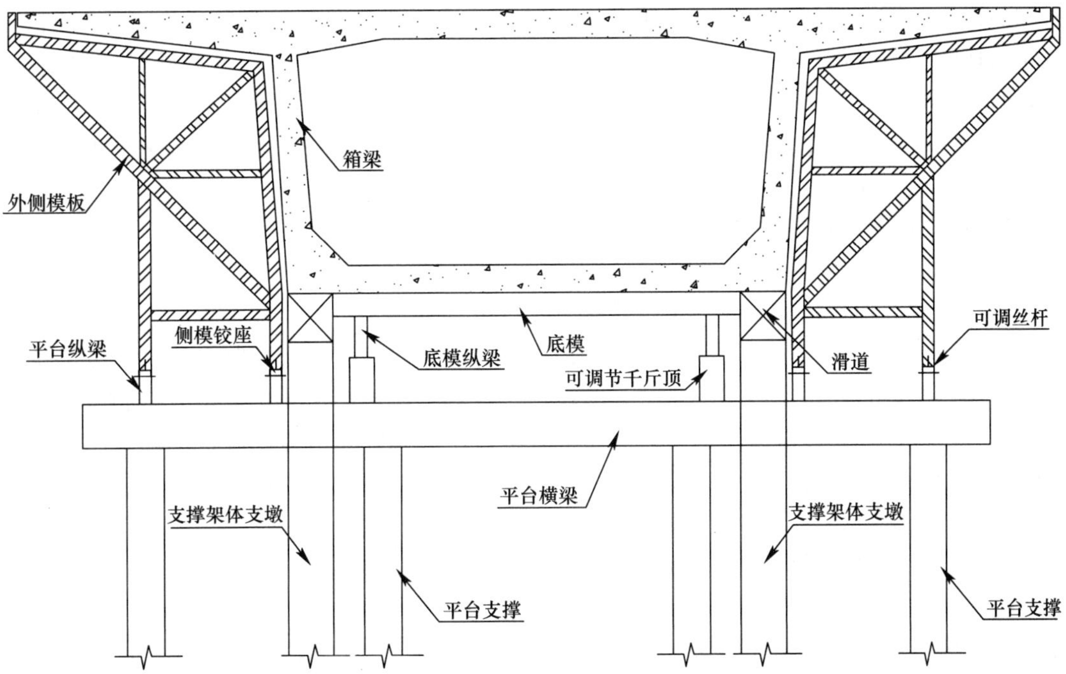

图 16-2　预制台座横断面结构示意

3. 导梁制作与安装

（1）导梁一般采用变截面（从根部至导梁前端变刚度）桁架形式导梁，设置在主梁的前端与梁端的预埋件进行栓接或焊接。导梁的结构必须通过设计计算，导梁有的刚度应在满足稳定性和强度的条件下，尽量降低导梁的自重；在顶推过程中，导梁及导梁与梁体之间的连接强度应满足顶推过程中的受力要求，导梁前端的最大挠度应不大于设计规定。根据经验，导梁的长度一般为顶推跨径的 0.6～0.7 倍，刚度宜为主梁刚度的 1/5～1/9（图 16-3）。

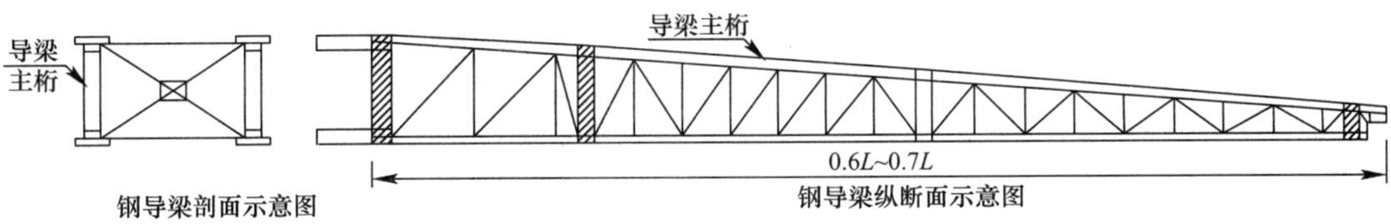

图 16-3　导梁结构示意

（2）导梁底必须与梁体底在同一平面上，顶推时，当导梁前端将到达桥墩时，因产生挠度过大而无法爬上滑道时，应在导梁前端设一上悬的缺口，导梁“鼻子”走到滑道上方时，用事先在滑道上的千斤顶将导梁顶起，并带动千斤顶下方的滑块一起向前滑行，待导梁下缘升到滑块高度后，再落下千斤顶，使导梁就位正常运行。

（3）导梁全部节间的拼装应平整，其中线的允许偏差应不大于 5mm，纵、横向底面高程的允许偏差应为±5mm。

4. 临时墩设置

（1）当顶推梁的设计跨径较大时，为了减少顶推过程中梁的内力，可设置临时墩。临时墩的设置，需要根据桥下交通、通航、经济性、安拆难易程度等进行综合考虑；同时，临时墩还需要有足够的刚度、竖向承载力，来承受顶推时的水平推力及顶推梁体的重量；必要时要打临时桩，排架需安装剪刀撑满足其受力和稳定性要求。

（2）临时墩要根据顶推过程中的受力情况进行设计，确定临时墩的抗水平推力、变形量及竖向承载力需求。

5. 梁段预制

（1）梁段预制块件应符合设计要求：梁段可根据箱梁结构、顶进方式确定预制方案，预制顺序应按其顶进段先后顺序进行预制。

（2）每节段的预制长度必须严格按照设计的分段节段长度进行预制。箱梁节段浇筑一般可分为一次浇筑和两次浇筑的方式。节段一次混凝土浇筑即在梁段模板、钢筋全部安装完成后一次性浇筑梁体混凝土；节段两次浇筑混凝土即先安装地板和腹板钢筋后，进行第一次浇筑地板和腹板混凝土，待其达到一定强度后，再安装节段内箱室顶模，绑扎顶板钢筋，浇筑顶板混凝土。

（3）第一节段与导梁连接，为保证导梁的下翼缘平面与箱梁底面处于同一纵坡上，施工中可将梁体钢筋绑扎与导梁的尾部拼装同步进行，以导梁的端面作为梁体腹板的端模。确保了拼装接触面的密贴和相对应的锚固孔道的一致性。导梁前段则在梁体顶推之间安装好，导梁主梁之间用高强度螺栓或焊接方式按照设计将其连接成为桁架形式。

（4）顶推梁段可以采用工厂化的方式进行梁体的钢筋加工。即在钢筋加工车间可将各节段的底板钢筋、腹板钢筋、顶板钢筋绑扎成型，待箱梁节段底模、侧模安装调整就位后，即可进行底板钢筋、腹板钢筋及波纹管的安装，待箱室内模板安装完成后再进行顶板钢筋的吊装。

（5）节段混凝土浇筑可采用水平分层全断面一次浇筑，混凝土振捣以插入式振动器为主，附着式振动器为辅（主要用于腹板混凝土振捣）。在浇筑梁体腹板时应特别注意控制浇筑速度和振捣时间，若操作不当可能导致腹板内混凝土向底板翻浆，从而导致腹板内侧混凝土脱空不密实产生蜂窝麻面等质量缺陷。对混凝土浇筑过程中，高出底板顶面的混凝土要及时清除，以免增加梁体的重量。

混凝土浇筑过程中，应特别加强预应力张拉齿块、预应力张拉端的混凝土振捣质量，严禁振捣过程中损坏预应力波纹管及影响波纹管位置移动的现象发生。

6. 梁体节段施工缝处理

梁段工作缝的接触面应凿毛，并冲洗干净，或采用其他可加强混凝土接触的措施。

7. 梁段预应力施工

（1）梁段预应力束的布置、张拉次序、临时束的拆除次序等，应严格按照设计规定执行。其施工的技术要求应符合设计要求。

（2）顶推安装的预应力混凝土连续梁，三种预应力束（永久束、临时束及后期束）均应严格按设计规定布置、张拉、接长及拆除。不得随意增加或漏拆预应力束，更不得漏张拉。

（3）预应力钢束张拉顺序宜先临时束、后永久束，先长束后短束，先直束后弯束。为防止因水平扭矩而产生的附加内力，顶板、底板预应力束应上下交错、左右对称地进行。

（4）先期永久束必须及时压浆。在桥梁顶推就位后需拆除的临时预应力束，张拉后不应灌浆，锚具外露多余预应力筋。梁体间需连接的永久预应力束，应在两梁段间留出适当空间，用预应力束连接器连接，张拉后用混凝土填塞。

8. 滑道及导向装置施工

（1）滑道装置

1）滑道装置由支座垫石上的滑道垫块、滑道、滑板及支座垫石两侧的附加混凝土块组成。

2）支座垫石应遵照设计要求并严格控制顶面标高和平整度。

3）滑道垫块是用来代替支座的临时垫块，因此必须保证滑道顶面标高与落梁后梁底面标高一致。垫块平面应为长方形，比滑道尺寸稍大，纵向坡度应与桥梁纵坡一致。滑道垫块一般采用钢板焊接成一个长方形盒，内布钢筋网，并用高强混凝土填实，以保证垫块外形尺寸和强度。

4）滑道。一般用钢板制作，面铺不锈钢板。滑道纵向长度应根据滑道反力所需最小的滑板数量来确定。滑道进口 30cm 范围应设置成圆弧，与梁底交角 2°～3°，不可用折线衔接，以避免滑板在滑移受压过程中发生线状接触，因集中应力而变形，压坏滑板。滑道出口也宜设置圆弧段。滑道垫块应固定在支座垫石上，以免因水平摩阻力拖动垫块。可用螺杆固定或在垫石的顶面预埋钢板焊接固定，也可采用在滑道出口处垫石顶面设置挡块，滑道进口焊接一根挂铁固定，便于拆除。

5）滑板。多使用聚四氟乙烯橡胶滑板，其滑板尺寸可根据实际需要进行厂家预定制作。

6）摩擦系数。四氟板与不锈钢板的静摩擦系数可按 0.07～0.08 选用，动摩擦系数可按 0.04～0.05 选用，且有以下特征：摩擦系数与滑板表面的光洁度有关，光洁度越大，摩擦系数越小，污染物侵入滑道和滑板磨损变形或折皱摩擦系数增大。摩擦系数随温度降低而增大。摩擦系数随荷载压四氟板上的滞留时间增长而增加，故在顶推过程中，停顿短时，再启动的摩擦系数变动不大，但当顶推停顿数小时，再启动时，则摩擦系数大增，成为静摩擦系数，因此，顶推应一气呵成。当顶推荷载恒定时，如滑动速度太快，可能导致金属滑道摩擦生热而起火，从而降低或破坏四氟板的力学性能，甚至使其微粒分离，烧结成块。故在选择水平千斤顶时，顶推速度应予以控制。

（2）导向装置

在顶推梁体过程中，为了防止箱梁左右偏移，用全站仪校核桥梁轴线，随时检查梁中心是否偏离，如有偏离立即进行纠偏。

1）楔形滑板导向装置：用型钢做成反力架，成对地安装在梁体两边支座垫石上，并与预埋螺栓连接，反力架内用方木填实。靠主梁边预留约 6mm 空隙，当需要调整主梁轴线时，在一边的反力架与主梁的空隙中放一对木楔。其中一块镶嵌四氟板，另一块镶嵌磨光的不锈钢板。由于四氟板与不锈钢板之间的摩擦阻力较小，而梁体与木块之间的摩擦阻力较大，必将带动木块随梁体向前滑移，迫使梁体按要求横向移动调整梁的轴线。

2）导向轮纠偏：导向轮纠偏器由螺旋千斤顶与导向轮组成。安装在反力架上，用正反螺旋千斤顶调整导向轮与主梁侧面的距离，纠偏时，在一边导向轮与梁侧之间加塞不同厚度的钢垫板使梁向前滑动，以免调整时损坏两侧表面（图 16-4）。

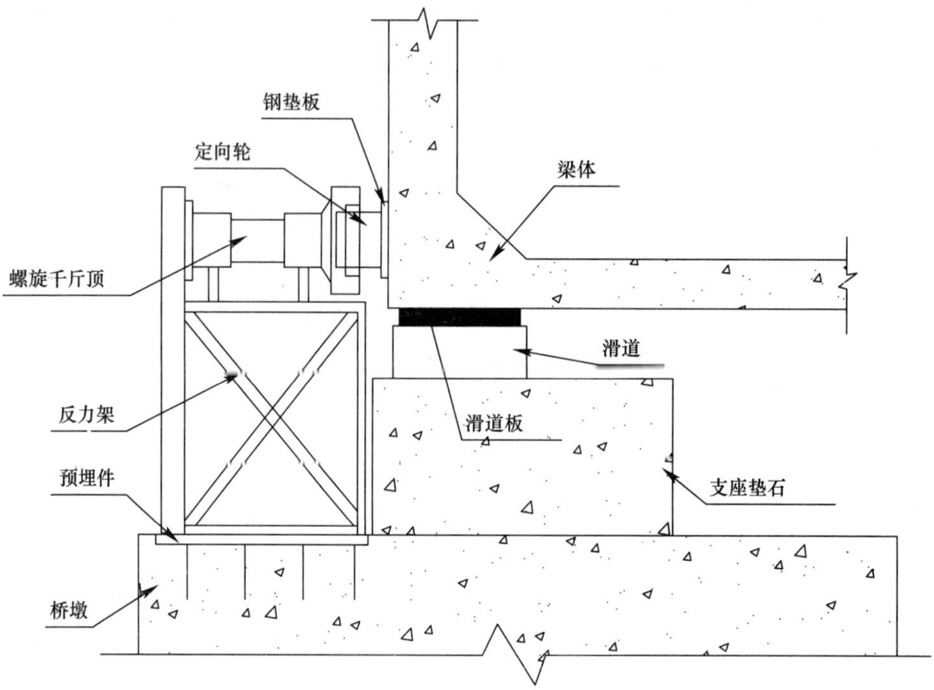

图 16-4　导向轮纠偏器构造示意

3）偏差的观测和纠偏装置的设置

顶推时，应做好横向偏差观测，主要观测主梁和永久墩的弹性横向位移。纠偏器在预制台座前第一个支承滑道墩的两旁，且须固定一对，以控制每节段梁尾端的横向位置，保证梁尾与预制模板正位接头；在梁的前进方向设置两对纠偏装置，两对纠偏装置可视梁的行进交替前移。

9. 顶推施工

顶推施工宜根据梁体长度、顶推跨度、桥墩所能承受的水平推力等条件，选择适宜的顶推方式。

梁体顶推一般可分为单点顶推和多点顶推。(1) 单点顶推适用于桥台刚度大、梁体轻的施工条件，单点顶推水平力的施加位置一般集中于桥台或某一桥墩（仅在一个墩台上安装左右两套顶推装置），其他支点设置滑道支撑。单点顶推设备、控制系统简单，由于全桥顶推水平力仅由一个墩台顶推设备承担，顶推设备能力要求高，尤其孔数较多的长桥，顶推设备能力难以适应。未设千斤顶的墩顶均有较大的水平摩阻力；(2) 多点顶推即在每个墩台顶面安装顶推装置，多点顶推适用于桥墩较高、截面尺寸较小的柔性墩的施工条件。多点顶推时，各墩台的水平千斤顶均应沿纵向同步运行，控制系统要求高，通常采用多点自动连续顶推方式。多点顶推同步运行包括每个墩顶两侧顶推设备的同步运行，保证梁体不受扭矩；同时包括各个墩顶的纵向同步运行。

(1) 梁体节段脱模后，并拆除所有固定物相连的连接系，做好各项顶推准备工作后，即可开始顶推作业，顶推前计算好水平顶推的出力吨位，各墩位液压站的施力值需根据多种因素进行考虑。

顶推前要详细检查各项准备工作情况，现场要设置总指挥统一进行指挥。主控制系统控制顶推液压泵站启动、确认安全后，采用集中控制、分级调压、差值限定的方式同步顶推各组千斤顶交替同步顶推，开始顶进时先少量顶进，回油后再逐级加力顶推。为防止各站水平千斤顶的压力相差太多，将每个站均分为几级，根据各墩计算支撑反力调好压力，逐级进行加压，当所有水平千斤顶中有一台行程走完，触及限位开关时，则各千斤顶全部停止同时打开换向阀，千斤顶泊动回油，准备下一个行程，直至就位。在梁体前进的同时，各墩顶喂送滑块人员不断地将滑块从滑道后端喂入，并将随梁体前移而从滑道前端滑出的滑块接住备用，液压站操作人员随时注意千斤顶的运行情况。

（2）水平千斤顶的实际总顶力不应小于计算顶推力的 2 倍；墩台顶上水平千斤顶的后背必须坚固，应验算能够承受顶推时的总应力，顶推过程中各桥墩的纵向位移值不超过设计规定。

水平千斤顶顶推时，左右两条顶推线横向应同步进行，多点顶推时各墩台的水平千斤顶应纵向同步运行，保证主梁纵向轴线在设计容许偏差内。顶推过程中各桥墩的纵向位移偏差不得超过设计规定，同时进行测量及横向纠偏工作。

（3）顶推滑道的长度应大于水平千斤顶顶行程加滑块的长度，宽度应为滑块宽度的 1.2～1.5 倍；相邻墩滑道顶面高程的运行偏差应为±2mm，同墩两滑道高程的运行偏差应为±1mm；滑块装置的摩擦系数宜经试验确定。

（4）顶推时至少应在两个墩上设置保险千斤顶。如遇到顶推故障需采用竖向千斤顶将梁顶高时，最大顶升高度不得超过设计规定或不得大于 10mm，起顶的反力值不得大于计算反力的 1.1 倍。

（5）平曲线连续梁顶推施工时，预制台座的平面及连体均应按设计线型设置成圆弧形；导梁宜设置成直线形，但与主梁连接处应偏转一定角度，使导梁前端的中心落在设计线型的中线上。顶推应使梁体沿圆弧线前进。竖曲线连续梁顶推施工时，预制台座的底模板顶面应符合设计竖曲线的曲率；所需水平顶推力的大小，应考虑正负纵坡的影响。

10. 顶推监测

（1）顶推监测主要是监测墩台和梁体有关控制位置的应力和应变状态，以达到控制施工安全，验证施工与设计是否相符及积累经验数据的目的。对应力、应变的测试，采用传感元件及电阻应变仪等仪器进行测试。

（2）对位移、挠度及沉降的监测可利用精密水准仪、经纬仪及水平标尺、垂直标尺进行。当实测值与设计值相差较大时，要停止顶推，分析原因。

11. 落梁

（1）落梁前应做好以下各项准备工作：

1）为防止落梁过程中发生事故，应拟订相应的安全措施。

2）将梁体外的一切约束解除，清理永久支座并在垫石顶面、滑道旁边就位，在支座垫石上放线画线。

3）在墩上清理出工作面，找平千斤顶安放位置，并垫砂浆。

4）对墩顶标高点进行复测，确认桥墩有无沉降量。

5）对支座垫石顶面梁底标高进行复测并作相应的调整，准备加垫钢板备用。

6）为了防止泄油，确保千斤顶的工作油压，竖直千斤顶应安装单向安全阀。

7）千斤顶应正确安装。当千斤顶安于梁腹板下时，每墩上应安置 4 台，分别置于顺桥向支座的两侧；千斤顶安装在梁的横隔板下时，为使梁体平稳，桥墩受力均衡每墩至少应安装两台；千斤顶地面应垫 40～60mm 的钢板，钢板面积可根据应力扩散的要求确定。

（2）全梁顶推到设计位置，将梁落至永久支座上时，应满足下列要求：

1）按照设计要求规定的张拉顺序，对补充的预应力筋进行张拉、锚固、压浆。

2）将顶推用的临时预应力筋按设计规定的顺序拆除。

3）落梁前应拆除墩台上的滑动装置。拆除时，各支点宜均匀顶起，其顶力应按设计支点反力大小进行控制。相邻墩各定点的高差不得大于 5mm；同墩两侧梁底顶起高差不得大于 1mm。落梁反力运行偏差为±10%设计反力。

4）落梁时，应根据设计规定的顺序和每次下落量进行，同一墩台的千斤顶应同步进行。千斤顶举梁后，下降必须均匀缓慢，应设置钢板等保险垛。

5）落梁步骤：准备工作→千斤顶举梁→拆除滑道→安装支座→梁下降落至支座上→分别焊接固定支座上部和下部。

落梁时，应先计算桥墩的反力，确定落梁竖向千斤顶的型号和数量。拟订竖向千斤顶在墩顶需占用的位置和最小高度，选用吨位应留有富余，使工作负荷处于额定范围内，当千斤顶数量不够时，可采用分段落梁方案。但每批至少在 3 个以上的墩上轮流进行（与跨径有关）。一般先从安装固定支座的桥墩开始，为了避免梁内产生过大的弯矩，顶高应控制在 5mm 内，能取出滑板即可；下落高度控制在 10mm 内。

（3）支座的安装应按有关技术说明实施并应符合设计及相应的规范要求。安装活动支座时，要按落梁时的气温调整其具体位置（落梁时的气温应按设计规定控制）。

16.4　质量控制

16.4.1　主控项目

（1）台座和滑道组的中心线必须在桥轴线或其延长线上。

检验方法：用钢尺量或全站仪检测。

检查数量：全数检查。

（2）导梁应在地面试装合格，方可在台座上安装，导梁与梁体必须牢固连接。

检验方法：检查试拼装验收记录，用钢尺量或全站仪检测；检查连接施工记录。

检查数量：按试拼装单元全数检查。

（3）千斤顶及其他顶推设备校验合格方可使用，多点顶推必须确保同步。

检验方法：检查标定证书和标定标识，检查检测记录。

检查数量：全数检查。

（4）顶推及落梁程序必须符合设计和规范要求。

检验方法：对照设计文件和施工方案，检查施工记录。

检查数量：全数检查。

16.4.2　一般控制项目

（1）顶推施工梁偏差应符合表 16-1 的要求。

（2）各梁节段连接线型平顺，接缝光洁，色泽一致。

顶推施工梁体允许偏差控制　　表 16-1

<table>
<tr><th rowspan="2">序号</th><th rowspan="2" colspan="2">项目</th><th rowspan="2">允许偏差（mm）</th><th colspan="2">检验频率</th><th rowspan="2">检验方法</th></tr>
<tr><th>范围</th><th>点数</th></tr>
<tr><td>1</td><td colspan="2">轴线偏位</td><td>10</td><td rowspan="5">每节段</td><td>2</td><td>用全站仪测量</td></tr>
<tr><td>2</td><td colspan="2">落梁反力</td><td>不大于 1.1 倍设计反力</td><td>次</td><td>用千斤顶油压计算</td></tr>
<tr><td>3</td><td colspan="2">支座顶面高程</td><td>±5</td><td rowspan="3">全数</td><td rowspan="3">用全站仪测量</td></tr>
<tr><td rowspan="2">4</td><td rowspan="2">支座高程</td><td>相邻纵向支点</td><td>5 或设计要求</td></tr>
<tr><td>同墩两侧支点</td><td>1 或设计要求</td></tr>
</table>

检验方法：观察。

检查数量：全数检查。

16.5　施工记录

（1）测量复核记录；

（2）现浇梁体质量记录；

（3）箱梁顶推施工记录；

（4）导梁安装、临时支墩安装施工记录；

（5）顶推监测记录；

（6）落梁梁体就位施工记录。

16.6　成品保护

（1）预制梁段在浇筑混凝土过程中，应指派专人负责成品保护工作，既要对钢筋进行修正，又要对预埋件、波纹管进行看护、校正，在混凝土浇筑完毕后，混凝土初凝前要对预埋件复查其准确性。

（2）预应力张拉设备、顶推设备均应有专人看护保管。存放、搬运时均应妥善保护，避免锈蚀、沾污、遭受机械损伤或散失。

（3）顶推施工过程中严禁在箱梁上堆放施工材料，落梁就位后，严禁在箱梁上集中堆放施工材料或停放施工机械。

16.7　安全与环保措施

16.7.1　安全保护措施

（1）施工过程的安全应符合国家现行《建筑施工安全检查标准》JGJ59—2011 的有关规定，施工机械应符合国家现行《建筑机械使用安全技术规程》JGJ33—2012 的有关规定，施工临时用电应符合国家现行《施工现场临时用电安全技术规范》JGJ46—2005 的规定。

（2）现浇箱梁及梁体顶推应编制专项安全施工方案。

（3）顶推施工前应对临时墩、导梁、制梁台座进行施工设计，其强度、刚度、稳定性应满足施工安全的要求。使用前应经验收合格，使用中应随时进行检查，发现安全隐患必须及时排除，确保安全后方可继续使用。

（4）所有顶推设备必须按施工方案的规定进行选用，同时必须按施工组织设计的规定设置或布置。所有顶推设备必须按厂家提供的说明书或操作规程使用。顶推施工的机具设备使用前应经检查、试允许，确认合格。所有允许使用中的顶推设备必须处于正常的工作状态，存在安全隐患时，必须停止使用并由维修人员修理。

（5）顶推设备在使用前检查电路、液压系统等无漏电、漏油现象，监测指示仪标应灵敏、可靠，机械转动系统灵活、准确。

（6）预制梁段混凝土浇筑前应将导梁安装就位，导梁与梁体连接的预埋件应安装牢固，经检查验收，确认符合设计要求后方可浇筑梁段混凝土。

16.7.2 环保措施

（1）施工过程的环境保护应符合国家现行《建设工程施工现场环境与卫生标准》JGJ146—2013的有关规定。

（2）清洗机械、施工设备的废水严禁直接排入河中，禁止机械在运转中产生油污未经处理就直接排放，或禁止维修机械的油污直接排入河中。

第 17 章　移动模架造桥机现浇箱梁施工工艺

17.1　适用范围及特点

17.1.1　适用范围

移动模架造桥机现浇箱梁施工工艺是一种自带模板，利用承台或墩柱作为受力支承，对桥梁梁体进行现场浇筑的一种施工机械。移动模架造桥机主要由支腿机构、支承桁梁、内外模板、主梁、液压电器系统等组成，可完成由移动支架到浇筑成型等一系列施工（本工艺主要介绍下承式移动模架施工工艺，如图 17-1、图 17-2 所示）。

图 17-1　移动模架现场施工示意

该工艺适用于标准段连续混凝土箱梁的原位现浇施工，尤其适用于桥下有通车通航要求情况下的桥梁施工。

17.1.2　工艺特点

（1）移动模架结构简单，受力明确、施工方便，施工速度较快，随着施工跨数和长度的增加，施工成本显著下降。

（2）一孔梁段施工完成后移动模架整体自行至下一孔，无需多次拼装模板及预压，施工周期短，投入劳动力少。

（3）设备通用性好，调整主梁之间的距离和模板顶托高度即可适应不同几何尺寸梁段的浇筑。

（4）结构受力明确，理论计算结果与实际发生情况极为吻合，结构安全可靠，而且有利于箱梁的施工控制，保证良好的线型。

（5）移动模架施工时，其跨中无任何支撑，因此跨间地基不需处理，同时在施工时不影响通车通航。

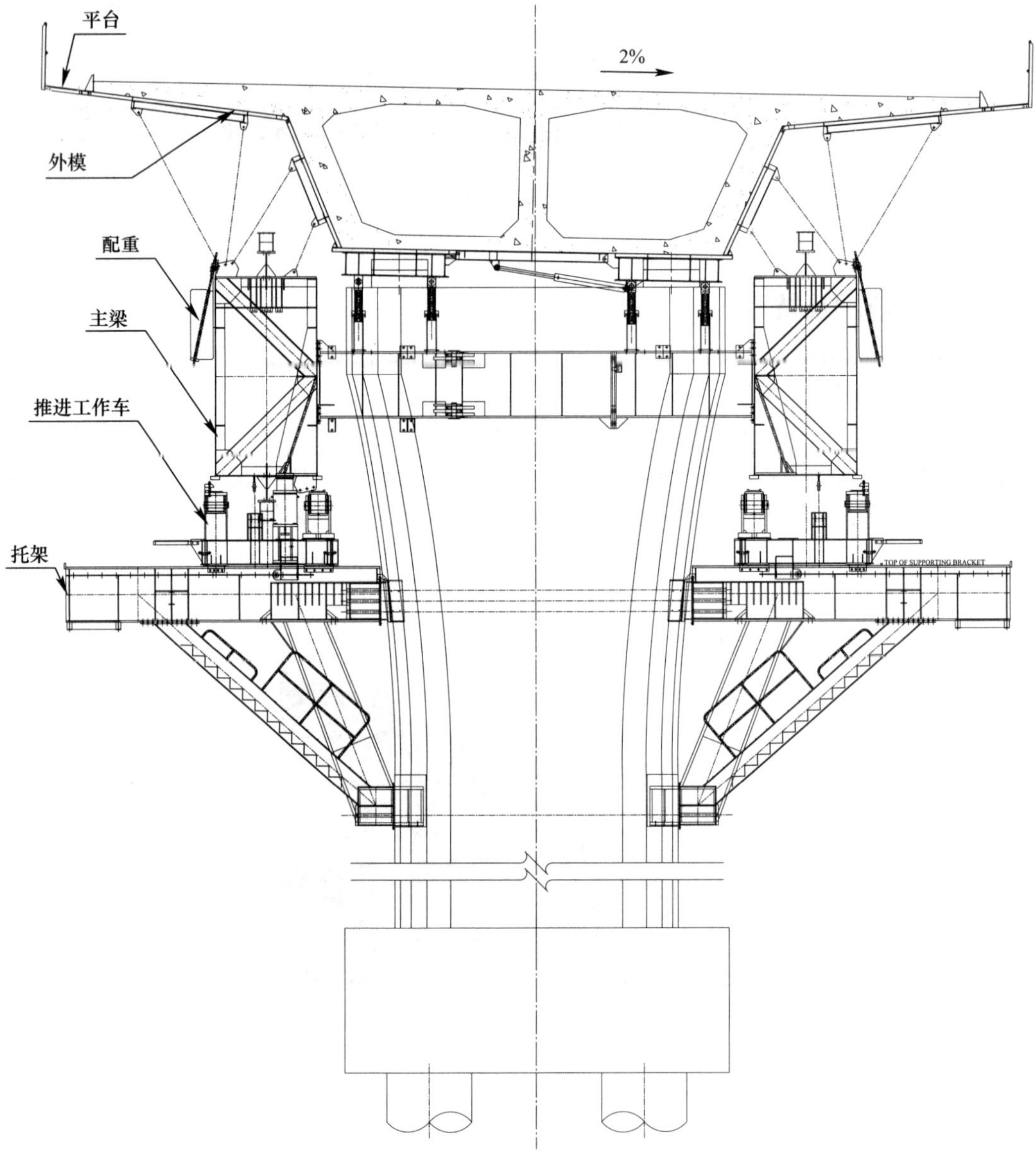

图 17-2　移动模架主体截面结构示意

17.2　施工准备

17.2.1　技术准备

（1）必须由具有设计、制造资质的企业根据相关规范的要求及桥梁梁体结构尺寸、重量及墩柱设计情况，并按标准化、系列化、互换性及可维修性的原则进行移动模架的设计、加工、制造。

（2）移动模架应具有纵向、横向位置调节功能，以保证移动模架模板能够就位准确；移动模架必须具有变跨施工箱梁和首末跨箱梁施工的功能。

（3）移动模架墩柱旁托架在桥墩两侧的锚固位置和锚固方式，在承台上的支撑位置和支撑方式，移动模架支腿在墩顶上或在已浇筑成梁的顶板上的支撑位置和支撑方式，必须取得设计单位的同意后，并经必要的应力复核合格后方可实施。

（4）移动模架出厂前，必须具有出厂合格证。

（5）编制详细的移动模架施工方案。对相关管理人员、作业人员进行详细的技术、安全交底工作，使其明确整个作业流程以及施工过程中的注意事项，确保整个施工过程安全、规范。

（6）组织相关技术人员对现场安装情况进行详细的了解，检查周围空间干涉情况，解决影响移动模架施工的问题。

17.2.2　材料准备

（1）移动模架重要金属结构材料应采用《优质碳素结构钢》GB/T699—1999 规定的优质碳素结构钢或《低合金高强度结构钢》GB/T1591—2008 规定的低合金高强度结构钢的相关要求。焊接构件用的焊条、焊丝和焊剂应与焊件材料相匹配。

（2）重要结构件的材料在下料前应进行预处理，在涂装前应进行表面喷（抛）丸处理，且应达到《涂覆涂料前钢材表面处理　表面清洁度的目视详定　第 1 部分：未涂覆过的钢材表面和全面清除原有涂层后的钢材表面的锈蚀等级和处理等级》GB/T8923.1—2011 中规定的 Sa2.5 级，其他构件应达到 Sa 或 St2 级。

（3）构件拼装接头采用高强度螺栓连接副时，应执行《铁路钢桥高强度螺栓连接施工规定》TBJ214—1992 的相关要求。

17.2.3　机具准备

采用移动模架进行现浇箱梁施工时，除需要投入整套移动模架外，还需投入以下辅助机具，见表 17-1 所列。

主要机具使用　　　　**表 17-1**

序号	设备	单位	数量	备注
1	50t/25t 汽车吊	台	2/1	辅助移动模架拼装工作及材料吊运
2	50t 履带吊	台	1	辅助移动模架拆除
3	电焊机	台	4	辅助现场焊接工作
4	铲车	台	1	拼装场地平整
5	压路机	台	1	拼装场地压实
6	自行式移动模架	套	1	箱梁施工
7	500～2000N·m 电动扳手	个	1	移动模架构件拼装
8	1000/2000N·m 扭矩扳手	个	1/1	移动模架构件拼装螺栓扭矩检测
9	32t 千斤顶	个	4	移动模架构件拼装

注：本表辅助设备投入按陆地上施工进行配置。

17.2.4　作业条件准备

（1）现场所有作业人员必须熟悉本工种的技术安全操作规程、质量规范，并持证上岗。

（2）仔细检查移动模架的各构件、各部位、结构焊缝，重要部位螺栓、销轴、电器设备线路均应齐全并处于良好状态，发现问题及时处理。

（3）对作业人员所使用的工具、附件等仔细检查，不合格者立即更换，确保使用。

（4）现场管理人员、作业人员、机械设备等必须全部到位。

17.3 施工工艺

17.3.1 工艺流程

移动模架造桥机现浇箱梁施工工艺流程如图 17-3 所示。

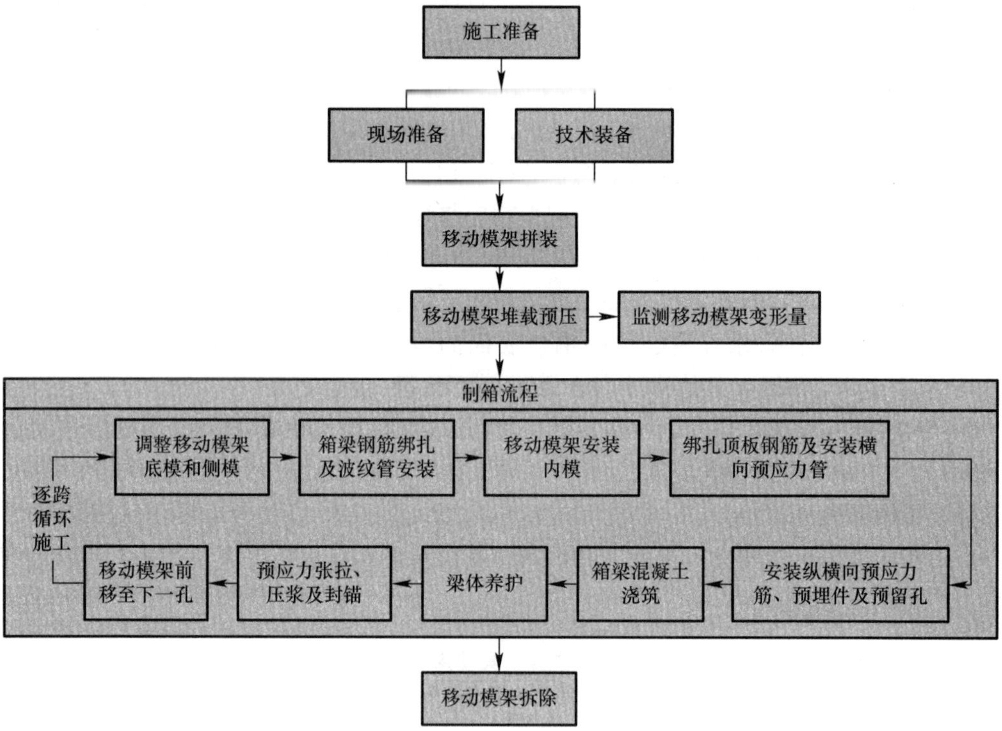

图 17-3 移动模架造桥机现浇箱梁施工工艺流程

17.3.2 操作要点

1. 移动模架拼装

根据移动模架的结构特点和组装条件，移动模架的拼装采用散拼的方式，借助临时支架逐件进行拼装。

（1）移动模架拼装流程

场地平整处理→临时支架搭设→设备机具就位→组装牛腿托架→安装推进小车及液压系统→组拼主梁→安装横梁及配重块→安装外模→组拼鼻梁→拼装扁担梁→检查所有安装件螺栓。

（2）场地平整

移动模架拼装前，应先对拼装场地进行整平、碾压密实，确保重型车辆行走平稳（以 50t 履带吊为准），不发生倾斜、下沉。

（3）临时支架搭设

为了辅助移动模架主梁拼装，需在主梁投影位置处搭设支架作为主梁拼装时的临时支撑。按照主梁节段划分，在两墩之间布置支架。

（4）牛腿安装

先将托架各部件在地面组装完毕，再利用吊车将单个托架整体吊起，调整水平，将支腿插入墩柱预留孔内，使用捯链及钢丝绳将托架上部吊耳与墩顶支座垫石做临时固定后，松开吊车挂钩。然后用同样方法安装另一边托架。

将每侧托架安装完成后，选用精轧螺纹钢在托架支腿处对拉，将托架连成整体（图 17-4）。

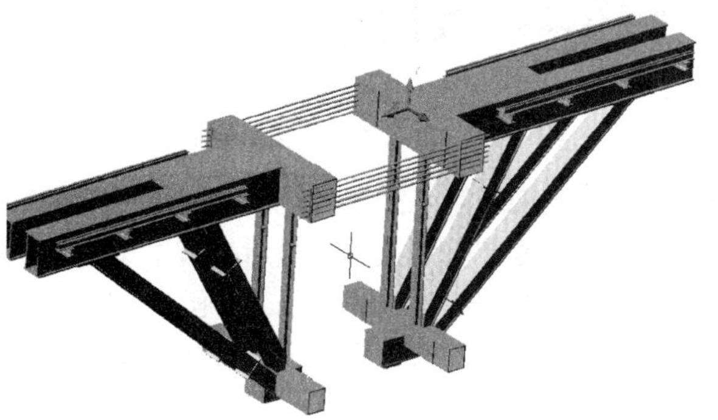

图 17-4　移动模架牛腿结构示意

（5）推进小车拼装

牛腿托架安装完毕后，即安装滑移小车，滑移小车在地面组装完毕后，再整体吊装到托架上。小车各部件之间为配合制作，拼装之前检查好标记，以免装配出错。小车吊装完毕后组装并调试小车液压站和液压缸。安装时注意小车液压站护栏朝外侧，推动架朝向前方（图 17-5）。

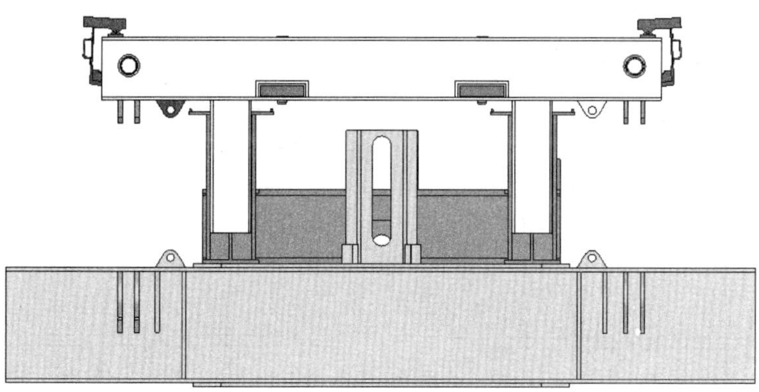

图 17-5　移动模架推进小车结构示意

（6）主梁拼装

主梁拼装沿移动模架前进方向进行，采用搭设临时支架将主梁分节吊装在牛腿和支架上，组成整体后拆除临时支架。安装前须在支架垫梁上放线定位，确定主梁安放的大致位置。支架上平联上横向摆放木板，搭设成简易操作平台，拼装人员在木板上进行拼装工作。另外，还需用钢筋制作简易爬梯爬上主梁，用于上紧主梁上端螺栓（图 17-6）。

首节主梁使用吊车安放在托架滑移小车及第一个临时支架上，按照横纵向位置摆放平

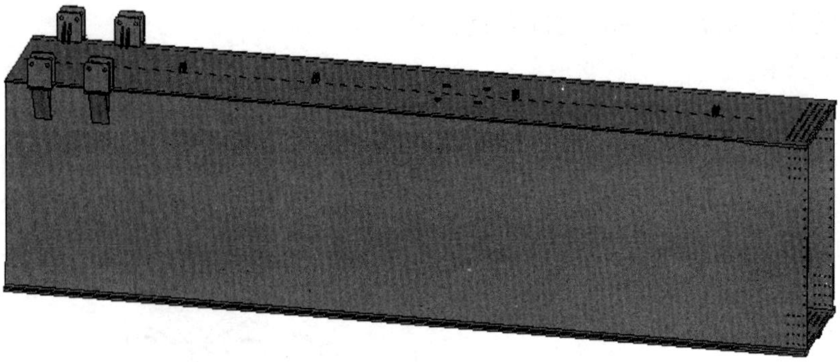

图 17-6　移动模架主梁结构示意

稳，第二节主梁吊放在第一个支架和第二个支架之间，对准两节主梁的节点位置，人工使用电动扳手安装螺栓，然后依次逐节安装主梁。最后一节主梁使用吊车起吊就位，在牛腿托架上人工进行连接拼装，拼装完毕后松开吊绳。先施工一边主梁然后再施工另一边主梁。主梁摆放时节点位置应位于支架顶端，以便于连接板的安装和螺栓的紧固（图 17-7）。

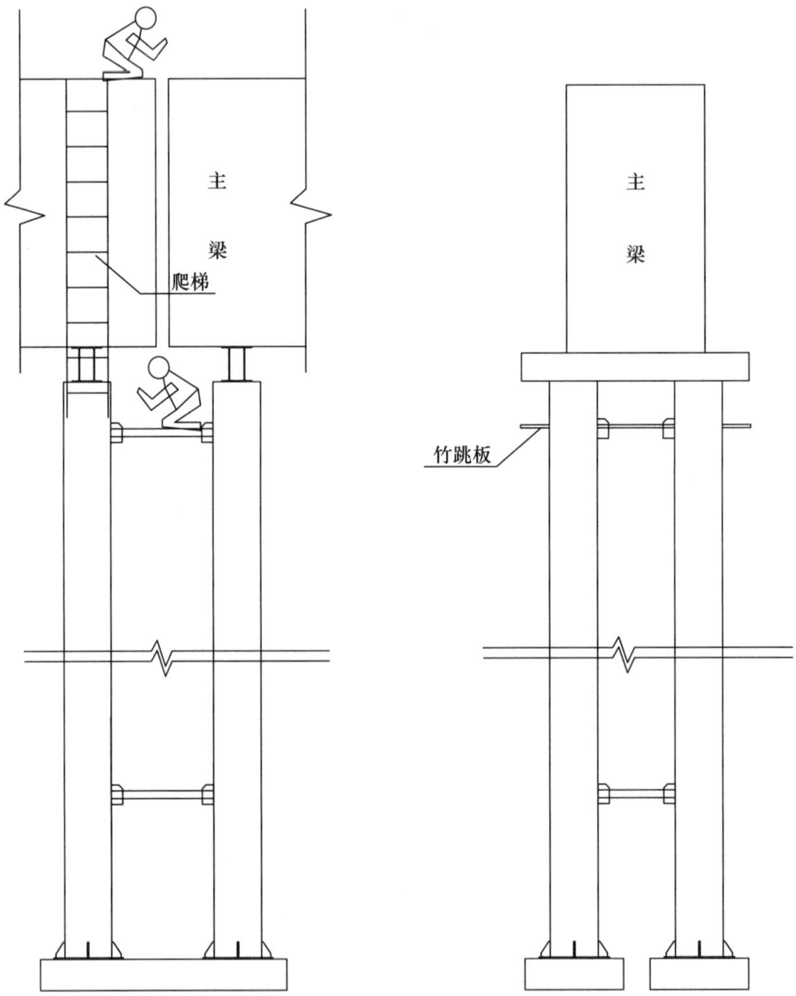

图 17-7　移动模架主梁拼装支架示意

(7) 横梁拼装及配重块安装

单个横梁在地面组装完毕，然后逐根使用吊车吊放就位，由工人在两边主梁上进行拼装，先拼装一侧然后两侧对接。配重块为预制混凝土条形块，采用吊车吊装、人工安装拉杆固定在主梁外侧（图 17-8）。

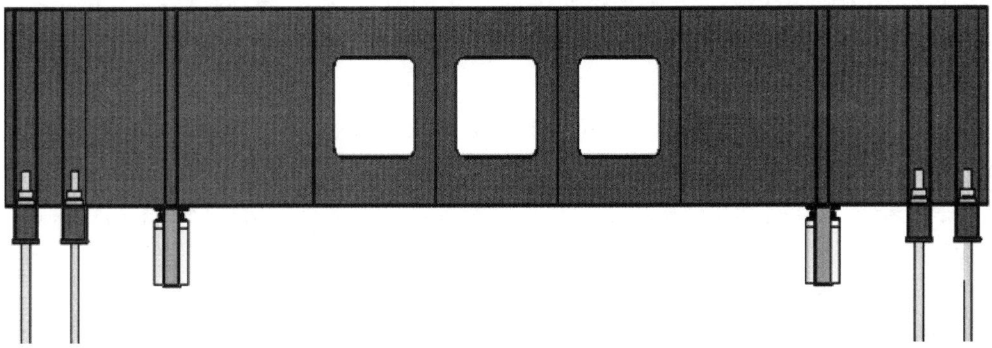

图 17-8　后横梁拼装结构示意

(8) 外模安装

待横梁全部安装完成后，在墩中心放出单幅桥轴线，按桥轴线方向调整横梁。外模板的安装顺序为底模→侧模支架和支撑杆→腹板和翼板模板。边安装外模边调节其预拱度直至满足其精度要求。模板挠度值主要由五部分组成：1）混凝土自重产生的挠度值；2）由后悬臂吊杆集中力产生的挠度值（第二孔以后各孔考虑此值）；3）预应力钢束张拉产生的反拱值，支点间按抛物线计算；4）牛腿间钢板层间压缩产生的挠度值；5）后悬臂吊杆伸长产生的挠度值（图 17-9）。

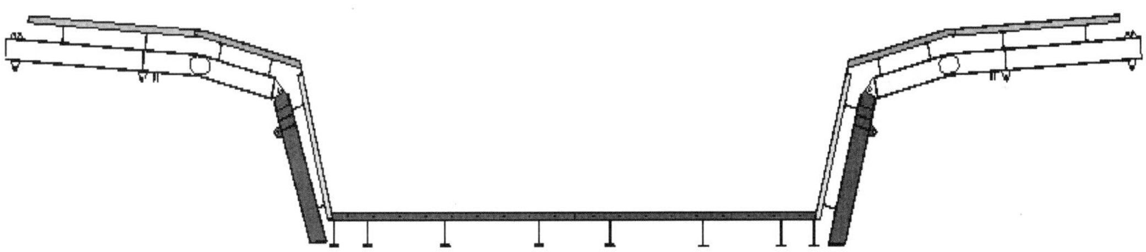

图 17-9　外模结构示意

(9) 鼻梁安装

利用吊机从主梁外依次拼装前后鼻梁构件。拼装时注意螺栓的规格型号，必要时增加垫圈个数，其他拼装注意事项与主梁拼装相同（图 17-10）。

图 17-10　鼻梁结构示意

前鼻梁安装具体步骤如下：1）使用吊车吊装第一节前鼻梁，易于调节角度完成阴阳连接处的安装；2）正确使用垫片，安装销栓，连接主梁与鼻梁的下弦；3）第一节前鼻梁松钩，吊装第二节前鼻梁；4）插入销轴，连接第一、二节鼻梁的下弦；5）第二节前鼻梁松钩，吊装第三节前鼻梁；6）插入销轴，连接第二、三节鼻梁的下弦；7）第三节前鼻梁松钩，通过增减上弦连接处的垫板来调节前鼻梁的纵向坡度；8）安装张拉工作平台。

后鼻梁安装具体步骤如下：1）使用吊车吊装后鼻梁，易于调节角度完成阴阳连接处的安装；2）正确使用垫片及安装销栓连接主梁与鼻梁的下弦；3）调节后鼻梁的纵坡与主梁一致；4）将连接板焊接到主梁的顶部，即完成后鼻梁与主梁的连接。

（10）悬吊系统安装

前、中、后扁担梁在原地面分别把扁担梁横梁和抱箍（仅后扁梁有）组装成型，然后按照先横梁后抱箍的顺序，逐件采用吊车直接吊装就位，最后由人工拼装。在前鼻梁最前一节拼装完毕后，开始安装前扁担梁。在箱梁浇筑后，再安装后扁担梁及中扁担梁进行受力转换。

（11）液压机电系统安装与调试

1）液压系统安装

液压系统安装时切忌回路内进入灰尘、砂粒、水及其他杂物，管路连接处有污物的务必清洗干净后再进行安装。接头处要连接紧固，但不要过于用力拧紧，拧的过劲会缩短密封件的寿命。管路布置要合理，以确保油管不会被碰撞、挤压而损坏，油管不能腾空，不能绕圈。

2）液压系统的调试

液压站启动之前要检查液压油的油位，检查操作手柄是否放在中位，卸荷阀是否处于卸荷位置，严禁带载启动。点动启动按钮，观察电机正反转，严禁液压站反转运行。液压站启动后，先空载运行3min后，才能带载。液压系统排气：将各个回路液压缸空载运行3～4个行程，将油管、液压缸内的空气排净。压力调整：压力调整要分多次进行，先将溢流阀完全松开，然后将压力逐级调至系统额定压力。调整过程中随时检查管路是否漏油，有无不正常噪声，压力表读数是否稳定。

2. 预压及空行实验

（1）预压试验

移动模架拼装完毕后即可进行预压，首次预压试验按施工荷载的最大荷载的1.2倍的60%、100%、120%逐级加载预压。通过预压消除结构非弹性变形，得出荷载—挠度曲线，并检验设计计算结果及模架安全性，调整预拱度，以求得混凝土梁施工的准确参数。

预压注意事项：1）检查所有螺栓连接是否牢固；2）检查模架主梁下螺旋顶的连接情况；3）横梁对拉螺栓是否安装完毕；4）翼缘走道板是否安装完毕；5）挠度测量控制点是否设置完毕；6）清扫杂物，以防落物伤人。

满载后进行观测，直至所有观测点的变形稳定后，即可卸载。卸载前测出所有观测点的高程。移动模架的卸载按加载相反的顺序进行，仍然采用分级的方式，每卸下一级荷载，均对所有观测点进行一次测量，在数据分析时与加载时的挠度进行比较。

卸载后对模架所有螺栓、销轴、连接部位重新进行一次全面检查，根据实际情况对螺栓进行复拧。还要对模板及侧模支撑进行检查，观测是否有变形。

（2）空行试验

试验的目的：检验设备运行状况，消除不可预见因素，方便处理小的故障，保证设备更好的运转，保证项目的总工期。外模板安装完毕后，测量人员对钢模板设点进行观测、复核纵横断面高程，预留拱度及沉降量，记录在册后进行空行实验。

试验与检查项目：1）液压系统设计参数检验；2）液压电器同步性能检查；3）回转吊滑轨运行状况检查：模拟安装行走轮，四氟板定位及磨损检查；4）回转吊横移瞬间倾覆稳定检查；5）回转吊行走、起吊能力检查；6）墩顶支撑纵移时稳定检查；7）整机行走检查。

3. 移动模架施工

（1）施工流程

移动模架施工作业过程如图 17-11 所示。

（2）施工流程

1）前期准备工作

前一跨现场浇筑、养护及张拉完成后，拆除支座处散模、端模及内模；检查、清理移动模架；各液压站的工作人员就位并检查液压站是否正常；各支承处人员就位并检查支承台车位置是否正确；解除所有影响竖向移动的约束；水平横移油缸处于自由状态，尾部悬挂下落。将卷扬机和托架自行小车用钢丝绳连接起来，卷扬机牵引托架前行到下一跨并合拢。

2）落模

启动推进小车垂直油缸，垂直油缸徐徐下落，将主梁及模板系统整体下放，其同步错位不大于 20mm；在箱梁下面轨道接触到支承台车时，再次检查台车位置是否正确；这时竖直油缸使整个模架基本同步落至各台车踏面上，此时脱模完成。

3）开模

解除底模中间缝的连接螺栓；检查液压元件；横移油缸充油，使底模及模架分别向两边滑移打开，此动作应基本同步进行。

4）纵向移位

检查纵移机构是否固定可靠；检查前方导梁及支承是否安全和支承台车是否到位；解除所有影响其纵向移动的约束，推动模架纵移至下一跨，每次移动距离$\leqslant$500mm。

5）合模

纵向移动到位后，驱动横移油缸，使两组模架合模，此动作应基本同步进行，前后错位不大于 60mm。当接近合拢时，底模桁架等各连接点处应有人检查，时刻注意各处对位情况；合拢后连接各处螺栓。

6）调整与顶升

检查造桥机到位情况；各垂直油缸充油，在充油之前应先给油缸排气，同时同步顶升主框架；检查模板标高；再次顶升主框架到位。

7）顶紧模架支承于墩顶，此时模架支承系统腾空，准备托架的过孔。锁紧各支承机构；关闭液压站；检查各处支承和连接情况。

8）箱梁混凝土施工

移动模架拼装调整到设计位置后，校正几何尺寸、标高，根据预压监测数据调整好移动模架底模预拱度，将外模板面杂物清扫干净；然后再进行箱梁的钢筋绑扎（铺设波纹管、钢绞线），安装内模板。

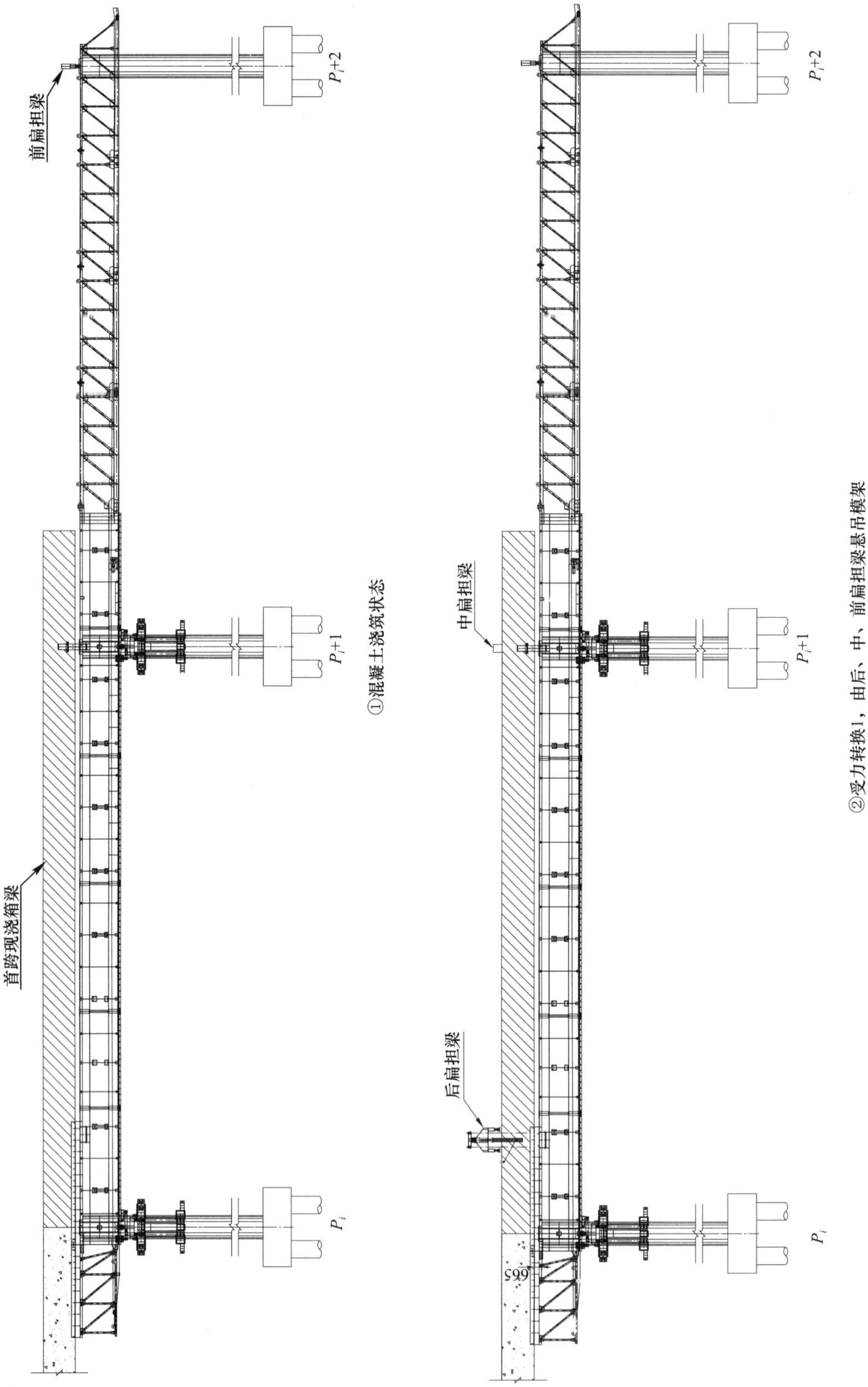

图 17-11　移动模架作业流程示意（一）

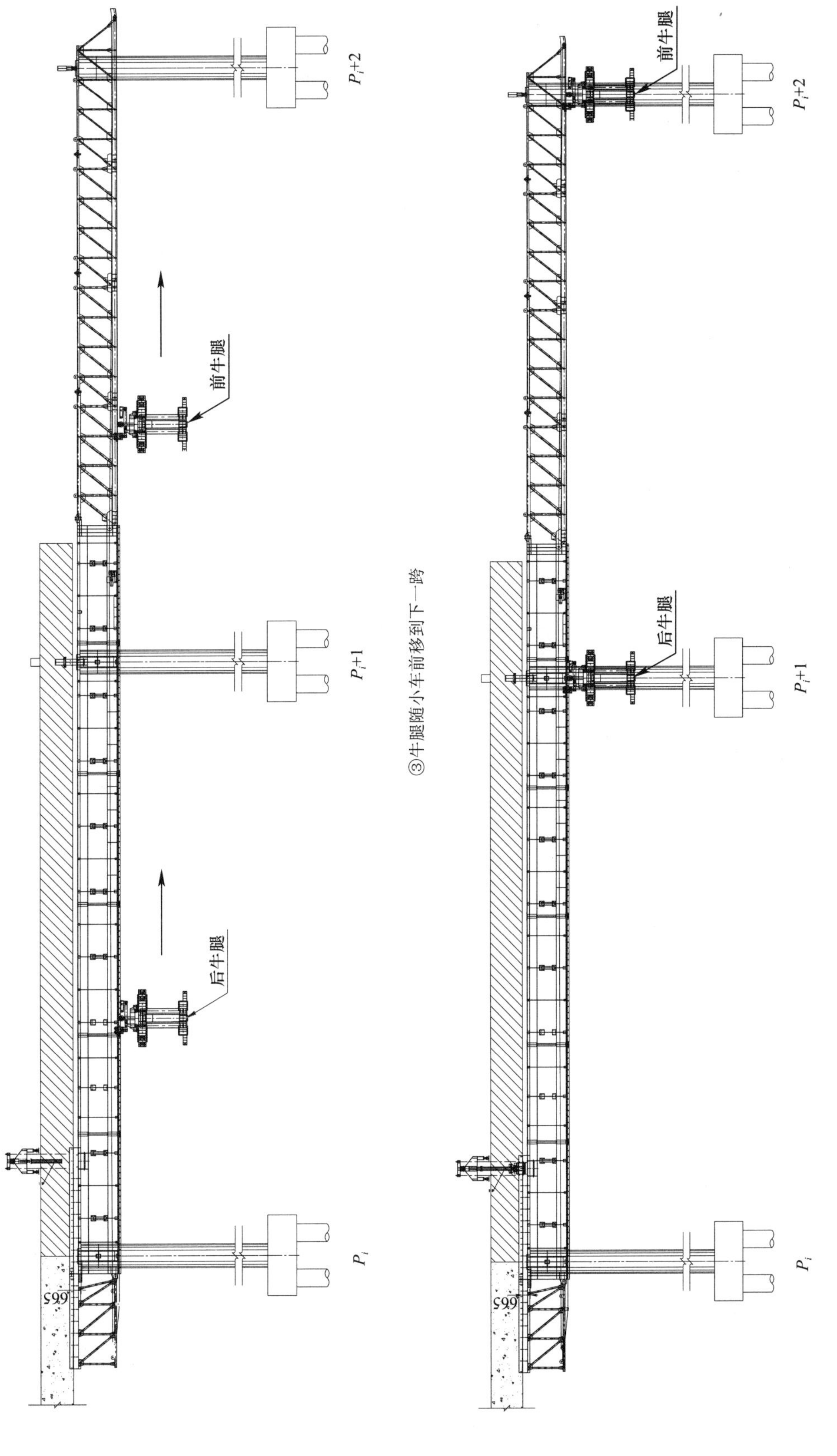

③牛腿随小车前移到下一跨

④牛腿合拢就位，受力转换2，由牛腿支撑模架，落模，开模

图 17-11　移动模架作业流程示意（二）

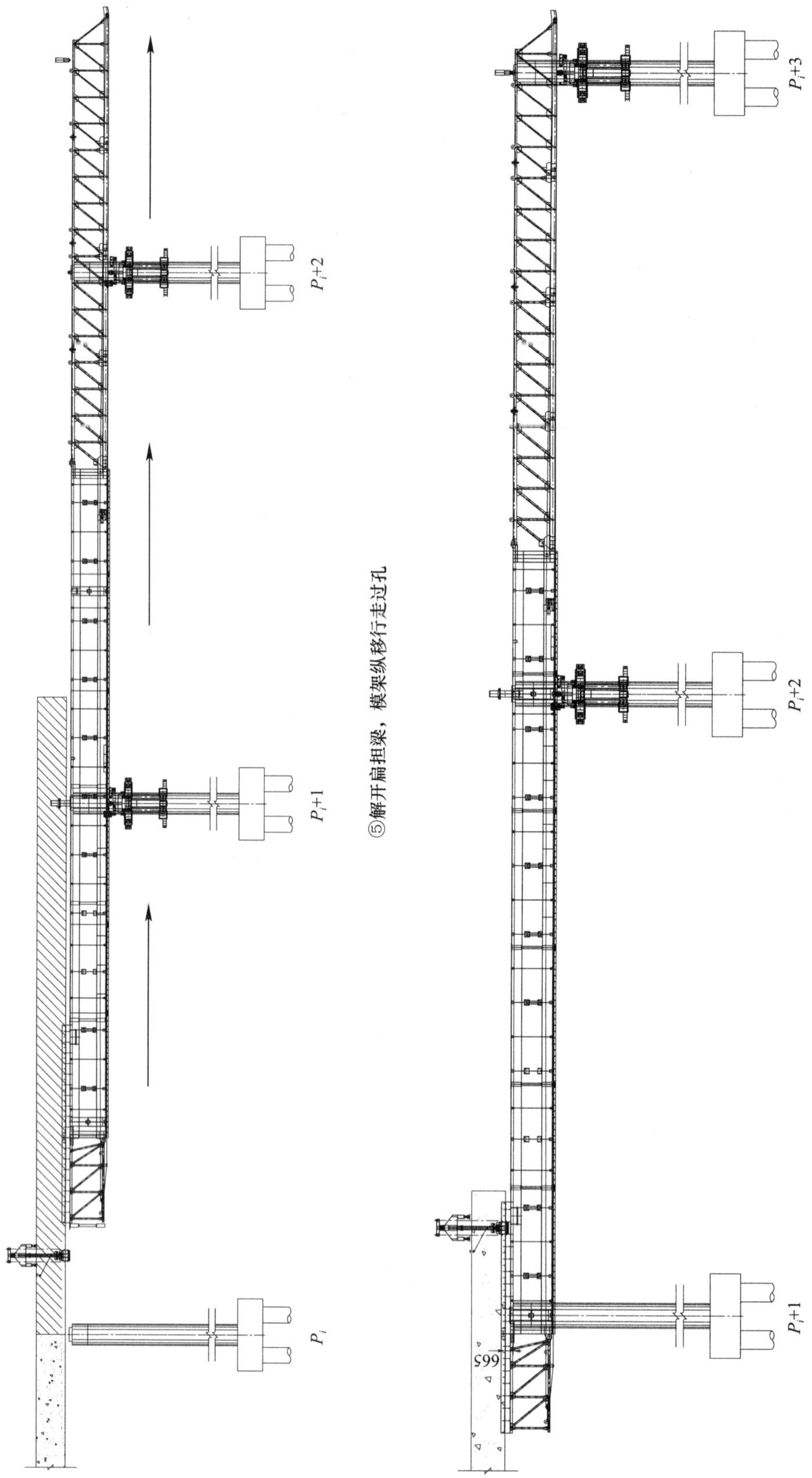

⑤解开扁担梁，模架纵移行走过孔

⑥过孔完毕，再安装扁担梁，小车再次前移一跨，开始施工标准梁段

图 17-11　移动模架作业流程示意（三）

混凝土浇筑前，除对模板、钢筋、预应力筋检查验收合格后，还需检查移动模架千斤顶自锁情况、各部件的螺栓连接情况、对拉丝杆的连接情况。

首孔梁的混凝土在顺桥向宜从桥台（或过渡墩）开始向悬臂端进行浇筑，中间孔宜从悬臂端开始向已浇梁段推进浇筑，末孔宜从一联中最后一个墩位处向已浇梁段推进浇筑，最终与已浇梁段接合；梁体混凝土在横桥向应对称浇筑。连续梁逐孔现浇的纵向分段接缝位置应符合设计规定；设计未规定时，宜设在 1/5 跨的弯矩零点附近。

9）任一孔梁的混凝土浇筑施工完成后，内模中的侧向模板应在混凝土抗压强度达到 2.5MPa 后，顶面模板应在混凝土抗压强度达到设计强度等级的 75％后，方可拆除；外模架应在梁体预应力张拉、孔道压浆、封锚完成后方可卸落。

4. 移动模架拆卸

（1）拆卸流程如图 17-12 所示。

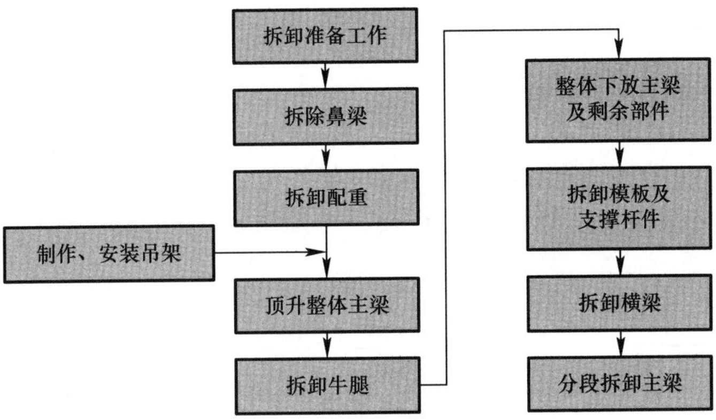

图 17-12　移动模架拆除流程

（2）拆卸步骤：拆卸鼻梁→拆配重→整体起吊主梁→卸小车及牛腿。

拆卸牛腿时不能将移动模架主梁拉斜，使拆卸牛腿的整个过程中，所有精轧螺纹钢吊杆保持均匀受力状态。否则，有可能出现因精轧螺纹钢受力不均而断裂的情况。

（3）拆卸主梁及模架剩余部件

牛腿拆卸完毕后，即可开动油泵降落主梁。当模架与混凝土箱梁之间有足够的拆卸空间时，停止下落，开始拆卸剩余模板、支撑、横梁等部件。拆完后即可拆除一半吊杆即每一个吊点拆下 4 根。

（4）拆卸注意事项

必须严格按照其中操作规程操作。在移动模架上作业人员一定要系安全带，时刻检查精轧螺纹钢以及螺母、垫板、扁担梁、顶梁等部件的受力情况以及是否有变形损坏等，如有应立即停止操作。要保证精轧螺纹钢的均匀受力。时刻注意，有无异常响动。

17.4　质量控制

17.4.1　移动模架质量验收

移动模板按照设计加工制造完成后，宜分是哪个节段组织验收：出厂验收、初步验收和最终验收。

（1）出厂验收是在移动模架出厂前由用户和制造商在工厂中进行验收。验收内容应包括：移动模架的所有重要构件的规格、状态应符合设计要求，必备的证书应齐全并经过具有资质的单位审核；重要构件的材料材质、性能应与设计相符并有材质证明资料；焊缝外观及内部质量应满足相关标准要求，并有具有检测资质的单位出具的检查报告；厂内试拼装记录；厂内静载试验合格记录；制造厂签发的《移动模架出厂检验合格证书》等。

（2）初步验收是在移动模架运至现场拼装完成后由用户、制造商和监理在施工现场进行验收。验收内容应包括：移动模架满足现场环境恶劣、设备简单的条件下的拼装要求，所有构件、部件安装应顺畅，不得出现卡碰等安装困难现象；施工现场预压试验，以检验主梁、支腿及托架等主要受力构件的强度、安全性。

（3）最终验收是在移动模架完成至少两跨箱梁施工后由用户、制作商和监理在施工现场进行验收。移动模架的使用性能必须满足现场施工要求，必须安全可靠、操作方便，各机构操作灵活。

17.4.2　移动模架安装质量控制

（1）同一侧的墩柱旁托架必须在同一标高，误差不得大于 2cm。

（2）模板安装必须稳固严密，不得露浆；模板与混凝土的接触面必须清理干净并涂刷隔离剂；混凝土浇筑前，模板内积水和杂物必须清理干净。模板安装允许偏差应符合表 17-2 的规定。

模板尺寸允许偏差　　**表 17-2**

序号	项目	允许偏差（mm）
1	侧、底模板全长	±10
2	底模板宽	+5，0
3	底模板中心线与设计位置偏差	≤2
4	桥面板中心线与设计位置偏差	≤10
5	腹板中心线位置偏差	≤10
6	隔板中心线位置偏差	≤5
7	模板垂直度	3″
8	侧、底模板平整度	≤2mm/m
9	桥面板宽度	±10
10	腹板厚度	+10，0
11	底板厚度	+10，0
12	顶板厚度	+10，0
13	隔板厚度	+10，−5
14	端模板预留预应力孔道偏离设计位置	3

17.5　施工记录

（1）移动模架现场拼装、验收记录；

（2）移动模架现场试压监测记录；

（3）移动模架模板调整准确就位施工记录。

17.6　成品保护

（1）对进入现场的连接板，做防锈处理。

（2）所有移动模架的机械配件应做好防止雨水、灰尘的防护工作，包括螺栓、螺母及垫片。

（3）所有液压件需防止雨水、灰尘等，液压软管应存放在室内，避免长时间处于高温及潮湿环境下，以免造成软管损坏。

17.7　安全与环保措施

17.7.1　安全保护措施

（1）施工过程的安全应符合国家现行《建筑施工安全检查标准》JGJ59—2011 的有关规定，施工机械应符合国家现行《建筑机械使用安全技术规程》JGJ33—2012 的有关规定，施工临时用电应符合国家现行《施工现场临时用电安全技术规范》JGJ46—2005 的规定。

（2）在梁体混凝土的浇筑施工过程中，应随时对模架的关键受力部位和支承系统进行检查，有异常时应采取有效措施及时处理；在移动过孔时，应对模架的运行状态进行监控。

（3）模架所有操作平台的边缘处，均应设置防护栏杆，必要时应挂安全网，同时应在模架的适当部位配置消防器材。

（4）模架中的动力和照明线路应由专业人员敷设，并应定期检查清理，消除漏电、短路等隐患。每完成一孔梁的施工，均应对模架的关键部位及支承系统等进行检查，发现问题后应及时处理。

（5）起重机操作时必须由经验丰富、能力较强的指挥工进行指挥，吊装时必须有统一的指挥、统一的信号，吊装区域应设置警戒线，危险部位须设专人监护；设备起吊，必须设有缆风绳，模架与墩柱之间增设防风摆动限位滑杆；设备起吊安全储备系数不小于 1.5。高空作业人员必须系安全带，安全带生根处应做到高挂低用及安全可靠。

（6）必须每天对模架液压操作系统进行检查，发现问题及时检修，以免影响施工安全。

（7）当风力≥6 级时，严禁过孔作业；当风力≥8 级时，严禁进行混凝土浇筑作业，必须保证移动模架处于整机合拢并连接完毕状态；禁止在模板外的高空作业；当风力≥11 级时，应停止任何施工作业，切断电源并拉必要的缆风绳。

17.7.2　环保措施

（1）施工过程的环境保护应符合国家现行《建设工程施工现场环境与卫生标准》JGJ146—2013 的有关规定。

（2）在施工期间按规定对设备进行维护保养，确保现场使用的设备具有良好的机况，正确维护施工设备静噪器，尽量减少施工设备噪声。工作期间暂停使用的机械设备，应停机或将油门调至最小。

（3）为保护河流湖泊不受污染，防止施工机械漏油，禁止机械运转过程中产生的油污水未经处理直接排放，或维修施工机械时油污水直接排放。施工过程中产生的混凝土碎块等固体废弃物应集中堆放，清运出施工现场，不得随意将废弃物填入湖泊。

（4）工程材料、制品构件、机具设备等分门别类、有条理地堆放整齐，并正确标识；机具设备定机、定人保养，并保持运行正常，机容整洁。

第 18 章　后张预应力箱梁孔道压浆施工工艺

18.1　适用范围及特点

18.1.1　适用范围

预应力孔道压浆通常是指在施工现场按一定比例将水泥、高效减水剂、微膨胀剂、矿物掺合料等多种材料干拌后与水混合均匀，采用压力注浆泵将其压入预应力孔道，使孔道全部填充密实。采用孔道压浆以实现保护预应力钢绞线不锈蚀，延长结构使用年限；同时作为媒介，在预应力钢绞线松弛后，向梁体传递部分应力。预应力孔道压浆施工工艺适用于桥梁及其他类似预应力结构中的孔道压浆工作。

18.1.2　工艺特点

（1）施工工艺操作简便；（2）浆液拌合质量易于控制；（3）真空压浆易于使孔道密实。

18.2　施工准备

18.2.1　技术准备

（1）试验室试配：根据压浆剂，压浆料生产商提供的初步配方及样品，根据现场施工环境、施工工艺、浆液的强度等级要求在工地试验室进行试配，根据实际浆液性能变化可适当调整，指标应符合表 18-5 的要求，28d 强度应满足设计值的 1.15 倍，方可确定合格供货方。

（2）生产配合比验证：制浆原材料进场后，根据试验室配合比试配结果，使用进场制浆原材料进行浆液性能验证，指标应符合表 18-5 的要求，方可确定产品满足设计要求。

（3）工艺验证：在施工正式开工前，应进行工艺性试验，以确认实际施工工艺生产的浆液性能是否符合表 18-5 的要求。

18.2.2　材料准备

（1）后张预应力孔道宜采用专用压浆料或专用压浆剂配制的浆液进行压浆。所用原材料应符合下列规定：

1）水泥应采用性能稳定、强度等级不低于 42.5 级的低碱硅酸盐水泥或低碱普通硅酸盐水泥，水泥的技术要求除应符合现行国家标准《通用硅酸盐水泥》国家标准第 1 号修改单 GB175—2007/XG1—2009 的规定外，还应符合表 18-1 的规定。

水泥技术要求　　　　**表 18-1**

序号	项目	技术要求	检验标准
1	比表面积（m^2/kg）	≤350（硅酸盐水泥、抗硫酸盐硅酸盐水泥）	《水泥比表面积测定方法（勃氏法）》GB/T8074—2008

续表

序号	项目	技术要求	检验标准
2	80μm方孔筛筛余（%）	≤10.0（普通硅酸盐水泥）	《水泥细度检验方法（筛析法）》GB/T1345—2005
3	游离氧化钙含量（%）	≤1.5	《水泥化学分析方法》GB/T176—2008
4	碱含量（%）	≤0.60	
5	熟料中的 C_3A 含量（%）	≤8；海水环境下≤10	按《水泥化学分析方法》GB/T176—2008检验后计算求得
6	氯离子含量（%）	≤0.03	《水泥中氯离子的化学分析方法》JCT1073—2008

2）外加剂应与水泥具有良好的相容性，且不得含有氯盐、亚硝酸盐或其他对预应力筋有腐蚀作用的成分。减水剂应采用高效减水剂，且应满足现行国家标准《混凝土外加剂》GB8076—2008中高效减水剂一等品的要求，其减水率应不小于20%。

3）矿物掺合料的品种宜为Ⅰ级粉煤灰、磨细矿渣粉或硅灰，其技术指标应满足表18-2～表18-4的规定。

粉煤灰技术要求 **表18-2**

序号	项目	技术要求		检验标准
		C50以下混凝土	C50及以上混凝土	
1	细度（%）	≤20	≤12	《用于水泥和混凝土中的粉煤灰》GB/T1596—2005
2	需水量比（%）	≤105	≤100	
3	含水率（%）	≤1.0（干排灰）		
4	烧失量（%）	≤5.0	≤3.0	《水泥化学分析方法》GB/T176—2008
5	SO_3 含量（%）	≤3		
6	CaO含量（%）	≤10（硫酸盐侵蚀环境）		
7	游离CaO含量（%）	F类粉煤灰≤1.0 C类粉煤灰≤4.0		
8	氯离子含量（%）	≤0.02		《水泥中氯离子的化学分析方法》JCT1073—2008
9	安定性（雷氏夹沸煮后增加距离，mm）	C类粉煤灰≤5.0		《水泥标准稠度用水量、凝结时间、安定性检验方法》GB/T1346—2011

磨细矿渣粉技术要求 **表18-3**

序号	项目	技术要求	检验标准
1	比表面积（m^2/kg）	350～450	《水泥比表面积测定方法（勃氏法）》GB/T8074—2008
2	需水量比（%）	≤100	《高强高性能混凝土用矿物外加剂》GB/T18736—2002
3	含水率（%）	≤1.0	《用于水泥和混凝土中的粒化高炉矿渣粉》GB/T18046—2008
4	28d活性指数（%）	≥95	
5	烧失量（%）	≤3	《水泥化学分析方法》GB/T176—2008
6	SO_3 含量（%）	≤4	
7	MgO含量（%）	≤14	
8	氯离子含量（%）	≤0.02	《水泥中氯离子的化学分析方法》JCT1073—2008

硅灰技术要求　　表 18-4

序号	项目	技术要求	检验标准
1	比表面积（m^2/kg）	≥18000	《高强高性能混凝土用矿物外加剂》GB/T18736—2002
2	需水量比（%）	≤125	
3	28d 活性指数（%）	≥85	
4	SiO_2 含量（%）	≥85	
5	含水率（%）	≤3.0	《水泥化学分析方法》GB/T176—2008
6	烧失量（%）	≤6	
7	氯离子含量（%）	≤0.02	《水泥中氯离子的化学分析方法》JCT1073—2008

4）水不应含有对预应力筋或水泥有害的成分，每升水中不得含有 350mg 以上的氯化物离子或任何一种其他有机物，宜采用复合国家卫生标准的清洁饮用水。

5）膨胀剂宜采用钙矾石系或复合型膨胀剂，不得采用以铝粉为膨胀源的膨胀剂或总碱量 0.75%以上的高碱膨胀剂。

6）压浆材料中的氯离子含量不应超过胶凝材料总量的 0.06%，比表面积应大于 $350m^2/kg$，三氧化硫含量不应超过 6.0%。

（2）采用压浆材料配置的浆液，其性能应符合表 18-5 的规定。

后张预应力孔道压浆浆液性能指标　　表 18-5

序号	项目		性能指标	检验试验方法标准
1	水胶比（%）		0.26～0.28	《水泥标准稠度用水量、凝结时间、安定性检验方法》GB/T1346—2011
2	凝结时间（h）	初凝	≥5	
		终凝	≤24	
3	流动度（25℃）（s）	初始流动度	10～17	《公路桥涵施工技术规范》JTG/TF50—2011 附录 C3
		30min 流动度	10～20	
		60min 流动度	10～25	
4	泌水率（%）	24h 自由泌水率	0	《公路桥涵施工技术规范》JTG/TF50—2011 附录 C4
		3h 钢丝间泌水率	0	《公路桥涵施工技术规范》JTG/TF50—2011 附录 C5
5	压力泌水率（%）	0.22MPa（孔道垂直高度≤1.8m 时）	≤2.0	《公路桥涵施工技术规范》JTG/TF50—2011 附录 C6
		0.36MPa（孔道垂直高度>1.8m 时）		
6	自由膨胀率（%）	3h	0～2	《公路桥涵施工技术规范》JTG/TF50—2011 附录 C4
		24h	0～3	
7	充盈度		合格	《公路桥涵施工技术规范》JTG/TF50—2011 附录 C7
8	抗压强度（MPa）	3d	≥20	《水泥胶砂强度检验方法（ISO 法）》GB/T17671—1999
		7d	≥40	
		28d	≥50	
9	抗折强度（MPa）	3d	≥5	《水泥胶砂强度检验方法（ISO 法）》GB/T17671—1999
		7d	≥6	
		28d	≥10	

续表

序号	项目	性能指标	检验试验方法标准
10	对钢筋的锈蚀作用	无锈蚀	《混凝土外加剂》GB8076—2008
11	氯离子含量	≤0.06%	《水泥化学分析方法》GB/T176—2008
12	含气量	1%～3%	《普通混凝土拌合物性能试验方法标准》GB/T50080—2002

注：1. 有抗冻性要求时，宜在压浆材料中掺用适量引气剂，且含气量宜为1%～3%；
2. 有抗渗性要求时，抗氯离子渗透的28d电量指标宜小于或等于1500C。

18.2.3　机具准备

(1) 搅拌机的转速不低于1000r/min，搅拌叶的形状应与转速相匹配，其叶片的线速度不宜小于10m/s，最高线速度宜限制在20m/s以内，并能满足在规定的时间内搅拌均匀的要求。

(2) 压浆机采用连续式压浆泵。其压力表最小分度值不应大于0.1MPa，最大量程应使实际工作压在其25%～75%的量程范围内。不得采用风压式压浆泵进行孔道压浆。

(3) 用于临时储存浆液的储料罐应带有搅拌功能，且应设置网格尺寸不大于3mm的过滤网。

(4) 如选用真空辅助压浆工艺，真空泵应能达到0.10MPa的负压力。

(5) 在配制浆体拌合物时，水泥、压浆剂、水的称量应准确到±1%（均以质量计）；计量器具均应经法定计量检定合格，且在有效期内使用。

18.2.4　作业条件准备

(1) 梁体结构混凝土浇筑之前，必须在有可能出现压浆不饱满的地方设置检测孔，用于内窥镜检查压浆饱满情况，作为检查工艺可靠性的手段和质量监督的手段。检测孔设置数量，可由设计、业主、监理、施工商定。

(2) 压浆、出浆口、排气口应使用ϕ20以上的耐压管，出浆口和排气口管的自由长度在1.0m以上（具体长度应根据结构尺寸而定），压浆前和压浆后都必须保持其垂直状况。压浆管应采取定位措施，预应力筋的形状为W形时，在向下弯曲开始位置（最高处）以及0.5m左右的前面设置中间排气口。压浆管必须确保孔道里的气密性，压浆前，压浆管应保持垂直和封闭。

(3) 预应力张拉完成，并验收合格。压浆前，应切除外露的多余钢绞线并进行封锚，设置压浆阀、出浆阀、出气阀，出浆阀应设置在孔道最上方。

(4) 对预应力孔道进行清洁处理。对抽芯成型的孔道应冲洗干净并应使孔壁完全湿润；金属和塑料管道在必要时应冲洗清除附着于孔道内壁的有害材料。对孔道内可能存在的油污等，可采用已知对预应力筋和管道无腐蚀作用的中性洗涤剂或皂液，用水稀释后进行冲洗；冲洗后，应使用不含油的压缩空气将孔道内的所有积水吹出。

(5) 对压浆设备、仪表进行验收合格，并清洗干净，清洗后的设备内不应有残渣和积水。孔道压浆施工所用的水、电供应安全可靠。

(6) 压浆现场作业面已清理干净，具备作业环境，并做好了必要的安全防护工作。污水和废浆的排放已安排妥当。

18.3　施工工艺

18.3.1　工艺流程

预应力孔道压浆施工工艺流程如图 18-1 所示。

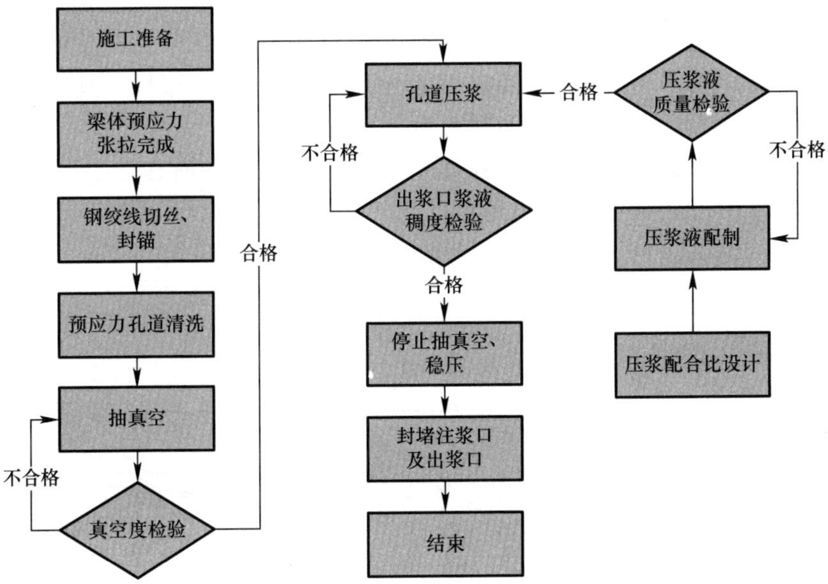

图 18-1　预应力孔道压浆施工工艺流程

18.3.2　操作要点

1. 浆液制备

（1）搅拌前，应先清洗施工设备。清洗后的设备内不应有残渣、积水，并检查搅拌机的过滤网。在压浆料由搅拌机进入储料罐时，应经过过滤网，过滤网空格不应大于 3mm×3mm。

（2）浆体搅拌操作顺序为：首先在搅拌机中先加入实际拌合水用量的 80%～90%，开动搅拌机，均匀加入全部压浆剂，边加入边搅拌，然后均匀加入全部水泥。全部粉料加入后再搅拌 2min；然后加入剩余的 10%～20%的拌合水，继续搅拌 2min。

（3）搅拌均匀后，现场进行出机流动度试验，每天或每工作班进行一次检测，其流动度在表 18-5 规定的范围内，即可通过过滤网进入储料罐。浆体在储料罐中应继续搅拌，以保证浆体的流动性。不得在施工过程中由于流动度不够额外加水。

2. 孔道压浆

（1）压浆前，应清除孔道内杂物和积水。

（2）压浆时，对曲线孔道和竖向孔道应从最低点的压浆孔压入；对结构或构件中以上下分层设置的孔道，应按先下层后上层的顺序进行压浆。同一管道的压浆应连续进行，一次完成。压浆应缓慢、均匀地进行，不得中断，并应将所有最高点的排气孔依次一一打开和关闭，使孔道内排气通畅。

（3）浆体压入孔道之前，应首先开启压浆泵，使浆体从压浆嘴排出少许，以排出压浆管路中的空气、水和稀浆。当排出的浆体流动度和搅拌罐中的流动度一致时，方可开始压入孔道。

（4）浆液自拌制完成至压入孔道的延续时间不宜超过 40min，且在使用前和压注过程中应连续搅拌，对因延迟使用所致流动度降低的水泥浆，不得通过额外加水增加其流动度。

（5）对水平或曲线孔道，压浆的压力宜为 0.5～0.7MPa；对超长孔道，最大压力不宜超过 1.0MPa；对竖向孔道，压浆的压力宜为 0.3～0.4MPa。压浆的充盈度应达到孔道另一端饱满且排气孔排出与规定流动度相同的水泥浆为止，关闭出浆口，宜保持一个不小于 0.5MPa 的稳压期，该稳压期的保持时间宜为 3～5min。

（6）采用真空辅助压浆工艺时，在压浆前应对孔道进行抽真空，真空度宜稳定在 −0.10～−0.06MPa 范围内。真空度稳定后，应立即开启孔道压浆端的阀门，同时启动压浆泵进行连续压浆（图 18-2）。

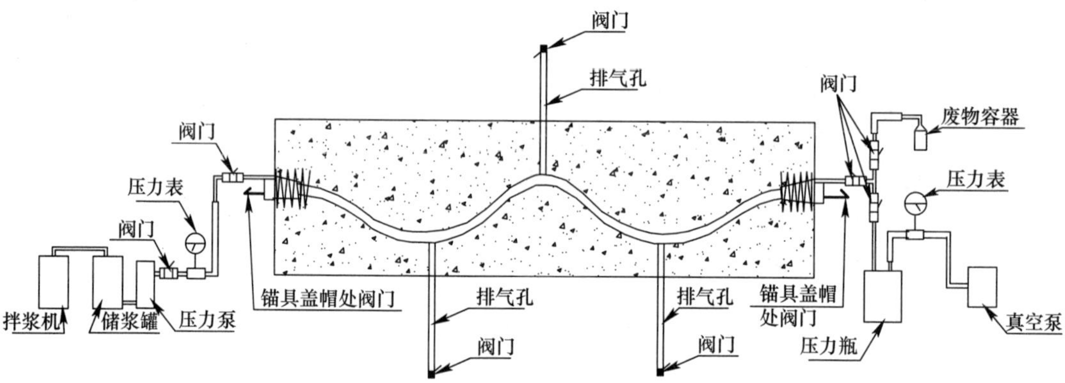

图 18-2　真空压浆原理示意

（7）采用连接器连接的多跨连续预应力筋的孔道压浆，应在连接器分段的预应力筋张拉后随即进行，不得在各分段全部张拉完毕后一次连续压浆。

（8）竖向孔道压浆应自下而上进行，并应设置阀门，阻止水泥浆回流。

（9）压浆过程中，每一工作班应制作留取不少于 3 组尺寸为 40mm×40mm×160mm 的试件，标准养护 28d 进行抗压强度和抗折强度试验，作为质量评定的依据。试验方法应按现行国家标准《水泥胶砂强度检验方法（ISO 法）》GB/T17671—1999 的规定执行，并对压浆进行记录。记录项目应包括：压浆材料、配合比、压浆日期、搅拌时间、出机流动度、浆体温度、环境温度、保压压力及时间、真空度、现场压浆负责人、监理工程师等。

（10）预应力张拉完成后，应在 48h 内进行管道压浆；压浆过程中及压浆后 48h 内，结构或构件混凝土的温度计环境温度不得低于 5℃，否则应采取保温措施，并应按冬期施工的要求处理，浆液中可适量掺用引气剂，但不得掺用防冻剂。当环境温度高于 35℃时，应选择一天内温度较低的时间进行压浆，如在夜间进行。

压浆后应通过检查孔抽查压浆的密实情况，如有不实，应及时进行补压浆处理。

（11）压浆完成后，应及时对锚固端按设计要求进行封闭保护或防腐处理，需要封锚的锚具，应在压浆完成后对梁端混凝土凿毛并将其周围冲洗干净，设置钢筋网浇筑封锚混凝土；封锚应采用与结构或构件同强度的混凝土并应严格控制封锚后的梁体长度。长期外露的锚具，应采取防锈措施。

（12）对后张预制构件，在孔道压浆前不得安装就位；压浆后，应在浆液强度达到规定的强度后方可移运和吊装。

18.4　质量控制

1. 压浆材料的质量要求

（1）压浆剂应采用性能稳定的产品，与水泥、水拌合后，具备不离析、不泌水、微膨胀、高流动性的技术性能，具体指标见表 18-5 所列。

（2）压浆料应采用性能稳定的产品，与水拌合后，具备不离析、不泌水、微膨胀、高流动性的技术性能，具体指标见表 18-5 所列。

（3）压浆料、压浆剂等材料应有制造商提供的出厂检验合格证书，并应按有关检验项目、批次规定，严格实施进场检验（指标见表 18-5 所列），压浆材料中不应含有高碱（总碱量不应超过 0.75%）膨胀剂或以铝粉为膨胀源的膨胀剂。不应掺入含氯盐类、亚硝酸盐类或其他对预应力筋有腐蚀作用的外加剂。压浆料或压浆剂中氯离子含量不应超过胶凝材料总量的 0.06%，详见表 18-5 所列。

2. 压浆材料检验批次

（1）验证试验，新选货源，应进行一次检验，检验项目见表 18-5 所列。

（2）进场检验，以 30t 为一批，不足 30t 按一批计，检验项目见表 18-5 所列。

3. 判定规则

压浆剂（料）依据表 18-5 检测，各项性能均符合技术要求，则判为该批号产品为合格品。如有一项及以上不符合本要求，允许从该批产品中加倍抽取样品复试，如复试各项目均合格则仍可判为合格，反之判为不合格。

4. 孔道压浆材料质量要求

选用压浆料，可直接按表 18-5 的技术指标执行。选用压浆剂，其制造商应试验压浆剂与所用水泥的相容性，以满足施工技术指标。

5. 试验检测质量控制

孔道压浆试验检测质量控制应包括：浆液拌合、抗压强度、抗折强度、凝结时间、出机流动度以及 30min 和 60min 流动度、自由泌水率与自由膨胀率、沉积率、竖向膨胀率、钢丝间泌水率、压力泌水试验、充盈度试验、压力充盈度试验、材料抗分离试验、氯离子含量试验及抗氯离子渗透试验等。

（1）试验条件

1）环境条件：试验室的温度和湿度，用于比对试验设计的应符合《水泥胶砂强度检验方法（ISO 法）》GB/T17671—1999 中的规定；用于实际施工设计的，应符合计划施工季节的要求。

2）仪器设备：试验设备、仪器、仪表等计量器具均应经计量检定合格，符合精度要求。

3）试拌条件：用于实际施工设计的，试拌应使用高速制浆试验机。水泥、压浆剂或压浆料、水的温度应与施工期间的实际温度相同。

（2）试验方法

1）浆液拌合试验

① 仪器设备

高速制浆试验机：转速大于1000转，置放于水平面上，如图18-3所示。

电子天平：量程5000g，感量1g。

秒表：精度0.5s。

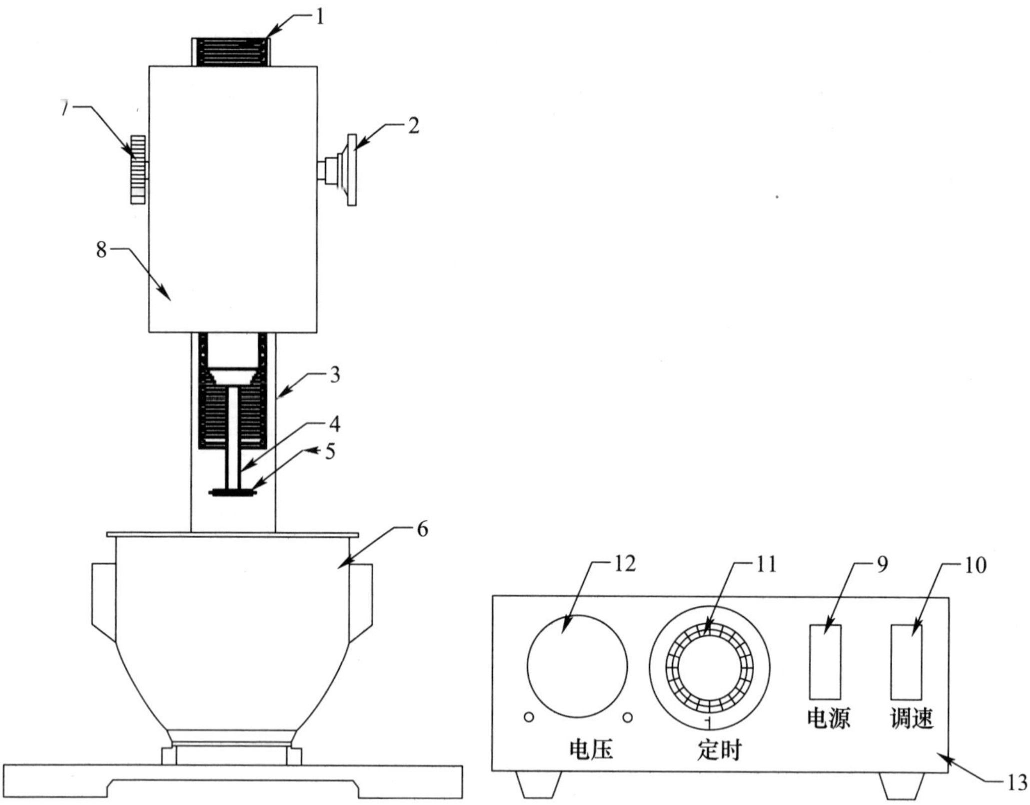

图18-3 高速制浆试验机示意

1. 直齿；2. 高度调节手柄；3. 立柱；4. 叶片连接杆；5. 叶片；6. 容器；7. 锁定螺母；8. 防尘罩及加料漏斗；9. 电源开关；10. 调速开关；11. 定时开关；12. 电压表；13. 控制器

② 试验步骤

先将经过设计计算的拌合水放入搅拌锅，再依次投入水泥、压浆剂或压浆料，慢速搅拌1min，搅拌均匀后，快速搅拌2min。

2）抗压强度、抗折强度

按照《水泥胶砂强度检验方法（ISO法）》GB/T17671—1999进行试验和计算。

3）凝结时间

按照《水泥标准稠度用水量、凝结时间、安定性检验方法》GB/T1346—2011进行测定。

4）出机流动度和30min、60min流动度

按照《公路桥涵施工技术规范》JTG/TF50—2011进行测定，可按照附录F2进行。

① 仪器设备

A. 流动度测试仪：流动锥，如图 18-4 所示。

B. 流动锥的校准：1725mL±5mL，水流出的时间应为 8.0s±0.2s。

② 流动度试验方法

测定时，先将漏斗调整水平，关上底口活门，将搅拌均匀的浆液倾入漏斗内，直至表面触及点测规下端（1725mL±5mL 浆液）。打开活门，让浆液自由流出，浆液全部流完时间（s），称为压浆浆液的流动度。

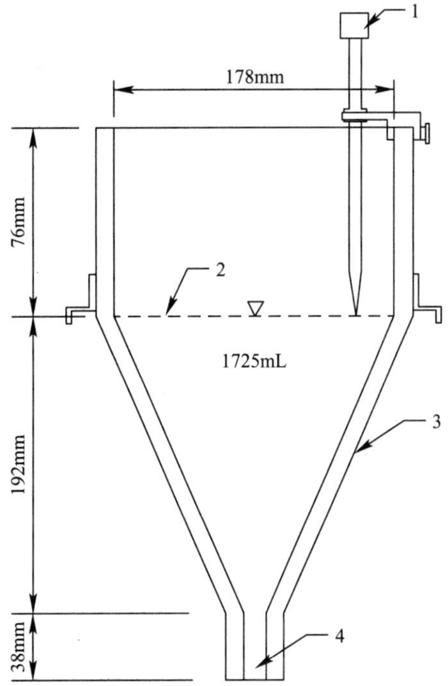

图 18-4　流动锥装置示意

1. 点测规；2. 水泥浆浆液表面；3. 不锈钢制器（3mm 厚）；4. 流出口（内径 13mm）

5）自由泌水率与自由膨胀率

按照《公路桥涵施工技术规范》JTG/TF50—2011 进行测定，可按照附录 F3 进行。

① 容器

试验容器用有机玻璃制成，带有密封盖，高 120mm，置放于水平面上（图 18-5）。

② 试验方法

往容器内填罐水泥浆约 100mm 深，测填灌面高度并记录，然后盖严。置放 3h 和 24h 后测量其离析水水面和水泥浆膨胀面。

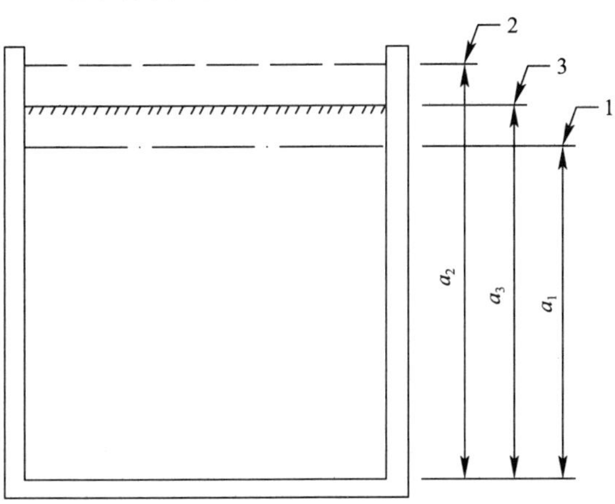

图 18-5　浆液自由泌水率和膨胀率试验容器示意

1. 最初填灌的水泥浆面；2. 水面；3. 膨胀后的水泥浆面

自由泌水率（%）$=(a_2-a_3)/a_1\times 100\%$

自由膨胀率（%）$=(a_3-a_1)/a_1\times 100\%$

6）沉积率

① 目的、适用范围

本方法用于评价浆液的流动度稳定性，检测浆液的常压离析性能。

② 仪器设备

带孔容量筒：容积 5L，中部有直径 20mm 的圆孔。

容量筒：容积 2L。

流动度测试仪：流动锥。

流动锥的校准：1725mL±5mL，水流出的时间应为 8.0s±0.2s。

秒表：精度 0.5s（图 18-6）。

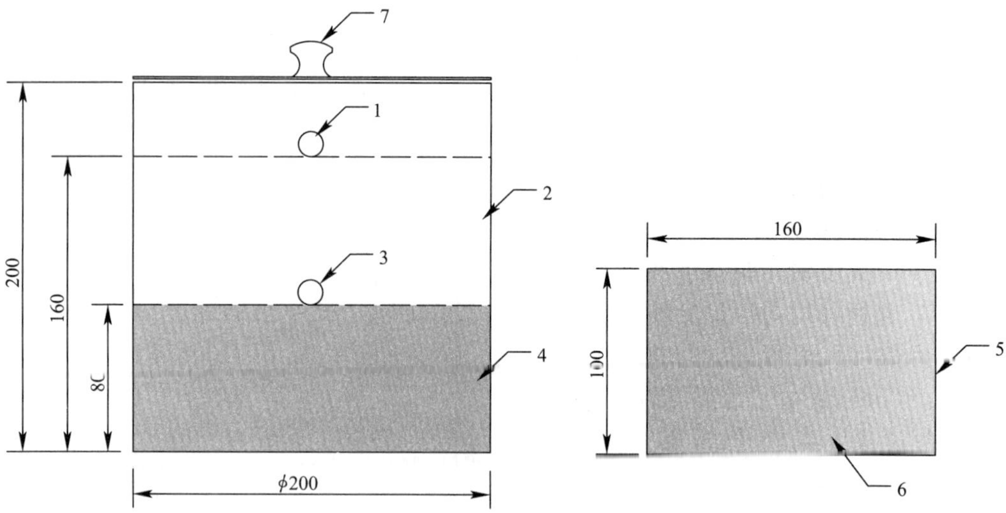

图 18-6　沉积率仪示意（mm）

1. 限位溢浆孔；2. 上半部浆体；3. 中间放浆孔；4. 下半部浆体；5. 容量筒；6. 浆体；7. 盖子

③ 试验步骤

A. 根据规定的工艺制浆。

B. 将制好的浆液灌满 5L 容量筒，待限位溢浆孔排除多余浆液后，封闭溢浆孔。静置 1h 后。开启筒中部的流出孔阀门，分离出上部 1/2 的浆液。

C. 流动度比测定：用流动度仪分别测定上部浆液与下部浆液的流动度，净浆流动度值以秒（s）为单位，测量结果精确至 0.5s。

D. 密度比测定：用 2L 容量筒分别检测上部浆液与下部浆液的密度，净浆密度值以 kg/m^3 为单位，测量结果精确至 $1kg/m^3$。

④ 试验结果

A. 浆液沉积流动比＝流动度$_{上部}$/流动度$_{下部}$×100%

B. 浆液沉积密度比＝密度$_{上部}$/密度$_{下部}$×100%

7）竖向膨胀率

① 目的、适用范围

本方法用于测定浆液的补偿收缩性能。定量测定浆液材料的竖向膨胀量。

② 仪器设备

A. 竖向膨胀率测定仪，由以下部分组成：

试模：ϕ100，高 100mm 圆柱体金属试模。

百分表：量程 0～10mm，精度 0.01mm，有条件的采用机电百分表自动采集数据，数据可导入 Excel，绘出竖向膨胀值与时间曲线。

试验支架：用于安装百分表的支架。

玻璃板：能覆盖 ϕ100，高 100mm 圆柱体试模的玻璃板。

B. 测量室：恒温恒湿：20±2℃，60±2%（图 18-7）。

③ 试验步骤

A. 将新拌浆液灌入圆柱体试模中并溢出，并用玻璃板覆盖试模表面后压平，检查玻璃板下是否有残留空气，除去多余浆液。

B. 调整数显百分表的位置，使之垂直接触玻璃板并居中，百分表读数调整到 0 点以上，记录初读数 L_0。

C. 记录 24h 终读数 L_1。

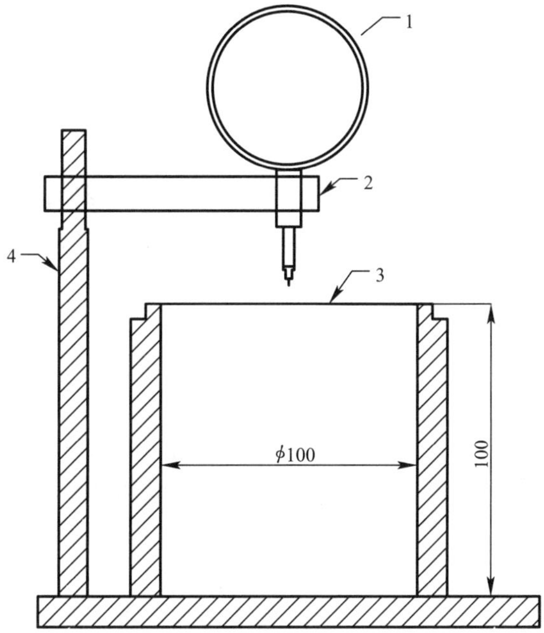

图 18-7　竖向膨胀率测定仪示意（mm）

1. 数显百分表；2. 百分表支架；3. 圆柱体试模；4. 立杆

④ 试验结果

竖向膨胀率＝$(L_1-L_0)/100\text{mm}\times100\%$。

8）钢丝间泌水率

按照《公路桥涵施工技术规范》JTG/TF50—2011 进行测定，可按照附录 F6 进行。

① 容器

试验容器如图 18-8 所示，采用有机玻璃制成，带有密封盖，内径为 100mm，高为 160mm。容器中间置入一束 7 丝钢绞线。钢丝束在容器内露出的高度为 10～30mm。

② 试验步骤

试验容器置于水平面上，将搅拌均匀的浆液注入容器中，注入浆液体积约 800mL，并记录浆液准确体积。然后将密封盖盖严，并在中心位置插入钢丝束。静置 3h 后用吸管吸出压浆料表面的离析水量，移入 10mL 的量筒内，测量泌水量为 V_1。

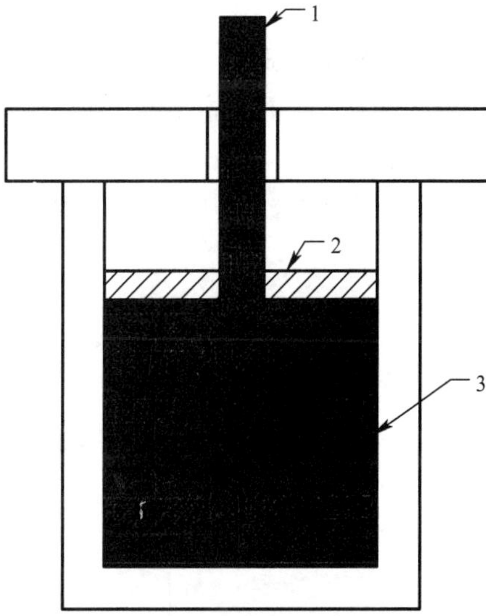

图 18-8　钢丝间泌水试验示意

1. 7ϕ5 钢绞线；2. 静止一段时间后的泌水；3. 压浆料

③ 计算方法

泌水率$=V_1/V_0\times100\%$

式中：V_1——浆液上部泌水的体积；

V_0——测试前浆液的体积。

9）压力泌水试验

按照《公路桥涵施工技术规范》JTG/TF50—2011 进行测定。

① 仪器设备

A. 一个包含 2 块压力表的 CO_2 气瓶，外侧压力表最大读数不小于 1MPa，最小分度值不应大于 0.02MPa，级别为 1.5 级。

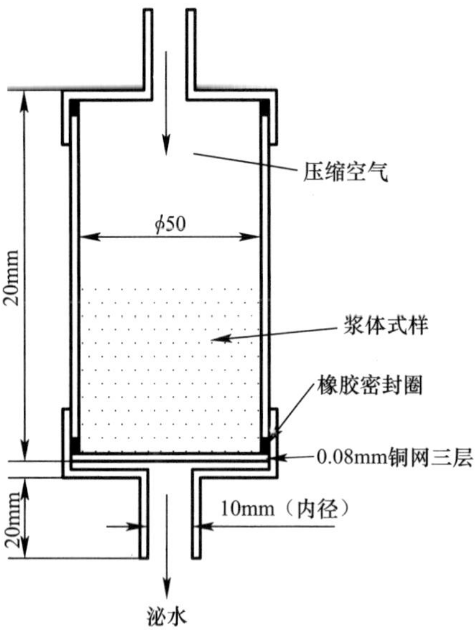

图 18-9　压力泌水容器示意

B. 压力泌水容器为内径 50mm，容积 400mL 的圆柱形不锈钢压力容器。需要进行压力试验，在 0.8MPa 压力下不会破裂，其尺寸如图 18-9 所示。

C. 10mL 的量筒，分度值为 0.2mL。

② 试验方法

将搅拌均匀的浆液在自加水开始的 7min 内倒入容积为 400mL 的压力容器过滤漏斗中。倒入浆液体积为 200mL，安装并旋紧上端盖子，静置 10min，上端连接压缩空气，开启压缩空气阀，迅速加压至试验压力。保持试验压力 5min 后，关闭压缩空气阀卸压，使漏斗下部泌水管中的泌水全部流出，记录泌水体积，精确至 0.2mL。压力泌水率按下式计算：

压力泌水率＝泌水量/200mL×100%

10）充盈度试验

按照《公路桥涵施工技术规范》JTG/TF50—2011 进行测定，可按照附录 F8 进行。

① 试验仪器

试验仪器如图 18-10 所示，内径为 40mm 的透明有机玻璃管，两端的直管夹角为 120°，

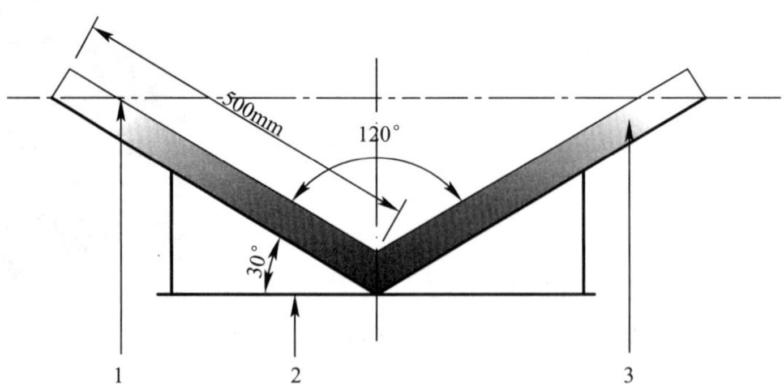

图 18-10　充盈度管示意

1. 透明管；2. 支架；3. 浆液

每部分长度为 0.5m，两部分通过胶粘剂密封粘结。将有机玻璃管固定在固定架上。

② 试验方法

按规定的方法拌制好浆液后，静置 1min，通过流动锥将浆液灌入固定在固定架上的充盈度管中。充完浆液后，用塑料薄膜封闭圆管的两端。在 20±3℃的条件下放置 7d，观察管内部是否有直径大于 3mm 的气囊或水蒸气，在孔道的两端是否有泡沫层。

③ 充盈度判定

如果存在厚度超过 1mm 的泡沫层，或者存在直径大于 3mm 的气囊，或者存在体积大于 1mL 的水，则判定充盈度指标不合格。

11）压力充盈度试验

① 目的、适用范围

评估浆液配合比、制造方法、压浆工艺对压浆充盈度的影响，用于试验室设计与生产配合比验证。

② 仪器设备

A. 压浆充盈度试验装置：U 形试验支架一个，长度 1m 的透明金属螺旋筋塑料管 1 根，内径为 30～40mm 左右，透明波纹管两端装上阀门，如图 18-11 所示。

B. 制浆试验机。

C. 小型压浆机。

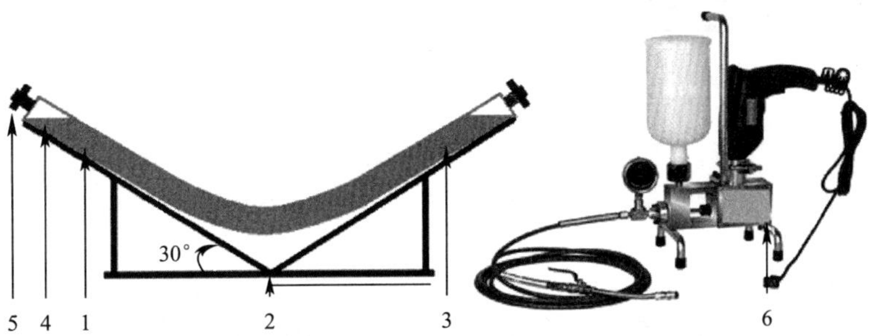

图 18-11　压浆试验装置示意

1. 透明管；2. 三角支架；3. 浆液；4. 缺陷：空缺；5. 阀门；6. 压浆试验机

③ 试验步骤

A. 制浆：按规定的方法拌制好浆液。

B. 压浆：压浆的压力控制在 0.5～0.7MPa，压浆的充盈度达到孔道另一端饱满且排气孔排出与规定流动度相同的水泥浆为止，关闭出浆口后，保持一个不小于 0.5MPa 的稳压期。该稳压期的保持时间宜为 3～5min。

C. 测量：分别在 3h 和 24h 用肉眼查看透明波纹管两端是否存在压浆缺陷，用游标卡尺检测空缺的尺寸，精确至 0.1mm。

④ 试验结果

如发现泌水、充盈度缺陷，应分析原因，重新试验。

12）材料抗分离试验

① 目的、适用范围

评估浆液配合比、制造方法、浆液在钢绞线和压力共同作用下的泌水性能，用于施工前的试浇筑工艺试验。

② 仪器设备

A. 斜管压浆试验装置

倾斜度为30°的试验支架一个，长度5m的透明管3根，内径为80mm，两端配有端罩，管下部为压浆入口，上部为压浆出口，透明管能承受至少1MPa的压力，波纹管与地面倾角为30°±2°，如图18-12所示。

B. 高速制浆机及配套设施：容积200L、400L、800L。

C. 储浆桶：容积400L、800L。

D. 压浆机：具有保持恒压的功能。

E. 温度计。

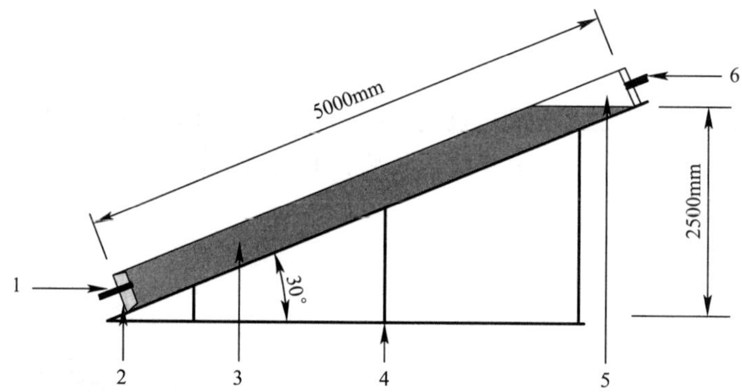

图18-12　斜管压浆试验装置示意

1. 进浆口；2. 透明管；3. 浆液；4. 支架；5. 缺陷；6. 出浆口

③ 试验步骤

A. 制浆：按规定的方法拌制好浆液，并在压浆前测其流动度。

B. 压浆：采用既定的压浆工艺从透明管底部的进浆口压浆，直至顶部出浆口流出的浆液稠度与进浆相同，保持压力维持一段时间并关闭底部进浆口。透明管固定在支撑上，并且不能有明显的变形。透明管应与水平地面呈30°角。管内布置7根钢绞线，管端安装密封罩。

C. 测量：压浆后对透明管上部的空气和水在24h之内至少应测量4次，分别在压浆后的30min、1h、2h和24h。

D. 试验结果

肉眼查看透明倾斜管顶端是否存在压浆缺陷，用游标卡尺检测空缺的尺寸，精确至0.1mm。如发现泌水、充盈度缺陷，应分析原因，重新试验。

13）氯离子含量试验

按照《水泥化学分析方法》GB/T176—2008进行测定。

14）抗氯离子渗透试验

按照《公路桥涵施工技术规范》JTG/TF50—2011进行测定。

18.5 施工记录

（1）压浆材料验收记录；

（2）浆液配合比设计及施工记录；

（3）压浆日期记录；

（4）浆液搅拌时间记录；

（5）浆液出机初始流动度、浆液温度、环境温度记录；

（6）压浆稳压压力及时间记录；

（7）采用真空辅助压浆工艺时，真空度记录。

18.6 成品保护

（1）孔道压浆完成后，及时进行锚固端的封堵。

（2）对于预制结构，孔道压浆浆液强度在未达到设计要求强度之前，不得移吊预制结构。

18.7 安全与环保措施

18.7.1 安全保护措施

（1）施工过程的安全应符合国家现行《建筑施工安全检查标准》JGJ59—2011 的有关规定，施工机械应符合国家现行《建筑机械使用安全技术规程》JGJ33—2012 的有关规定，施工临时用电应符合国家现行《施工现场临时用电安全技术规范》JGJ46—2005 的规定。

（2）施工区域应设警示标志，严禁非工作人员出入。

（3）施工中应对机械设备进行定期检查、养护、维修。

（4）压浆作业为高空作业，在操作平台上施工，必须佩戴安全带，穿防滑鞋。

（5）为保证施工安全，现场应有专人统一指挥，并设一名专职安全员负责现场的安全，坚持班前进行安全教育制度。

（6）压浆施工中，制定合理的作业程序，现场设专人指挥，并设立明显标志，机械作业要留有安全距离，确保协调、安全施工。

（7）搅拌机转动时上面严禁站人。

18.7.2 环保措施

（1）施工过程的环境保护应符合国家现行《建设工程施工现场环境与卫生标准》JGJ146—2013 的有关规定。

（2）压浆施工中，容易造成对环境的污染。为保护自然环境，减少施工的污染，并加大在环境保护方面的投入，真正将各项环保措施落实到位。

（3）应对外加剂的储存、拌合密封保存，集中拌合。尽量避免外加剂与外界的直接接触。

（4）生产中的废弃物及时处理，运到工区里面指定的地点弃置。

（5）按工区环保部门要求集中处理试验及生活中产生的污水及废水。

第 19 章　现浇梁体支架预压施工工艺

19.1　适用范围及特点

19.1.1　适用范围

支架体系的预压其主要目的是消除支架基础及支架体系的非弹性变形、掌握支架基础及支架体系弹性变形数据，为现浇梁体底板标高控制与线性控制提供有效的施工沉降数据；同时，检验现浇梁体支架体系的安全、稳定性。

现浇梁体支架预压根据其预压荷载不同可划分为：砂袋预压、水袋预压、混凝土预制块及其他材料预压。砂袋预压适用于砂源丰富，现场作业空间较大，起吊作业不受限制的场地；水袋预压适用于水源丰富且便利，现场作业环境狭小的场地；混凝土预制块及其他材料预压适用于现场作业空间较大，且有现成可利用的混凝土预制块及其他材料。

19.1.2　工艺特点

（1）支架预压需要投入大量的预压材料。（2）若采用砂袋、混凝土预制块及其他材料预压，预压材料需要反复吊装与卸载，起吊工程量较大、时间较长。（3）支架预压时间较长，需要连续监测。

19.2　施工准备

19.2.1　技术准备

（1）根据设计支架体系、施工环境、资源情况编制支架预压专项施工方案，并对现场管理人员、操作人员及测量监测人员进行安全、技术交底。

（2）进行现场测量监控点布设与保护。

19.2.2　材料准备

现浇梁体支架预压根据其预压荷载选取的不同，所采用材料不同。一般预压荷载可根据现场资源及施工环境的不同，选取如下材料：

（1）砂袋预压：编织袋、砂。

（2）水袋预压：水袋、水、水管。

（3）混凝土预制块及其他材料预压：混凝土预制块或其他可作为预压的材料。

19.2.3　机具准备

（1）砂袋预压所需要的机具：汽车吊、平板运输车、铁锹、彩条布。

（2）水袋预压所需要的机具：加压泵、水管连接头。

（3）混凝土预制块及其他材料所需要的机具：汽车吊、平板运输车。

（4）支架变形、沉降监测：全站仪、塔尺。

19.2.4　作业条件准备

（1）落地式支架基础意见按方案处理完成并验收通过。

（2）支架或非落地式支架搭设完成，并验收合格通过。

（3）对现场预压材料的数量、重量进行检查，若采用砂袋预压还应预备彩条布，以避免预压期间砂袋受到雨淋。

19.3　施工工艺

19.3.1　工艺流程

现浇梁体支架预压施工工艺流程如图 19-1 所示。

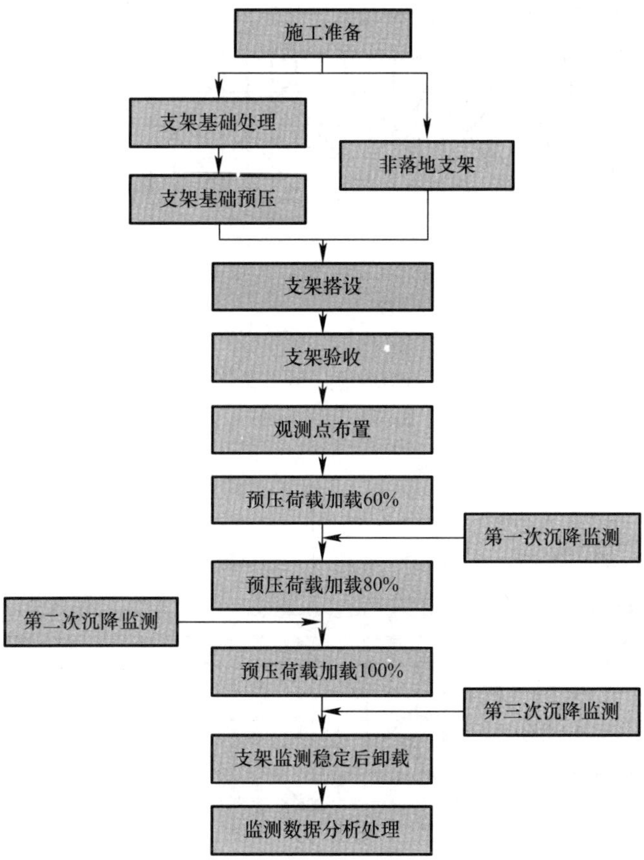

图 19-1　现浇梁体支架预压施工工艺流程

19.3.2　操作要点

1. 梁体底模铺设

现浇梁体支架搭设完成，并验收合格后，再进行梁体底模的铺设，将梁体底模板顶面标高调整至较设计箱体底标高高出 1～2cm，同时加强对模板下各层支架的检查，确保支架底传递荷载的支架与支架之间、支架与基础之间、支架与方木之间、方木与模板之间各相邻面接触紧密，无明显缝隙。预压之前在底模上铺设一层薄膜（采用彩条布或土工布）保护底模不被破坏、污染，梁体翼缘板处采用废旧的竹胶板铺筑于背肋上，预压之后拆除重新铺筑使用底模模板。

2. 支架沉降监测点布设

（1）沿混凝土结构纵向每间隔 1/4 跨径布置一个监测断面。

（2）每个监测断面上的监测点不宜少于 5 个，并应对称布置（图 19-2、图 19-3）。

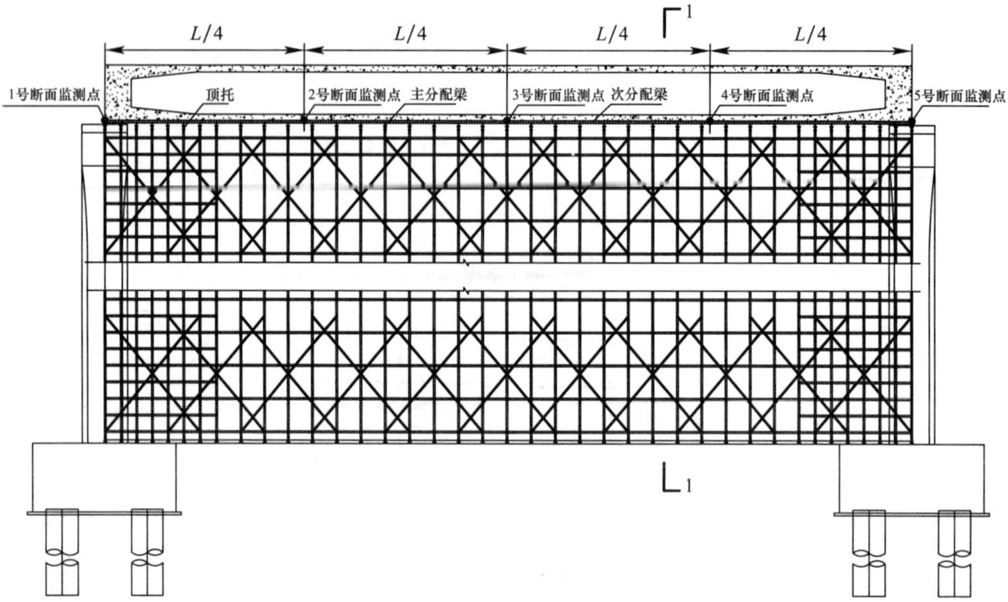

图 19-2　现浇箱梁落地式满堂支架布置立面示意

注：L-梁体纵向跨径。

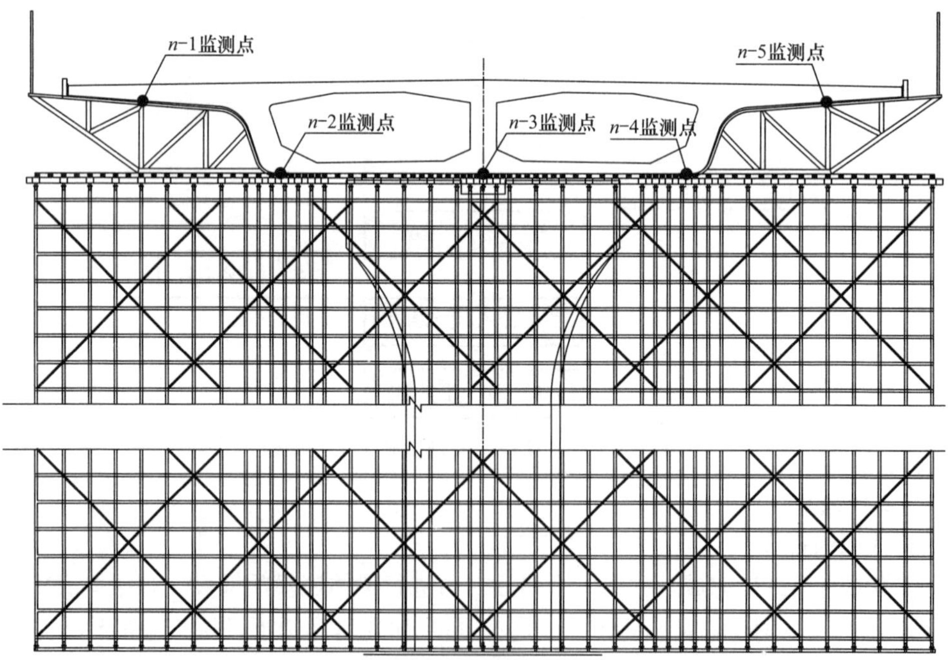

图 19-3　现浇箱梁落地式满堂支架横断面沉降监测点布置示意

注：n-纵向布点位置（n 分别取 1、2、3、4、5）。

3. 预压荷载确定

（1）支架预压荷载不应小于支架承受的混凝土结构恒载与模板重量之和的 1.1 倍。

（2）支架预压区域可划分成若干预压单元，每个预压单元内实际预压荷载强度的最大值不应超过该预压单元内预压荷载强度平均值的 110%。每个预压单元内的预压荷载可采用均布形式。

（3）支架预压应按预压单元进行分级加载，且不应小于 3 级。3 级加载依次宜为单元内预压荷载值的 60%、80%、100%。

（4）当纵向加载时，宜从混凝土结构跨中开始向支座处进行对称布置荷载；当横向加载时，应从混凝土结构中心线向两侧进行对称布置荷载。

（5）每级加载完成后，应先停止下一级加载，并应每间隔 12h 对支架沉降量进行一次监测。当支架顶部监测点 12h 的沉降量平均值小于 2mm 时，可进行下一级加载。

4. 支架预压监测

（1）支架预压监测内容应包括下列内容：

1）加载之前监测点标高；

2）每级加载后监测点标高；

3）加载至 100%后每间隔 24h 监测点标高；

4）卸载 6h 后监测点标高。

（2）预压监测应计算沉降量、弹性变形量、非弹性变形量。

（3）支架预压应进行监测数据记录，并宜按表 19-1 进行记录。

支架沉降监测　　**表 19-1**

<table>
<tr><td rowspan="4">测点</td><td>加载前</td><td colspan="16">加载中</td><td colspan="8">加载后</td><td colspan="2">卸载 6h 后</td><td rowspan="4">非弹性变形量</td></tr>
<tr><td rowspan="3">标高</td><td colspan="8">60%</td><td colspan="8">80%</td><td colspan="8">100%</td><td rowspan="3">标高</td><td rowspan="3">弹性变形量</td></tr>
<tr><td colspan="2">0h</td><td colspan="2">12h</td><td colspan="2">24h</td><td colspan="2">36h</td><td colspan="2">0h</td><td colspan="2">12h</td><td colspan="2">24h</td><td colspan="2">36h</td><td colspan="2">0h</td><td colspan="2">24h</td><td colspan="2">48h</td><td colspan="2">72h</td></tr>
<tr><td>标高</td><td>沉降量</td><td>标高</td><td>沉降量</td><td>标高</td><td>沉降量</td><td>标高</td><td>沉降量</td><td>标高</td><td>沉降量</td><td>标高</td><td>沉降量</td><td>标高</td><td>沉降量</td><td>标高</td><td>沉降量</td><td>标高</td><td>沉降量</td><td>标高</td><td>沉降量</td><td>标高</td><td>沉降量</td><td>标高</td><td>沉降量</td></tr>
<tr><td></td><td></td><td></td><td></td><td></td><td></td><td></td><td></td><td></td><td></td><td></td><td></td><td></td><td></td><td></td><td></td><td></td><td></td><td></td><td></td><td></td><td></td><td></td><td></td><td></td><td></td><td></td><td></td><td></td></tr>
<tr><td></td><td></td><td></td><td></td><td></td><td></td><td></td><td></td><td></td><td></td><td></td><td></td><td></td><td></td><td></td><td></td><td></td><td></td><td></td><td></td><td></td><td></td><td></td><td></td><td></td><td></td><td></td><td></td><td></td></tr>
<tr><td></td><td></td><td></td><td></td><td></td><td></td><td></td><td></td><td></td><td></td><td></td><td></td><td></td><td></td><td></td><td></td><td></td><td></td><td></td><td></td><td></td><td></td><td></td><td></td><td></td><td></td><td></td><td></td><td></td></tr>
<tr><td></td><td></td><td></td><td></td><td></td><td></td><td></td><td></td><td></td><td></td><td></td><td></td><td></td><td></td><td></td><td></td><td></td><td></td><td></td><td></td><td></td><td></td><td></td><td></td><td></td><td></td><td></td><td></td><td></td></tr>
</table>

监测：　　　　　　　　　计算：　　　　　　　　　施工技术负责人：　　　　　　　监理：

注：1. 表中沉降量均指相邻两次监测标高之差。

2. 加载过程中，支架预压监测 36h 不能满足。

3.（5）条的规定，应重新对支架进行验算与安全检验，可根据实际情况延长预压时间或采取其他处理方法。

5. 预压监测记录

（1）预压监测应采用全站仪，全站仪应按现行行业标准《全站型电子测速仪检定规程》JJG100—2003 的规定进行检定。

（2）预压监测宜采用三等水准测量要求作业。

（3）支架沉降监测记录与计算应符合下列规定：

1）预压荷载施加前，应监测并记录支架顶部的初始标高。

2）每级荷载施加完成后，应监测各监测点标高并计算沉降量。

3）在全部预压荷载施加完毕后，每间隔 24h 应监测一次并记录各监测点标高，当支架预压各监测点最初 24h 的沉降量平均值小于 1mm 或各监测点最初 72h 的沉降量平均值小于 5mm 时，应判定支架预压合格，可进行支架预压卸载。

4）卸载 6h 后，应监测各监测点标高，并计算支架各监测点的弹性变形量。

5）应计算支架各监测点的非弹性变形量。

（4）观测结果应精确至 0.1mm，观测数据应保留完整。

（5）监测工作完成后应提交下列资料：

1）现浇梁体支架监测点布置图；

2）沉降监测表。

6. 预压荷载卸载

支架预压可一次性卸载，预压荷载应对称、均衡、同步卸载。

7. 现浇梁体底模标高设置

（1）监测过程数据分析

1）加载之前监测点标高记录数据为 f_1。

2）加载 60%后 36h 监测点标高记录数据为 f_2，加载 80%后 36h 监测点标高记录数据为 f_3。

3）加载至 100%后 72h 监测点标高记录数据为 f_4。

4）卸载 6h 后监测点标高记录数据为 f_5。

（2）支架体系底模预拱度计算

根据设计要求和预压结果调整底模标高，预留张拉起拱度和支架系统沉降量，确保现浇箱体顶面标高满足设计要求。

预拱度计算公式为 $f=f_1-f_4+f_6$。当此跨梁使用支架为已经在其他跨预压后的支架时，预拱度计算公式为 $f=f_5-f_4+f_6$（f_6 为由混凝土收缩及温度变化而引起的挠度）。

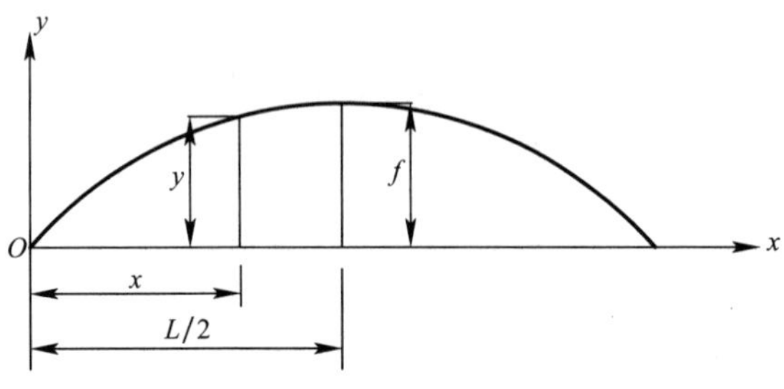

图 19-4　预拱度曲线二次抛物线计算示意

8. 预拱度曲线方程

现浇梁体预拱度沿跨度方向变化的曲线，按二次抛物线处理，取左支点（图 19-4 中 O 点）为坐标原点，跨长为 L，主梁跨中矢高为 f，则曲线方程为：$y=4fx(L-x)/L^2$。

9. 支架预拱度设置

预拱度最大值设置在梁的跨中位置，并按二次抛物线形式进行分配，算得各点处的预拱度值后，通过支架上的可调托撑，对平台标高进行调整。

19.4　质量控制

（1）全站仪检查合格，并在标定期限内。

（2）支架体系预压验收应在施工单位自检合格的基础上进行，宜由施工单位、监理单位、设计单位、建设单位共同参与验收。

（3）在全部加载完成后的支架预压监测过程中，当满足下列条件之一时，应判定支架预压合格：

1）各监测点最初 24h 的沉降量平均值小于 1mm；

2）各监测点最初 72h 的沉降量平均值小于 5mm。

检验方法：检查支架预压报告。

（4）在进行支架预压沉降监测过程中，不得随意更换监测人员。

19.5　施工记录

（1）现浇梁体支架搭设验收记录；

（2）现浇梁体支架预压监测记录。

19.6　成品保护

（1）监测控制点必须做好防护工作，在监测过程中不得移位和损坏。

（2）现浇梁体底模监测点确定后，标识必须清晰可见；监测过程中，监测位置不得存在偏移、错位。

（3）对现浇梁体底模监测点必须做好保护工作。

（4）采用砂袋预压时，必须预备好彩条布在雨天做好砂袋的防雨工作，严禁砂袋雨天受到雨淋。

19.7　安全与环保措施

19.7.1　安全保护措施

（1）施工过程的安全应符合国家现行《建筑施工安全检查标准》JGJ59—2011 的有关规定，施工机械应符合国家现行《建筑机械使用安全技术规程》JGJ33—2012 的有关规定，施工临时用电应符合国家现行《施工现场临时用电安全技术规范》JGJ46—2005 的规定。

（2）在采用砂袋、混凝土预制块及其他固定预压材料进行预压时，预压材料的吊装应确保安全。

1）吊装前，必须对汽车吊进行全面检查验收，验收合格后方可开始作业。起吊司机必须持证上岗，严禁无证人员操作起吊设备。

2）吊点布置必须对称布设，防止在吊装过程中产生偏斜。

3）在有六级及以上大风或大雨、大雪、大雾等恶劣天气时，应停止起吊作业。

4）指挥吊车信号要明了。司机与信号指挥人员要密切配合，信号清楚后方可开始操作。

5）起吊作业范围内严禁非作业人员进入施工现场。

6）工作后应检查清扫设备，做好日常保养工作，并将各种操作手柄置于空挡位置，锁闭门窗，做到整齐、清洁、安全。

19.7.2　环保措施

（1）施工过程的环境保护应符合国家现行《建设工程施工现场环境与卫生标准》JGJ146—2013的有关规定。在施工期间严格控制噪声，应符合现行国家《建筑施工场界环境噪声排放标准》GB12523—2011的规定。

（2）在采用砂袋预压时，严禁砂袋随意堆放；避免砂袋中砂子散落污染路面。当采用水袋预压时，避免加水或卸水过程中，预压水浸泡路面或支架基础。

第 20 章　大截面鱼腹式箱梁混凝土施工工艺

20.1　适用范围及特点

20.1.1　适用范围

大截面鱼腹式箱梁混凝土施工技术，是指箱梁底板断面形式为鱼腹式，在箱梁混凝土浇筑时，对混凝土配合比进行优化设计，使其满足良好的和易性、坍落度、扩展度、初终凝时间以及强度等性能指标要求；并针对大截面鱼腹式箱梁底板弧度及内箱室截面尺寸的特征设置合理的下料口及混凝土振捣口，以实现混凝土振捣密实。该工艺适用于桥梁工程、市政工程、房建工程等建（构）筑物，具有复杂平面、曲面外形的现浇鱼腹式钢筋混凝土箱梁工程施工。

本工艺的介绍选取某铁路工程现浇预应力混凝土简支箱梁为案例进行阐述。该铁路工程箱梁断面为鱼腹式单箱五室：桥面呈槽形（中部为双线轨道，两侧为站台），底部为鱼腹式。梁长 36m，宽 15.5m，高 4.98m。单片箱梁混凝土方量约为 705m^3，钢筋用量约为 141.84t，预应力钢绞线用量约为 15.01t，单片箱梁总重量约为 2026t。箱梁外观设计要求清水饰面混凝土。箱梁标准断面如图 20-1 所示。

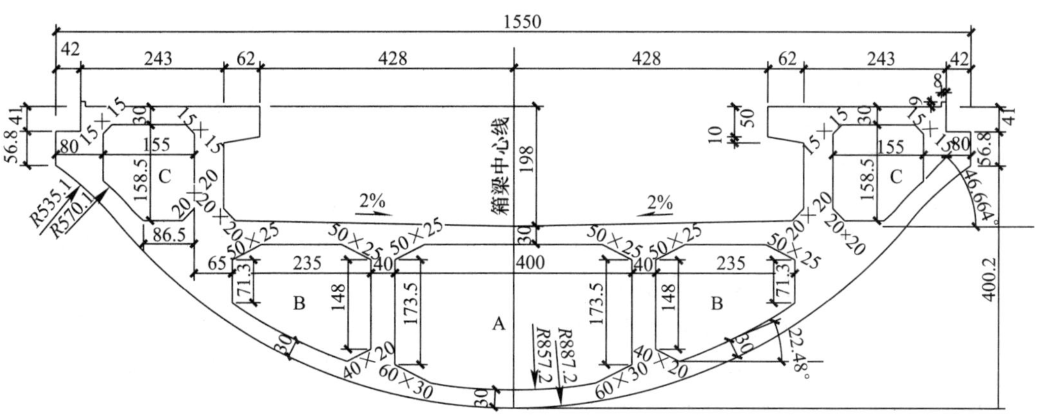

图 20-1　简支箱梁标准断面示意（cm）

该工程现浇简支箱梁采用 C50 高性能耐久性混凝土，混凝土浇筑坡度沿梁横断面从 0 变化至 46.7°，箱梁底板曲面弧度变化幅度很大。因此，在混凝土浇筑过程中，给混凝土振捣造成了很大困难；再加上箱梁钢筋之间的间距较小，也给振动棒的下棒造成了很大困难。在混凝土振捣过程中必须严格按照混凝土的浇筑与振捣顺序进行，确保混凝土结构质量与外观质量。

20.1.2　工艺特点

1. 混凝土的布料难度大

该工程相邻箱梁之间的净距仅为6m，施工场地十分狭小，一台混凝土泵车很难全部将箱梁平面覆盖到位，且很难满足箱梁内部混凝土浇筑的需要。因此，在混凝土浇筑时需采用两台混凝土泵车分别布置于箱梁两侧中心位置，并在混凝土泵车出料口设置一定长度的软管，以便于进行箱梁内箱室混凝土的浇筑。在混凝土浇筑过程中，混凝土泵车必须随浇筑顺序的安排，依次反复循环进行浇筑，施工难度大，工序繁杂；并需要有效地进行混凝土运输罐车的交通组织和调配工作。

2. 混凝土的入模难度大

由于该工程箱梁底板为大截面鱼腹式底板，混凝土的浇筑很难从腹板之间浇筑到位，需在箱梁各箱室内预留浇筑槽进行混凝土浇筑。

3. 混凝土的振捣难度大

该工程大截面鱼腹式箱梁底板弧度变化很大，再加上箱梁B、C箱室内部件十分狭小，受内模板加固体系的占位影响，插入式混凝土振动棒很难操作，混凝土振捣显得十分困难，大大降低了工作效率。为了确保箱梁底板混凝土的振捣质量，需在箱梁模板外侧安装附着式振动器配合插入式振动器进行混凝土的振捣。

4. 混凝土配合比质量要求高

混凝土的配合比设计不但要求为C50高性能耐久性混凝土进行设计，而且，还要求混凝土外观达到饰面清水混凝土装饰效果。本工程桥梁为客运专线桥梁结构体系，在混凝土性能设计中对其抗裂性和收缩徐变均提出了很高的要求。同时，对混凝土的坍落度、扩展度、初凝时间、终凝时间以及良好的工作性能也提出了严格的要求，必须满足混凝土良好的和易性和工作性。

20.2　施工准备

20.2.1　技术准备

（1）在箱梁混凝土浇筑前3个月，由项目试验室进行混凝土的试配和优化设计，并报监理单位和业主单位进行审批。在混凝土试配中，要重点确保混凝土的耐久性、强度、工作性、泌水性、初凝时间及收缩问题。

（2）该工程简支箱梁混凝土设计强度等级C50高性耐久性混凝土，考虑简支箱梁大截面鱼腹式底板混凝土施工难度和效率，要求在混凝土中掺入缓凝剂，缓凝时间≥8h（缓凝时间从混凝土进入施工现场开始计算）。

（3）简支箱梁混凝土浇筑施工前7d，组织各方对施工方案进行会审，方案确定后对管理人员和施工作业班组进行施工技术交底，确保所有施工作业和管理人员明确施工工艺流程、施工方法、操作要点和主要注意事项等，从而有效地组织施工。

（4）浇筑混凝土前，准备好试验、检验、计量等器具，如混凝土强度试模、坍落度测试仪、温度计等。

（5）浇筑混凝土前，准备好混凝土泵车、混凝土运输罐车以及振动器等的检查工作，确保其工作性能满足施工要求。

20.2.2　材料准备

1. 混凝土性能要求

在混凝土浇筑之前，必须按照施工规范及设计要求对混凝土的配合比进行严格的设计，使混凝土的性能既要满足强度、耐久性的要求又要满足施工性能的需要。混凝土工作性能要求详见表 20-1 所列。

混凝土工作性能指标要求　　**表 20-1**

<table>
<tr><td rowspan="2">基本要求</td><td>混凝土强度等级</td><td>入模温度</td><td>含气量</td><td>耐久性年限</td><td rowspan="5">外观形状要求：具有良好的和易性、泵送性、黏聚力、无离析现象；混凝土拌合物颜色均匀一致、稳定性好</td></tr>
<tr><td>C50</td><td>5～30℃</td><td>3%～5%</td><td>100 年</td></tr>
<tr><td rowspan="3">施工性能</td><td>底板坍落度</td><td>其他部位坍落度</td><td colspan="2">凝结时间（h）</td></tr>
<tr><td rowspan="2">180～200mm</td><td rowspan="2">200～220mm</td><td>初凝</td><td>终凝</td></tr>
<tr><td>11～14</td><td>13～16</td></tr>
</table>

2. 物资投入

物资投入包括混凝土、测温导线以及混凝土养护所需材料等，详见表 20-2 所列。

混凝土施工物资投入　　**表 20-2**

序号	项目		材料及规格	数量/单位	备注
混凝土浇筑前					
1	混凝土	水泥	亚东水泥 P. O42.5	300t	箱梁每跨 C50 混凝土 700 多 m^3，按照 750m^3 进行备料
		砂	中砂	540t	
		小石	5～10mm 掺量 40%	340t	
		大石	10～20mm 掺量 60%	510t	
		水	检验合格的水	120t	
		粉煤灰	F 类 I 级	75t	
		外加剂	PCA	4t	
2	测温导线		0.5m 的 4 根、1.5m 的 4 根、2.0m 的 2 根、3.0m 的 2 根	12 根	首片箱梁共预埋 4 处
3	站台梁预埋螺栓		M16	84 个	站台梁
混凝土浇筑过程中					
4	钢板		每块厚 3 mm，宽 0.5m，长 1.5m	48 块	封闭 A 箱室局部
5	木杠		1.5m	6 根	对混凝土表面进行刮平
6	铁抹子			12 把	混凝土表面收光
7	锤子		木锤、橡皮锤、小铁锤各 4 把	12 把	检查混凝土浇筑密实度用
8	钢钎		ϕ16	8 根	1.5m 长
9	水平仪及拉线			2 套	梁面超平用
10	防雨彩条布		6m×50m	4 块	下雨预防措施，当钢模板温差超标时对钢模板进行包裹
混凝土浇筑完毕					
11	塑料养护薄膜		0.1 mm厚，2m 宽	840m^2	
12	养护棉		8mm	1300m^2	
13	测温仪			1 套	

20.2.3　机具准备

箱梁混凝土浇筑所采用的设备要落实到位，是否工作正常。按表 20-3 将混凝土施工所需机械设备落实进场，大型设备按平面布置安装就位。在浇筑混凝土前，机操工要对混凝土输送泵进行详细检查，并进行试运转，确保机械正常运转。对于泵车要准备好充足的燃料，所有泵的信号灯要预先设置好。

单片箱梁混凝土浇筑主要机械设备投入　　　　**表 20-3**

拌合站混凝土设备				
1	混凝土搅拌机	180m³/h	2 台	计量系统应在有效标定期内
2	混凝土汽车输送泵	37m 臂长	2 台	另准备备用泵车 1 台，备用运输车 2 台，现场设备出现故障时，1h 内调配到位
3	混凝土运输车	6～8m³	8 辆	
4	装载机		1 辆	当出现故障时 30min 内另一台调配到位
5	备用发电机	≥200kW	1 台	备足燃料，现场突发停电事故时，能在 15min 内恢复供电，并保证混凝土施工正常进行
现场箱梁上所用设备				
6	插入式振动器	ϕ50，长 5～6m	10 台	
7	插入式振动器	ϕ32，长 4～6m	5 台	
8	附着式振动器	1.5kW 高频	34 台	含控制箱
9	安全照明灯	36V 低压行灯	15 套	按 4 个箱室同时使用考虑，每个箱室 3 盏，备用 3 盏
10	箱梁面照明灯	碘钨灯 1000kW	12 盏	大面积照明利用塔吊镝灯
其他设备				
11	备用发电机	25kW	1 台	保证混凝土振捣设备和照明用电
12	对讲机		10 台	现场总指挥、劳务总指挥、振捣管理人员、车辆调度人员各 1 台
13	手电筒		10 个	夜间检查模板情况

20.2.4　作业条件准备

1. 施工组织准备

（1）在箱梁混凝土浇筑前一周与现场混凝土浇筑进行沟通，确保原材料准备充足，并派专人监督搅拌站组织混凝土的试配和优化、落实原材料订货和进场，以保证质量，提前做好生产、供应、运输的计划考虑和准备，从组织上保证混凝土质量和正常供应。

（2）对大截面鱼腹式箱梁混凝土浇筑期间的管理工作进行详细规划，明确岗位责任与分工，选派经验丰富的施工员实到各个岗位，拟订管理人员人数及值班表。

（3）混凝土施工前，召开有所有管理人员和施工班组长参加的动员会，以及各项质量、技术、安全交底。

（4）与地方供电、气象、环卫、交通、公安、街道居委会取得联系和做好事前的协调工作，确保现场周围治安、交通秩序，混凝土运输罐车通行顺畅，现场夜间连续施工顺利开展。

2. 现场准备

（1）混凝土浇筑前的钢筋、模板安装完成，各种预埋铁件、套管、预留洞口等都已完成，并经监理、业主验收通过。办好各项隐蔽验收手续和混凝土浇灌许可证。

（2）按施工平面布置好现场混凝土泵车位置，混凝土运输罐车的行走路线以及沿线交通组织。

（3）备用发电机随时待命，一旦遇停电应能马上启动；施工用水、冲洗用水已接至使用部位。

（4）现场照明走线到位，确保夜间施工的需要。动力用电接至施工部位并留有接线箱；用电安全检查完毕，隐患全部整改。

（5）各岗位管理人员、司机、机操工、相应钢筋、模板保护人员及混凝土工等安排到位，并全部接受过相应的书面技术交底。

3. 后勤准备

（1）安排好职工的食宿，特别是解决好临时增加人员的食宿。

（2）保证开水、热饭、菜的供应。一线员工全部在现场用餐，根据连续施工需要，安排晚上加餐。用餐采用盒饭送到现场，但禁止在工作面上用餐和乱扔杂物。

20.3　施工工艺

20.3.1　工艺流程

混凝土浇筑施工工艺流程如图 20-2 所示。

20.3.2　操作要点

1. 混凝土浇筑安排

（1）混凝土分层

箱梁混凝土浇筑按照从箱梁一端和中间沿箱梁纵向同时向同一方向水平分层浇筑的方法进行浇筑。第一层浇筑完成后，再反方向对称浇筑第二层混凝土，依次循环浇筑，上层混凝土浇筑必须在下层混凝土初凝前浇筑完成。每层浇筑厚度控制在 40cm 左右，在上一层混凝土振动时振捣棒必须插入下一层混凝土表面以下 5～10cm 左右。箱梁混凝土分层浇筑如图 20-3 所示，见表 20-4 所列。

在第八层和第十二层混凝土浇筑完毕后，及时采用人工对混凝土表面抹压收光，并覆盖塑料薄膜进行保湿蓄热养护。

（2）混凝土供应要求

在混凝土出站之前必须对混凝土工作性能进行检查，各项指标必须满足混凝土工作性能的需要，不得有离析等现象；在混凝土运至现场时，需重新对混凝土的工作性能进行验收。在混凝土浇筑过程中不得压车、压料，必须及时进行混凝土的供应。

（3）箱梁混凝土振捣区域划分

为了确保箱梁混凝土的振捣质量，混凝土振捣分别由两组人员跟随布料机下料进行振捣，每组安排 9 人进行混凝土振捣。单片箱梁混凝土浇筑路线如图 20-4 所示。

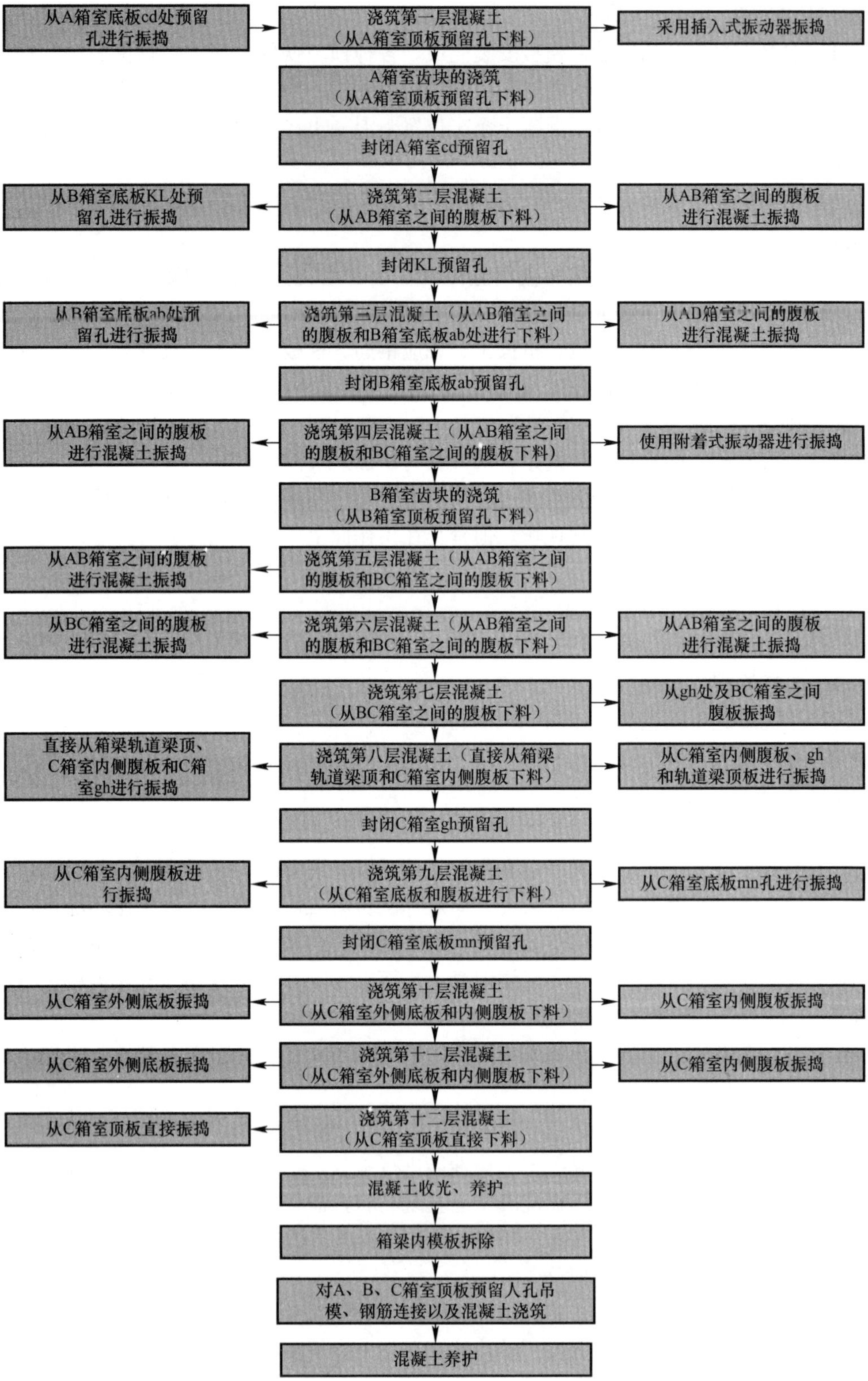

图 20-2　混凝土浇筑施工工艺流程

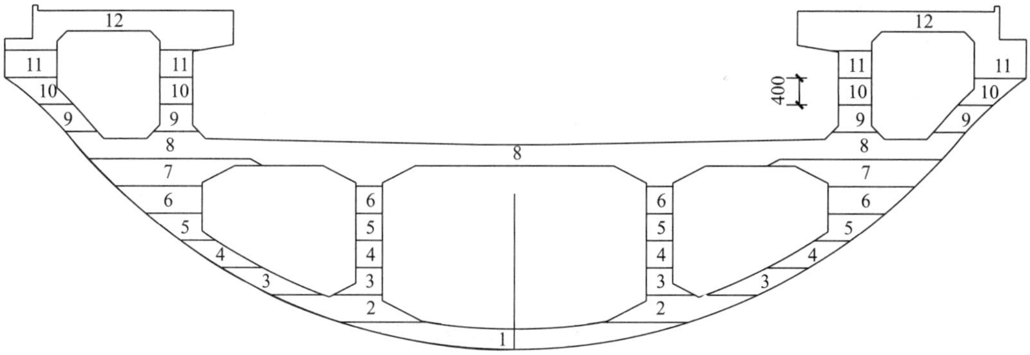

图 20-3　箱梁混凝土浇筑分层示意

箱梁每层混凝土浇筑方量和预计浇筑时间　　**表 20-4**

层数	混凝土方量（m^3）	预计浇筑时间（min）	累计时间（min）	备注
1	49.0	59	59	两台泵车共按 $50m^3/h$ 计算
2	50.0	75	134	两台泵车共按 $40m^3/h$ 计算
3	38.0	57	191	
4	33.0	50	241	
5	35.0	52	293	
6	47.0	71	364	
7	60.0	90	454	
8	187.0	225	679	两台泵车共按 $50m^3/h$ 计算
9	29.0	44	723	两台泵车共按 $40m^3/h$ 计算
10	32.0	48	771	
11	40.0	48	819	两台泵车共按 $50m^3/h$ 计算
12	105.0	127	946	
总计	705	946		约 15 个小时浇筑完成

（4）混凝土下料口及振捣口留设

1）箱梁顶板下料口的设置

本简支箱梁是按照混凝土一次浇筑的方式进行，则必须在箱梁顶板预留混凝土下料口。为了减少在箱梁顶板预留孔洞过多而给箱梁施工造成很多施工不便，混凝土的下料口尽量利用在箱梁顶板预留的箱梁内模拆除孔洞。其箱梁顶板预留的混凝土下料孔尺寸及位置如图 20-5 所示。

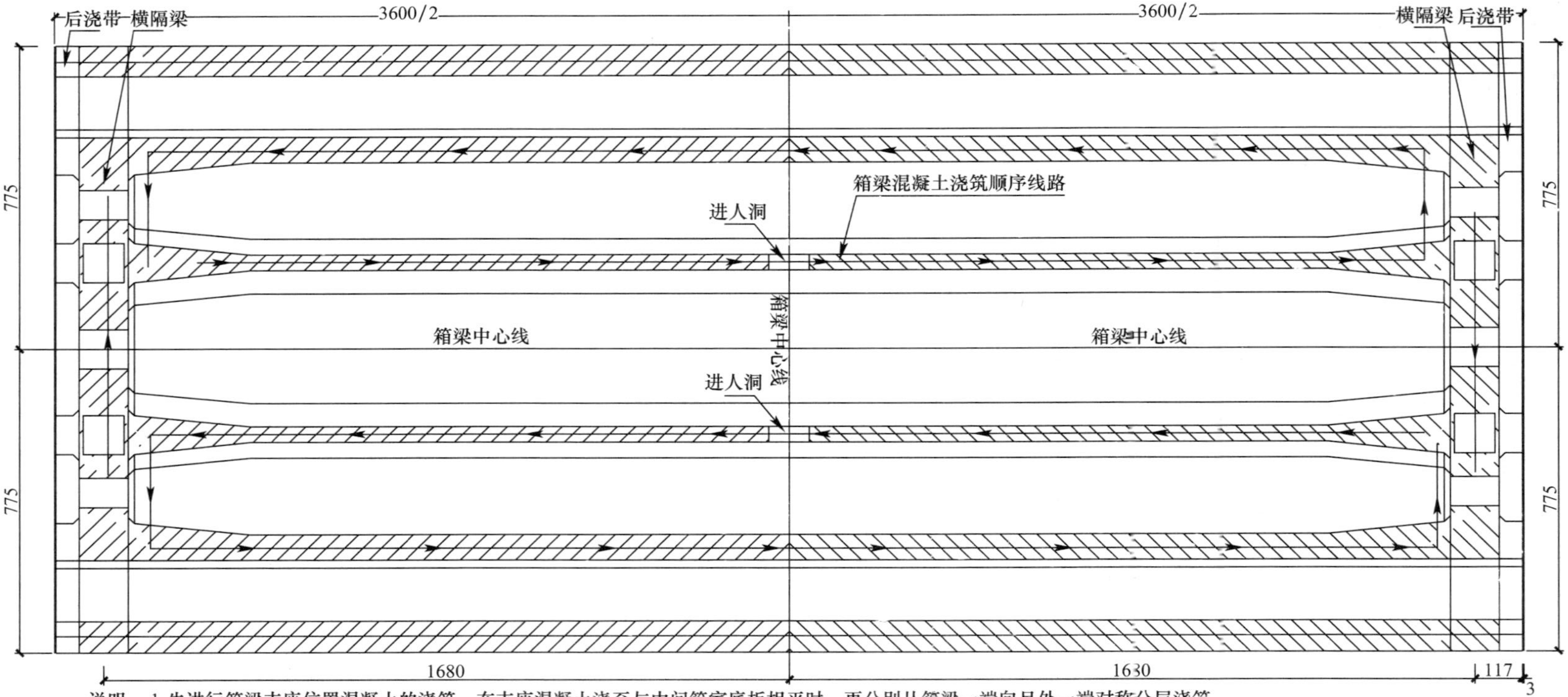

说明：1.先进行箱梁支座位置混凝土的浇筑，在支座混凝土浇至与中间箱室底板相平时，再分别从箱梁一端向另外一端对称分层浇筑。
2.在混凝土浇筑过程中严格控制混凝土浇筑厚度，混凝土振捣必须确保密实后方可进行上层混凝土的浇筑。
3.在进行混凝土振捣时，严禁振动器碰撞波纹管。

图20-4　箱梁混凝土浇筑路线示意（cm）

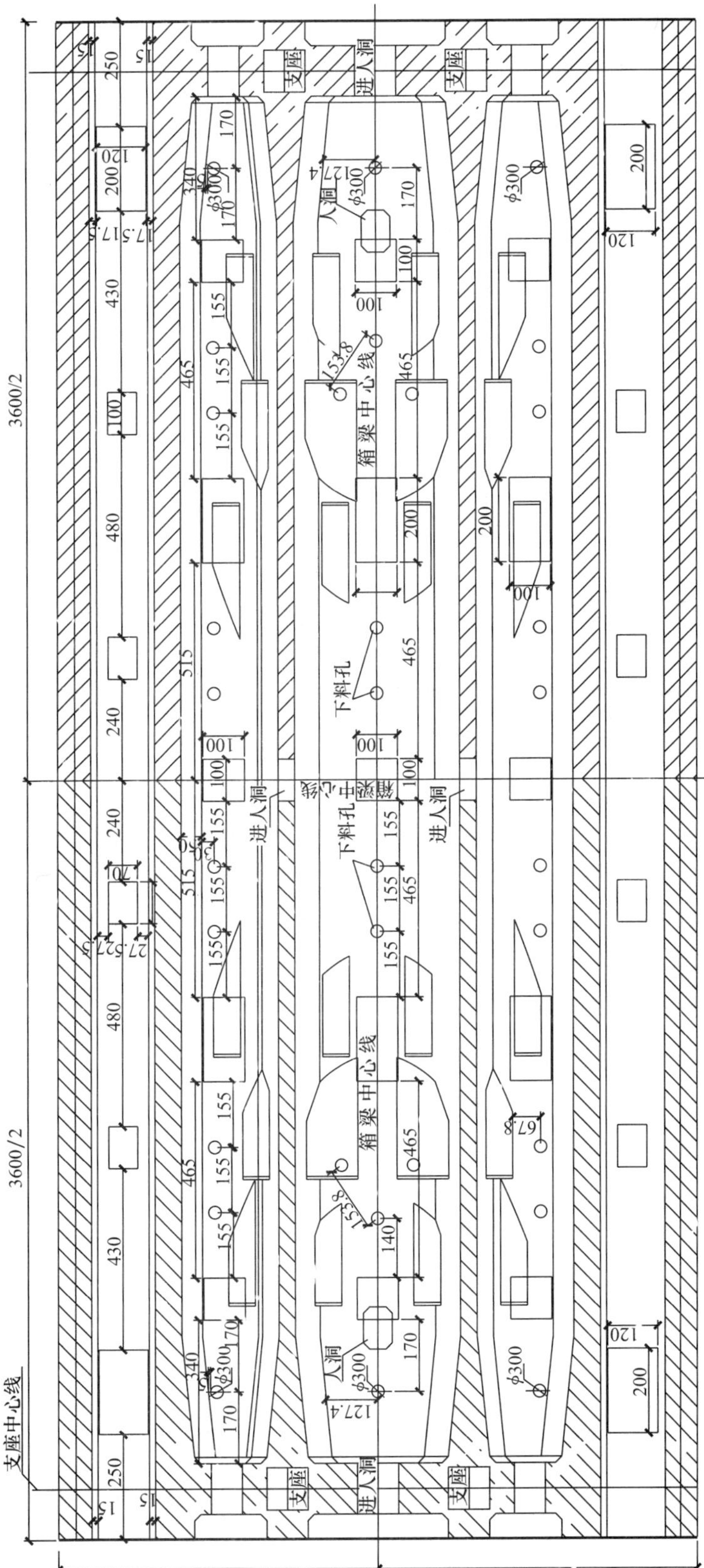

说明：1.在A箱室顶板预留两个2m×1m和3个1m×1m的孔洞兼作下料口，预留12个直径为30cm的下料口。
2.在B箱室顶板预留两个2m×1m和3个1m×1m的孔洞兼作下料口，预留10个直径为30cm的下料口。
3.在C箱室顶板预留两个2m×1m和4个1m×0.7m的孔洞兼作下料口。

图20-5　箱梁顶板预留下料口布置示意（cm）

2）箱梁A箱室内模混凝土振捣口留设

在箱梁A箱室内模下部倒角处，沿箱梁纵向每间隔1m设置一个300mm×300mm的振捣口，如图20-6所示。

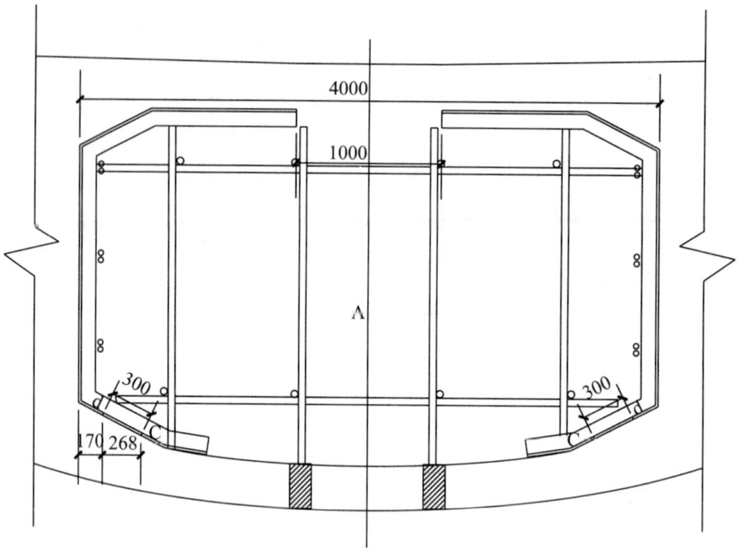

说明：1.振捣口dc沿箱梁纵向每间隔1m设置一个。
2.图中单位为mm。

图20-6　箱梁A箱室内模振捣口设置示意

3）箱梁B箱室内模混凝土振捣口留设

在箱梁B箱室内模底板上设置一个KL混凝土振捣口和一个ab混凝土下料口，且ab兼作混凝土振捣口。振捣口KL沿箱梁纵向每间隔1m设置一个300mm×300mm的振捣口；下料口ab兼振捣口沿箱梁纵向通长设置600mm宽的下料口，如图20-7所示。

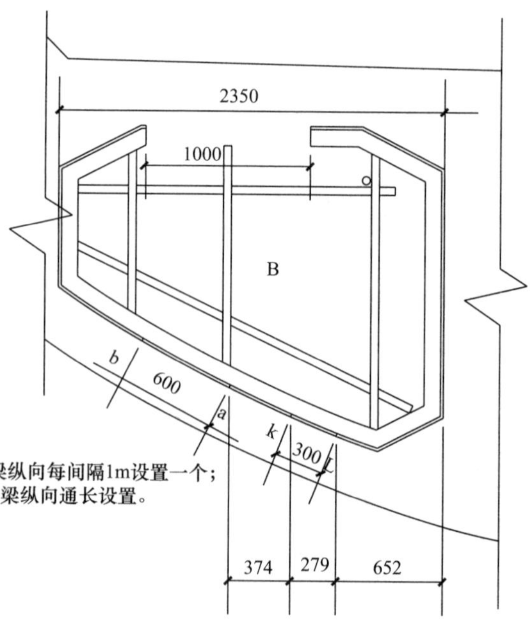

说明：1.B箱室振捣口KL沿箱梁纵向每间隔1m设置一个；
下料口兼振捣口ab沿箱梁纵向通长设置。
2.图中单位为mm。

图20-7　箱梁B箱室内模振捣口设置示意

4）箱梁 C 箱室内模混凝土振捣口留设

在箱梁 C 箱室内模侧模上设置一个 mn 混凝土振捣口，沿箱梁纵向每间隔 1m 设置一个 400mm×400mm 的振捣口；C 箱室底 gh 振捣口沿箱梁纵向通长设置，如图 20-8 所示。

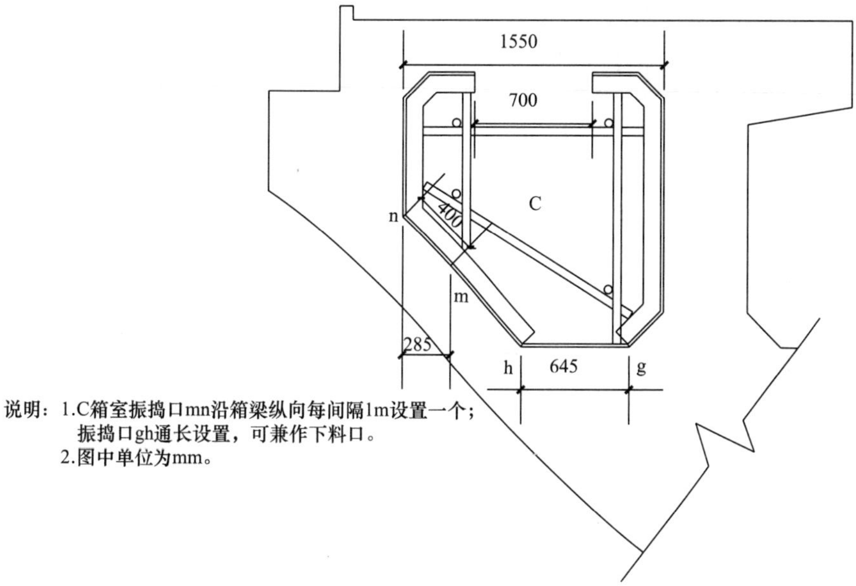

图 20-8　箱梁 C 箱室内模振捣口设置示意

2. 混凝土浇筑方法

（1）混凝土整体浇筑方法

每片简支箱梁采用两台混凝土泵车进行浇筑，每片简支箱梁约有混凝土 705m^3，混凝土的浇筑约在 15h 内完成。混凝土从箱梁顶板所预留的混凝土下料口及各箱室内预留的下料口进行下料。同时，箱梁顶板所预留的下料口兼作箱梁内模及内模支撑体系的拆除后的材料外运出口，如图 20-9 所示。

1）混凝土浇筑前，必须对模板、钢筋、预应力管道、预埋件位置进行详细检查。为了便于将渣滓清理出模板，在支座旁边木模板上预留 10cm×10cm 的小孔，以便将渣滓清理出去；同时，在每绑扎一层钢筋和内模安装完成后采用吸尘器和高压气体对模板内的渣滓进行清理。做到每完成一道工序清理一次，时刻保持模板内清洁。

2）箱梁混凝土浇筑采用从箱梁一端和中间沿箱梁纵向方向向同一方向浇筑，横隔板混凝土的浇筑厚度每层控制在 40cm 左右。支座位置的混凝土采用 Φ32（端头带有橡胶胶头）的振动器进行振捣，混凝土振捣工必须加强支座、张拉齿块处的混凝土振捣，严格保证支座混凝土振捣密实，不得出现任何疏漏。混凝土的振捣密实以混凝土停止下沉、表面平坦、泛浆，不再出现气泡为准。

3）在浇筑箱梁 A 箱室底板混凝土时，坍落度控制在 180～200mm，浇筑过程中严格控制箱梁底板混凝土的浇筑厚度。底板混凝土的振捣采用功率为 1.5kW 的 Φ50 插入式振动棒进行振捣，在 A 箱室底板混凝土振捣密实后，紧随其后在 A 箱室底板两侧沿纵向紧贴下部倒角压 0.5m 宽 3mm 厚的钢板，并采用木枋进行支撑。

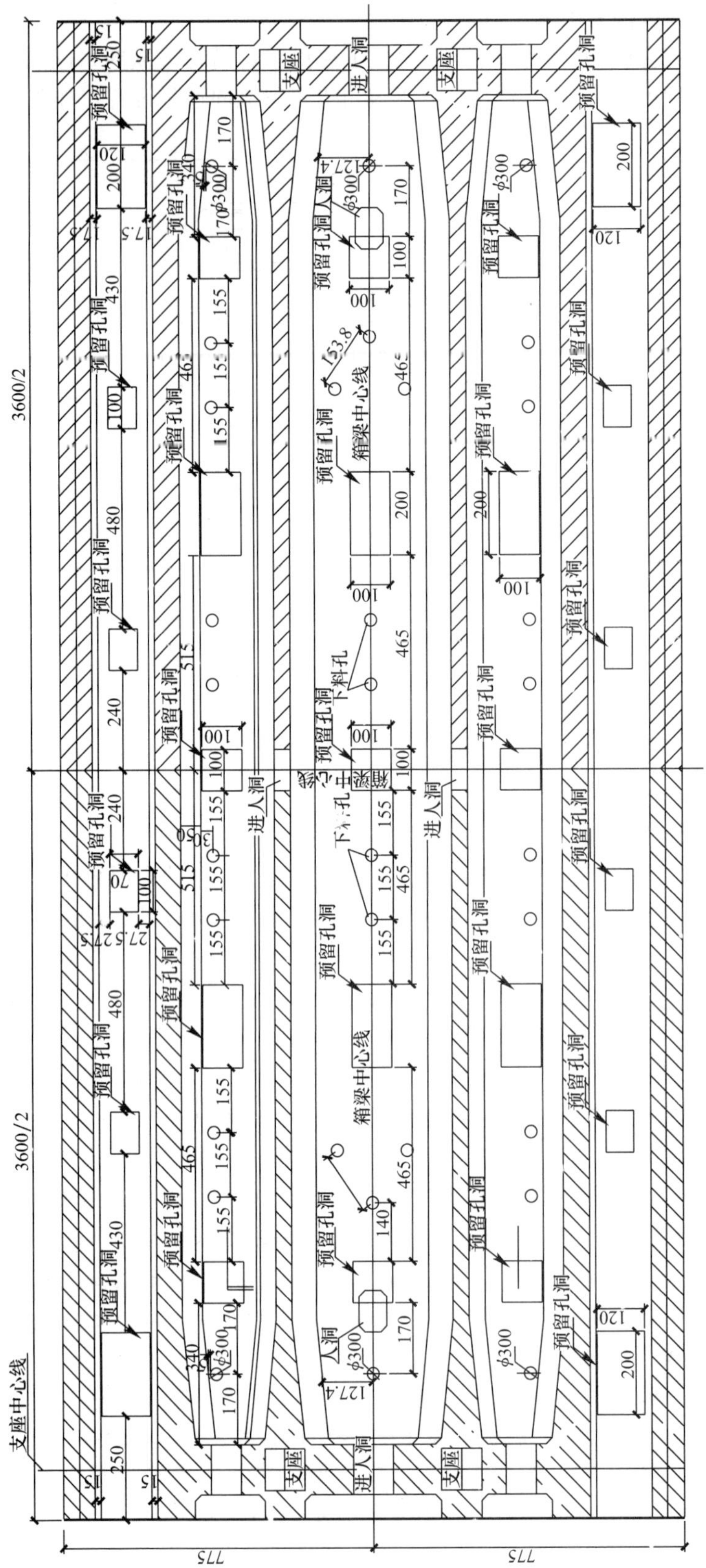

说明：1.在A箱室顶板预留两个2m×1m和3个1m×1m的孔洞兼作下料口，预留12个直径为30cm的下料口。
2.在B箱室顶板预留两个2m×1m和3个1m×1m的孔洞兼作下料口，预留10个直径为30cm的下料口。
3.在C箱室顶板预留两个2m×1m和4个1m×0.7m的孔洞兼作下料口。

图20-9 箱梁顶板预留下料口布置示意（cm）

A 箱室底板混凝土浇筑完成后，再浇筑 AB 箱室之间腹板及 B 箱梁底板混凝土。此时混凝土坍落度控制在 200～220mm 之间。AB 箱室之间腹板混凝土采用插入式振动棒振捣，每层混凝土浇筑厚度控制在 40cm 左右。在浇筑第二层混凝土时，可从 AB 箱室之间的腹板和 B 箱室底板上预留的 KL 孔洞进行振捣；第二层混凝土浇筑完毕后，对 KL 孔洞进行封闭。浇筑 AB 箱室之间腹板混凝土时，必须确保箱梁左右对称浇筑，箱梁 AB 箱室之间腹板左右混凝土的浇筑层数相差不得超过 1 层。

4）在浇筑 B 箱室底板第三层混凝土时，从 B 箱室 ab（宽度为 600mm）预留孔下料和振捣。当混凝土浇筑至 a 点时，采用插入式振动器从 ab 处进行振捣，振捣完毕后将 ab 预留孔封闭；当混凝土浇筑 B 箱室底板第四层混凝土时，从 BC 箱室之间的腹板进行下料，混凝土的振捣采用附着式振动器进行振捣，附着式振动器每 4 台为一组，连续振捣时间不得超过 45s，如图 20-10 所示。

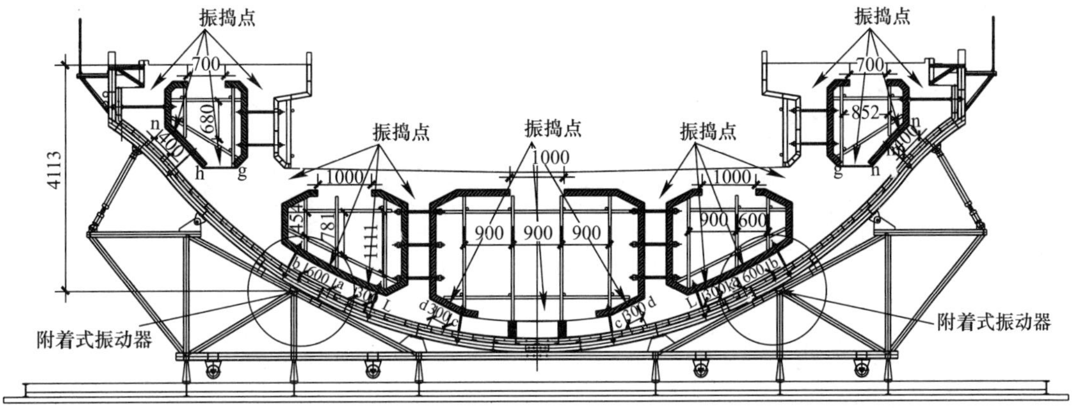

图 20-10　简支箱梁振捣点布置示意（mm）

5）BC 箱室之间腹板混凝土，即第五～七层混凝土浇筑，全部从 C 箱室内侧腹板和轨道梁两边进行下料，采用插入式振动器进行振捣。

6）第八层混凝土浇筑，从 C 箱室底板 gh 和 C 箱室内侧腹板以及轨道梁顶板直接下料并采用插入式振动器进行振捣，第八层混凝土浇筑完毕后，对 C 箱室底板 gh 采用木模板进行封闭。

7）C 箱室外侧底板的浇筑，从 C 箱室外侧进行下料，并从 C 箱室外侧底板预留孔 mn（宽度为 400mm）处进行振捣；当混凝土浇筑至 m 位置时，对预留孔 mn 进行封闭。

8）站台梁混凝土的浇筑，直接从 C 箱室内外两侧腹板、外底板进行下料，采用插入式振动器振捣。混凝土浇筑完毕后，采用木抹子将混凝土表面浮浆清除并压实抹平，然后进行保湿蓄热养生。

9）在箱梁混凝土浇筑完成后，当混凝土强度达到设计强度的 50%以上时，方可进行箱梁内模的拆除。在箱梁内模板拆除后，对箱梁顶部预留的人洞进行吊模、钢筋连接、混凝土浇筑并对封孔的混凝土进行养护。

箱梁混凝土浇筑方式如图 20-11 所示。

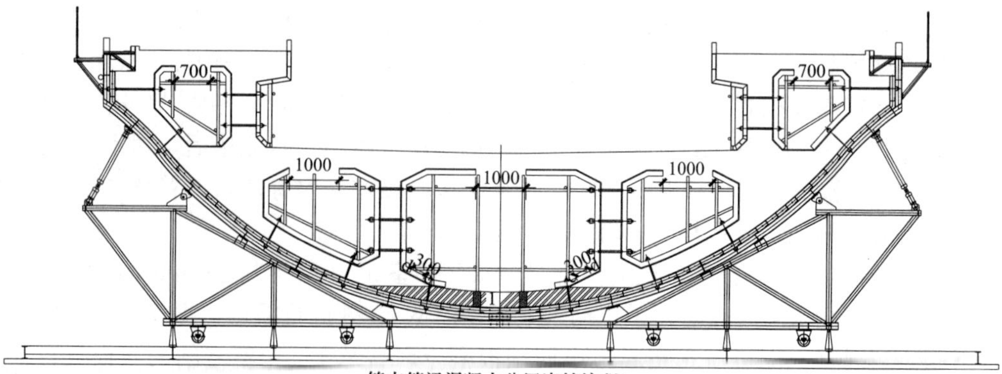

简支箱梁混凝土分层浇筑流程1

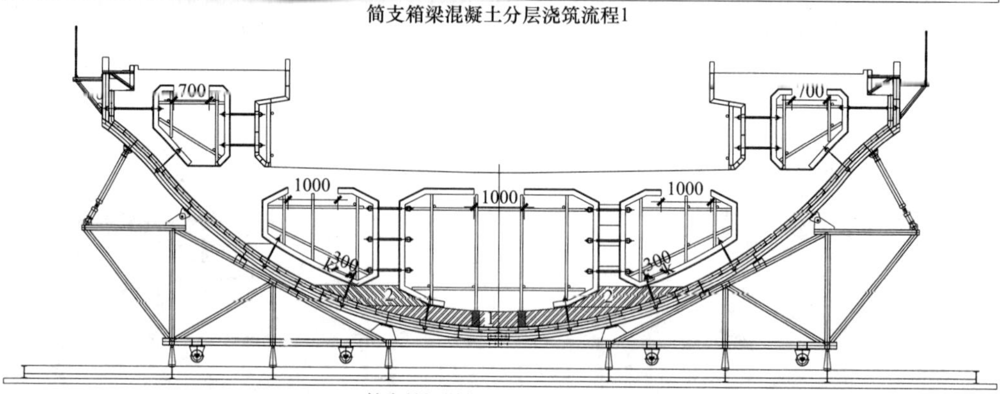

简支箱梁混凝土分层浇筑流程2

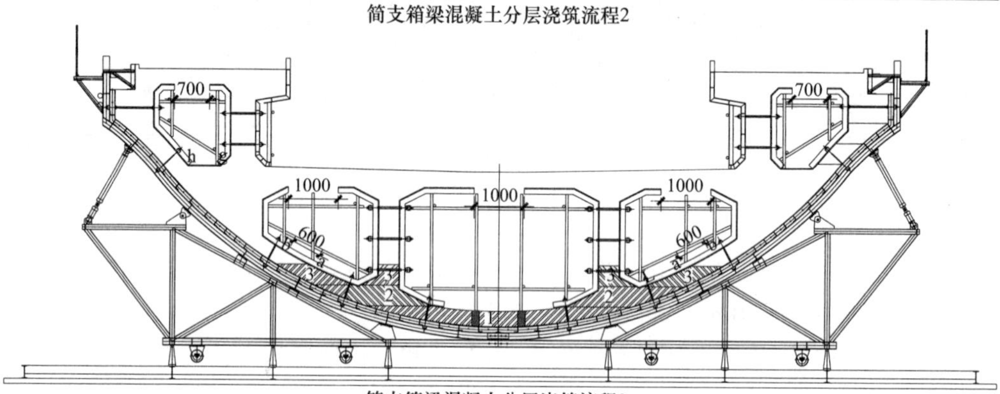

简支箱梁混凝土分层浇筑流程3

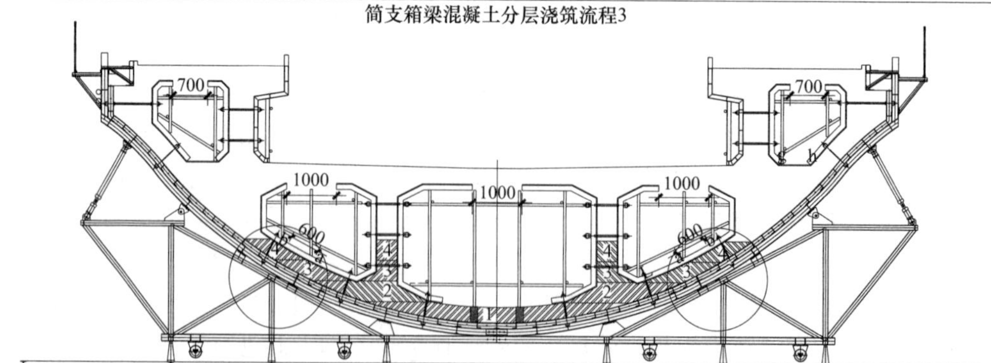

简支箱梁混凝土分层浇筑流程4

图 20-11　简支箱梁混凝土浇筑流程（mm）（一）

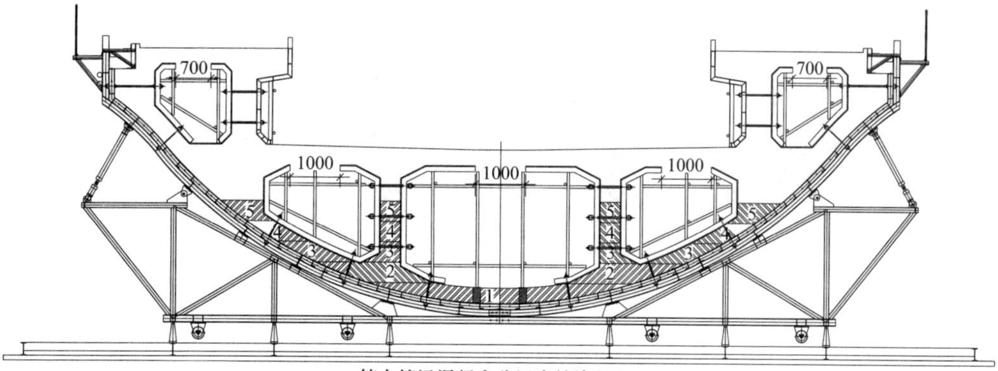

简支箱梁混凝土分层浇筑流程5

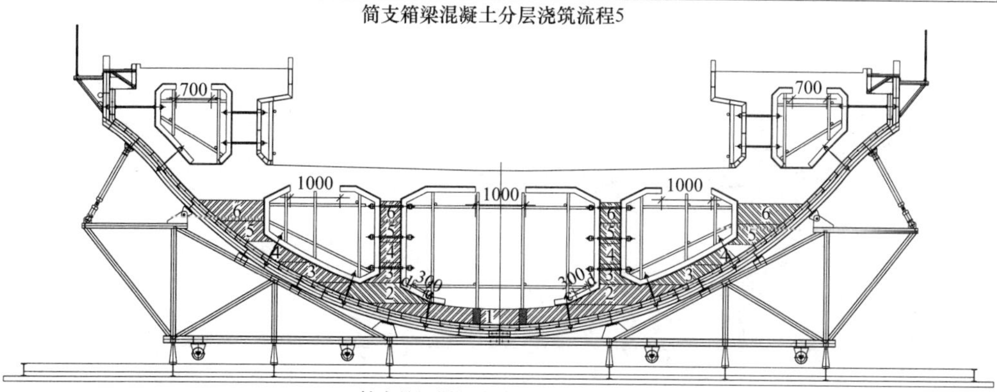

简支箱梁混凝土分层浇筑流程6

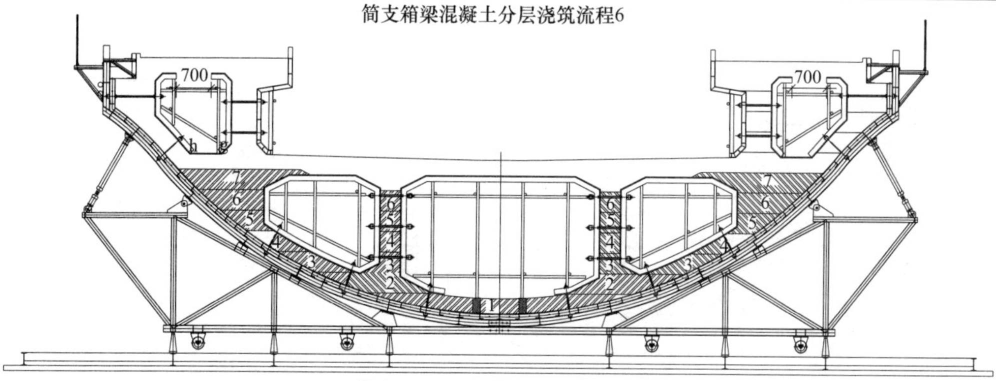

简支箱梁混凝土分层浇筑流程7

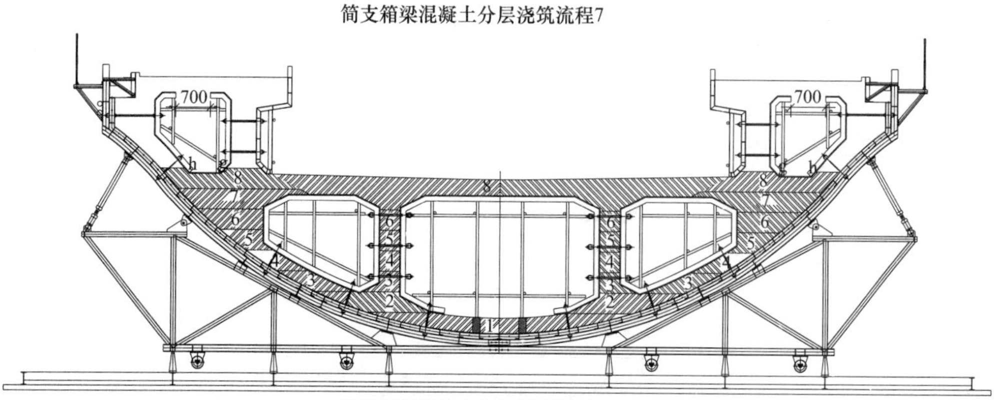

简支箱梁混凝土分层浇筑流程8

图 20-11　简支箱梁混凝土浇筑流程（mm）（二）

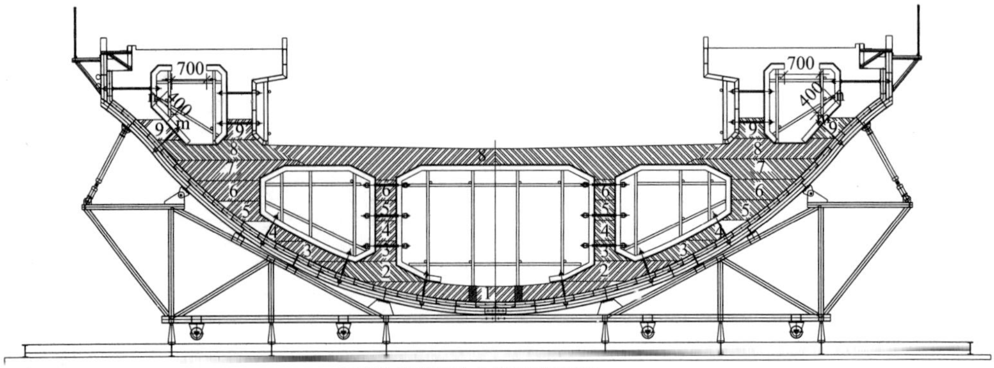

简支箱梁混凝土分层浇筑流程9

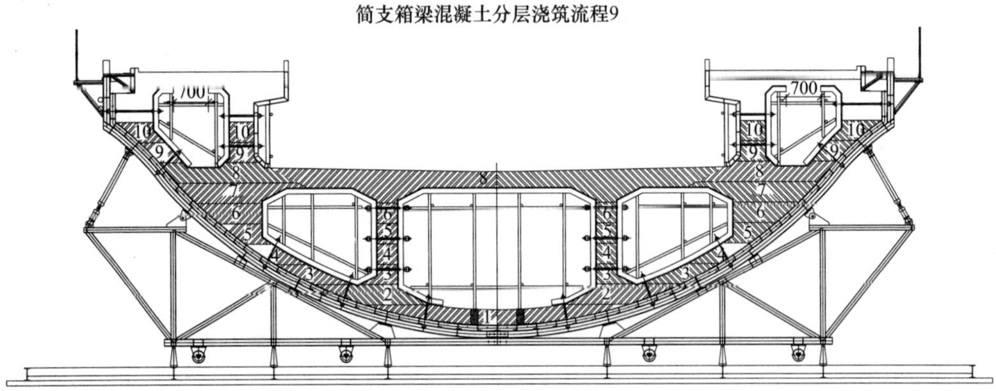

简支箱梁混凝土分层浇筑流程10

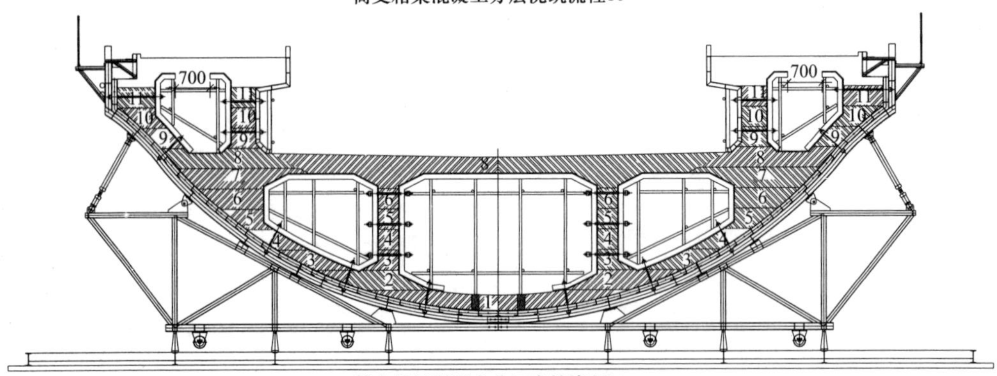

简支箱梁混凝土分层浇筑流程11

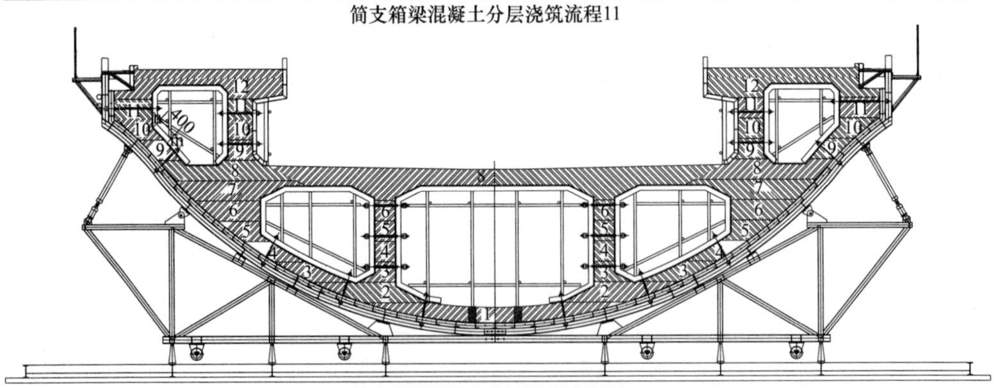

简支箱梁混凝土分层浇筑流程12

图 20-11　简支箱梁混凝土浇筑流程（mm）（三）

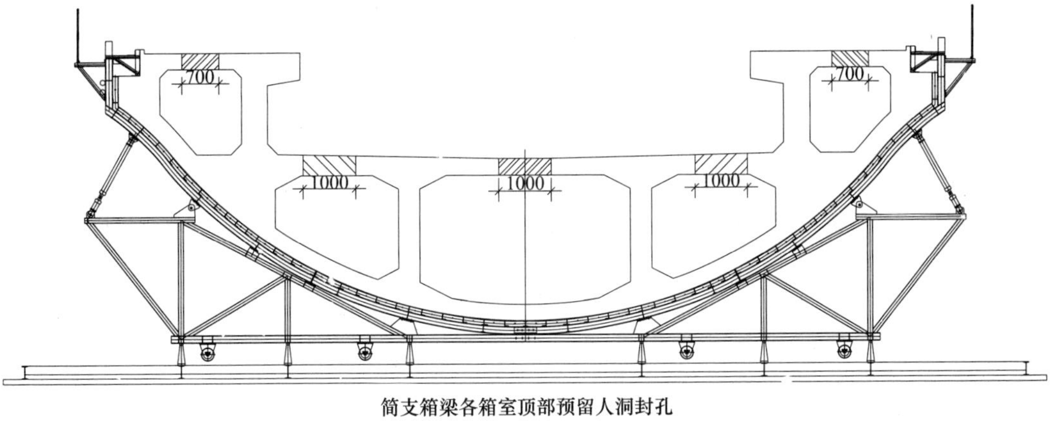

图 20-11　简支箱梁混凝土浇筑流程（mm）（四）

(2) 箱室内部张拉齿块浇筑

箱室内部的齿块作为箱梁预应力施加的关键部位，必须保证箱梁齿块部位的混凝土振捣质量，该处采取分层进行浇筑，每个齿块混凝土分两层浇筑完成。在齿块浇筑之前，齿块端模和侧模全部安装完成；在第一层混凝土浇筑一半以后再安装第一块顶模，然后继续进行下料并从振捣口进行振捣密实，待振捣完成后将第一块顶模上的振捣口封闭；第一层混凝土浇筑完成后，再安装第二块顶模，然后从齿块最顶部预留的混凝土下料口下料，从振捣口振捣，振捣完毕后将振捣口封闭，如图 20-12、图 20-13 所示。

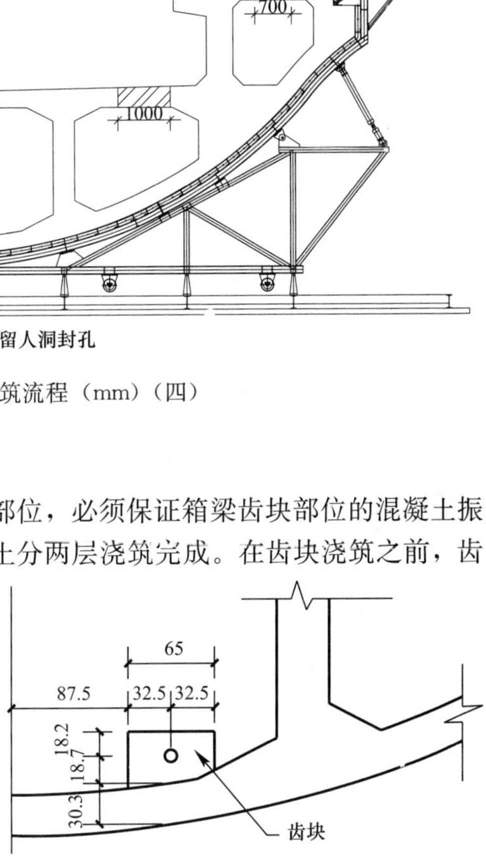

图 20-12　箱梁齿块立面示意（cm）

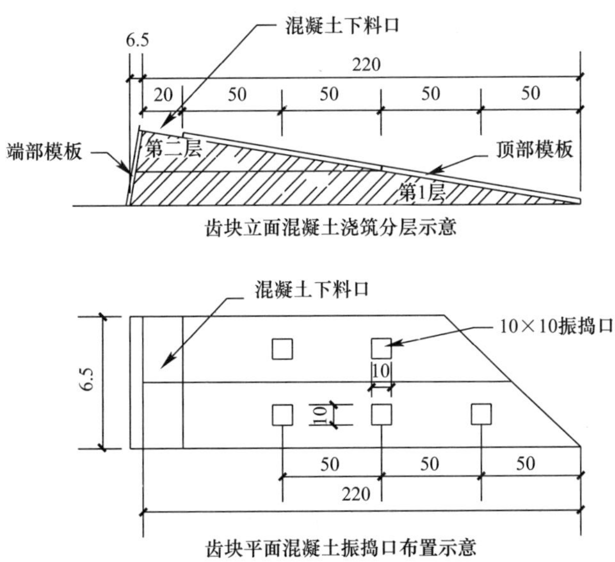

图 20-13　箱梁齿块混凝土浇筑示意（cm）

3. 混凝土养护

根据工程的进度计划及实际进展状况，简支箱梁的施工将跨越春、夏、秋三季，因此，必须对混凝土养护高度重视。

（1）在箱梁混凝土浇筑完毕后，使用木杠刮除混凝土表面的浮浆并刮平混凝土面以后覆盖塑料薄膜，在混凝土初凝前人工一次压实抹平，抹压后立即恢复覆盖一层塑料薄膜并在其上加盖一层干麻袋再进行保湿蓄热养护。在养护期间，对箱体内部、表层及环境温度进行观测，根据测温情况，调整覆盖厚度。混凝土养护期间，混凝土内部最高温度不宜高于65℃。梁体混凝土在任一养护时间内的内部最高温度与表面温度之差不宜大于15℃；当周围大气温度与养护中梁体表面温度差超过15℃时，混凝土表面必须加盖保温。混凝土的养护如图20-14所示。

图20-14　箱梁混凝土养护示意

（2）当采用自然养护时，梁体洒水次数应以能保持混凝土表面充分潮湿为度。当环境相对湿度小于60%时，自然养护不应少于28d；相对湿度在60%以上时，自然养护不应少于14d。当环境温度低于5℃时，禁止对混凝土洒水。

（3）在箱梁模板拆除后，箱梁混凝土表面纵横各涂刷一遍混凝土养护液，待第一遍养护液干燥成膜后再涂刷第二遍，第一遍与第二遍喷涂方向垂直以保证涂刷均匀，在下雨天不宜进行涂刷；涂刷混凝土养护液时，每平方米的用量控制在0.05～0.10kg。

4. 混凝土测温

本工程箱梁混凝土浇筑属于大体积混凝土，在混凝土养护期间必须加强混凝土内部温度的监控，及时调整混凝土养护措施，以免出现裂缝。根据前期对本工程桥墩和承台的测温情况，一般在浇筑完成后3～4d混凝土内部温度达到最高。因此，混凝土计划测温时间为期7d，混凝土浇筑完成后1～2d，每2h测温一次；3～5d，每4h测温一次；6～7d，每8h测温一次。根据混凝土的测温数据，调整混凝土表面的覆盖厚度。

（1）混凝土浇筑测温点布置

分别在箱梁的标准断面和端部布置测温点，共布置6个测温点。箱梁混凝土测温导线的布置如图20-15、图20-16所示。

（2）测温导线的下料

混凝土浇筑测温导线长度见表20-5所列。

5. 混凝土浇筑施工要点

（1）混凝土泵送

1）泵送前应先用适量的与混凝土内成分相同的水泥砂浆润滑混凝土输送管内壁，并用料斗接住将其弃于作业面外。

2）泵送应尽量保持连续，料斗中的混凝土要始终保持在1/3左右，避免空气被压入泵管中，遇有堵塞立即清除，水洗槽中的水保持每2h换一次。

（2）混凝土浇捣

1）由于箱梁底板为鱼腹式截面，弧度在7.5m范围内从0变化至46.7°，斜率变化很

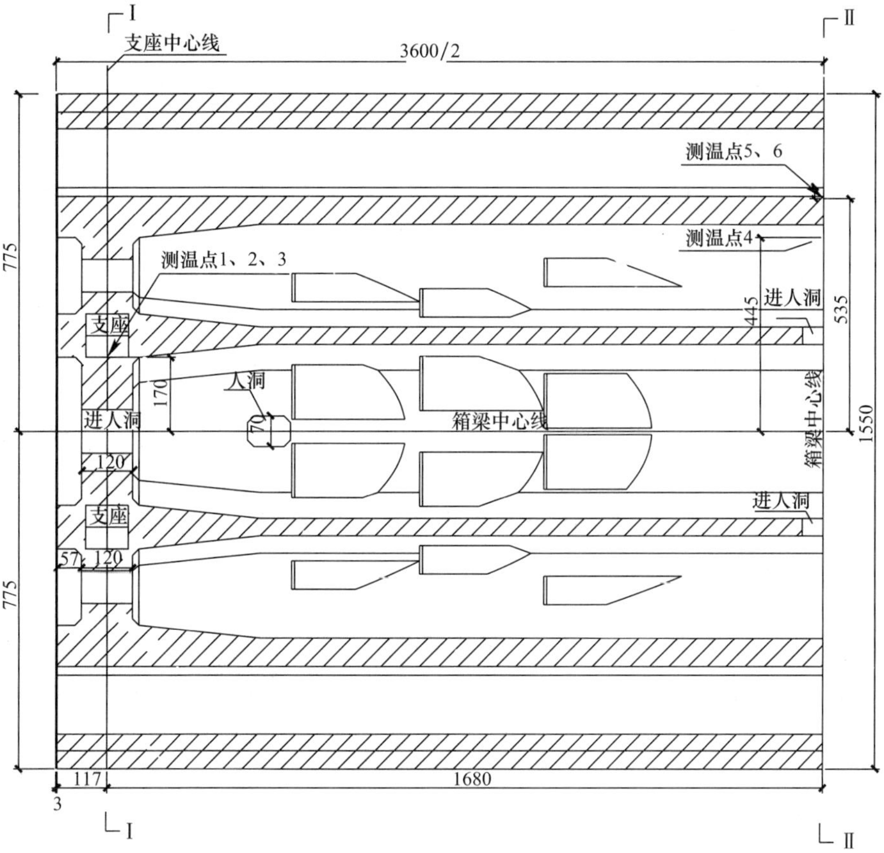

图 20-15　箱梁混凝土测温导线平面布置示意（cm）

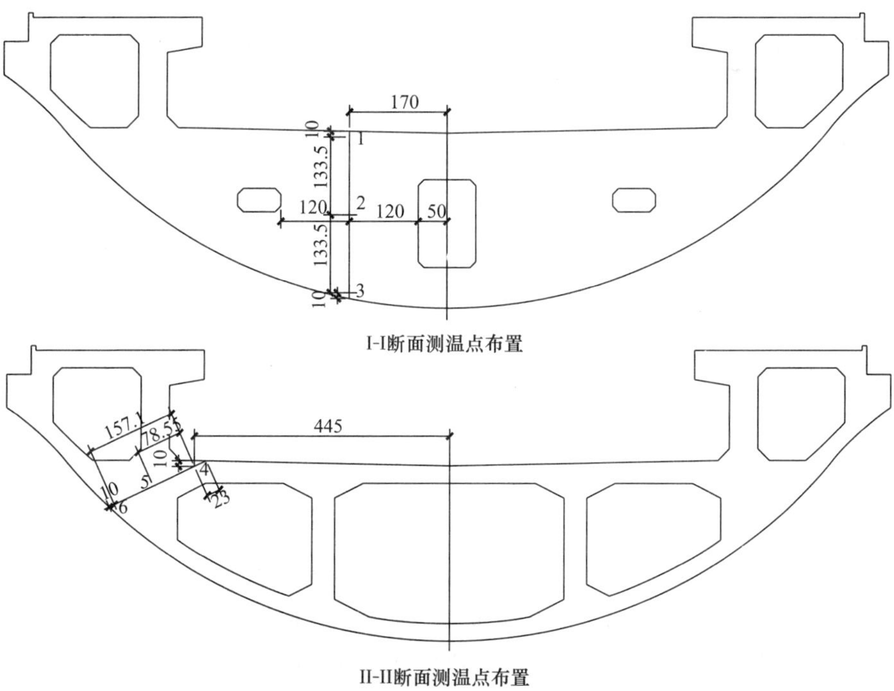

图 20-16　箱梁混凝土测温导线断面布置示意（cm）

混凝土浇筑测温导线长度（每片梁）　　　　表 20-5

点位	1	2	3	4	5	6
测温导线长度（m）	0.5	1.5	3.0	0.5	1.5	2.0

大，且鱼腹式底板作为外观清水混凝土，因此，箱梁底板混凝土振捣质量十分重要。在底板混凝土振捣时，采用机械和人工检查相结合的方式进行。箱梁底板的混凝土振捣除从腹板振捣以外，还必须从箱梁内模所预留的振捣口进行振捣，振捣过程中指派专人采用橡胶榔头和铁榔头敲打模板板面（橡胶榔头敲打木模板，铁榔头敲打外钢模板），通过敲打声音来判别该处混凝土振捣是否密实，如发现有空洞，应立即补充混凝土并进行内部振捣。

2）对箱梁两端的横隔梁钢筋密集部位，混凝土下料和振捣应特别注意，采用 Φ48 直径的钢管撬棍辅助撬拨钢筋协助插入式振动器进行振捣，以使混凝土可顺利入内和进行振捣。

3）在鱼腹式底板混凝土浇筑时，在下层混凝土浇捣完毕后，及时将上层混凝土需封闭的预留口模板封闭，预留口封闭模板应按设计尺寸先预制好，浇筑时一一对应地置于槽旁，以利于快捷地安装。

4）插入式振动器的操作必须选择有操作证、熟练并有责任心的人员。振捣应随下料进度，均匀有序地进行，使用插入式振动器快插慢拔，振捣上一层时应插入下层不小于 50～100mm，以消除两层间的接缝。每一次振点的延续时间一般为 30～40s，以表面呈现浮浆和不再沉落为准。应确保混凝土振捣密实，不漏振，不过振。

5）在箱梁顶板混凝土振捣后，及时用刮杠根据设计标高初步刮平，在混凝土初凝前进行二次压实抹平，在混凝土终凝前进行第三次压抹收光。收光后应注意成品保护，在终凝前不准上人，更不得加施工荷载，避免混凝土产生有害裂缝。

6）附着式振动器采用高频快速外部便携式振动器，严禁空振模板。附着式振动器的振动要由有经验的人员专人指挥，短振勤振，每振一点的累积振动时间在 10s 以内，以混凝土不再沉落，不出现气泡，表面呈现浮浆为度。灌注上层混凝土时，不得开启下层已浇筑完成部分的振动器。

7）插入式振动棒振捣时须特别禁止碰撞波纹管管道和预埋件。浇筑混凝土作业过程，应随时检查预埋件位置，如有任何位移，应及时矫正。

8）现场上应配有足够数量的处于良好状态的振动器，包括附着式和插入式振动器，以便可随时替补。浇筑面板混凝土时，采用插入式振动棒振捣。表面已摊平，混凝土表面已泛浆，即表明混凝土捣固密实，随振随抹平。

9）混凝土浇筑前应对支架、模板和预埋件进行认真检查，清除模板内的杂物，并用清水对模板进行认真冲洗，但不得积水。

20.4　质量控制

（1）为了保证混凝土的浇筑质量，振捣人员必须将各自的振捣位置混凝土振捣密实，不得漏振、过振；相邻点位振捣人员必须通力合作，相邻振捣点交界处必须振捣密实。在箱梁施工过程中，振捣工作不得随便更换，必须选用熟练的混凝土振捣工进行作业。

（2）振捣人员跟随混凝土浇筑顺序从箱梁一端向另一端进行振捣，沿纵向混凝土振捣点之间的间距控制在 40～50cm 以内。

（3）在混凝土浇筑过程中，严格控制混凝土坍落度和泌水率；加强混凝土出站和入模坍落度测定，确保混凝土性能稳定。

（4）混凝土下料按照事先制定的混凝土浇筑流程和分层次数进行下料，上层混凝土下料必须在下层混凝土振捣完毕之后进行。每层混凝土的浇筑厚度控制在 40cm 左右，插入式振动棒插入的深度以伸入下一层混凝土 5～10cm 为宜。上层混凝土与下层混凝土的浇筑时间间隔控制在 2～3h 以内。混凝土振捣密实以表面呈平坦、泛浆，混凝土停止下陷，表面不再冒气泡为准，则表明混凝土已振捣密实。严禁混凝土过振、漏振。

（5）箱梁混凝土振捣以插入式振动器为主，附着式振动器为辅。当采用附着式振动器进行混凝土振捣时，每 4 台为一组进行振捣，每组附着式振动器连续振捣的时间不得超过 45s，严禁空振模板。

（6）在钢筋密集的腹板和横隔梁处以及在与地板接触处采用 Φ32 带有橡胶胶头的插入式振动器进行振捣。

（7）在混凝土振捣过程中，严禁振动棒碰撞波纹管和梁内预埋件。在浇筑过程中应随时检查预埋件位置，如发现发生位移及时矫正。混凝土浇筑完成后，及时检验波纹管是否漏浆，防止波纹管发生堵塞现象。

（8）在混凝土振捣过程中，在钢筋密集部位，振动棒不易振捣的时候可采用钢钎协助振动棒进行振捣。

（9）混凝土浇筑完成后及时进行混凝土的养护工作。

20.5　施工记录

（1）混凝土原材、钢筋、钢绞线、波纹管质量检验评定记录；

（2）混凝土配合比设计、混凝土拌合质量记录；

（3）钢筋绑扎、模板安装质量验收记录；

（4）混凝土试块 28d 标准养护及现场养护抗压试验强度评定记录。

20.6　成品保护

本工程现浇简支箱梁混凝土外观质量要求为清水饰面混凝土，在施工过程中必须加强每道工序的成品保护措施，不得使混凝土表面出现夹渣、缺陷等现象。

（1）模板拼装完成后，在未进行钢筋绑扎之前，先采用潮湿抹布对模板表面擦洗干净，并清理模板表面的灰尘和沉渣。

（2）凡是进入桥梁支架操作平台上的所有人员不得吸烟，必须将鞋子更换成干净的平底胶鞋，不得穿钉子鞋和粘有泥土的鞋子进入模板表面。

（3）每绑扎一层钢筋，采用吸尘器和高压气对模板表面清理一次。做到每完成一道工序清理一次，保持模板清洁、无污染。

（4）在钢筋绑扎过程中，必须轻拿轻放，避免钢筋头对模板表面的模板漆造成损伤。

（5）混凝土振捣采用带有橡胶胶头的振动器进行混凝土振捣，对混凝土振捣工加强培训和现场指挥，在混凝土振捣时避免振动棒对模板漆造成破坏。

20.7 安全与环保措施

20.7.1 安全保护措施

（1）施工过程的安全应符合国家现行《建筑施工安全检查标准》JGJ59—2011的有关规定，施工机械应符合国家现行《建筑机械使用安全技术规程》JGJ33—2012的有关规定，施工临时用电应符合国家现行《施工现场临时用电安全技术规范》JGJ46—2005的规定。

（2）根据施工特点编制符合工程实际的安全操作注意事项及具体的施工安全措施，并做好对现场操作人员及管理人员的安全技术交底工作。

（3）在混凝土浇筑过程中，指派专人随时观测模板的变形情况；若发现有胀模现象，应立即停止混凝土的浇筑，采用加固措施。

（4）进入施工现场的振动棒必须具备安全使用合格证，在使用过程中，防止电线被钢筋划破；操作人员必须具备上岗合格证，未有上岗合格证的人员不得从事振捣工作。

（5）在混凝土施工过程中，电工必须做好照明系统的布设，不得发生漏电现象，必须做好漏电保护等各项施工用电安全措施。

20.7.2 环保措施

（1）施工过程的环境保护应符合国家现行《建设工程施工现场环境与卫生标准》JGJ146—2013、《环境管理体系　要求及使用指南》GB/T24001—2004和《污水综合排放标准》GB8978—1996等国家和地方有关施工现场环境保护管理的规定。

（2）根据工程特点编制环境保护操作手册及注意事项，并做好对现场操作人员及管理人员的环保措施交底工作。

（3）做好污水排放等工作。

（4）制定切实可行的废旧模板、钢材以及隔离剂回收处理措施。

第21章 架桥机架设法施工工艺

21.1 适用范围及特点

21.1.1 适用范围

架桥机架设法是将整孔梁、板或组合式小箱梁预制完成后，由专用运梁车通过路基或已架桥梁运送至专用架桥机后方，最后利用架桥机逐孔架设的方法。架桥机架设法适用于桥跨较多、架梁工程量大的标准跨径桥梁，其特点是不受桥下通航（通车）和墩高影响，不影响桥下交通，架梁安全性高。

21.1.2 工艺特点

（1）架设速度快，不受墩高、交通、水深的影响；（2）需要专用设备，实现标准化施工；（3）安全可靠。

21.2 施工准备

21.2.1 技术准备

（1）熟悉和分析施工现场的地理情况，编制梁板架设施工组织设计，向现场管理人员、施工班组长、作业人员进行书面的安全、技术交底。

（2）选择适合本工程施工环境及施工特点的架梁方案、安全防护措施及应急处理预案。

（3）梁板架设前要确定梁板强度不低于设计强度标准值，预应力孔道灰浆强度不低于30MPa，支座垫石强度达到设计要求。安装前必须检查墩、台帽及支座垫石的平面位置、高程及尺寸，校核时，应在墩台帽上画出架设安装板线、板端线及临时支座的位置，以便安装时使梁板准确就位，并报请驻地监理工程师复核、签认。

21.2.2 机具准备

（1）运输设备：拖车、平板车等。

（2）起吊设备：预制场龙门吊、架桥机。

（3）安全设备：安全帽、安全网、安全带、防滑鞋等。

（4）其他架梁辅助设备等。

21.2.3 材料准备

（1）清理堆放梁板的预制场地，检查核实梁板的几何尺寸。

（2）准备好安装梁板所需的支座、不锈钢板、调平钢板、硅脂润滑剂、环氧树脂及试验标准砂等材料。

21.2.4 作业条件确定

（1）各特重设备均经相关质量技术监督局检验，特种操作驾驶员均持证上岗，运输设备托运能力满足托运要求。

（2）场地要求及确定架梁方案

对预制场至架设现场的运输道路进行平整及碾压，确保梁板运输道路能够满足运输条件的需求（无陡坡和急转弯），并在交叉路口设专人进行交通指挥；查看安装地形，以便采用可靠的安全、经济、合理的吊装方案。

（3）吊装人员

吊装时必须配备专业起重指挥人员，安装工人经过专业的培训，并根据规范要求配备专职安全员和技术员；在正式吊装前应由技术员及安全员对作业工人及司机进行培训、技术、安全交底，做到熟悉安装、起吊过程中的每一个工作步骤。

21.3　施工工艺

目前我国采用的公路架桥机大部分为步履式，架桥机主要由主梁、后端支架、吊车、步行器等组成。整机采用跨步行进，依靠四个支腿作为架桥机的主要支撑结构，通过相互间的有序换步实现步履纵移，因此无需在桥面铺设纵移轨。施工荷载只作用在已架裸梁端头，对梁片桥型无特殊要求。步履架桥机稳定性好，可携边梁一次横移到位，实现全断面机械化移梁和落梁。

21.3.1　工艺流程

架桥机架设梁板施工工艺流程如图 21-1 所示。

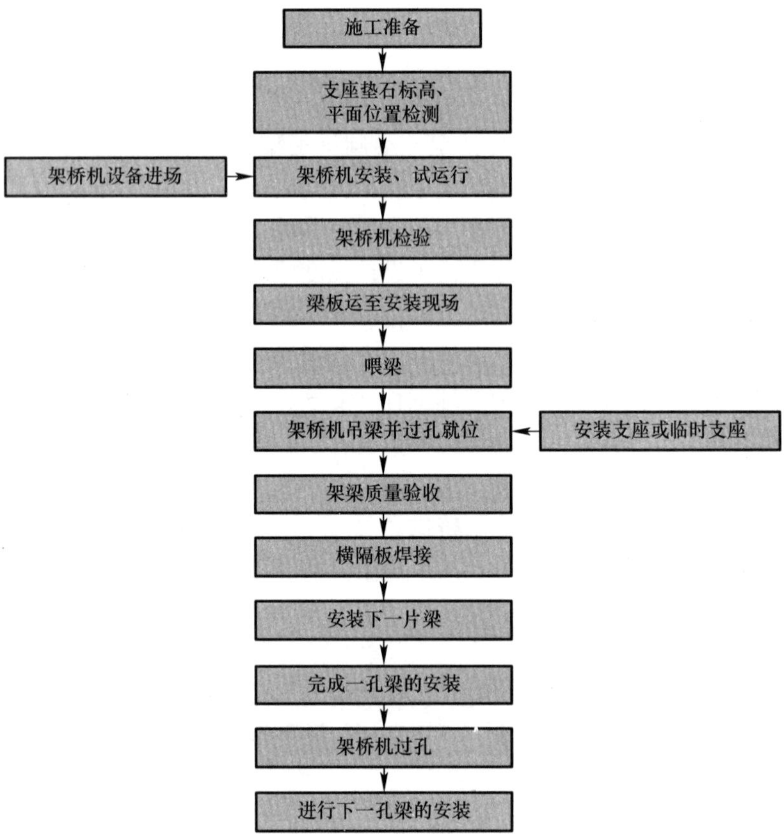

图 21-1　架桥机架设梁板施工工艺流程

21.3.2　操作要点

1. 架梁准备

架梁准备工作主要包括架桥机的拼装、试运行和自检以及现场人员的操作培训等。

(1) 架桥机拼装

对于从桥头开始架梁的工程，架桥机在桥台后方拼装；对于需从中跨开始架梁的工程，则需要在架梁起始位置首先安装提梁站，提梁站通常采用跨墩龙门吊形式。施工中首先在提梁站利用龙门吊架设两跨梁，再在已架梁上完成架桥机拼装（图 21-2）。

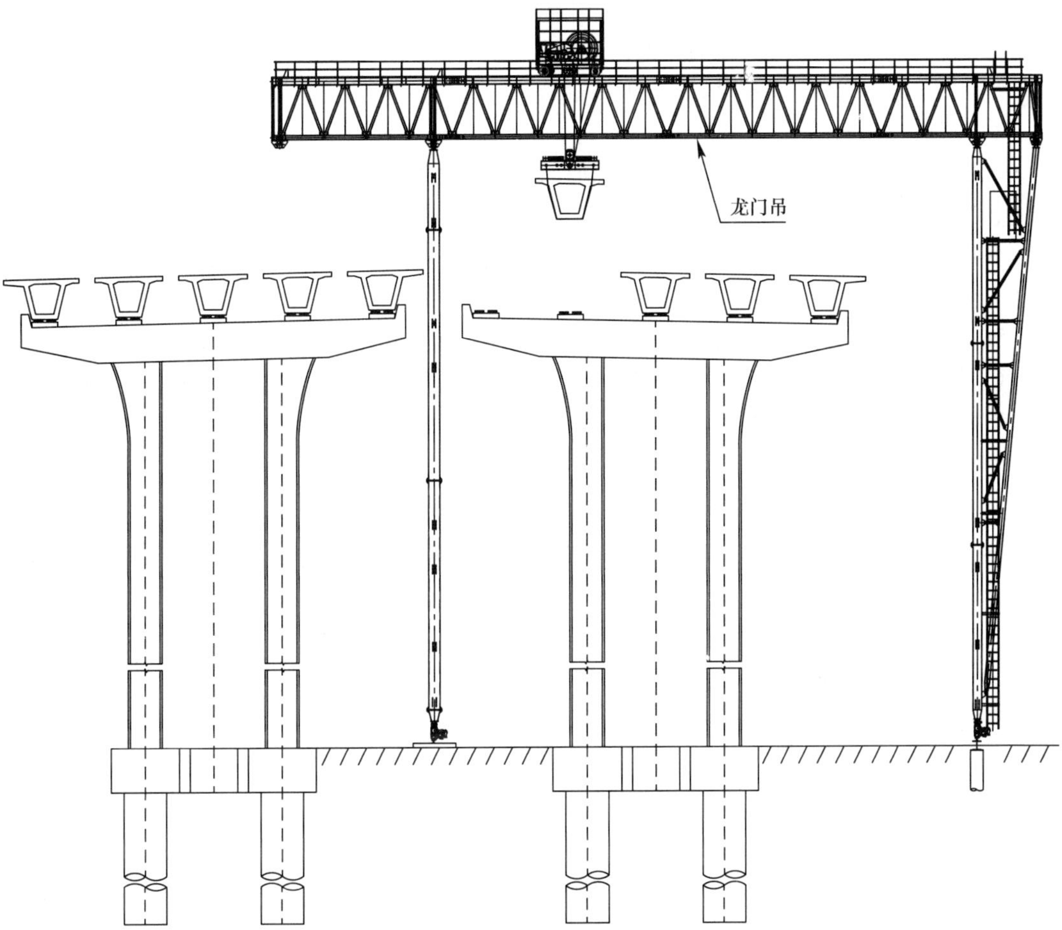

图 21-2　提梁站示意

架桥机安装前应对以下内容进行检查：

1）将架桥机随机文件按图纸、技术资料等准备齐全。

2）对设备进行全面检查、清理，如发现有损伤、腐蚀或其他缺陷，应在安装前予以处理，合格后方能进行安装。

3）架桥机轨道基础有足够的承压能力，全长范围内不平整度不应大于厂家要求值。

4）轨道纵坡及同一个断面上两轨道的标高相对偏差不超过厂家要求值。

5）两平行轨道轨距允许偏差不超过厂家要求范围，轨道接口位置应错开。

6）架桥机拼装场地须平整，且应有排水设施。

（2）试运行和自检

1）试运行前检查

① 各连接部位安装是否正确，连接是否牢固。

② 电器接线是否正确。

③ 液压系统各部位有否漏油现象，各个油管、油路是否畅通。

④ 机械及结构部分有否卡滞现象。

⑤ 各转动部位润滑情况。

⑥ 油箱内油是否满足规定的要求，并试运行液压系统。

⑦ 同一运行机构各电动机转向是否相同。

⑧ 检查各个操作手柄、按钮操作是否灵活。

2）试运行检查

上述检查确认正常后方可试运行架桥机，并做如下检查：

① 空载试验

A. 提升小车空载沿主梁轨道来回行走数次，车轮有无明显打滑现象，启动、制动是否正常可靠。

B. 开动提升机构，升降数次，检查开关动作是否灵敏准确。

C. 把两台提升小车开至跨中，整机在前后 5m 范围内行走数次，检查启动、制动是否正常可靠，车轮有无明显打滑现象。

② 静载试验

A. 提升额定荷载，检查架桥机变形及使用情况。

B. 提升 1.25 倍的额定荷载，离地面约 0.1m 左右，停留 10min 后卸去荷载，检查架桥机主梁是否有残余变形，反复数次，直至主梁不再有残余变形。

③ 动载试验

提升 1.1 倍的额定荷载，提升机构和提升小车在 5m 范围内慢速反复运转，各制动机构及电器控制应灵敏、准确可靠，主梁振动正常，机构运转平稳。卸载后各机构和主梁无损伤和永久变形。

2. 运梁

（1）桥下运梁

对于在桥跨中设置提梁站的架设工程，需要将梁、板经预制场运抵提梁站，这个过程称为桥下运梁。

对于重量较小的梁、板，可采用普通轮胎运梁车，对于大型箱梁的运输，则需要专用运梁车。运梁便道由预制场通往提梁站，便道宽度可设置为 7～8m，通常设置为混凝土路面，便道应能满足运梁车运梁荷载。

（2）桥上运梁

梁、板经提梁站提起，放置于已架梁上方的运梁车上，经运梁车沿桥面运输至架桥机后方喂梁。

对于简支变连续的桥梁，由于湿接缝较宽，为保证湿接缝浇筑前运梁车顺利通过接缝、保证梁体本身和运梁车都不受损害，需在各接缝处运梁车轮胎通过的位置安放加劲盖板，盖板可采用钢板与型钢组合形式。型钢及钢板与箱梁钢筋临时固定，钢板边缘打磨成坡脚，防止损坏运梁车轮胎，如图 21-3 所示。

3. 架梁

架设多片梁、板的安装顺序为：从外往内架设，先架外边梁，再架中梁，最后内边梁。

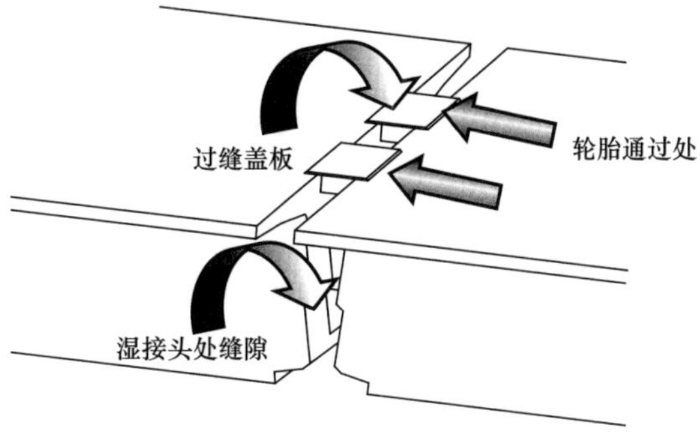

图 21-3　运梁车过缝盖板布置示意

安装边梁流程为：运梁平车配合前天车喂梁到架桥机内部→前、后天车起吊梁→将边梁纵向运行到前跨位→整机携梁横移至次边梁的位置→落梁至距支座 5cm，纵向调整到位（保持梁的稳定）→起吊天车横移→架桥机横移→边梁位置处下落就位→完成边梁就位安装。

安装中梁流程为：运梁平车配合前天车喂梁到架桥机内部→前、后天车起吊梁→前、后天车将混凝土梁纵向运行到前跨预定位置→落梁至距支座 5cm（保持梁的稳定）→架桥机横向、提升下车纵向微调到位→完成中梁的就位安装。

具体架设方法为：运梁车运至架桥机底部，用前天车起吊梁、板，前天车与后运梁车携梁继续前移，待后运梁车到后天车下部后，用后天车起吊梁、板，然后利用前天车和后天车共同携梁前移至设计位置，缓慢落梁对位。运梁车退回继续运梁（图 21-4）。

4. 过跨

架桥机过跨施工流程：

(1) 上一跨箱梁拼装完成之后，检查各旋转机构转向是否正确。解除中托轮及后托轮的承重受力，由主梁前支腿和后支腿承重，利用起吊天车将中托轮和后托轮吊起向前移动。中托轮到达已架箱梁的梁端，后托轮距离中托轮 24m 处（图 21-5）。

(2) 通过调节千斤顶使中、后托轮承重，并使主梁纵向基本水平，然后插入承重销轴。打开后支腿油泵使千斤顶处于不受力状态，并使后支腿与桥面脱离。前支腿横移轨道与前支腿固定牢固，收缩千斤顶使横移轨道底面高过盖梁顶约 40cm 左右，再插入前承重销轴（图 21-6）。

(3) 检查架桥机各机构的稳定性及受力情况，一切正常后启动中托上轮箱减速机。主梁向前行进 10m 左右，两台起吊天车同时向后运行至架桥机尾端（图 21-7）。

(4) 启动伸缩卷扬机使导梁伸出 20m 左右，使导梁副支腿到达下一个桥墩指定位置，调节副支腿高度并支垫抄实（图 21-8）。

(5) 启动中托上轮箱减速机，使主梁前进约 10m 左右，后支腿接近后托轮时停止（图 21-9）。

(6) 后支腿油泵充油，承重并支垫牢固。后托轮千斤顶回油收缩后与主梁下弦杆脱离，前起吊天车吊起后托轮向前运行至距离中托 12m 左右时放下。后托轮千斤顶顶起至适当高度后插入后托承重销轴。打开后支腿油泵保压阀门，使千斤顶处于不受力状态，收起后支腿与桥面分离。再启动中托上轮箱减速机，使主梁前进约 10m 左右，直至前支腿到达下一个桥墩指定位置（图 21-10）。

(7) 调整前支腿千斤顶使主梁纵向基本水平，然后插入前承重销轴。打开副支腿保压阀门使导梁副支腿处于不受力状态，启动伸缩卷扬机使导梁向前移动 1m 左右。后托轮千斤顶收缩使后托轮与主梁下弦脱离，准备架梁（图 21-11）。

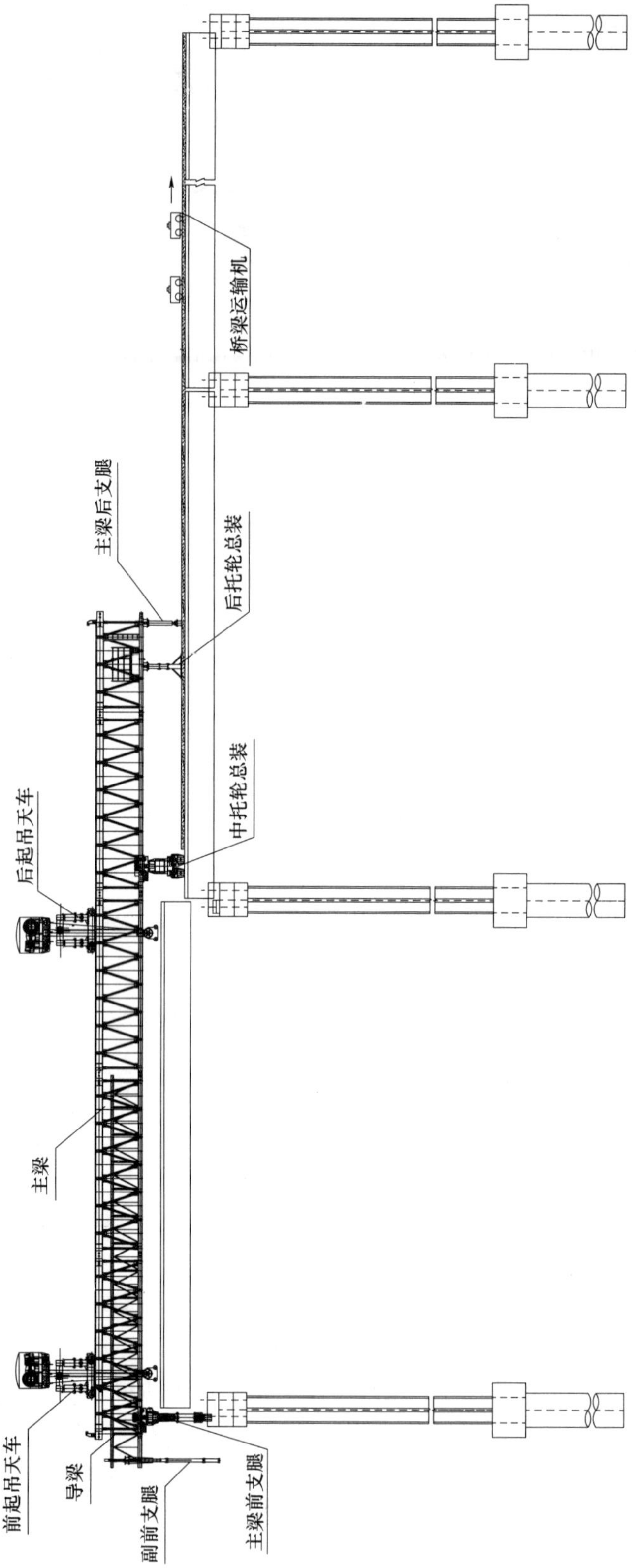

图 21-4　架桥机架设箱梁示意

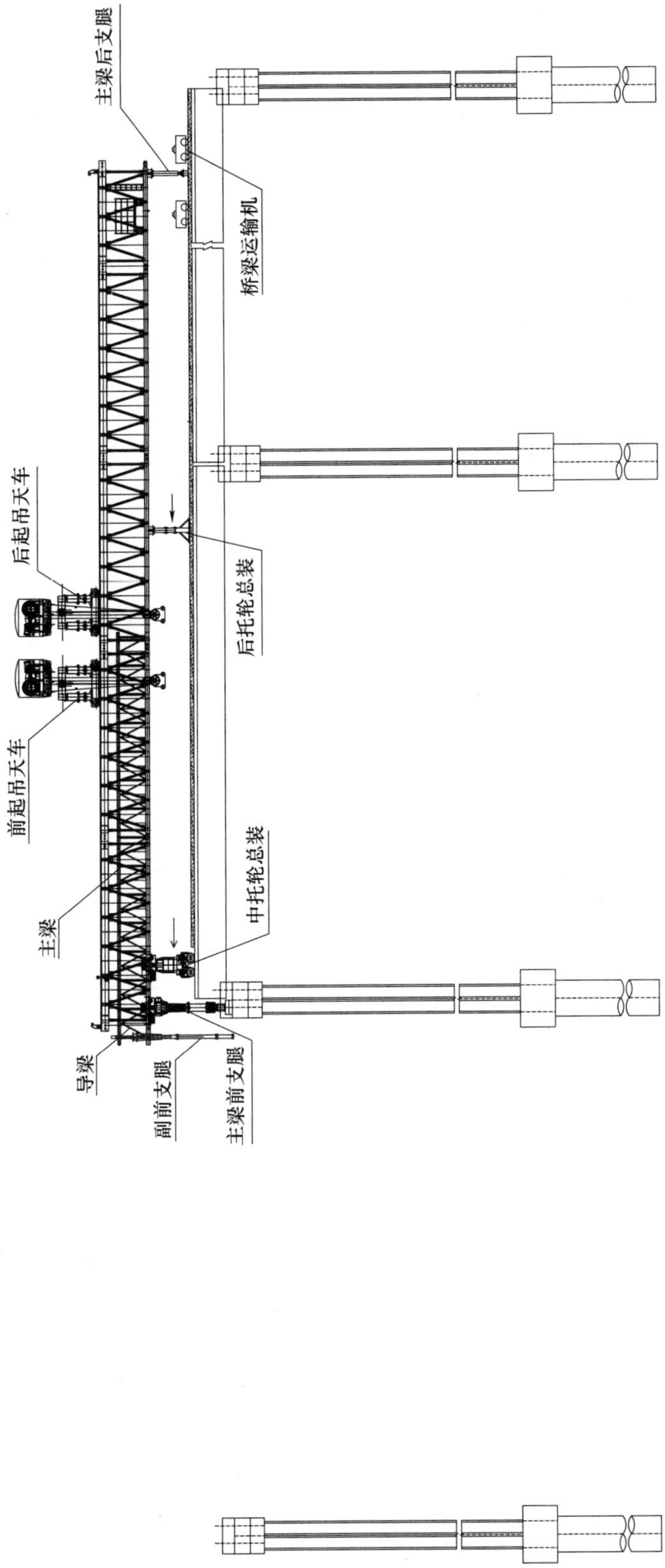

图 21-5　架桥机过孔示意（1）

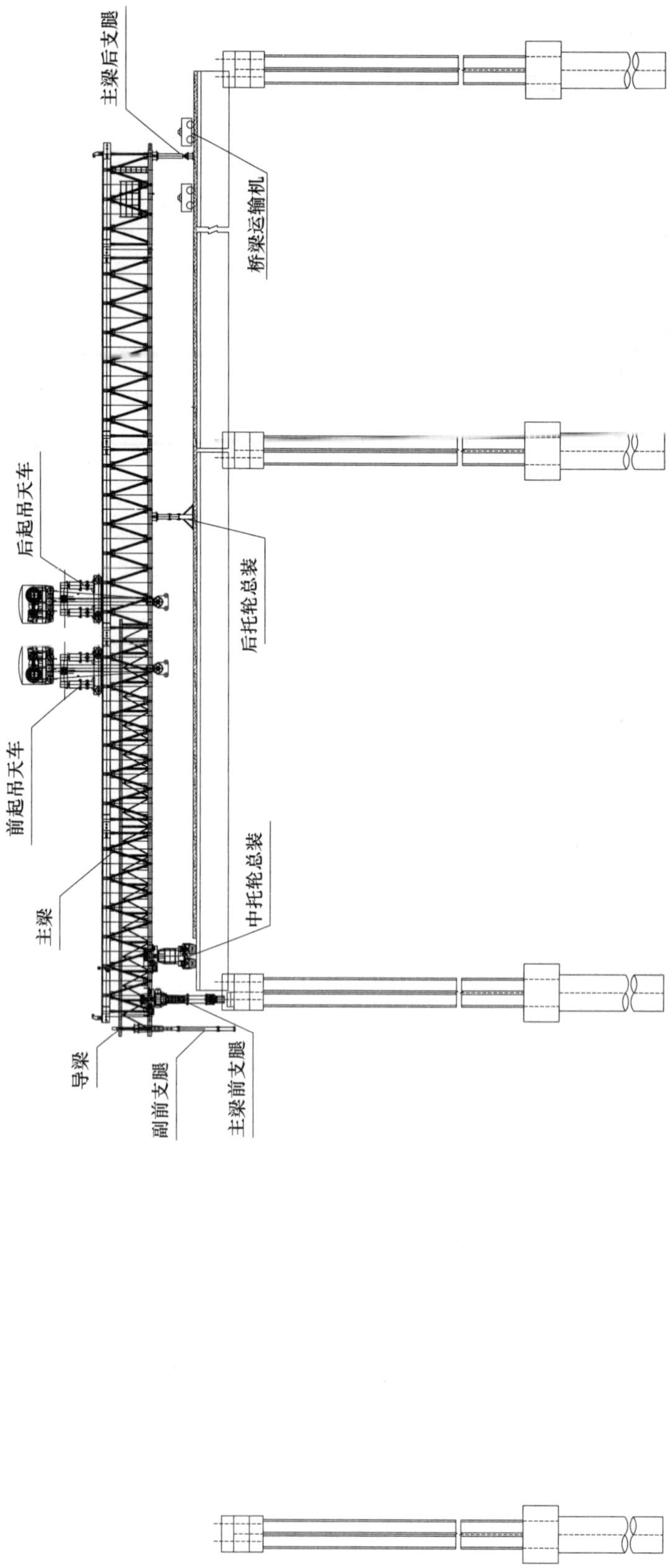

图 21-6　架桥机过孔示意（2）

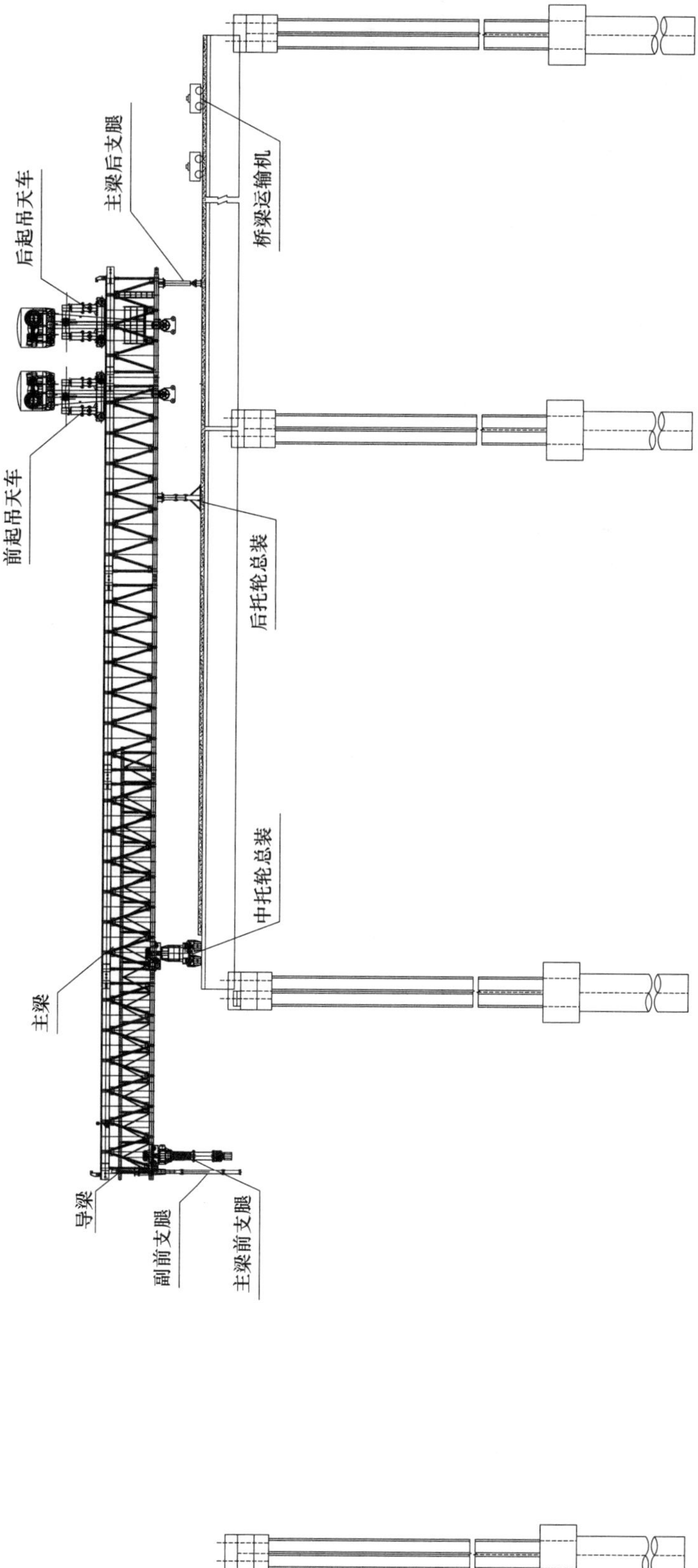

图 21-7　架桥机过孔示意（3）

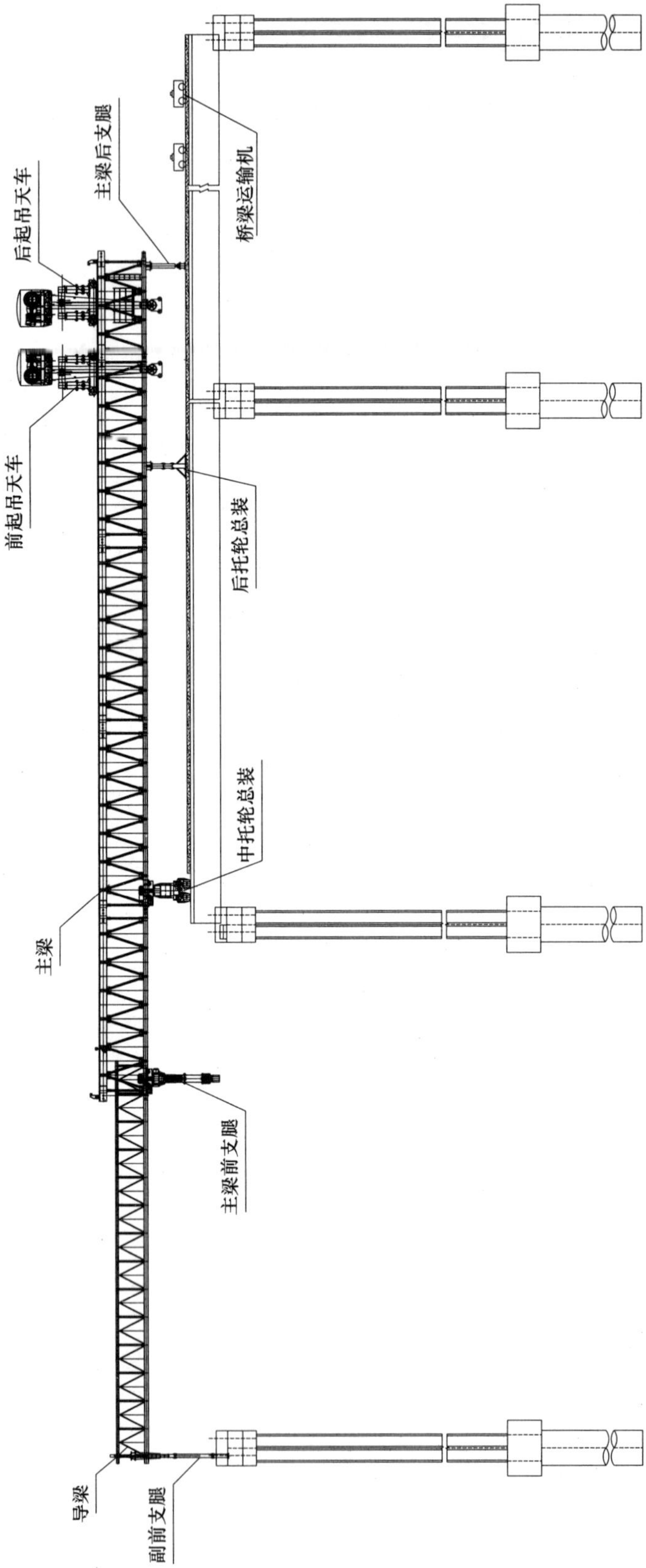

图 21-8　架桥机过孔示意（4）

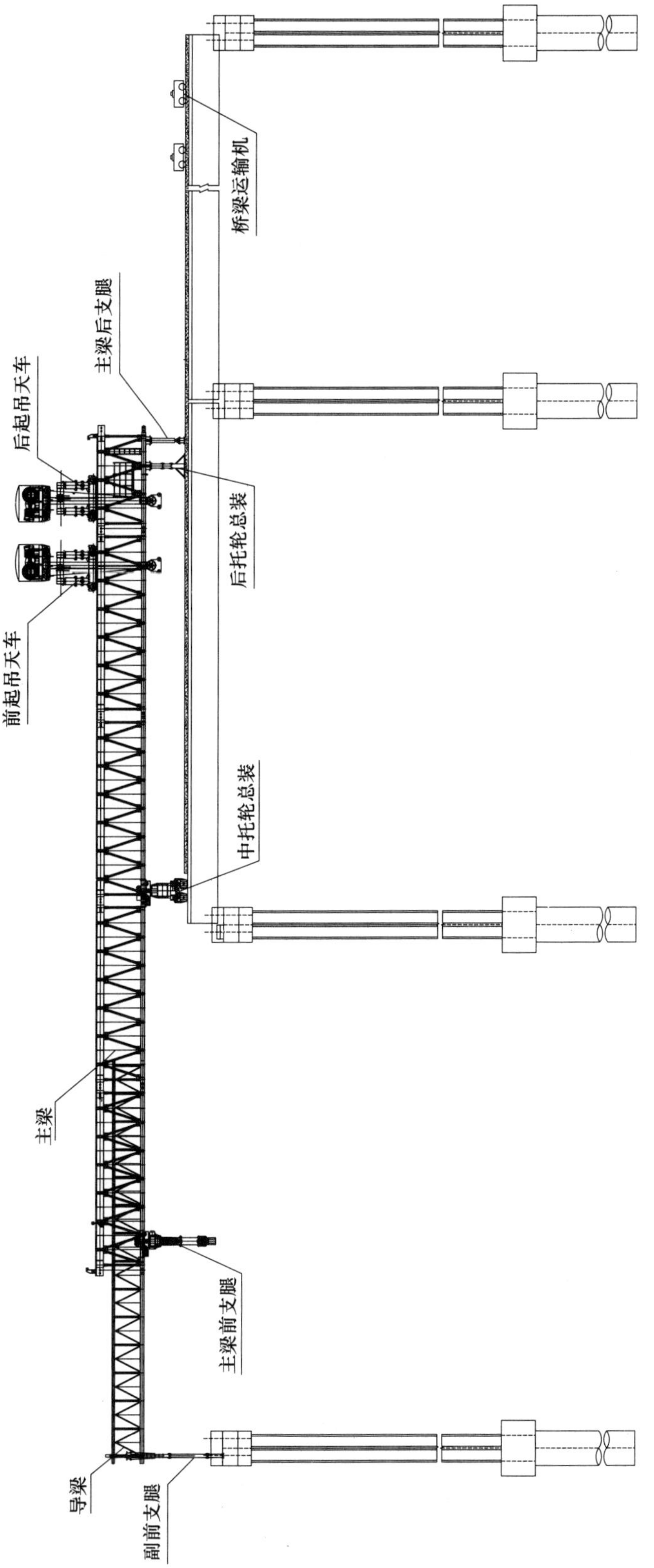

图 21-9　架桥机过孔示意（5）

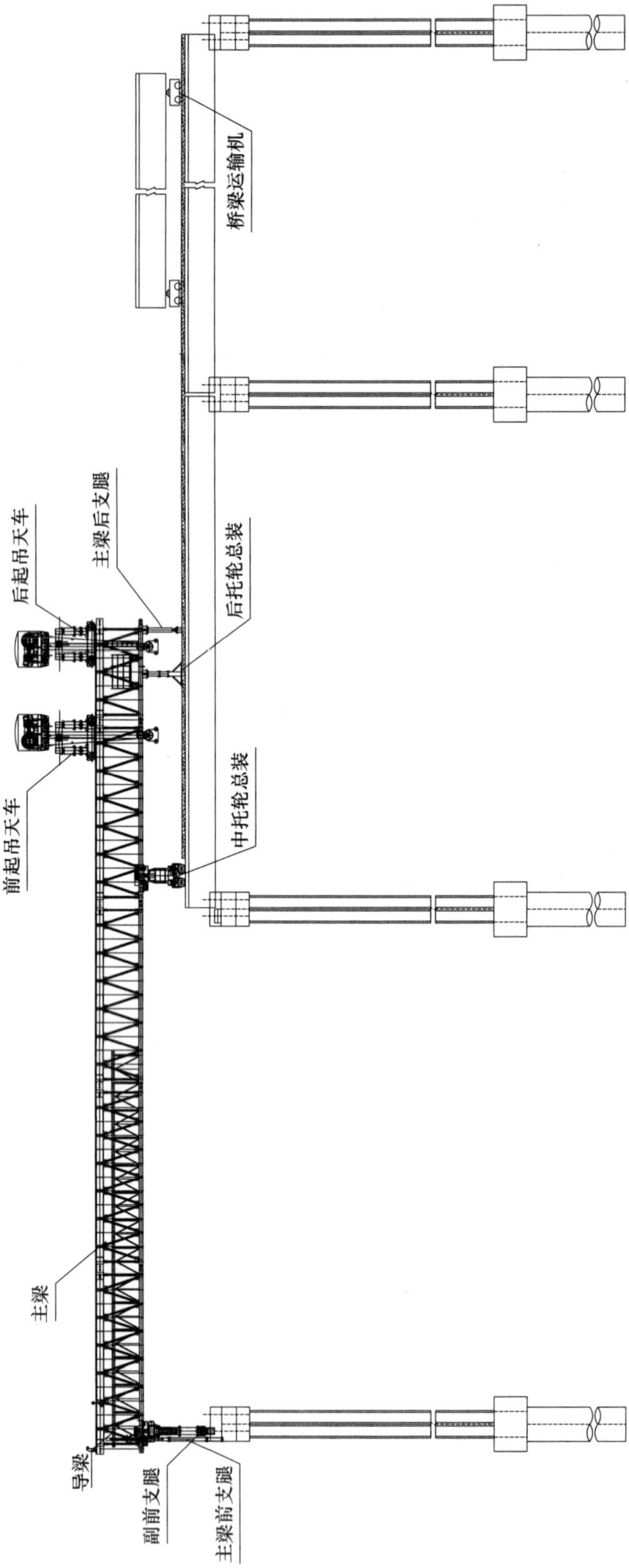

图 21-10　架桥机过孔示意（6）

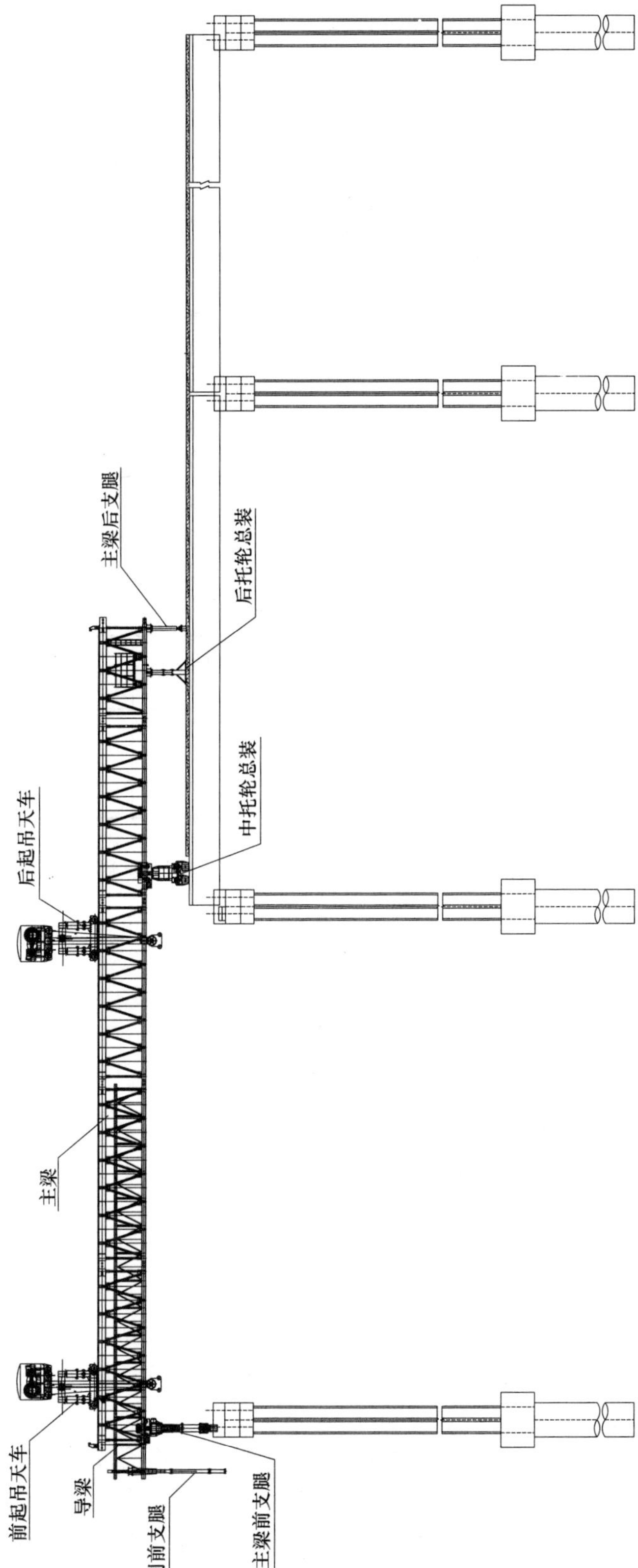

图 21-11　架桥机过孔示意（7）

21.4　质量控制

（1）梁板安装前，支座垫石质量标准见表 21-1 所列。

支座垫石质量标准　　**表 21-1**

检查项目		规定值或容许误差	频率	方法
支座顶面高程（mm）	简支梁墩顶支座	±10	1 点/每支座	用水准仪查
	连续梁	±5	1 点/每支座	用水准仪查
	双支座连续梁	±2	1 点/每支座	用水准仪查
支座中心偏位（mm）	梁	5	每支座	用尺量
	板	10	每支座	用尺量
支座容许偏差（mm）		2	1 点/每支座	用水平尺

（2）梁板安装质量标准见表 21-2 所列。

梁板安装质量标准　　**表 21-2**

检查项目		规定值或容许误差	频率	方法
顶面纵向高程（mm）		+8，−5	3 点×2 片/孔	用水准仪测量
竖直高度（%）		1.2	2 片/孔	吊垂线
轴线偏位（mm）	$L\leqslant100$m	10	5 处/跨	用经纬仪
	$L\geqslant100$m	$L/100$	5 处/跨	用经纬仪
平整度（mm）		5	3 点/构件	用 2m 尺

（3）导梁、吊具、钢丝绳、链滑车、绞车及汽车吊起吊负荷均要满足相应规范的计算要求。

21.5　施工记录

（1）支座及板位放样及复核记录；
（2）梁板及支座垫石强度试验报告；
（3）后场起梁板编号记录及现场安装位置记录；
（4）梁板安装质量检验记录。

21.6　成品保护

（1）梁板运输过程中，拖车的托架上应有相应的保护措施，如用橡胶皮包裹或用方木支垫等，防止梁板碰撞损坏。

（2）梁板在吊装过程中，所有的吊点必须为梁板端。在梁板移动过程中，要保证梁板不能倾斜，要平移。

（3）现场安装过程中，汽车起吊及移动梁板要稳，摆动幅度要小，梁板在下落过程中要轻轻下落，直至平稳地落在支座顶面。

21.7　安全与环保措施

21.7.1　安全保护措施

（1）施工过程的安全应符合国家现行《建筑施工安全检查标准》JGJ59—2011 的有关规定，施工机械应符合国家现行《建筑机械使用安全技术规程》JGJ33—2012、《架桥机安全规程》GB26469—2011 的有关规定，施工临时用电应符合国家现行《施工现场临时用电安全技术规范》JGJ46—2005 的规定。

（2）机械设备操作必须设置专职人员进行操作，作业必须分工明确，统一指挥。配备足够的工作人员：指挥员、电工、液压工、起重机工、辅助工。参与架梁的工作人员必须持证上岗。

（3）梁架设前，必须按设计图纸和施工方案核对架桥机的临时工程情况。架梁使用的材料、工具、脚手板、梯子、安全带、安全帽和安全网等应配齐。

（4）架梁人员进入工地时，均应按规定穿戴安全防护用品。非架梁人员严禁进入架梁作业区。

（5）跨越水域吊装期间，必须配置足够数量的救生圈、救生衣和救生船只，专人日夜值班，确保安全。

（6）架梁期间，有关防火、防漏电、防爆、防雷击等措施，均应符合国家现行标准的规定。5 级风以上严禁作业，必须用缆绳稳固架桥机和起吊天车。架桥机停止工作时要切断电源，以防发生意外。

（7）夜间建梁时，必须有足够的照明，工作灯应采用安全电压。

（8）架桥机应制定定期保养和检查制度，保持机械设备良好状态，具有安全系数，并应按规定进行试吊、试运和检查以及刹车试验，合格后方可使用。各起重机不得超负荷使用，钢丝绳安全系数不得小于表 21-3 的要求。

钢丝绳安全系数　　**表 21-3**

用途	安全系数	用途	安全系数
缆风绳	3.5	吊挂和捆绑用	6
支承动臂用	4	千斤顶	8～10
卷扬机用	5	缆索承重绳	3.75

（9）前、中支腿的横向运行轨道铺设要求水平，并严格控制间距，一条轨道必须平行。架桥机行走前，检查架桥机轨道铺设情况，架桥机轨距误差不超过 2mm，相邻轨道接头高差不大于 1mm；如步履式架桥机纵移需铺轨，轨道宜用道钉固定在枕木上，保证所有枕木处于受力状态。

（10）架桥机纵向移动要做好一切准备工作，要求一次到位，不允许中途停顿。起吊天车提升作业与携梁行走严禁同时进行，提升结束后必须待预制梁稳定后，再启动起吊天车行走机构使天车携梁平稳前移。

（11）每天工作结束后，必须夹紧夹轨器，并用捯链把架桥机固定，在有纵坡的情况下，吊天车应用木楔塞住，清理现场后方可下班。

21.7.2　环保措施

（1）施工过程的环境保护应符合国家现行《建设工程施工现场环境与卫生标准》JGJ146—2013 的有关规定。

（2）工程完工后，及时对现场进行彻底清理。

（3）对有害物质（如燃料、废料、垃圾等）按照当地环保管理条例进行处置后，运至监理工程师指定地点进行掩埋，防止对动、植物造成伤害。

（4）自觉保护场地周围的自然环境，施工人员的生活污水经沉淀池沉淀发酵处理后方可排向水道。

（5）油污水应集中进行处理，做好沉淀隔渣处理后，再排入排水管网或水渠，保障原有水系不受污染及淤塞。

（6）生活和固体垃圾要有固定的弃置场地并设置处理的垃圾箱。

第 22 章　自行式吊机架设法施工工艺

22.1　适用范围及特点

22.1.1　适用范围

自行式吊机架设法是指利用自行式吊机（汽车吊机或履带吊机）完成预制梁板的起重、吊装、架梁等安装工序的架梁方法，根据安装预制梁板时自行式吊机的数量不同可分为单台吊机架设和两台吊机架设两种方式。

1. 单台吊机架设

当预制梁重量较小，而吊机又有相当的起吊能力，桥址处地基坚实吊机能行驶和停搁时，可用一台吊机架设安装。对跨径不大的梁，吊机也可搁放在桥台后路基上架设安装，或搁放在已经安装好的桥面上架设安装下一孔的预制梁板。单台吊车架梁示意如图 22-1 所示。

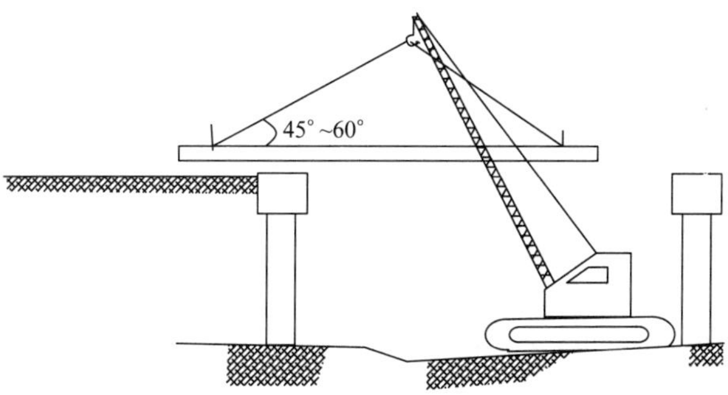

图 22-1　单台吊车架梁示意

2. 两台吊机架设

两台吊机架设法即采用两台吊机分别吊住预制梁板的一端，同步提升将预制梁板吊起进行安装的方法，此法应注意两台吊机的互相配合，架梁示意如图 22-2 所示。

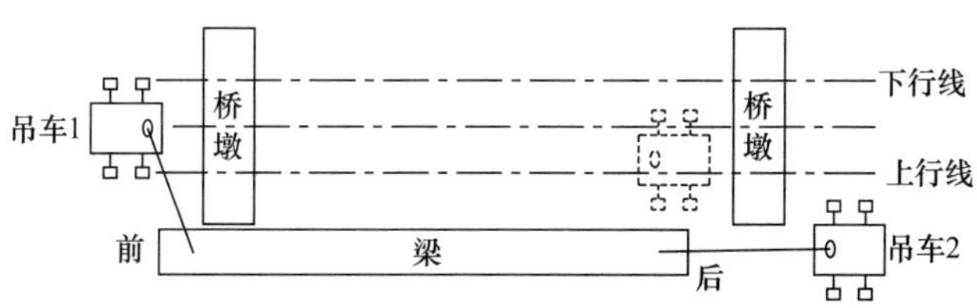

注：途中虚线部分为下行线架梁时吊车 2 位置。

图 22-2　两台吊车架梁示意

采用双台吊机架设时，可根据情况布置吊机的位置，有如下三种布置方式：

（1）将两台吊车布置于待架梁跨盖梁的外侧，该布置适用于地形较好的小跨径中跨预制梁板吊装。

（2）一台吊车置于吊梁跨中间，另一台置于待架梁跨盖梁外侧（包括桥台路基上或铺装好的桥面上），适用于较大跨径预制梁板吊装。

（3）两吊车都置于吊梁跨两盖梁内侧，适用于地形条件好的大跨径预制梁板吊装。

综上所述，自行式吊机架设法施工工艺适用于桥址位于平坦区域，地基承载力力及桥梁高度、梁板重量满足吊装设备起吊高度及能力的预制梁板的架设。

22.1.2 工艺特点

（1）自行式吊机本身具有动力，无需其他临时动力设备，机动性强；（2）架梁速度快。

22.2 施工准备

22.2.1 技术准备

（1）熟悉和分析施工场地的地质、交通等现场状况，选择合理的自行式吊机，编制预制梁板安装方案，各受力部分的设备、杆件进行验算复核，确保安全，并向项目管理人员和施工班组进行书面安全、技术交底。

（2）预制梁板的吊点位置应符合设计允许悬出长度的规定。当设计未给出具体位置时，可将预制梁板近似按以吊点为支点的梁单元进行计算确定。

（3）编制合理的安全防护措施及安全施工救急处理预案。

（4）在正式吊装前应由技术员及安全员对吊装工人及司机进行培训、技术、安全交底，做到熟悉安装、起吊过程中的每一个工作步骤。

22.2.2 机具准备

（1）运输设备：拖车、平板运输车等。

（2）架梁设备：自行式吊机。

目前国内外架梁常用的自行式吊机主要有汽车吊机、履带吊机。应根据待架预制梁板重量、桥位处地基承载力及其他现场条件确定采用单台吊机或是两台吊机进行预制梁板架设，并根据起重重量、起吊高度等条件选择合理的自行式吊机型号。

（3）安全设备：安全帽、安全网、安全带、防滑鞋等。

（4）钢丝绳、吊具等。

（5）其他架梁辅助设备等。

22.2.3 材料准备

（1）准备好安装梁板所需的支座、不锈钢板、调平钢板、硅脂润滑剂、环氧树脂、试验标准筛及预埋件等材料。

（2）预制梁板接头连接用焊接设备和材料或混凝土等材料。

22.2.4 作业条件准备

（1）拖车、平板车和自行式吊机等特种设备应经相关质量技术监督局检验，特种操作驾驶员均持证上岗，运输设备托运能力满足托运要求。

（2）清理堆放梁板的预制场地，在预制场完成预制梁板的验收工作，主要验收预制梁板的几何尺寸、横坡、外观、预埋件情况等。梁长、角度、起拱值、宽、高及横坡均要符合设计要求，梁板表面不得有露筋和空洞现象，不得出现蜂窝、麻面和裂缝。预埋件位置和数量要准确，封锚混凝土必须密实、平整。

（3）预制梁板在脱底模、移运、堆放、吊装时，混凝土的强度不应低于设计所要求的吊装强度。对孔道已压浆的预应力混凝土构件，其孔道水泥浆的强度不应低于设计要求。

（4）预制梁板安装时支承结构（墩台、盖梁）的强度应符合设计要求，支座垫石强度不低于设计强度。

（5）预制梁板安装前必须检查墩、台帽及支座垫石的平面位置、高程及尺寸，确保符合设计要求。校核时应在墩台帽上画出架设安装板线、板端线及临时支座的位置，以便安装时使梁板准确就位。

（6）由预制场至架设现场的运输道路平整，无陡坡或急弯，交叉路口设专人指挥。

（7）吊装时必须配备专业起重指挥人员，安装工人经过专业的训练，并根据规范要求配备专职安全员和技术员。起吊前对设备进行安全检查。

（8）提前做好支座垫石上的钢板安装、支座轴线定位等工作，清点支座型号、数量、使用部位等情况，检验梁板编号、确立吊装顺序。

22.3　施工工艺

22.3.1　工艺流程

自行式吊车架梁施工工艺流程如图 22-3 所示。

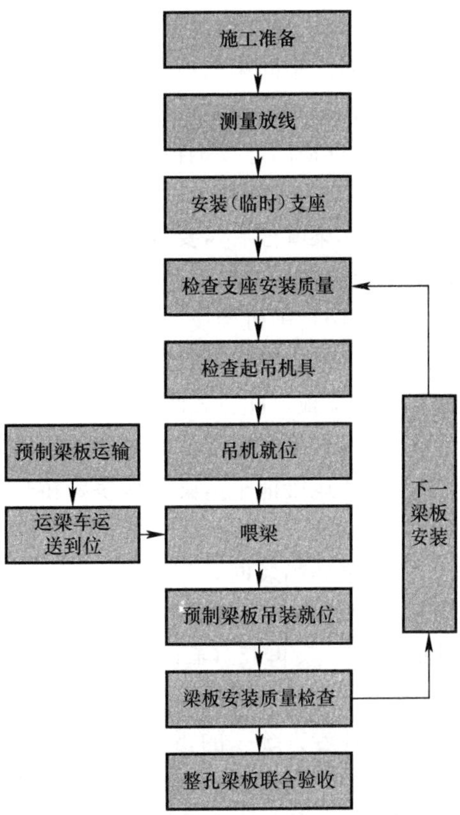

图 22-3　自行式吊车架梁施工工艺流程

22.3.2　操作要点

1. 施工前准备

（1）预制梁板运至现场后应再次对梁体外形尺寸进行检查，对运梁过程中被污染的梁板，应先进行清理、清洁后再进行吊装。

（2）将盖梁和垫石上的杂物清理干净。在梁端标出主梁中轴线、临时支座位置线，挂上垂线，在垫石上标出支座纵横中心线，在起落及移梁过程中，设专人观察中垂线偏差，以便及时纠正防止梁体倾覆。

（3）支座安装和检查

支座的安装对预制梁板的安装质量至关重要，施工时要求支座位置和高程准确，表面平整，吊装前要检查支座顶面高程和平整度，同时要核对相邻盖梁支座间距是否符合梁长，抗震挡块是否满足吊装要求。全部无误后按照支座纵横轴线用墨线弹出梁边线和端头线指导吊装。

2. 预制梁板安装

（1）单台吊机架设

单台吊机架设时，一般将吊机置于待架跨两桥墩之间，起架设作业要点如下：

1）单台吊机架设时，预制梁应根据设计预埋吊点或系点。吊机起吊时，钢丝绳与预制梁体的夹角宜大于60°，不得小于45°起吊。

2）当平板拖车将梁就位后，吊车挂好钩后，方可松紧固绳。当吊车挂好钩后，一律听从信号指挥人员的指挥方可起吊。起吊时应缓慢升起，构件脱离车体的瞬间应慢速、稳定。

3）单台吊车起吊梁体过程中，应缓慢上升，保持梁体稳定，防止发生倾斜、失稳。

4）在起吊、安装预制梁板的每个阶段，要时刻注意重心位置，梁板的吊点或系点位置要比梁板重心高，确保稳定。

5）当预制梁板接近支座时，由梁体两端的技术人员确定横向和纵向位置是否准确，保证偏差数值在规范允许范围之内，使梁就位准确且与支座密贴，就位不密贴时，必须吊起重新就位，同时技术人员要检查相邻梁之间端横隔梁和中横隔梁的顺直度。当构件安装合格后方可摘钩，并在梁的端横隔梁下方垫上木楔子，增大稳定性。

6）对于首片预制梁板安装，T梁或箱梁还应用捯链把梁与盖梁或相邻跨预制梁板连接，防止梁体倾倒。安装边梁就位合格后，在端台一侧用木楔子垫到边梁与端台的挡板上，另一头木工用木方子截成与梁体下沿齐，空隙部分用木楔子垫上砸紧，防止在安装其他梁体时发生碰撞造成不必要的损失。

7）对于中间梁板需要横移的可采取捯链或吊机及其他起重设备横向移动到位即可。

8）预制梁板安装就位后，应及时设置保险垛或支撑，将梁固定并用钢板与先安装好的梁体预埋横向连接钢板焊接，防止倾倒，待全孔安装完毕后，再按设计规定使全孔梁板整体化。梁板全部就位后应按设计要求及时浇筑接头和接缝处混凝土。

9）主梁就位后，要放平、放正、放稳，平面及高程上均达到各项要求，保证下一步横隔梁及湿接缝的施工质量。

（2）两台吊机架设

根据现场情况，布置两台吊机位置，进行安全性检查合格后，即可开始利用两台吊机架设预制梁板，此方式的关键是保持两台吊机同步协调工作。

1）两台吊车提前就位，并提前做好计算，使之满足悬臂吊装距离要求。

2）待运梁拖车运梁至该桥跨桥位时，先停稳拖车，并将拖车车轮用枕木支垫，防止拖车滑移。

3）梁体吊装时，采用两台自行式吊机配合完成抬吊作业。当吊车挂好钩后，一律听从信号指挥人员的指挥方可起钩。起钩时一方应先起（起时慢、稳），等构件脱离车体时，另一头再起（起时慢、稳）。当平板拖车将梁就位后，吊车挂好钩后，方可松紧固绳。

4）在专人统一的指挥下，两台吊车同时协调转向，同步缓慢提升，保持梁体水平，至梁体空中位置大致位于待就位的桥跨对应支座上方。

5）在起吊、安装预制梁板的各个阶段，要时刻注意重心位置，梁板的系点（吊点）位置要比梁板重心高，确保稳定。

6）当梁接近支座时，由梁体两端的技术人员确定横向和纵向位置是否准确，保证偏差数值在规范允许范围之内，使梁就位准确且与支座密贴，就位不密贴时，可视需要多次轻微提起、缓慢放落梁体，确保梁体就位准确和支座安放到位。同时技术人员要检查相邻梁之间端横隔梁和中横隔梁的顺直度。当构件安装合格后方可摘钩，并在梁的端横隔梁下方垫上木楔子，增大稳定性。对于首片梁板，还必须用捯链把梁与盖梁或相邻跨梁板连接，防止梁体倾倒。

7）梁、板就位后，应及时设置保险垛或支撑，将梁固定并用钢板与先安装好的梁体预埋横向连接钢板焊接，防止倾倒，待全孔安装完毕后，再按设计规定使全孔梁、板整体化。梁、板就位后应按设计要求及时浇筑接头混凝土。

8）在安装边梁时，当就位合格后，在端台一侧用木楔子垫到边梁与端台的挡板上，另一头木工用木方子截成与梁体下沿齐，空隙部分用木楔子垫上砸紧，防止在安装其他梁体时发生碰撞造成不必要的损失。

9）主梁就位后，要放平、放正、放稳，平面及高程上均达到各项要求，保证下一步横隔梁及湿接缝的施工质量。两吊车就位时，应慢落防止梁体相互碰撞发生质量事故。

10）如此重复，将梁板依次安装就位。安装时，随时检查调整，使梁端缝宽一致，并满足设计要求。

（3）采用两台吊机架设时应注意以下事项：

1）尽量选用同类型起重机。

2）根据起重机能力，对起吊点进行荷载分配。

3）重物重量不得大于两台起吊设备允许起重力之和的 70%，每台起重分配的负荷重量不得大于该机允许起重力的 80%。

4）在操作过程中，两台吊机要互相配合，动作协调，采用铁扁担起吊，尽量使扁担保持平衡，倾斜角度小，以防一台起重机失重而使另一台起重机超载，造成安全事故。

5）信号指挥，分指挥必须听从总指挥。

22.4　质量控制

（1）梁板安装前，支座垫石质量标准见表 22-1 所列。

支座垫石质量标准　　**表 22-1**

检查项目		规定值或容许误差	频率	方法
支座顶面高程（mm）	简支梁墩顶支座	±10	1 点/每支座	用水准仪查
	连续梁	±5	1 点/每支座	用水准仪查
	双支座连续梁	±2	1 点/每支座	用水准仪查
支座中心偏位（mm）	梁	5	每支座	用尺量
	板	10	每支座	用尺量
支座容许偏差（mm）		2	1 点/每支座	用水平尺

（2）梁板安装质量标准见表 22-2 所列。

梁板安装质量标准　　表 22-2

检查项目		规定值或容许误差	频率	方法
顶面纵向高程（mm）		+8，−5	3点×2片/孔	用水准仪测量
竖直高度（%）		1.2	2片/孔	吊垂线
轴线偏位（mm）	$L\leqslant100$m	10	5处/跨	用经纬仪
	$L\geqslant100$m	$L/100$	5处/跨	用经纬仪
平整度（mm）		5	3点/构件	用2m尺

（3）导梁、吊具、钢丝绳、链滑车、绞车及汽车吊起吊负荷均要满足相应规范的计算要求。

22.5　施工记录

（1）支座及板位放样及复核记录；

（2）梁板及支座垫石强度试验报告；

（3）后场起梁板编号记录及现场安装位置记录；

（4）梁板安装质量检验记录。

22.6　成品保护

（1）使用平板车拖车或炮车运输时，车长应满足支撑间的距离要求，支撑点处应设活动转盘以免搓伤构件混凝土。

（2）所有钢绳捆绑处必须用麻袋片或无纺布进行保护。

（3）吊装过程中指挥人员必须了解吊车各项功能，防止梁板与吊臂或盖梁及其他梁板碰撞。

（4）梁板全部吊装好应固定保证其稳定性、坚固度和最小变形。

（5）安装完毕后要及时进行横隔梁和湿接缝施工，在没有施工前，要防止重物在梁顶长期放置。

（6）预制梁板梁体吊装完成后，应迅速组织上部清理及准备工作，报监理工程师验收后，尽快完成铰缝（湿接缝）混凝土施工，使梁体形成完整的受力结构体。

（7）在桥梁未正式通车前，梁板上禁止通行任何重载车辆。

22.7　安全与环保措施

22.7.1　安全保护措施

（1）施工过程的安全应符合国家现行《建筑施工安全检查标准》JGJ59—2011的有关规定，施工机械应符合国家现行《建筑机械使用安全技术规程》JGJ33—2012的有关规定，施工临时用电应符合国家现行《施工现场临时用电安全技术规范》JGJ46—2005的规定。

（2）为了确保安全作业，在架设前应对施工现场架设条件、架设方法、吊机种类的选择、稳定性等问题进行研究。对架设条件应了解下列事项：

1）梁的质量、外形几何尺寸；

2）梁的运输路线，架设顺序；

3）吊机进出路线的状况；

4）吊机作业位置，有无障碍物；

5）吊机起重臂的长度及作业时所要求的伸幅半径和高度；

6）现场环境、架设时间是否有限制；

7）作业地面状况；

8）吊机通过路线的宽度、弯道半径、高度限制和载重限制。

对架设方法可按上述的两种方法进行选择，从施工现场情况、荷载、作业半径、起重臂杆长度等方面选定能满足要求的吊机。

（3）对吊机的稳定性应从使用说明书中了解其构造性能及稳定性能。同时通过起吊重量和吊机自重验算地基承载力，如不满足承载要求时，应对地基采用换填土、枕木、钢垫梁、工字钢、打入桩或混凝土基础等予以补强。对起吊的构件应设八字揽风，防止吊机臂杆转动时摆动过大，影响稳定。

在吊机进行架设作业时，应严格按照吊装安全技术操作规程进行。并特别注意防止下列原因造成事故：

1）由于对起吊荷载和作业半径的配合验算不足而使吊机倾斜；

2）起重臂过渡旋转，使起重臂弯曲折断；

3）对起吊构件超重估计不足，起重臂俯角过大，超过容许值使吊机倾斜；

4）支腿安装处地基下沉使吊机倾斜；

5）吊钩、钢丝绳破断；

6）吊机操作错误，发生事故。

（4）吊装作业应指派专人统一指挥，参加吊装的起重工应持证上岗，并掌握作业要求，其他人员要有明确分工。吊装作业前必须严格检查起重设备各种部件的可靠性和安全性，并进行试吊。

（5）各种起重机具不得超负荷使用，起吊设备所使用的钢丝绳的安全系数不应小于 6。

（6）吊起重物时，应先将重物吊离地面 10cm 左右。停机检查制动器灵敏性和可靠性以及重物绑扎的牢固程度，确认情况正常后，方可继续工作。作业中不得悬吊重物行走。起升或降下重物时，速度要均匀、平衡，保持机身的稳定，防止重心倾斜。

22.7.2　环保措施

（1）施工过程的环境保护应符合国家现行《建设工程施工现场环境与卫生标准》JGJ146—2013 的有关规定。

（2）各种施工、运输机械尾气排放量要符合国家规定的机动车辆尾气排放标准。否则，运输车辆不准上路，施工机械不得进入施工现场。

（3）在临近居民区进行作业时，噪声标准应达到国家规定要求。尽量避开居民休息时间进行施工。

（4）施工现场在施工前应先洒水，以避免施工中扬尘。

（5）运输车辆驶出现场时，将轮胎上的泥土清理干净，避免带泥土上路。

第三篇　桥梁附属工程

第 23 章　桥梁混凝土防撞护栏施工工艺

23.1　适用范围及特点

23.1.1　适用范围

适用于市政、公路桥梁外侧混凝土防撞护栏施工。

23.1.2　工艺特点

（1）施工工艺安全、操作便利；（2）质量易于保证。

23.2　施工准备

23.2.1　技术准备

（1）按照设计施工图纸及现场施工环境进行防撞护栏专项施工方案的编制，并对现场施工作业人员进行专项安全、技术交底。

（2）防撞护栏施工移动吊架设计加工完成，并在现场组织验收合格。

23.2.2　材料准备

（1）钢筋：钢筋应有出厂质量证明书和试验报告单，进场时除应检查外观和标志外，还应按不同的钢筋品种、等级、牌号、规格及生产厂家分批抽取试样进行力学性能检验，其质量应符合现行国家标准《钢筋混凝土用钢 第 1 部分：热轧光圆钢筋》GB1499.1—2008、《钢筋混凝土用钢 第 2 部分：热轧带肋钢筋》GB1499.2—2007 的规定。

（2）混凝土：混凝土强度必须满足设计要求，混凝土运至现场应检查其和易性、坍落度是否满足现场施工要求。

23.2.3　机具准备

（1）主要设备：混凝土罐车、混凝土泵车和吊车、钢筋切断机、钢筋弯曲机、手持切缝机等。

（2）机具：振动器、铁锹、钢抹子、线锤、钢尺、水准仪、全站仪、墨斗等。

23.2.4　作业条件准备

（1）桥梁梁板施工完毕，并验收合格。

（2）现场测量放线验收完成。

23.3　施工工艺

23.3.1　工艺流程

混凝土防撞护栏施工工艺流程如图 23-1 所示。

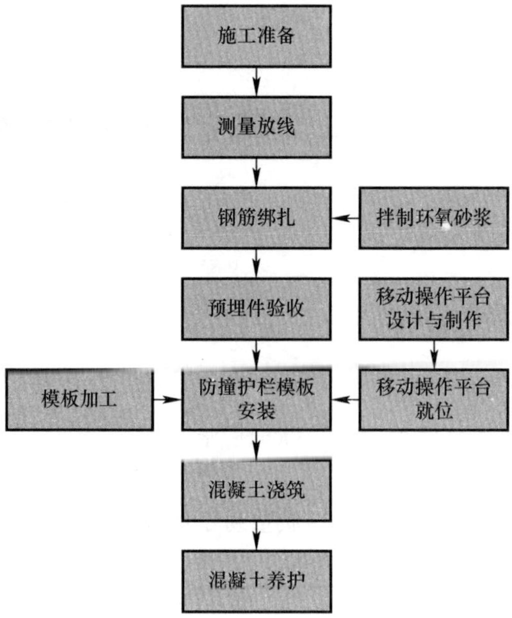

图 23-1　混凝土防撞护栏施工工艺流程

23.3.2　操作要点

1. 测量定位放线

根据设计图纸及测量控制点坐标测放出防撞护栏的中线，由中线确定防撞护栏模板边线；并在防撞护栏预埋钢筋上标识出防撞护栏的标高，以此来控制防撞护栏钢筋及模板安装的标高。测量放线完毕后，现场施工人员对防撞护栏内与梁板接触面混凝土进行凿毛处理。

2. 钢筋绑扎

为确保钢筋加工质量，护栏钢筋统一在加工场进行加工制作，然后运至施工现场绑扎。现场操作人员根据测量所放中线和标高点，每隔 5m 焊接一固定箍筋，在固定箍筋之间通拉控制线，其余钢筋根据控制线所控制范围来绑扎钢筋，钢筋绑扎完毕后统一进行焊接，确保护栏钢筋与桥面预留钢筋焊接牢固，单面焊焊缝长度不小于 $10d$（d 为钢筋直径）。

3. 预埋件设置

在钢筋绑扎的同时，做好各种管线及其他附属设施预埋件的埋设。预埋件应焊接牢固。预埋件安装完毕后先进行内部自检，自检验收合格后方可组织相关单位进行现场验收，验收合格后方可进行下一道工序施工。对于一些特殊预埋件须专门组织相关单位现场验收，确认无误后方可进行下道工序施工。

4. 移动操作平台设计与制作

为方便护栏施工，保障防撞护栏外侧钢模板的吊运安拆和操作人员安全，防撞护栏施工模板的安拆可采用移动操作平台作为辅助施工平台。桥梁外侧防撞护栏模板安装可采用拼装式移动操作平台，根据防撞护栏高度及模板制作尺寸及重量，移动操作平台制作可参照主体结构高约 3.5m，纵向长约 3.0m，横向宽约 6.0m，外侧悬挂吊篮高约 4.5m，总重约 1t 的技术参数进行制作。

移动操作平台主要由五大部分组成，即：底部架体、立柱架体、顶部架体、吊篮、斜撑等其他组件。移动操作平台采用工厂加工、现场组装的方式，架体采用的材料主要有[14a 槽钢、I10 工字钢、I21.6 工字钢、∟45×5 角钢、方形冷弯空心型钢 50mm×50mm×4mm，t=14mm 钢板、5.6 级 M14 螺栓及防松螺母，钢材牌号为 Q235。

另外需在底部架体安装滚轮，方便在桥面上的移动使用，滚轮的承载能力不应小于 13kN；并在底部架体上设置可调丝杆支腿，便于调节移动操作平台的水平度，同时保障施工时的安全稳定。需在顶部架体安装捯链吊运钢模板（捯链的起重量不应大于两块模板的重量），采用 I12.6 工字钢作为轨道梁，并在轨道梁前后端设置限位板，防止捯链滑脱（移动操作平台设计可参考图 23-2）。

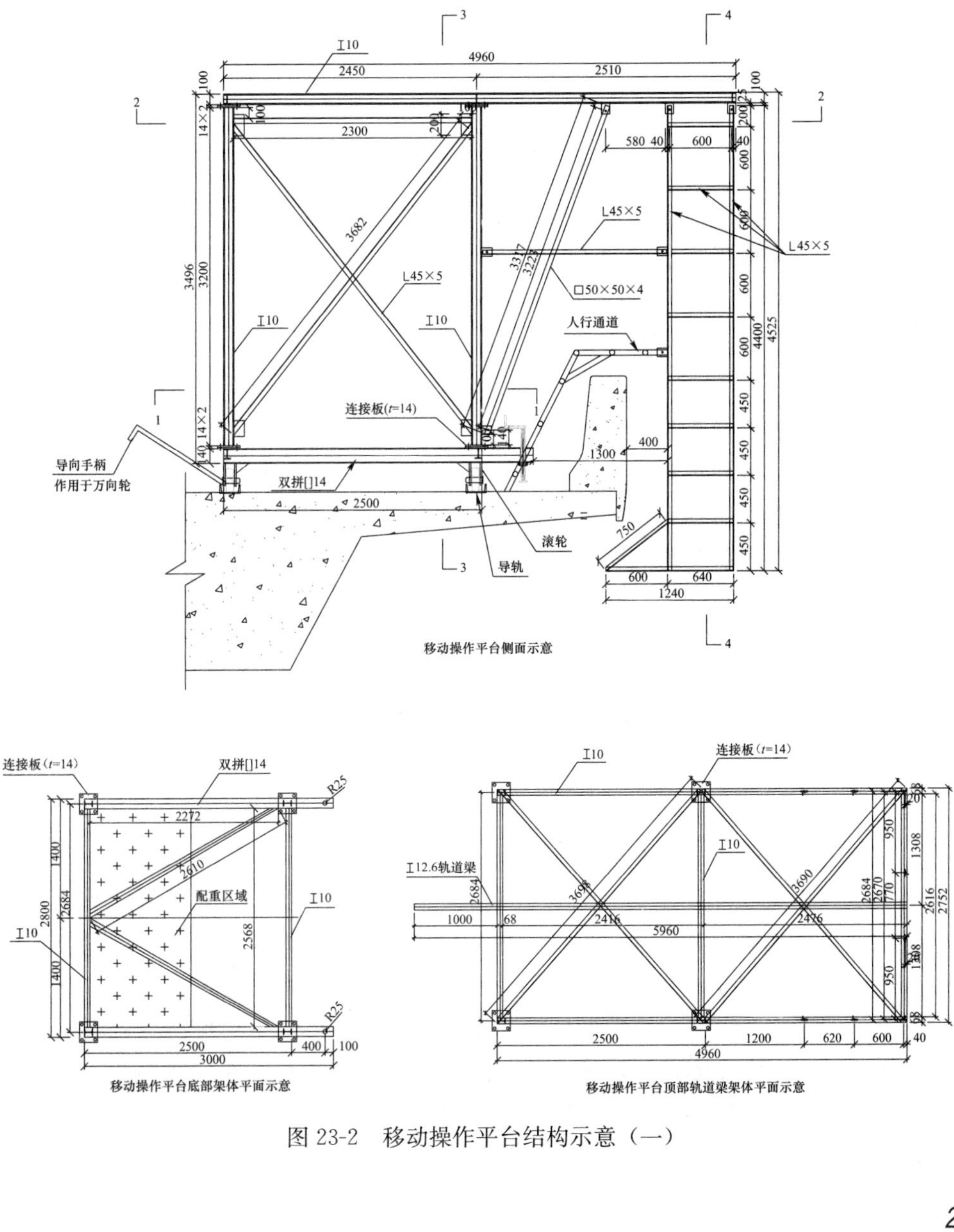

图 23-2　移动操作平台结构示意（一）

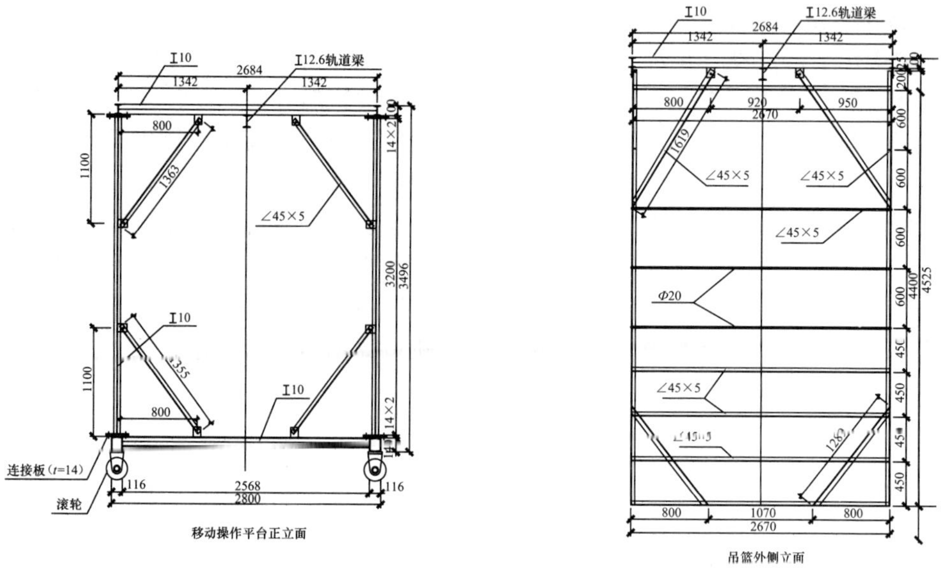

图 23-2　移动操作平台结构示意（二）

移动操作平台在工厂加工和预拼装及试用，并涂刷两道防锈漆（橘黄色），然后运输至现场拼装，拼装完成后在底篮平台上均匀铺设 50mm 厚木跳板（顶面覆盖 2mm 钢板）作为脚手板，并用 4mm 镀锌钢丝进行绑扎固定，外侧吊篮四周底部设置 20cm 高挡脚板，挡脚板采用 12mm 竹胶板并绑扎固定。

5. 模板安装

桥梁外侧防撞护栏模板安装采用移动操作平台进行安装，防撞护栏模板采用定型钢模、对拉螺杆进行模板固定；宜在模板顶部和底部各设一道对拉螺杆。

模板使用前打磨、清理干净。内外模板的平面线型、线位均用墨线弹出，然后根据墨线进行模板的安装。在跨与跨之间断缝处设置全断面泡沫板，防护护栏伸缩缝位置封端板可采用竹胶板封堵。

模板支设加固完毕后，在模板上口通拉麻线，检测模板的顺直度；测量工程师复测模板标高；待检测无误后，申请监理工程师验收，验收合格后方可进行下道工序施工。

6. 混凝土浇筑

（1）在钢筋、模板、预埋件施工完毕，检查验收合格后，即可进行防护栏混凝土浇筑。

（2）混凝土由混凝土运输车运至现场，人工辅助泵送至模内，混凝土采用分层浇筑法，每层浇筑厚度为 20cm 左右。为保证混凝土外观质量，混凝土坍落度宜采用 100～120mm。混凝土振捣时严禁碰撞预埋件。振动棒插点要均匀，移动间距不应超过其作用半径的 1.5 倍；振捣采用插入式振动棒，每一次振捣完毕后应徐徐提出振动棒，振捣时振动棒应插入下层混凝土 5～10cm，使两层混凝土结合成一整体。每个振捣点混凝土振捣时间控制在 30～40s，一般以混凝土不再下沉，表面开始泛浆，不出现气泡为度。在混凝土浇筑过程中，必须派专人密切注意模板的支载情况，发现问题及时处理。

（3）防撞护栏顶面面层混凝土先用木抹初步找平，待初凝后再用铁抹子压光。

7. 模板拆除

模板拆除时，混凝土强度应符合设计要求，如设计无要求，应满足下列要求：模板在混凝土强度能保证其表面及棱角不因为拆模而受损时，方可拆除，一般达到 2.5MPa 时即可拆除。拆模时不应使混凝土受到损伤，并减少模板破损；吊车拆除模板时，必须使模板与混凝土完全脱离方可吊运。

8. 防撞护栏假缝设置

模板拆除后，在顺桥方向每间隔 5～8m 切一道假缝，环向切割，缝宽 3～5mm，深 10mm，外用同色聚氨酯密封膏填缝。

9. 混凝土养护

防撞护栏模板拆除完毕后，采用塑料布及时覆盖养护，并保持混凝土表面湿润，养护期不小于 7d。

23.4　质量控制

23.4.1　主控项目

（1）现浇混凝土防撞护栏混凝土的强度应符合设计要求。

检验方法：观察、检查混凝土试件强度试验报告。

检查数量：全数检查。

（2）现浇混凝土护栏的线型、坡度、真假缝位置必须符合设计要求。

检验方法：观察、用钢尺量。

检查数量：全数检查。

23.4.2　实测项目

混凝土防撞护栏施工质量要求见表 23-1 所列。

防撞护栏施工检查项目　　**表 23-1**

序号	项目	规定值或允许偏差
1	混凝土强度（MPa）	在合格标准内
2	平面偏位（mm）	4
3	断面尺寸（mm）	±5
4	竖直度（mm）	4
5	预埋件位置（mm）	5

23.4.3　外观鉴定

（1）现浇混凝土防撞护栏直顺美观，表面光滑，色泽一致。

（2）护栏混凝土表面的蜂窝麻面面积不超过该面积的 0.5%。

23.5　施工记录

（1）原材料合格证及进场检验报告；

（2）混凝土开盘鉴定、混凝土配合比申请单；

（3）钢筋加工及安装质量检验评定记录；

(4) 模板安装验收记录；

(5) 混凝土浇筑记录；

(6) 混凝土抗压强度试验报告；

(7) 质量验收记录。

23.6　成品保护

(1) 混凝土浇筑完成后，应立即对现场进行清理，将被水泥浆溅落的部位冲刷干净，防止粘结，保持外观整洁。

(2) 遇到混凝土表面气泡或麻面时，应先将缺陷部位用水洗刷干净，再用一定比例白黑水泥混凝土材料将气泡或麻面抹平，然后用塑料薄膜将该部位覆盖，继续对其养生。外观线型应顺直、流畅，外观质量光滑、细腻、平整。

(3) 防撞护栏施工完成后，应防止磕碰混凝土表面；在防撞护栏上安装构件时，应注意保护护栏表面混凝土不被损坏。

23.7　安全与环保措施

23.7.1　安全保护措施

(1) 施工过程的安全应符合国家现行《建筑施工安全检查标准》JGJ59—2011的有关规定，施工机械应符合国家现行《建筑机械使用安全技术规程》JGJ33—2012的有关规定，施工临时用电应符合国家现行《施工现场临时用电安全技术规范》JGJ46—2005的规定。

(2) 施工前，必须对所有参加施工的技术员、施工员、作业人员进行技术、安全培训和交底工作，并由专职安全员进行专门监督。

(3) 施工前，应组织各部门人员对防撞护栏施工的移动吊架进行验收，验收合格后方可投入使用；同时，在移动吊架上必须挂好安全网。

(4) 在桥梁外侧施工的工作人员应系安全带，施工中严禁向桥下抛掷物品。

(5) 混凝土浇筑时的施工车辆设专人统一调度，吊车、泵车必须由持上岗证的信号工指挥。

(6) 夜间施工必须有足够的照明设施。

23.7.2　环保措施

(1) 施工过程的环境保护应符合国家现行《建设工程施工现场环境与卫生标准》JGJ146—2013的有关规定。在施工期间严格控制噪声，应符合现行国家《建筑施工场界环境噪声排放标准》GB12523—2011的规定。

(2) 施工现场离居民区较近时应采取隔声措施，尽可能避开夜间施工，防止噪声扰民。

(3) 模板涂刷隔离剂应采取措施，防止污染钢筋和周围环境。

(4) 凿毛清扫时应采取降尘措施，防止扬尘。

第 24 章　桥梁伸缩缝装置安装施工工艺

24.1　适用范围及特点

24.1.1　适用范围

适用于市政、公路桥梁工程中桥面模数式伸缩装置安装施工。

24.1.2　工艺特点

（1）施工工艺简单、操作方便；（2）质量易于保证。

24.2　施工准备

24.2.1　技术准备

（1）检验到场伸缩装置的质量。

（2）进行混凝土原材料试验，确定混凝土设计配合比和施工配合比。

（3）编制伸缩缝施工专项方案，并对现场管理人员及作业人员进行技术交底。

24.2.2　材料准备

（1）模数式伸缩装置

1）模数式伸缩装置由异型钢梁与单元橡胶密封带组合而成，适用于伸缩量为 80～120mm 的桥梁工程。

2）伸缩装置中所用异型钢梁沿长度方向的直线度应满足 1.5mm/m，全长应满足 10mm/10m 的要求。钢构件外观应光洁、平整，不允许变形扭曲，且应进行有效的防腐处理。

3）伸缩装置必须在工厂组装。组装钢件应进行有效的防护处理，吊装位置应用明显颜色标明，出厂时应附有效的产品质量合格证明文件；吊装位置应采用明显颜色标明；在运输和存放过程中应避免阳光直接暴晒或雨淋雪浸，并应保持清洁，防止变形。

（2）混凝土

混凝土强度应符合设计要求，混凝土中的水泥、砂和石子等原材料的各项性能指标均要符合国家现行标准《公路工程水泥及水泥混凝土试验规程》JTGE30—2005 的有关规定。如采用钢纤维混凝土应符合国家现行标准《纤维混凝土结构技术规程》CECS38—2004 的规定。

（3）钢筋

应有产品出厂合格证和检验报告单。钢筋的品种、级别、规格应符合设计要求，钢筋进场后应按国家现行标准《钢筋混凝土用钢 第 2 部分：热轧带肋钢筋》GB1499.2—2007 的规定抽取试件做力学性能试验，其质量必须符合有关标准的规定。

24.2.3　机具准备

（1）设备：路面切割机、钢筋调直机、钢筋切断机、钢筋弯曲机、风镐、空压机、振动器、交流电焊机、氧-乙炔焊接切割设备等。

（2）检测设备：路面平整度直尺（3m）、路面平整度检测仪等。

24.2.4　作业条件准备

桥面沥青混凝土表面层施工完成，缝的长度、宽度已按设计长度和安装温度调整完毕。

24.3　施工工艺

24.3.1　工艺流程

桥梁伸缩缝安装施工工艺流程如图 24-1 所示。

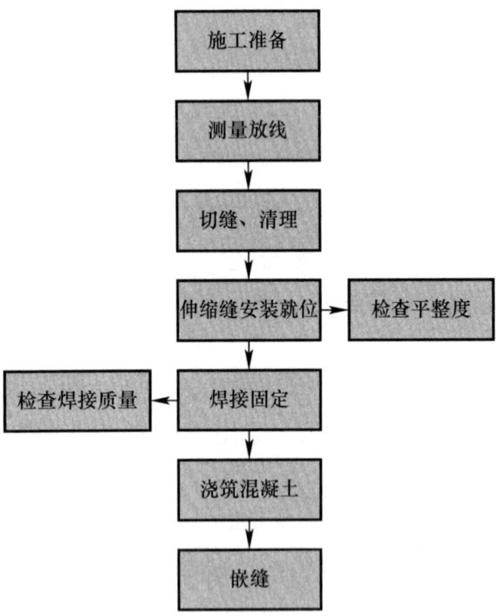

图 24-1　桥梁伸缩缝安装施工工艺流程

24.3.2　操作要点

1. 测量放线

（1）在桥面预留的伸缩缝位置处，测放出伸缩缝中线，按设计要求从中线向两侧推算出伸缩缝混凝土保护带边缘线，伸缩装置安装预留槽口的尺寸应符合设计规定。

（2）沿边缘标线粘贴防漏彩条布，以防止在切缝及浇筑混凝土过程中污染路面。

2. 切缝、清理

（1）用路面切割机沿边缘标线匀速将沥青混凝土面层切断，切缝边缘要整齐、顺直，要与原预留槽边缘对齐。切缝过程中，要保护好切缝外侧沥青混凝土边角，防止污染破损。缝切割完成后，及时用胶带铺粘外侧缝边，以避免沥青混凝土断面边角在施工中损坏。

（2）人工清除槽内填充物，并将槽内混凝土凿毛，用水冲洗并吹扫干净。

3. 安装就位

（1）安装前将伸缩缝内止水带取下。根据伸缩缝中心线的位置设置起吊位置，以便于将伸缩缝顺利吊装到位。安装前应检查核对预留槽口尺寸和预埋锚固筋，不符合设计要求时应进行处理，满足设计要求后方可进行安装，并应根据安装时的气温确定安装的定位值。

（2）在已清理完毕的槽上横向约 2m 距离采用工字钢等型钢作为扁担梁，使用人工将伸缩缝抬放至安装位置，使其中心线与两端预留槽间隙中心线对正，其长度与桥梁宽度对正，具体操作可用挂线检查；顶面高程应与设计高程相吻合。如果梁间间隙不顺直，伸缩缝中线应与桥梁端间隙中心线对应，中心位置要经反复校核合格后方可进行下道工序。初步定位后应检查槽内预埋钢筋位置是否合适，必要时进行调整。

（3）用填缝材料（可采用聚苯板）将梁板（或梁台）间隙填满，填缝材料要直接顶在伸缩装置橡胶带的底部。为预防伸缩缝安装过程中焊渣烧坏填缝材料，可在填充缝隙两侧加薄钢板对其加以保护，同时也应将伸缩缝装置的橡胶带 U 形槽内用聚苯板填充。

（4）用 3m 直尺检查纵向平整度，即沿缝长方向每米不少于两个检查点，精确检查伸缩缝顶面与两侧路面是否平顺，并用 3m 直尺和小线检查伸缩装置的平整度及直顺情况。

4. 焊接固定

（1）焊接前不得打开伸缩装置定位锁。

（2）采用对称点焊定位。在对称焊接作业时伸缩缝每 0.75～1m 范围内至少有一个锚固钢筋与预埋钢筋焊接，焊接长度应符合设计要求。两侧完全固定后就可将其余未焊接的锚固筋完全焊接，并穿横筋进行焊接加固，确保锚固可靠，不得在横梁上任意施焊，以防变形。

（3）焊接作业过程中，边焊边用 3m 直尺检查纵横向平整度及直顺度。焊接完毕后，全面检查一次，必要时进行调整。

（4）拆除锁定夹具，检查验收合格后，进行下道工序。

5. 浇筑混凝土

（1）在对缝槽做最后一次清理和冲洗后，用塑料布或苫布覆盖槽两侧桥面。同时用胶带粘封伸缩缝缝口，防止施工中混凝土污染路面或流入缝口内。

（2）伸缩缝混凝土坍落度宜控制在 50～70mm。混凝土采用人工浇筑，振捣密实，应严格控制混凝土表面的高度和平整度。

（3）现浇混凝土时，必须要对称浇筑，防止已定位的构件变形。浇筑成型后用塑料布或无纺布等覆盖保水养生，养生期不少于 7d，其强度满足设计要求后，方可开放交通。

6. 嵌缝

伸缩缝混凝土完成后，清理缝内填充物，嵌入密封橡胶带。

24.4　质量控制

24.4.1　基本要求

（1）伸缩缝必须满足设计和有关技术规范的要求，须有合格证，并经验收合格后方可安装。

（2）伸缩缝必须锚固牢靠、直顺、不扭曲，全缝顶面（含保护带）与桥面同高度、同坡度。

（3）伸缩缝骨架钢筋严禁外露，严禁出现钢板焊接处开裂或剥离。

（4）伸缩缝两侧混凝土的类型和强度，必须符合设计要求。

（5）大型伸缩缝与钢梁连接处的焊缝应做超声检测，检测结果须合格。

（6）伸缩缝处不得积水、无阻塞、渗漏、变形、开裂现象。

（7）缝宽符合设计及温度修正值的要求，缝隙均匀、伸缩有效，对接方法符合设计要求，接槎平齐、牢固。

24.4.2　实测项目

伸缩缝安装质量应符合表 24-1 的要求。

伸缩装置安装质量标准　　表 24-1

序号	项目		规定值或允许偏差
1	长度（mm）		符合设计要求
2	缝宽（mm）		符合设计要求
3	与桥面高差（mm）		2
4	纵坡（%）	一般	±0.5
5		大型	±0.2
6	横向平整度（mm）		3

注：缝宽应按安装时的气温折算。

24.5　施工记录

（1）伸缩缝装置产品出厂合格证；

（2）钢筋、水泥产品合格证、出厂检验报告及试验报告；

（3）砂、石试验报告；

（4）测量复核记录；

（5）隐蔽工程检查记录；

（6）混凝土配合比及混凝土抗压、抗折强度试验报告；

（7）工序质量检验评定。

24.6　成品保护

（1）伸缩缝混凝土在浇筑完成后，应及时覆盖养护。混凝土养护期间应封闭交通。

（2）应清扫密封橡胶带中泥砂、石屑等杂物，防止影响伸缩装置受力时的自由伸缩，以及大石子等杂物将密封胶带刺破，造成漏水和漏砂等。

（3）为保证梁体自由收缩，安装伸缩缝前要调整预留变形缝宽度，使其满足设计要求，并将变形缝中的建筑垃圾或杂物彻底清除。

（4）为保证伸缩缝两侧保护带宽度符合设计要求，必须保证填充料有足够的强度要求。

（5）为避免伸缩缝在焊接过程中出现焊缝长度偏短、焊缝不饱满、局部咬肉等质量问题，在伸缩缝施工过程中要认真调整钢筋位置，同时预埋筋长度要留足，个别长度不足的应凿出足够长度再焊接，焊接时要控制住电流强度，防止焊接时咬肉。

24.7　安全与环保措施

24.7.1　安全保护措施

（1）施工过程的安全应符合国家现行《建筑施工安全检查标准》JGJ59—2011 的有关规定，施工机械应符合国家现行《建筑机械使用安全技术规程》JGJ33—2012 的有关规定，施工临时用电应符合国家现行《施工现场临时用电安全技术规范》JGJ46—2005 的规定。

（2）伸缩缝施工作业时，必须在桥头设置严禁车辆标志，并指派专职交通疏导人员进行交通指挥。

（3）夜间施工时，应配备足够的照明设施，并设置红色警示灯。

（4）每台电焊机、空压机单独设置开关，外壳做接零及接地保护；电焊操作人员及吊装人员必须持证上岗。

24.7.2　环保措施

（1）施工过程的环境保护应符合国家现行《建设工程施工现场环境与卫生标准》JGJ146—2013 的有关规定。在施工期间严格控制噪声，应符合现行国家《建筑施工场界环境噪声排放标准》GB12523—2011 的规定。

（2）混凝土切缝机、风镐、振动棒等强噪声机械施工，尽可能安排在白天施工。如必须夜间施工时应采取降噪措施。

（3）伸缩缝切缝、凿毛、清理时应采取洒水降尘措施，防止粉尘污染。

参考文献

[1] 中交第一公路工程局有限公司. JTG/TF50—2011 公路桥涵施工技术规范. 北京：人民交通出版社，2011.

[2] 宏润建设集团有限公司. JGJ/T194—2009 钢管满堂支架预压技术规程. 北京：中国建筑工业出版社，2009.

[3] 中铁二局集团有限公司. TB10110—2011 铁路混凝土梁支架法现浇施工技术规程. 北京：中国铁道出版社，2011.

[4] 中铁三局集团有限公司. TZ324—2010 铁路预应力混凝土连续梁（刚构）悬臂浇筑施工技术指南. 北京：中国铁道出版社，2010.

[5] 铁道部经济规划研究院. TB/T3192—2008 铁路后张法预应力混凝土梁管道压浆技术条件. 北京：中国铁道出版社，2008.

[6] 中国建筑科学研究院. JGJ130—2011 建筑施工扣件式钢管脚手架安全技术规范. 北京：中国建筑工业出版社，2011.

[7] 北京钢铁设计研究总院. GB50017—2003 钢结构设计规范. 北京：中国建筑工业出版社，2003.

[8] 中国冶金建设协会. GB50113—2005 滑动模板工程技术规范. 北京：中国建筑工业出版社，2005.

[9] 中国冶金建设协会. GB50496—2009 大体积混凝土施工规范. 北京：中国建筑工业出版社，2009.

[10] 中交桥梁技术有限公司. GB/T17955—2009 桥梁球型支座. 北京：人民交通出版社，2009.

[11] 江苏江都建设工程有限公司. JGJ195—2010 液压爬升模板工程技术规程. 北京：中国建筑工业出版社，2010.

[12] 沈阳建筑大学. JGJ162—2008 建筑施工模板安全技术规范. 北京：中国建筑工业出版社，2008.

[13] 河北建设集团有限公司. JGJ166—2008 建筑施工碗扣式钢管脚手架安全技术规范. 北京：中国建筑工业出版社，2009.

[14] 哈尔滨工业大学. JGJ128—2010 建筑施工门式钢管脚手架安全技术规范. 北京：中国建筑工业出版社，2010.

[15] 交通部公路科学研究所. JTGF80/1—2004 公路工程质量检验评定标准 第一分册 土建工程. 北京：人民交通出版社，2004.

[16] 中交公路规划设计院有限公司. JT/T391—2009 公路桥梁盆式支座. 北京：人民交通出版社，2009.

[17] 中交公路规划设计院. JT/T4—2004 公路桥梁板式橡胶支座. 北京：人民交通出版社，2004.

[18] 中国水利水电第一工程局. DL/T5400—2007 水工建筑物滑动模板施工技术规范. 北京：中国建筑工业出版社，2007.

[19] 中交公路规划设计院. JT/T327—2004 公路桥梁伸缩装置. 北京：人民交通出版社，2004.

[20] 浙江省交通工程建设集团有限公司. 公路桥梁预应力孔道压浆技术. 浙江：浙江科学技术出版社，2012.

[21] 交通部第一公路工程总公司. 公路施工手册——桥涵（下册）. 北京：人民交通出版社，1999.

[22] 桂业昆，邱式中. 桥梁施工专项技术手册. 北京：人民交通出版社，2004.

[23] 交通部第一公路工程总公司. 公路施工手册——桥涵（上册）. 北京：人民交通出版社，2000.

[24] 杜永昌. 高速与客运专线铁路施工工艺手册. 北京：科学技术文献出版社，2006.

[25] 华德洪，候西程. 交通土建工程设计与施工新技术. 北京：中国铁道出版社，2005.

[26] 李杨海. 公路桥梁支座实用手册. 北京：人民交通出版社，2009.